ZILLERTALER ALPEN

Alpenvereinsführer

Ein Taschenbuch in Einzelbänden
für Wanderer, Bergsteiger und Kletterer
zu den Gebirgsgruppen der

Ostalpen

Herausgegeben vom
Deutschen Alpenverein, vom Österreichischen Alpenverein
und vom Alpenverein Südtirol

Band

Zillertaler Alpen

Reihe: Zentralalpen

Geleitwort für die Neuauflage des Alpenvereinsführers Zillertaler Alpen

Die erste Auflage dieses Führers durch die Zillertaler Alpen ist im Jahre 1954 als 7. Band des vom Deutschen und vom Österreichischen Alpenverein gemeinsam herausgegebenen „Alpenvereinsführers" erschienen.

Anläßlich der Neuauflage dieses Zillertaler Führers kann festgestellt werden, daß der Gedanke, Alpenvereinsführer in Einzelbänden für alle Gebirgsgruppen der Ostalpen herauszugeben, auf fruchtbaren Boden gefallen ist - auf 44 Bände ist diese Reihe mittlerweile angewachsen. Die Alpenvereinsführer, verfaßt von hervorragenden Sachkennern, haben sich als brauchbare und zuverlässige Berater der Bergsteiger aller Richtungen erwiesen. An der weiteren Vervollständigung der Reihe wird gearbeitet.

Möge auch diese Neuauflage des AV-Führers durch die Zillertaler Alpen, die auf den aktuellen Stand gebracht und mit Fotos und präzisen Anstiegsskizzen ausgestattet ist, den Bergsteigern ein stets hilfreicher Begleiter sein und ihnen helfen, den Weg zu den Schönheiten der Täler und Gipfel zu finden!

München, im Herbst 1982

Für den Deutschen Alpenverein
Raimund Zehetmeier
Vorsitzender des Verwaltungsausschusses des DAV, München

Für den Österreichischen Alpenverein
Gedeon Kofler
Vorsitzender des Verwaltungsausschusses des OeAV, Innsbruck

Für den Alpenverein Südtirol
Dr. Gert Mayer
Erster Vorsitzender

Vorwort zur Neuauflage 1960 (Auszug)

Seit der Herausgabe des AV-Führers Zillertaler Alpen sind fünf Jahre verstrichen. In den raschlebigen Zonen dieser Erde ist das viel, in den Zillertalern ist es wenig: die Eishäupter stehen so still und trutzig an ihren Stellen wie damals.

Neu aber ist die Teilnahme, die viele Europäer Südtirol entgegenbringen. Und da sind es vor allem die Bergsteiger, die den Ruf der Schönheit und Treue dieses deutschen Landes südlich der Alpen hinaustragen in die Welt, die Bergsteiger, die den verborgenen Zauber dieses Landes an Etsch und Eisack aufzuspüren verstehen. Während noch vor fünf Jahren kaum einmal ein Bergsteiger am Südhang der Hauptkette zu finden war, hat sich das jetzt gründlich geändert: die Berge über dem Ahrntal und dem Tauferer Tal, sowie die Pfunderer Berge sind heute wieder häufig begangen. —

Der Gletscherrückgang hält weiter an. Seit der Erstauflage sind dadurch vor allem auch an den Oberrändern der Gletscher, im Bereich der Bergschründe und Gratscharten so beträchtliche Veränderungen eingetreten, daß vor allem in den vorgelagerten Gruppen (Reichenspitzgruppe, Berge um das Eisbruggjoch) viel Arbeit geleistet werden mußte und eine Reihe ganz neuer Führenbeschreibungen notwendig wurde.

In den Jahren seit der ersten Auflage sind mir in den Zillertaler Alpen alle großen Eiswände am Hochferner und Hochfeiler geschenkt worden, und ich habe hier mit meinen Gefährten von der Kordilleren-Expedition 1957 meine Vorbereitungsfahrten durchgeführt. Dadurch und durch die Streifzüge am Südhang des Gebirges sind mir die Zillertaler Berge von neuem lieb und teuer geworden, und ich kann diese Gruppe jedem Bergsteiger und Bergwanderer, der ein großes, schönes und einsames Bergreich sucht, ans Herz legen.

Möge der Zillertaler Führer in seiner verjüngten Form wieder vielen Menschen den Weg aus der Unrast des modernen Alltags in eine unzerstörte und unzerstörbare Bergnatur weisen, auf daß sie neue Lebenskraft und -freude schöpfen.

Poschenhof, Rum, Tirol
Weihnachten 1959

Dr. Henriette Klier   Dr. Heinrich Klier

Vorwort zur Neuauflage 1970

Dreieinhalb Jahre nach dem Erscheinen war die 5. Auflage des Zillertaler AV-Führers vergriffen, für den Bearbeiter ein Zeichen, daß die Beliebtheit dieses Gebirges immer noch zunimmt. Dabei waren dies laute Jahre hier in den Zillertalern: Die Tauernkraftwerke haben innerhalb kürzester Zeit in den hintersten Gründen des Zillertals gigantische Bauwerke aufgeführt.

Die Stellungnahme von Reg.-Dir. Dr. Helmut Gutzler (Sekt. Berlin des DAV, mit dem größten Hüttenbesitz in den Zillertalern) ist von Interesse für jeden Besucher des Gebirges. Sie sei deshalb hier abgedruckt:

„Der Bau von Stauseen, Kraftwerksanlagen und Straßen in den Zillertaler Alpen (Zamser-, Schlegeis-, Zemm- und Stilluppgrund) verursacht erhebliche Eingriffe in die Natur und Änderungen des landschaftlichen Charakters dieser Gebirgstäler. Die Zufahrtsverhältnisse werden verbessert; der Zugang zu den Hochtälern, den vorhandenen Hochgebirgshütten, den Ödlandbereichen und den Gebirgsstöcken wird abgekürzt. Man wird mit Postkraftwagen oder Privatauto von Ginzling bis in den hinteren Zamsergrund fahren können. Die Schlegeistalsperre wird ein neues Ziel für den motorisierten Massentourismus.

Infolge dieser strukturellen Änderungen sind die Voraussetzungen für ungestörtes Wandern in den bisher weitgehend von Eingriffen der Zivilisation und Technik verschonten und vom motorisierten Verkehr freien Talgründen künftig nicht mehr vorhanden. So bleiben in den langen Tälern statt der Fuß- oder Saumwege nur asphaltierte Autostraßen, auf denen das Wandern weder Freude noch Erholung ist.

Der Alpenverein, der sich heute nicht mehr die Erschließung der Alpen, sondern die Bewahrung ihrer Ursprünglichkeit für den Bergsteiger und Wanderer zur Aufgabe gestellt hat, steht damit vor der Frage, wie er auf diese Veränderung der Verhältnisse, auf die er keinen Einfluß nehmen kann, reagieren soll. Er sollte — in Zusammenarbeit mit anderen Stellen, die sich die Erhaltung der Natur als Erholungsraum für den Menschen zur Aufgabe gestellt haben — sich zum Ziel setzen,

Ersatz für die im Tal weggefallenen Wandermöglichkeiten in der Höhe zu schaffen, wo die natürliche Landschaft von Eingriffen unberührt bleiben wird. Das kann durch Anlegen von Höhenwegen erreicht werden. Darin liegt kein zusätzlicher, nicht zu verantwortender Eingriff in das Ödland. Sorgfältig geplante und gut angelegte Fußsteige im Höhenbereich zwischen 1500 und 2500 m wirken in der Landschaft nicht störend, zumal wenn sie sich im Einzugsbereich vorhandener Unterkunftshütten befinden.

Die Sektion Berlin des DAV sieht es daher als ihre Aufgabe an, in ihrem Arbeitsgebiet in den Zillertaler Alpen zusammenhängende Höhenwege anzulegen, die die vorhandenen Unterkunftshütten und Stützpunkte verbinden und damit eine durchgehende Wandermöglichkeit entlang den Hängen auf der Südostseite des Tuxer Hauptkammes von Mayrhofen/Finkenberg über die Gamshütte bis zur Olpererhütte und weiter bis zum Furtschaglhaus zu schaffen, wo der Anschluß an die schon vorhandenen Höhensteige über Schönbichler Horn, Berliner Hütte, Mörchnerscharte, Greizer Hütte, Lapenscharte zum Stilluppgrund erreicht wird. Um den Rundweg zu vollenden, müßte der Höhenweg von der Kasseler Hütte zur Edelhütte ausgebaut werden.

Die geplanten Wege führen durchweg über Aussichtsterrassen, wie sie in den Alpen nicht schöner gefunden werden können, mit ständig wechselnden Ausblicken über die Talgründe und den künftigen Schlegeissee auf die Gletscher und Gipfel des Zillertaler Hauptkammes."

Diesen „Berliner Höhenweg" findet der Benützer unter R 295 a—c. Er kann über das Schönbichler Horn zur Berliner Hütte fortgesetzt werden, sodann über die Nördl. Mörchenscharte zur Greizer Hütte (R 327) und zur Kasseler Hütte. Dort wiederum schließt der im Bau befindliche „Siebenschneidensteig" (R 333) der Sektion Kassel und Würzburg an: alles zusammen eine Gebirgsdurchquerung von großer Schönheit und zugleich eine bergsteigerische Leistung von Format.

Neue Möglichkeiten für den Bergsteiger und hochalpinen Skiläufer haben die Ahornbahn (Mayrhofen) und die Hintertuxer Gletscherbahn geschaffen, die die Anstiege um einen Tag verkürzen und dadurch den einheimischen Bergsteiger viel stärker als bisher zu Wochenend-Fahrten locken.

Wieder wünschen wir allen Benützern des Führers schöne Bergerlebnisse im Bereich der Zillertaler Alpen, in denen noch immer so viel Stille und Einsamkeit zu finden ist.

Innsbruck, November 1969 Dr. Heinrich Klier

Vorwort zur 9. Auflage 1982

Eine weitere Auflage des AV-Führers durch die Zillertaler Alpen liegt vor. Daß diese Berge ihre Anziehungskraft immer noch weiter verstärken konnten, beweist die Nacherschließungswelle in der Reichenspitz-Gruppe, dem Paradies für Urgesteinskletterer aller Neigungen. Allen lohnenden Neufahrten wurde in dieser Auflage Rechnung getragen. Um die Tourenbeschreibungen hat sich vor allem Andreas Kubin aus Saarbrücken verdient gemacht. Ihm gebührt der aufrichtige Dank der Autoren.

In den vergangenen Jahren wurde das Hütten- und Wegenetz im gesamten Südtiroler Bereich des Gebirges neu und großzügig ausgebaut, und seither ist die Beliebtheit dieses Gebietes bei Wanderern und Bergsteigern stark gestiegen. Den zahlreichen Veränderungen, die sich dadurch ergeben haben, kann diese Auflage des Führers erst ansatzweise gerecht werden. Eine grundlegende Überarbeitung, für die wir die Mithilfe aller Führerbenützer jetzt schon erbitten, ist in Vorbereitung. Wir haben auch diesmal wieder den AV-Sektionen, Fremdenverkehrsverbänden und vielen Bergsteigern für freundliche Mitteilungen und Kritiken zu danken.

Innsbruck, im Sommer 1982
Dr. Heinrich Klier Dr. Henriette Klier

Inhaltsverzeichnis

(Zum raschen Nachschlagen einzelner Gipfel, Hütten, Talorte usw. benütze man das alphabetische Randzahlen-Verzeichnis am Schluß des Führers.)

A. Einführender Teil

B. Talorte, Hütten und Wege

Erster Abschnitt: **Talorte und Täler**

C. Gipfel und Gipfelwege

Verzeichnis der Abbildungen

Die Anstiegsskizzen zeichnete Hans Trautsch, Wien, nach Fotos von A. Hörtnagl, H. Hruschka, Dr. H. Klier, R. Löbl, W. Mariner, R. Rother und F.W. Traut.

Die Anstiegsskizzen nach den Richtlinien der UIAA stammen von Andreas Kubin.

A. EINFÜHRENDER TEIL

I. Aus den Zillertaler Alpen

Die Zillertaler Alpen, der Bergraum, in den Peter Anich in seiner Karte um 1770 schreiben konnte: „Hier haben die Steinböcke ihren Stand und Wechsel" — dieser vielförmige und in großen Teilen doch einsam gebliebene Bergraum zwischen Brenner und Krimmler Tauern, zwischen Ahrntal und Zillertal, ist vom großen Strom der Zeit weniger berührt worden als die umgebenden Berggruppen, etwa die Stubaier Alpen oder die Kitzbüheler Berge.

Das hat seine guten Gründe. Wenn auch Mayrhofen und Zell am Ziller, Gerlos und Hintertux Fremdenorte ersten Ranges geworden sind, wenn die Autos schon bis „In die Au" im Zillergrund, zum Grüne-Wand-Haus in die Stilluppe, bis zum Schlegeis-Stausee fahren, wenn aufs Pfitscher Joch auf der Militärstraße von Süden her Vergnügungsomnibusse fahren und auf der Gerlosplatte ein Hotel steht ... die „inneren Gründe" des Zillertales sind, wie vor fünfzig oder hundert Jahren einsames Bergland geblieben. Die Hundskehle, das Zillergründl, die Bodenalm unter dem Grundschartner, der Sundergrund und die Berge darüber sind so einsam geblieben wie eh und je. Ein Gang durch das herbstliche Wildlahnertal, eine Frühjahrsskifahrt von Stein im hintersten Pfitsch auf den Schrammacher, eine Überschreitung des Ahornkammes ... solche Unternehmungen umweht ein Hauch von Abgeschiedenheit, wie er im Wildland außereuropäischer Gebirge nicht eindrucksvoller sein kann. Hier sind noch immer lange Gratstrecken und eindrucksvolle Bergflanken, die keines Menschen Fuß je betreten; immer noch sperren im Winter Lawinen oder Lawinengefahr das Eindringen in die „inneren Gründe", und die Forstleute und die wenigen Bewohner, die innerhalb der Sperrzonen wohnen, bleiben auf Tage hinaus von aller Welt abgeschnitten.

Die zerrissenen Gletscher, die steilen Bergflanken und die sehr oft plattigen Grate und Kanten werden zusammen mit der beträchtlichen durchschnittlichen Höhe dieser Berge, die Zillertaler auch in Zukunft nicht zu einer leichten Kost machen. Aber gerade dies und die einmalig herbe Schönheit dieses

Bergraumes wird für den Bergsteiger eine Lockung bleiben, der er folgen wird, solange ihn die Füße tragen. In einer Zeit aber, die den Menschen in tausend Zwecke einwickelt, wird eine zweckfreie, unberührte Landschaft, wie es die Zillertaler Berge (trotz der Stauseen) geblieben sind, immer mehr und immer neue Freunde finden. Der Kampf um die Erhaltung der Krimmler Wasserfälle hat in klarer Weise gezeigt, wie viele und wie treue Freunde die Zillertaler Berge haben. „Die Physiker sagen, die Welt wird untergehen durch Wärmeverlust. Die Menschheit wird aber früher zugrundegehen durch den Verlust der Schönheit, Wahrheit und Güte." (Mitt. ÖAV 1952, S. 85.)

Kleine Zillertaler Chronik

Die Berge, die wir heute „Zillertaler Alpen" nennen, werden erstmals erwähnt in einem Bericht aus dem Jahre 102 v. Chr., als die Teutonen und Cimbern über den Brenner zogen, und dabei über die steilen Schneehänge auf ihren Schilden hinabrodelten.

Auch in der Folgezeit ist es immer wieder nur die große Heerstraße, der Brenner, sowie Wipptal und Eisacktal, die in den Schriften aufscheinen; für die Berge zur Linken und zur Rechten hatten die Heerfahrer dieser Zeiten kein Auge.

Um 200 n. Chr. wird unter Septimius Severus die Brennerstraße ausgebaut und die Pons Oeni (Innsbruck) erstmals genannt. Auf der sogen. „Tabula Peutingeriana", der ersten Straßenkarte des Römischen Reiches, ist die Brennerstraße schon fest eingezeichnet; hier ist auch bereits die erste kartographische Darstellung des Alpengebietes versucht — aber bis zu den schönen Zillertaler Karten des Alpenvereins (aus den dreißiger Jahren) war es noch ein weiter Weg; der Kartograph hat einfach phantastische Täler eingezeichnet, wo ihm die weißen Flecken zu groß wurden. Viel genauer ist schon Venantius Fortunatus, der Geograph, der 567 über den Brenner und durch das Pustertal reist und die älteste Reisebeschreibung der Ostalpen verfaßt.

Am Beginn des 7. Jahrhunderts brechen die Slaven durch das Pustertal herein und zerstören die alte Stadt Aguntum, die jetzt wieder freigelegt wird; wie diese Leute ins Zillertal herübergekommen sind, ist weniger klar; jedenfalls gründet der heilige Vital um 700 die „Zelle am Ziller" zur Bekehrung der zugewanderten Slaven. 787 wird Tirol nach dem Sturz der Agilolfinger fränkische Provinz; dabei wird das Zillertal als solches erstmals erwähnt: „Cilarestal". Von 754 an ziehen die deutschen Kaiser immer wieder über den Brenner nach dem Süden; als 1447 in Matrei am Brenner ein Hospiz gegründet wird, hat man schon insgesamt 66 Romzüge gezählt.

Die erste Nachricht, die schließen läßt, daß die Zillertaler Alpen selbst nun von Bedeutung werden, ist wohl jene von 1562, die uns den Bau eines Hauses im Krimmler Achental, etwa an Stelle des heutigen Krimmler Tauernhauses vermeldet, das ist etwa 1630 m über dem Meer. Wenige Jahrzehnte später läßt Markus Sittikus, der Erzbischof von Salzburg, für die von ihm eingesetzten Heger der Steinböcke in den „inneren Gründen" der Zillertaler Unterkunftshütten errichten, von denen die am Hang des Floitenturmes (wahrscheinlich im Rebenzaunkar) am längsten erhalten geblieben ist. Und am Ende des 17. Jahrhunderts befiehlt Erzbischof Johann Ernst von Salzburg den Bau eines Jagdhauses im Floitengrund.

1774 erscheint der in seiner Art einzigartig dastehende „Atlas Tyrolensis" von Peter Anich, dem Bauerngeographen aus Oberperfuß und seinem Nachfolger Blasius Hueber in 23 Blättern.

Im Raum der Zillertaler Alpen werden an Gipfeln bereits namentlich bezeichnet: Feldkopf, Gigalitz, Floitenturm, Greiner, Weißzint, Hochfeilspitze und Gfrorwand. Der Maßstab war ungefähr 1: 100 000.

In dieser Zeit erscheinen auch die ersten der großen Alpenreisenden: Belsazer Hacquet zieht über Krimml und Gerlos ins Zillertal und versucht gemeinsam mit Freiherrn von Moll den Greiner zu besteigen; ihm folgt der Botaniker Prof. H. G. Flörke, der sich an den Grinbergspitzen versucht.

Auch Erzherzog Johann von Österreich, ein großer Freund Tirols und seiner Jagdgründe und Berge, will mehr von den Zillertaler Bergen wissen, als zu dieser Zeit bekannt ist. Er schickt seinen Genieoffizier Gebhart, den späteren Ortlerbesteiger, zur Erkundung voraus. Auch Gebhart versucht sich, wie Hacquet, vergeblich am Greiner. Es ist die Zeit, in der hier noch viele Bären und Lämmergeier erlegt werden.

Ein Ereignis, das die Gemüter und die Köpfe der Dichter bis auf den heutigen Tag erregt, war die Vertreibung der Zillertaler Protestanten im Jahre 1837, die nach Ostpreußen und Nordamerika auswanderten. (In Schönherrs „Glaube und Heimat" zum Beispiel.)

Während beispielsweise in den Ötztalern die „alpine Erschließung" (wenn man den sehr persönlichen Forscherdrang dieser Pioniere so verallgemeinern darf), schon am Beginn des 19. Jahrhunderts einsetzt, verstreichen in den viel abgeschiedeneren Zillertalern noch mehrere Jahrzehnte . . . wie es auch gar nicht anders zu erwarten ist.

Peter Karl Thurwieser kann als der erste große Pionier bezeichnet werden; 1840 ersteigt er mit zwei Geistlichen aus dem Zillertal und dem Schullehrer von Brandberg unter Führung des barfußgehenden Senners Eberharter die Ahornspitze, bald darauf den Großen Mörchner und den Schrammacher. Ein Versuch am Turnerkamp scheitert am Tratterjoch. Die Vermesser der Jahrhundertmitte, mit dem berühmten Reichsgeologen M. V. Lipold an der Spitze, sowie Oberleutnant Langner und Pergrat, ersteigen der Reihe nach den Löffler, den Dristner, den Schwarzenstein, den Grinberg, den Kraxentrager, das Schönbichler Horn und die Wilde Kreuzspitze.

Weitere bemerkenswerte Erschließergestalten sind Dr. A. von Ruthner und sein Begleiter, der berühmte Steinklauber Josele (Georg Samer), der in der Folgezeit bei vielen Erstbesteigungen der entscheidende Mann ist. Ruthner ersteigt den Schwarzenstein als erster Tourist, versucht den Großen Möseler und den Olperer.

1862 ist mit Will Brinton der erste Engländer im Land, der mit den zwei einheimischen Jägern Rauch und Maidl den Löffler wiederholt. 1865, im Jahr der Erbauung der Brennerbahn, tritt die erfolgreiche englische Alpinistengruppe Tuckett, Freshfield und Fox in Erscheinung, die mit ihren Führern Devouassoud, Chamonix, und Peter Michel, Grindelwald, den Möseler bezwingen. Auch der Turnerkamp fällt einer englischen Seilschaft zu: Hudson, Taylor und Pendlebury, mit dem Steinklauber Josele und G. Spechtenhauser als Führer.

1865 fällt aber auch der höchste Berg des Gebirges, der Hochfeiler, 3510 m, und Paul Grohmann lautet der Name des Erfolgreichen Sein Begleiter ist der Steinklauber Josele, mit dem er auch den Olperer nach ernstem Ringen bezwingt. Im selben Jahr wollen drei Einheimische aus Gerlos die Reichenspitze erstiegen haben; jedenfalls ist Paul Grohmann 1866 der erste Tourist, der auf diesem kühnen Gipfel steht.

Der Josele ist bei großen Sachen fast immer dabei: mit den Brüdern Zöppritz ersteigt er den Großen Greiner, mit H. Weber den Riffler. Auch Stephan Kirchler aus dem Ahrntal ist ein gesuchter Führer: mit M. von Dechy, ersteigt er die Floitenspitze, mit R. Seyerlen die Hochfernerspitze. 1879 bezwingen die Gebrüder Zsigmondy den Feldkopf, der bisher allgemein als unersteiglich bezeichnet wurde.

1880 ersteigt Russel Starr aus London mit den Führern Ebel und Lechner den Fußstein, und damit sind die großen, beherrschenden Berge, die im alten Stil überhaupt ersteigbar waren, gefallen. Der erste Abschnitt der alpinen Erschließung war in knapp 40 Jahren durchlaufen.

Mit der Erbauung der Berliner Hütte 1879/80 kann man den zweiten Abschnitt sehr wohl und würdig eröffnen. Unmittelbar darauf werden die Olpererhütte und die Wiener Hütte am Hochfeiler gebaut. Die Bärenjagden, die 1881 durch militärische Verbände in den Zillertaler Tälern durchgeführt werden, sollen mit der alten Zeit gründlich Schluß machen. Und da pocht schon die neue Zeit an: Erste Winterbegehung des Hochfeilers durch J. Meurer und D. Liagre mit drei Führern. Die Zsigmondy-Buben sind die ersten führerlosen Bergsteiger am Turnerkamp. Oberleutnant von Rehm biwakiert acht Tage im primitiven Zelt am Gipfel des Schwarzenstein (im Zuge der europäischen Gradmessung). Die AV-Sektion Prag macht die schwierigsten Stellen im Gipfelgrat des Olperer leichter gangbar.

Guido Eugen Lammer steigt im Alleingang durch die NW-Flanke des Hochfeilers ab und überschreitet den kühnen Verbindungsgrat Olperer — Fußstein. Prof. Finsterwalder führt 1886 seine ersten Gletschermessungen im Zillertal durch, das ist das Jahr, in dem Viktor Sohm seine ersten Versuche mit Schneeschuhen macht.

Fritz Drasch und J. Jurek erklettern die erste große Wand in den Zillertalern, die Nordwand des Turnerkamps, ein Jahr später durchsteigt Dr. F. Dyck mit Hans Hörhager die eisgepanzerte Nordwand des Hochfeilers. Es ist die Zeit, da die Mitgliederzahl des Alpenvereins sprunghaft von 6000 auf 21 000 anwächst; Furtschagl- und Dominikus-Hütte werden erbaut, noch vor der Jahrhunderwende folgen Greizer, Schwarzenstein-, Chemnitzer und Geraer Hütte.

Dr. Fritz Koegel ersteigt mit Franz Hofer im Verlauf von drei Jahren fast alle bislang unerstiegenen Berge der Reichenspitzgruppe und des Klockerkarstockes; desgleichen Dr. R. Werner mit den Führern Tipotsch und Fankhauser die des Ribler- und des Magnerkammes.

Die letzten schweren Gipfel werden erstiegen, mit Ausnahme der „Drei Könige", die erst in den zwanziger Jahren reif sind; andere Gipfel werden durch steile Wände und über kühne Grate angegangen, oder auch im Winter. Fritz Drasch, einer der kühnsten Gipfelstürmer seiner Zeit, verunglückt in der Ostflanke des Mörchners tödlich; die ersten Skibergsteiger ziehen auf; im Ahrntal wird der letzte Wolf geschossen.

Und mit der Jahrhundertwende kann man dann sehr wohl den Beginn des dritten Abschnittes ansetzen, der noch immer dauert, und — wenn nicht alle Zeichen trügen — in den Zillertaler Bergen noch seine Weile dauern wird: Bergsteigen als zweckfreies Tun in zweckfreier Landschaft!

II. Begrenzung und Gruppierung

Begrenzung

Unter den Zillertaler Alpen versteht man den Zentralalpenkamm vom Brenner bis zum Krimmler Tauern, bzw. mit Zurechnung des Klockerkarstockes bis zur Birnlucke, sowie die dazugehörigen Seitenkämme. Nicht berücksichtigt wurden hierbei die Tuxer Voralpen, die am Tuxer Joch an den Tuxer Kamm anstoßen. Die Tuxer Voralpen sind vornehmlich ein Ski- und Wandergebiet, das in eigenen Führern behandelt wird (Literaturnachweis).

Gruppierung

Wir gliedern, im Südwesten beginnend:

I. Tuxer Kamm (zur Wasserscheide schräg gestellt) zwischen Brenner und Pfitscher Joch.
Er fußt bei Sterzing und streicht von dort in nordöstl. Richtung bis Mayrhofen.

II. Zillertaler Hauptkamm, der die Wasserscheide zwischen Pfitscher Joch und Hörndljoch bildet, mit den nördlichen Seitenkämmen: Hochstellerkamm, Greinerkamm, Mörchen-Igent-Kamm, Floitenkamm, Ahornkamm, und (freistehend) Riblerkamm und Magnerkamm.

III. Zwischen Heilig-Geist-Jöchl und Krimmler Tauern setzt am Dreiecker die Reichenspitzgruppe an, die sich an der Reichenspitze in eine Reihe von Zweigkämmen auflöst, für die Ing. Weise sehr gut die Bezeichnung „Östl. Zillerkämme" einführt: Gerloskamm, Schönachkamm, Wimmerkamm, Schwarzachkamm, Zillerkamm.
Östlich des Krimmler Tauern baut sich der Kleine Klockerkarstock auf, das Bindeglied zwischen Zillertaler Alpen und Venedigergruppe.

IV. An der Unteren Weißzintscharte (Weißzint — Hochfeiler) zweigen vom Hauptkamm die vielverästelten Pfunderer Berge ab. Wir unterteilen diese in den Kreuzspitzkamm und in die von ihm südlich abzweigenden Kämme: Plattspitzkamm, Wurmaulkamm und Grubbachkamm. Am Nöfessattel (südlich des Turnerkamps) streicht als letzter der Mühlwalder Kamm nach Süden und Südosten ab.

III. Landeskundliche Einführung

von Dr. Emil Hensler

Die Landschaft und ihre natürlichen Voraussetzungen

Wenn wir in Jenbach aus einem der großen Schnellzüge, die das Inntal durcheilen, in die Zillertalbahn umsteigen, dann umfängt uns vom ersten Augenblick an ein heimeliges Gefühl. Hier beginnt ein Urlaub erst Urlaub zu sein. Von nun an brauchen wir keine Uhr mehr; und unwillkürlich fällt uns das Mundartgedicht von Franz Abler ein, in dem auf der Fahrt eine kleine Zillertalerin, ein „Bürgal" (Nothburga), geboren wird, der der Schaffner in Straß einen „Luller" kauft, die ein in Schlitters zugestiegener Lehrer lesen und schreiben lehrt und die so von Station zu Station einen Lebensabschnitt hinter sich bringt, bis sie endlich in Mayrhofen als betagte Großmutter begraben wird.

Die Zillertalbahn ist schon über ein halbes Jahrhundert alt. Bei Rotholz übersetzt sie den Inn und dann schlängelt sich ihre schmale Spur unmittelbar am Gemäuer des Schlosses Tureck (erbaut 2. Hälfte 16. Jh. vom Landesfürsten Erzherzog Ferdinand II., beherbergt jetzt die größte landwirtschaftliche Lehranstalt Tirols) entlang, der Mündung des Zillertales zu.

Wie unter ein Riesentor, dessen Säulen die steil aufragenden Felswände aus Schwazer Dolomit der Brettfall und des Reither Kogels bilden, duckt sich das Dörfchen Straß in den Eingang des Zillertales. Die ehemalige Einsiedelei und das Wallfahrtskirchlein Maria Brettfall grüßen von der Höhe. Freundlich winken die sanften Gefilde des äußeren Zillertales durch diesen strengen, felsigen Rahmen, und weit im Hintergrunde grüßen die fast 3000 m hohe Ahornspitze und der Dristner als nördlichste Ausläufer des Zillertaler Hauptkammes. Das Zillertal mündet als erstes Seitental des Inntales gleichsohlig und in fast gleicher Breite. Rund 30 km erstreckt es sich ziemlich genau Nord—Süd von Straß bis Mayrhofen und steigt bis dort nur um 100 m an. Die leicht verwitternden Wildschönauer Schiefer und Quarzphyllite, die es beiderseits begleiten, geben den Talhängen ein sanftes und anmutiges Gepräge. Bis hoch hinauf sind die Berglehnen besiedelt, und die vielen zerstreuten Futterstädel, Asten (sommerliche Mähweidebetriebe) und Almen verstärken diesen Eindruck der Bewohnbarkeit. Nur die steilsten Hangteile sind noch bewaldet und das dunkle Fichtengrün hebt sich scharf gegen die saftigen, hellgrünen Wiesen ab.

Die zum Teil sehr tief ins Gebirge einschneidenden Seitentäler oder Gründe, wie sie im Zillertale heißen, münden durchwegs in steilen, schluchtartigen Kerbstufen und lassen die freundlichen, almbesetzten Weitungen und Hänge im Inneren nicht erahnen. Die Bäche, die aus den Gründen kommen, haben zum Teil gewaltige Schwemmkegel aufgeschüttet und sind nicht selten gefährliche Murgänge. Sie drängen den Ziller jeweils an den gegenüberliegenden Talhang und verursachen in ihren talauf liegenden Winkeln einen Grundwasserstau, der zu Sumpfbildung Anlaß gibt.

Die Schwemmkegel sind im Bereich der Talsohle die bevorzugten und vielfach einzig möglichen Siedlungslagen. Und wie die Schwemmkegel einander folgen, so auch die Dörfer. Nur Bruck und Imming liegen auf einer Schotterterrasse. Im äußeren Zillertal finden wir noch überall Reste des alten Schwazer Bergbaues. Schon in Straß begegnen uns abseits des Dorfes noch einige Häuser einer ehemaligen Knappensiedlung und in Kleinboden am Finsingbach eine alte Eisenschmelzhütte und ein Hammerwerk aus dem 16. Jahrhundert.

Neben der Kirche in Fügen steht das Schloß Fügen, im 15. Jahrhundert von den Edlen von Keutschach erbaut und um 1700 durch die Grafen Fieger mit einem barocken Erweiterungsbau versehen. In Fügen war die bedeutende Bildschnitzerfamilie Nißl beheimatet, deren Werke man nicht nur in der Fügener Pfarrkirche, sondern allenthalben im Tale begegnet. Zwischen Fügen und Uderns überschreiten wir den Finsingbach, einen der gefährlichsten Murbäche des Zillertales, der einen riesigen Schuttkegel aufgebaut hat. Weiter talauf hat er im Knotach einen großen Teil der Talsohle versumpft, der zwischen den beiden Kriegen entwässert wurde. Da der Ziller aber in seinem Unterlauf sehr viel Geschiebe ablagert und daher weithin in einem überhöhten Bette fließt, ist es schwer, die nötige Vorflut zu gewinnen.

Der nächste große Schwemmkegel kommt aus dem Märzengrund von der anderen Talseite und trägt die Orte März und Stumm. In der Stummer Pfarrkirche begegnen wir wieder Werken der Familie Nißl. Das Schloß Stumm aus dem 16. Jahrhundert war ehemals Sitz des Hofmarkrichters. Talaufwärts, bei Aschau, verengt sich das Zillertal zusehends. Die Talhänge werden steiler und treten näher aneinander. Sie sind bis in den Talgrund bewaldet. Aschau und gegenüber Turmbach liegen am Ausgang dieser Enge. Die Kirche Turmbach dürfte die älteste im Zillertale sein und schon um das Jahr 1000 bestanden haben. Fenster und gotischer Torbogen erscheinen unverhältnismäßig niedrig angesetzt. Das ist die Folge wiederholter Vermurungen, die hier etwa 1,20 m aufgeschüttet haben. Früher mußte man über Stufen in das Kirchenschiff hinuntersteigen. Später wurde der Boden gehoben, so daß auch das Kircheninnere zu niedrig wirkt.

Bei Aschau ist das Unterzillertal zu Ende. Die Engstelle, die in die Zeller Weitung überleitet, war am Klausnereck 1809 Schauplatz eines Gefechtes zwischen Zillertalern und Bayern. Ein kleines Denkmal beim Krapferwirtshaus erinnert an diese Begebenheit aus Tirols großen Tagen. Zell ist der alte Hauptort des Zillertales. Es ist Sitz eines Bezirksgerichtes und des salzburgischen fürsterzbischöflichen Dekanates. Der Ziller ist seit alters die Grenze zwischen den Diözesen Salzburg und Brixen. In Zell zweigt die Straße über den 1486 m hohen Gerlospaß ab, der in den Oberpinzgau hinüberleitet. Die Gerlos mündet in einer engen Klamm in die Zeller Weitung. Die Straße erklettert in steilen Kehren den Hainzenberg, von dem das ganz an den Felsabsturz gebaute Wallfahrtskirchlein Maria Rast heruntergrüßt. Bei einem Felssturz, der 1910 unter dem Kirchlein losbrach, ist auch dessen westlicher Querarm abgestürzt. Im Quarzphyllit des Hainzenberges (südlich) und Rohrberges (nördlich der Gerlosmündung) und am Laimacher Berg auf der anderen Talseite befinden sich alte Goldbergbaue. Das Gold tritt gediegen in feinen Äderchen und Plättchen auf. Seit 1439 wurde hier Gold geschürft, doch waren die verschiedenen Bergbaue nie recht rentabel. Der letzte 1938 bis 1939 unternommene Versuch ist durch den Krieg abgebrochen worden. Die Zeller Pfarrkirche ist eine Rokokozentralanlage mit achteckigem Grundriß, über dem sich eine mächtige Kuppel wölbt. Sie birgt unter anderem ein barockes Großgemälde der Hl. Dreifaltigkeit und wiederum Werke der Familie Nißl.

Oberhalb Zell zeigen sich im Gerlosstein und weiter talein in der Geschößwand zum erstenmal steile, felsige Wände, bereits der Schieferhülle angehörend, die die sanften, grünen Talhänge nun ablösen. Der Talboden gewinnt die breite Ausdehnung des Unterzillertales nicht mehr zurück, wenn auch sein Gefälle noch gleichbleibt. Noch einmal schiebt sich von Westen aus dem Sidangrund ein mächtiger Murschuttkegel heraus, auf dem Schwendau liegt, und dann endet das Zillertal im Becken von Mayrhofen ganz unerwartet schnell. Auf allen Seiten steigen steile Bergwände empor, nur nach Westen ist der Blick noch etwas freier, wo, ebenfalls in einer Steilstufe, der noch ziemlich breite Tuxer Grund mündet. An der Stufenschwelle liegt das Dörfchen Finkenberg, schon 230 m höher als Mayrhofen. Schluchtartig und viel enger münden der Zemmgrund, der mit seiner Fortsetzung, dem Zamser Grund, vom Pfitscher Joch her die Trennungslinie zwischen Zillertaler und Tuxer Hauptkamm bildet, und der Zillergrund, der die östliche Nordabdachung des Zillertaler Hauptkammes entwässert. Zwischen beiden mündet noch der kurze Stilluppgrund in steiler Kerbstufe. Diese vier zusammen, Tuxer, Zemm-, Stillupp- und Zillergrund mit ihren Nebentälern werden die inneren Gründe genannt. Sie sind, vom Tuxer Grund abgesehen, nicht mehr nennenswert besiedelt. Im Zillergrund ist Brandberg am Südhang mit Häusling in einer Talerweiterung die letzte Siedlung, und im Zemmgrund ist es Ginzling, das erst seit etwa hundert Jahren von einer Sommer- zu einer Dauersiedlung geworden ist. Der Stilluppgrund ist nur im Sommer bewohnt.

Mayrhofen ist der wichtigste Ausgangspunkt für Bergfahrten in die Zillertaler Alpen. Diesem Umstand verdankt es auch seinen Aufschwung zu einem der ersten Fremdenorte Tirols. In Mayrhofen steht ein Großrelief der Zillertaler Alpen, das der bekannte Alpenvereinskartograph Ing. Ebster geschaffen hat. Da man von Mayrhofen aus eine Reihe kürzerer, gefahrloser Wanderungen etwa in die Stilluppklamm, nach Häusling, Brandberg usw. unternehmen kann, hat es auch als Sommerfrische große Bedeutung erlangt. Die Penkenseilbahn (1954 erbaut) erschließt ein schönes Skigebiet. Eine Wanderung über den Penken lohnt sich aber auch im Sommer. Von zahlreichen Punkten aus bietet sich ein einzigartiger Blick auf die umliegenden Berge. Besonders großartig aber ist die Übersicht über den Stilluppgrund. Wie vom Flugzeug aus sieht man in dieses gletschergeformte Trogtal hinein. Aus einer fast ebenen Talsohle scheinen die Trogwände nahezu senkrecht emporzusteigen. Mit sanfteren Neigungen schließen sich nach oben Kare an, die durch scharf ausgeprägte Grate getrennt sind und vielfach sehr schöne, aber schwer zugängliche Almböden tragen. Ein gewaltiges, gletschergesäumtes Kar schließt dieses Hochtal ab. Wasserfälle stürzen, besonders zur Zeit der Schneeschmelze, von den Wänden, und im Talboden treten unter den kurzen, steilen Hangschuttkegeln mächtige Schuttquellen hervor. Die Stufe zum Mayrhofener Becken ist vom Bach schluchtartig eingekerbt. Der Stilluppgrund ist nicht das einzige Trogtal im Zillertaler Hauptkamm. Auch andere Täler der Nordabdachung sind von den diluvialen Eismassen zu schönen Trögen gestaltet worden. Die Täler der Südabdachung hingegen sind meist kurz und steil und daher vorwiegend grabenförmig ausgebildet. Von den Seitentälern des Zemmgrundes sind vor allem noch die Floite und die Gunggl und im Bereich des Zillergrundes der Bodengrund und der Sondergrund zu nennen. Diese Trogtäler konnten nur in dem überaus harten und standfesten Zentralgneis so schön erhalten bleiben. Wo weichere Gesteine das Gebirge aufbauen, sind sie längst von der nachzeitlichen Abtragung zerstört worden. Erreicht man die Zillertaler Alpen von Norden her nur durch das Talsystem des Zillers, das sich nach Süden wie ein Baum verästelt und in seiner Krone gleichsam den Hauptkamm trägt, so sind es von Süden her drei Täler, die den Zugang zu den Zillertaler Bergen vermitteln: Das Pfitscher Tal im Westen, das vom Pfitscher Joch her bei Sterzing ins Wipptal mündet, das Pfunderer Tal, das aus dem Pustertal in nördlicher Richtung gegen den Hochfeiler vorstößt, und das Tauferer Tal, das ebenfalls aus dem

Pustertal bei Bruneck nach Norden führt und dessen Zweige Mühlwalder und Ahrntal fast den ganzen Hauptkamm von Süden her erschließen.

Das 2251 m hohe Pfitscher Joch ist durch das Pfitscher Tal auf einer Straße erreichbar. Breit mündet das Tal bei Wiesen in das Sterzinger Moos. Aber bald wird es enger und die steilen Hänge sind bis in den Talgrund bewaldet. Innerhalb von Afens hat ein Bergsturz von der Überseilspitze das Tal weithin verschüttet. Der Talbach durchbricht die hohe Bergsturzterrasse von Pfannes, überfließend aus dem dahinter gestauten Bergsturzsee. Das Tal wird wieder breiter, und dichte Auwälder säumen den Bach zu beiden Seiten. Die Hauptorte des Tales sind Kematen und St. Jakob im Pfitsch, beide um 1450 m hoch gelegen. Die höchste und gleichzeitig innerste Dauersiedlung ist Stein (1555 m), das schon fast im Talschluß liegt. In großen Kehren arbeitet sich die Straße von hier aus höher über die Oberbergalm zum Pfitscher Joch, vorbei an einigen kleinen Felsbeckenseen, die ein Werk der Gletscher sind. Das Pfitscher Tal erschließt eigentlich nur den Westpfeiler der Zillertaler Alpen, den 3510 m hohen Hochfeiler, der gleichzeitig die höchste Erhebung des Hauptkammes ist.

Das Pfunderer Tal mündet bei Niedervintl in das äußere Pustertal. Im Volke sind für das äußere Tal der Name Weitental und für das innere Pfunderer Tal gebräuchlich. Dies sind auch die Namen der beiden Hauptorte. Mit den innersten Verästelungen reicht es gerade noch an die Gletscher der Weißzint heran. Die stark verwitterten Gesteine der Schieferhülle bilden die Grundlage für fruchtbare Almböden. Als touristischer Zugang zu den Zillertaler Alpen ist das Pfunderer Tal nicht von Bedeutung.

Weitaus günstiger erschließt das Tauferer Tal die Zillertaler Alpen von Süden. Von Bruneck bis Sand steigt es auf 15 km Länge nur um 50 m an. Große Schuttkegel, zum Teil wie unterhalb Gaiß aus fast trockenen Tobeln hervortretend, verdrängen und stauen die Ahr und verursachen oft weithinreichende Versumpfungen des Talbodens. Die Talhänge sind steiler und nicht so reich besiedelt wie im äußeren Zillertal. Hoch über Uttenheim grüßt die Ruine der alten Burg. Zwischen Uttenheim und Mühlen wird der Talboden von breiten Auen eingenommen. Bei Mühlen mündet das Mühlwalder Tal von Westen her. Seine Quellen liegen unter dem Mösele. Die Südhänge des Speikbodens und Stoßkofels sind reich besiedelt, während die Schattseite bis in den Talgrund bewaldet ist. Die Straße führt bis Lappach (1435 m). Die Zösenhöfe liegen noch 300 m höher (1775 m) und sind weitum die höchstgelegenen.

Sand in Taufers hat eine herrliche Lage. Aus einem engen Kerbtal tritt die Ahr unter dem Schloß Taufers hervor, im Hintergrunde erhebt sich mächtig der Schwarzenstein. Von Osten mündet aus der Rieserfernergruppe das Raintal.

Bei Luttach biegt das Ahrntal fast rechtwinkelig gegen Nordosten ab und verläuft wie der Zillertaler Hauptkamm fast gradlinig bis zur Birnlucke. Pirra war der alte deutsche Name der Ahr und der anschließenden Rienz bis zur Mündung in den Eisack. 27 km lang führt die Straße von Sand bis Kasern in der Prettau. Das Tal wird von Luttach aufwärts wieder breiter und ist mit Dörfern, Weilern und Einzelhöfen reich besiedelt. Der Reihe nach kommen wir durch die größeren Orte St. Johann, Steinhaus, St. Jakob, St. Peter und Prettau. Die wichtigsten Übergänge in das Zillertal sind das Hörndljoch, Hundskehljoch und Heilig-Geist-Jöchl. Sie führen alle in den Zillergrund hinüber und werden im Sommer als Übergänge zu den den Ahrntalern gehörenden, jenseits des Hauptkammes liegenden Almen viel benutzt. Vor der Grenzziehung reichten die Gemeinden hier weiter nach Norden über den Gebirgskamm über, wie dies auch im Pfitscher Joch der Fall war. Weiter im Westen, zwischen Wollbachspitze und Hochfeiler, sind alle Übergänge vergletschert und haben nur touristische Bedeutung. Auch diese ist durch die Grenzziehung stark gesunken.

Die Zillertaler Alpen sind im wesentlichen aus Orthogneisen (eruptiv entstandenen Gneisen) aufgebaut. In ziemlich gleichbleibender Breite streichen diese von Osten aus den Hohen Tauern nach Westen. Westlich des Stillupp-grundes spalten sie sich in zwei Äste. Der stärkere nördliche reicht bis an den Brenner heran und baut den Tuxer Hauptkamm auf, der südliche erreicht im Hochfeiler die höchste Erhebung und endet dort. Die Nordgrenze dieses Gneiszuges ist etwa durch die Linie Krimml — Mayrhofen — Nordabdachung des Tuxer Hauptkammes gegeben, die Südgrenze verläuft von der Birnlucke an fast genau in der Talfurche des Ahrntales und setzt diese Richtung noch über St. Johann hinaus fort. Erst im oberen Mühlwalder Tal biegt sie nach Westen um und umfährt den Südfuß des Hochfeilers.

Wie der Kern aus einer aufgebrochenen Schale hervorlugt, so tritt die Gneismasse aus der Schieferhülle heraus und ist mit ihr im Grenzgebiet stark verzahnt. Die Schieferhülle greift auch zwischen die beiden Gneisäste ein. Sie besteht aus einer bunten Gesellschaft von Gesteinen, Kalkphylliten und Kalkglimmerschiefern, anderen Glimmerschiefern, Quarziten, Paragneisen usw. Für den Bergwanderer ist die Schieferhülle besonders reizvoll durch ihren großen Reichtum an Mineralien, die ihm vor allem in vielgestaltigen und -farbigen Kristallen entgegentreten. Geradezu berühmt geworden ist der Greinerkamm westlich der Berliner Hütte, der ein Dorado der Mineraliensammler ist. In früheren Zeiten wurden diese Mineralien zum Teil auch verwertet, so vor allem die Zillertaler Granaten (Almandin), deren dunkelrote Kristalle bis etwa haselnußgroß werden. In einem Moränentälchen gegenüber der Berliner Hütte steht noch das Granathüttl und am Bach die Reste eines alten Mühlwerkes. Hier wurden die am Roßrugg gesammelten Granaten gepocht. Die schönen, großen Stücke wurden für Schmuck verarbeitet, die kleinen gaben ein sehr hartes Schleifmittel. In Bachgeröllen fallen besonders die Garbenschiefer auf, dunkle, fast schwarze Hornblendebesen in einem hellen Grundgewebe, das oft noch von Granaten durchsetzt ist. Stellenweise begegnet man Strahlsteinfelsen. Die Grundmasse ist gelblich-weißer, weicher Talk, und darin sind grüne, stengelige Aktinolithkristalle (Strahlstein, eine Hornblendeart) in ähnlicher Anordnung wie bei den Garbenschiefern eingebettet. Einzelne Kristalle können bis zu 15 cm lang werden. Sie haben einen spitzwinkeligen Querschnitt, der sie von den ungleich selteneren Diopsidkristallen unterscheidet, die hell- bis dunkelgrün sind und einen rechteckigen Querschnitt haben. Seltenere Mineralien sind auch die Oktaeder des Magnetits, der schwarz glänzende Turmalin, der wasserklare Bergkristall mit den manchmal rötlichviolett gefärbten Spitzen des Amethysts, grüner oder gelblicher Titanit, ganz selten Apatit und viele andere mehr.

Im Bereich der Schieferhülle treffen wir auf Züge kristalliner Kalke, die, vielfach unterbrochen, die Gneiszone im Norden und Süden begleiten und mitunter auch bedeutende Gipfel aufbauen. Sie sind plattig, mitunter auch dickbankig und bilden schrofige Hänge und Wände, die aus den begrünten Hängen der leichter verwitternden Gesteine der Schieferhülle scharf hervorstechen. Sie sind mitunter wie Marmore verwendet und abgebaut worden, so etwa als Tuxer Marmor bei Hochstegen nahe Mayrhofen.

Die große Gleichförmigkeit im Gesteinsaufbau des Zillertaler Hauptkammes ist die Ursache dafür, daß die von den abtragenden Kräften geschaffenen Formen weithin ähnlich sind. Die hohe Standfestigkeit hat zu einer starken

Zuschärfung der Grate geführt, die durch Kare reich gegliedert sind. Schon die Namen der Grate deuten auf diese Zuschärfung hin: Wildschrofenschneide, Popbergschneide usw. Einzelne Großkare sind in viele Einzelkare aufgelöst. Gewaltige blockreiche Schuttmassen, vom Spaltenfrost abgesprengt, überziehen die Hänge. Oberhalb der Schneegrenze sind die Kare von Gletschern erfüllt, zwischen denen die trennenden Kämme oft noch schärfer und steiler erscheinen.

Die Gletscher der Eiszeit, die im Vorlande des Hauptkammes, in den Tuxer und Kitzbüheler Alpen fast alle Höhen überflutet und dort die breiten und runden Formen lange Zeit vor weiterer Zerschneidung bewahrt haben, reichten im Hauptkamm nicht über alle Gipfel und Grate. Als mächtiges Eisstromnetz, wie heute noch in Patagonien, füllten sie die Hochtäler aus, und die höchsten Regionen waren ständig der Verwitterung, dem Spaltenfrost vor allem, preisgegeben. Nur zum Teil beförderten die Gletscher die herabkollernden Gesteinstrümmer weiter. Nach ihrem Abschmelzen blieben mächtige Schuttmassen an den Hängen und in den Hochtalsohlen liegen, die in der Folgezeit von den Bächen und Flüssen in die Täler hinausbefördert wurden und diese tief eingeschnittenen Furchen bis zu mehreren 100 m Mächtigkeit aufschütteten, wodurch die breiten, gefällsarmen Talsohlen entstanden sind.

Die Lagerungsverhältnisse sind nur in den Kontakten zur Schieferhülle komplizierter. Die Strukturflächen des Zentralgneises fallen steil, oft senkrecht ein, stellenweise stehen sie fächerförmig zueinander wie am Turnerkamp, oder gewölbeförmig wie z. B. im Wolfendorn (Tuxer Kamm), wo die Scheitelwölbung noch geschlossen ist. Deckenförmige Lagerung ist nirgends zu beobachten.

Die heutige Vergletscherung des Zillertaler Hauptkammes ist trotz des starken Gletscherschwundes der letzten Jahrzehnte bedeutend. Wie bei der Talbildung die langsamer abdachende Nordseite andere Formen als die steil abfallende Südmauer hervorgebracht hat, so auch die Vergletscherung. Die Nordseite bietet in riesigen Karmulden die geeigneten Speicherbecken, in denen sich große Gletscher entwickeln konnten. Nur die schärfsten Gratschneiden und Gipfel und steilste Wände sind eisfrei. Dagegen sind die Gletscher der Südseite klein und meist viel steiler. Östlich der Wollbachspitze bricht die Vergletscherung plötzlich ab und tritt nur mehr in den Nordostwinkeln der abzweigenden Kämme auf. Große Schuttkare säumen die Gipfel und geben ihnen ein ödes und verlassenes Aussehen.

Leider sind auch die Zillertaler Alpen vom Gletschersterben nicht ausgenommen. Viele Alpenvereinshütten waren ursprünglich unmittelbar oder nahe an Gletscherzungen gelegen, die noch vor wenigen Jahrzehnten weit in die Täler herabreichten und sich oft in gewaltigen, blaugrün schimmernden Brüchen über Gefällsknicke im Untergrund hinwegschoben. Aus hochgewölbten Gletschertoren strömten die milchig trüben Gletscherbäche, und nicht weit vor den Gletscherenden grünte und blühte es. Wie sehr hat sich das gewandelt! Die Zungen haben sich stellenweise kilometerweit zurückgezogen und so an Masse verloren, daß sich ehemals zusammenhängende Gletscher in zwei und mehr getrennte Lappen zerteilten, wodurch der Verfall noch beschleunigt wurde. Von den regelmäßig gemessenen Gletschern der Zillertaler Alpen möge das Waxeggkees nächst der Berliner Hütte ein Beispiel sein. 1928 reichte die Zunge bis 1856 m herab, 1950 hatte sie sich schon auf 2200 m zurückgezogen, also 350 m an Höhe verloren. Das entspricht einer Verkürzung der Zunge um rund 1000 m. Das Ende des Schwarzensteinkeeses ist allein in einem Jahr von 1951 auf 1952 um 118 m kürzer geworden. Ähnlich verhalten sich alle anderen Gletscher. Der Nachschub selbst schneereicher Winter vermag nirgends mehr die Aufzehrung im Sommer auch nur annähernd wettzumachen. Die Wege von den Hütten zu den Gletscherenden werden immer länger und beschwerlicher, weil sie über den erst freigewordenen, lockeren Moränenschutt führen. Die Gletscher aber sind in den unteren Teilen in unzählige Spalten, Türme und Blöcke aufgelöst und kaum mehr begehbar.

Die Wasserführung der Gletscherbäche ist früheren Jahrzehnten gegenüber stark gestiegen. Sie verfrachten die riesigen freigewordenen Schuttmassen und vermuren damit die Hochtäler, die ehedem gute und ertragreiche Almböden trugen. So ist z. B. der ganze Talboden des Schlegeisgrundes vor 50 Jahren noch durch zwei Almen genutzt worden, heute ist eine davon aufgelassen und die andere hält sich noch kärglich auf einigen nicht verschütteten schmalen Weidestreifen. Der Talboden ist in seiner ganzen Breite ein einziges Schotterfeld, durch das viele Murengerinne nebeneinander talab ziehen. Ähnlich ist es in der Floite und vielen anderen Gründen.

Der Mensch, Siedlung, Wirtschaft, Verkehr

Nur die Randlandschaften und Zugänge der Zillertaler Alpen sind dauernd besiedelt. Die Hochtäler, Kare und Gehänge werden in Asten und Almen nur während des Sommers bewohnt. In ihnen hat sich etwas vom Nomadentum der ältesten Alpenbewohner erhalten, und diese Siedlungen weisen noch mancherlei urtümliche Züge auf. Der ständige Kampf mit den Unbilden des Hochgebirges hält die Sinne der Bewohner wach und macht sie erfinderisch und selbständig, was durch das monatelange Alleinsein auf abgeschiedenen Hochweiden oft bis zur Eigenbrötelei ausartet. Aber lassen wir uns den Zillertaler Volkscharakter von L. Hübner vorführen, der das Zillertal in seiner 1796 erschienenen Beschreibung des Erzstiftes und Reichsfürstentums Salzburg geschildert hat. Die von ihm aufgezeichneten Bemerkungen gelten bis heute ungeschmälert, wenn wir auch manche davon in etwas anderem Licht sehen mögen.

„Der Zillertaler", sagt L. Hübner, „hat alle guten und bösen Eigenschaften der Gebirgsbewohner. Er ist lebhaft, arbeitsam, erfinderisch, und unverdrossen, doch dabey etwas starrsinnig, hasset blinden Gehorsam und handelt ungern wider eigene Überzeugung. Er bedarf daher einer bescheidenen, klugen Behandlung von Seiten der Beamten, und eines bidern gesunddenkenden Volkslehrers von Seiten der Religion. Ersterer findet ohne die nöthige Behutsamkeit gar leicht Widerstand; und ein ungeschickter Seelsorger wird ausgelacht, oder er verfehlt seinen Zweck ganz. Der hiesige Landmann ist nichts weniger als Andächtler, einige angeerbte Aberglauben ausgenommen, an denen er, solange er nicht handgreiflich vom Gegenteil überzeugt wird, steif hält ... Es gibt sogar Bauern, die sich ein eigenes Hausreligiönchen zusammenschmieden, das natürlich weder lutherisch noch katholisch ist, und das ihnen nur ein sehr gewandter Menschenkenner aus den Köpfen demonstrieren wird ... Gesunden, natürlichen Witz trifft man vielfältig hier an; und es gibt mehrere unter diesem Volke, welche unter der Miene von vertraulicher Dummheit die trockensten Wahrheiten, in Scherz gekleidet, einem ins Gesicht sagen. Überhaupt ist er Liebhaber von Neckerey und Bespöttelung. Da er eine große Neigung zur Ungebundenheit äußert, die manchmal durch häufiges Branntweintrinken befördert wird; so muß er immer gelinde behandelt werden, wenn er nicht zu tumultarischen Auftritten gereizet werden soll ... Der Tanz ist seine Lieblingsleidenschaft ..."

Stammesmäßig gehören die Zillertaler ohne Zweifel zu den Bajuvaren.

Überall im Tale begegnen wir dem mittelgroß gewachsenen, stämmigen, untersetzten Bauerntyp. Die Bajuvaren sind über Kufstein in das Inntal eingedrungen und haben die großen Seitentäler besiedelt. Es mag sein, daß sie dabei einen Teil der einheimischen Bevölkerung, romanisierte Illyrer, verdrängt haben, oder daß diese selbst geflohen ist. Die Annahme, daß die Bajuvaren alle aufgegriffenen Einheimischen über die Klinge springen ließen, ist unhaltbar. Wie hätten sich in diesem Falle die vielen vordeutschen Orts-, Flur- und Gerätenamen (besonders in der Almwirtschaft) überliefern können? Die in die Minderheit geratene vordeutsche Bevölkerung wurde im Laufe der Zeit einfach aufgesogen, was so gründlich geschah, daß außer den erwähnten sprachlichen Zeugen nichts übriggeblieben ist. Aber gerade die Verteilung der Ortsnamen zeigt, daß die Eingewanderten sich in den weithin leeren Gebieten zwischen den Siedlungen der Einheimischen niedergelassen haben.

Anders sind die Verhältnisse im innersten Zillertale, vor allem im Tuxer Grund. Kleinwüchsige, schlankere und dunkle Typen überwiegen hier noch heute und deuten auf einen anderen völkischen Ursprung hin. Auch häufen sich hier die vordeutschen Namen beträchtlich, und wir finden nicht nur illyrische Namen (wie z. B. Tux, Stilluppe), sondern auch viele romanische. Man nimmt heute an, daß das Tux über das Tuxer Joch vom Wipptale her besiedelt worden ist. Hintertux gehörte auch bis zum ersten Weltkriege zur Pfarre und Gemeinde Schmirn, so wie der innerste Zillergrund zu den Ahrntaler Gemeinden und der Zamser und teilweise der Zemmgrund zur Gemeinde Pfitsch gehörten. Dieses Übergreifen über Jöcher und Pässe ist eine in den Alpen weit verbreitete Erscheinung, weil viele Hochtäler ursprünglich über die Jöcher leichter zu erreichen waren als durch die wilden, unzugänglichen Mündungsschluchten. Daneben aber zeigen auch die Flurnamen wieder, daß die an den Talausgängen siedelnden vordeutschen Bewohner mit ihrem Vieh schon weit in die Hochtäler hinein vorgedrungen waren und diese almwirtschaftlich genutzt haben. So liegen im äußeren Zillertale Orte mit vordeutschen Namen (Schlitters, Uderns, März) und weit hinten in den Gründen Almen mit ebensolchen vordeutschen Namen (Zams, Rutz, Floite, Stilluppe, Els, Gunggl, Juns usw.). Dazwischen aber, abseits vom bereits besiedelten Gebiete, haben sich die Baiern niedergelassen. Dafür zeugen eine Reihe von Ing-Namen der ersten Besiedlungszeit (Imming, Kapfing, Finsing, Häusling, Ginzling).

Der mittelalterliche Siedlungsausbau und die grundherrschaftliche Schwaighofsiedlung haben auch im Bereiche der Zillertaler Alpen zu einer starken Verdichtung der Siedlungen geführt und die Dauersiedlung in bis dahin unbewohnte Höhen, ja bis in die heutige Almregion vorgetrieben. Eine große Zahl der Schwaighöfe wurde später als Dauersiedlung wieder aufgelassen und zu Almen gemacht. Gehalten haben sich im wesentlichen nur jene Schwaighöfe, in deren Bereich noch Ackerbau möglich war. Damals ist die Mehrzahl der Waldlücken in die Talhänge geschlagen worden, die uns schon beim Betreten des Zillertales aufgefallen sind. Aus jener Zeit stammt auch eine eigene Schicht von Ortsnamen, wie etwa Mayrhofen oder die auf Schlägerungen und Rodungen hinweisenden Namen Stockach, Schwendau, Brandberg, Brandach usw. Im Zuge dieser Besiedlung ist die Mehrzahl jener Einzelhöfe entstanden, die über die Talhänge verstreut liegen. Oberhalb der Dauersiedlungen folgen die Asten, eine Art Voralmen, die meist gruppenweise auftreten. Die Asten werden im Frühjahr und Herbst beweidet, wodurch sie den nötigen Stallmist bekommen. Im Sommer, wenn das Vieh auf den Almen ist, werden sie einmal gemäht. Das Heu wird entweder im Winter zu Tal gebracht oder an Ort und Stelle aufgefüttert. Auf manchen Asten bleibt das Vieh bis Weihnachten, manchmal bis Maria Lichtmeß.

Die Almen schließen oft unmittelbar an die Asten an. Auch hier trifft man mitunter ganze Dörfer, die aus einer Vielzahl von Hütten und Stallungen bestehen. In den Zillertaler Alpen und ihren Zugangstälern liegen etwa 300 Almen, 184 allein im Einzugsgebiet der Zillertaler Ache. Im Bereich des weithin unfruchtbaren gletscher- und schuttbedeckten Hochgebirges des Zillertaler Hauptkammes liegen nördlich und südlich desselben immer noch etwa 160 Almen mit ungefähr 25 000 ha Weidefläche. Das Vieh befindet sich durchschnittlich 120 Tage auf den Almen und bleibt 40 bis 60 Tage auf den Asten. Es ist also rund 1/2 Jahr von den Heimgütern abwesend, und es ist ohne weiteres klar, daß dadurch das auf den Heimgütern erzeugte Futter für eine viel größere Vielzahl reicht. Besonders ergiebig sind die in der Schieferhülle gelegenen Almen; hier treffen gute, kalkreiche Verwitterungsböden mit günstigen Geländeformen zusammen, und Melkalmen mit einer Sommererzeugung von 150 000 bis 200 000 l Milch sind keine Einzelerscheinung. Diese großen, von mehreren Bauern gemeinschaftlich betriebenen Almen haben meist modern eingerichtete Käsereianlagen und liefern hochwertige Käse und Butter.

Durch die riesigen Weideflächen, die Almen, Asten und Heimweiden bieten, wird die alpine Landwirschaft von selbst in die Richtung der Viehwirtschaft gedrängt. Wenn dann, wie es in den Zillertaler Alpen und seinen Vorgebirgen der Fall ist, die Niederschlagsverhältnisse auch noch den Gras- und Futterbau begünstigen, so wird die Viehhaltung der naturgegebene Hauptwirtschaftszweig. Der Getreidebau genügt hier kaum noch der Eigenversorgung, und auch Kartoffel werden nicht in sehr großer Menge auf den Markt gebracht. Handelsgewächse, wie z. B. Flachs, werden nur mehr da und dort, vor allem auf den Berghöfen, gebaut. Wohl finden wir überall noch Brechelstuben, aber es sind bei weitem nicht mehr alle in Betrieb. Dem Obstbau wird erst in jüngster Zeit etwas mehr Beachtung geschenkt und statt des Mostobstes für Schnapsbrennerei nun auch Tafelobst gezogen. Noch vor einem halben Jahrhundert hatten die inneralpinen Täler ein fast ausschließlich landwirtschaftliches Gesicht. Dies trifft heute nicht mehr zu. Kaum die Hälfte der Bevölkerung lebt von der Landwirtschaft und ist in ihr beschäftigt. Der überwiegende Teil lebt von unselbständiger Arbeit und findet diese vor allem in Handel und Verkehr, zum Teil auch in Industrie und Bergbau. Eine breite Bevölkerungsschicht lebt vom Fremdenverkehr, dem natürlich auch die Landwirtschaft gute Absatzverhältnisse verdankt. Viele junge Leute werden vom Magnesitbergbau Lanersbach angelockt, da in der großen Höhenlage die Entlohnung gut ist. Auch größere gewerbliche Betriebe, Tischlereien, Sägewerke und dergleichen haben in den verkehrserschlossenen Tälern günstige Standorte gefunden. Alle diese neuen Berufsmöglichkeiten schmälern die Zahl der in der Landschaft Verbleibenden, so daß diese vor allem in Sommer in arge Leutenot gerät, wenn auf den Almen viel Personal gebraucht wird und gleichzeitig auf den Heimgütern der mehrfache Schnitt der Wiesen bewältigt werden muß. In der Viehhaltung wird der fürsorgliche Mensch nie ganz durch Maschinen ersetzt werden können. Trotzdem haben die letzten Jahrzehnte besonders im Gefolge der Wasserkraftnutzung viele Maschinen gebracht, die dem Bauern entscheidende Teile seiner früheren Arbeistlast abnehmen. Man denke nur an die zahlreichen Seilbahnen und Wirtschaftsaufzüge, die die Berghöfe eng ans Tal anschließen und die schnelle Verwertung verderblicher Erzeugnisse (Milch) überhaupt erst möglich gemacht haben. Dies trägt zweifellos zur Besitzfestigung der Höhensiedlung bei. Im Zillertal sind in der Nachkriegszeit sogar einzelne Höhensiedlungen neu bezogen worden. die schon seit Jahrzehnten Asten oder Zugüter waren. Dies darf aber nicht über die Abwanderung vom „Berg“ ins „Tal“ hinwegtäuschen. Diese Abwanderung war immer vorhanden und ist ein an sich ganz gesunder Zug, wenn sie in beschränktem Rahmen bleibt. Die Zillertaler sind zudem seit eh und je sehr wanderlustig, und da sie tüchtige und fleißige Landwirte sind, schwärmen sie weit ins Inntal und andere Nebentäler aus.

Früher sind die Zillertaler als Viehhändler oder auch mit Sämereien und Heilkräutern weit herumgezogen und auf ihren Wanderungen nicht nur auf deutschem Boden geblieben, sondern z. B. weit nach Rußland hinein und in den Balkan hinunter gekommen. Noch heute trifft man ältere Leute, die in ihrer Jugend solche Handelsfahrten unternommen haben.

Nicht unbedeutend ist auch die Forstwirtschaft, die sich allerdings großen Bringungsschwierigkeiten gegenüber sieht. Das aus den Gründen herausgetriftete Holz büßt in den wilden Schluchten, die es zu durchqueren hat, an Qualität ein. Der Bau von Bringungswegen ist in schwierigem Gelände oft so kostspielig, daß sich die Nutzung nicht mehr recht lohnt. Stellenweise werden Seilbahnen eingesetzt, die das Holz auf die schonendste Weise fördern. Da aber auch solche Anlagen rentabel sein müssen, lassen sich dann größere Kahlschläge, die nicht nur unschön, sondern im Hochgebirge wegen der erhöhten Bereitschaft zu Rutschungen und Lawinen und wegen der schwierigen Wiederaufforstung immer gefährlich sind, nicht ganz vermeiden.
Nun haben wir ein paar Streifzüge durch Berge und Täler der Zillertaler Alpen unternommen. Vielgestaltig erschließt sich die Natur dem Wanderer, der offenen Sinnes in sie hineintritt und die Aufmerksamkeit, die er ihr entgegenbringt, dankt sie durch eine unermeßliche Fülle von Erscheinungsformen von den lieblichen grünen Talgefilden bis in die ernsten, firnenübergossenen Höhen der über allem schweigend thronenden Felshäupter.

Die Pflanzenwelt der Zillertaler Alpen

(Dipl.-Ing. Walter Hensler, unter Verwendung eines Manuskripts von Oberregierungsrat Dr. Handel-Mazetti)

Vom üppigen Pflanzenwuchs der Täler bis zu den ersten Anfängen pflanzlichen Lebens hoch oben im kahlen Gestein der Kare, Wände und Grate birgt die Pflanzenwelt der Alpen alle Abstufungen und Übergänge der Pflanzengesellschaften, die in den ebenen Gebieten Hunderte von Kilometern auseinander liegen.

Die Vielgestaltigkeit des Geländes und des Grundgesteins, der rasche Wechsel von Sonnen- und Schattenseiten usw., bedingen oft interessante Überschneidungen oder scharfe Grenzen der einzelnen Pflanzengesellschaften, wie sie sonst nirgendwo beobachtet werden können.

Das im vorliegenden Führer behandelte Gebiet birgt einen reichhaltigen Ausschnitt der Alpenflora. Es ist im gegebenen Rahmen nicht möglich, dieser Vielfalt auch nur annähernd zu entsprechen, doch soll auf die großen Zusammenhänge und einige interessante Einzelheiten hingewiesen werden. Für die Lebensmöglichkeit der Pflanzen sind das Klima und der Gesteinsuntergrund entscheidend. Der Hauptteil des Gebietes liegt im Raume des kontinentalen Zentralalpenklimas, jedoch machen sich im Zillertal stellenweise bis hinein in die „Gründe" die letzten Auswirkungen des im Unterinntal herrschenden ozeanischen Klimas des Alpenrandes bemerkbar. Durch den Einfluß des austrocknenden Föhns wird andererseits besonders in den relativ niederschlagsarmen Talböden und an den Südhängen im Inneren der Zillertaler Alpen der kontinentale Klimacharakter noch verstärkt.

Die Temperatur nimmt im allgemeinen mit der Höhe ab, jedoch nicht immer verlaufen diese Höhenstufen regelmäßig. Die gleiche Höhenstufe liegt am Süd- oder Südwesthang oft um 200—300 m höher als am gegenüberliegenden Nord- oder Nordosthang. In Föhnlagen sind die Unterschiede noch größer. Selbstverständlich spielt auch die Steilheit und überhaupt die Form des Geländes dabei eine wesentliche Rolle. In Talkesseln oder Mulden bilden sich meist Kälteseen, die sogar eine Umkehr der normalen Reihenfolge der Höhenstufen bewirken. Zahlreiche Alpenpflanzen haben bezüglich der Höhenstufen eine weite Amplitude. Sie kommen ebenso in Tallagen vor wie weit oberhalb der Baumgrenze. Am augenfälligsten zeigt sich der Einfluß des Klimas in der Holzzusammensetzung der Wälder. So gehen die wärme- und niederschlagsbedürftigen Buchen und Tannen nicht weit in die inneren Täler. Die Buche geht z. B. nicht weit über Finkenberg und Ginzling hinaus (bei Finkenberg sind noch schöne Gruppen als Reste der einst weiter verbreiteten Buchenwälder vorhanden). Die Tanne wächst im Zemmgrund bis Breitlahner, im Zillergrund bis zur Breitenalm und im Tuxer Tal bis Ennstal. Als Begleitpflanzen der Buche finden sich die Haselwurz (Asarum europaeum L.) im Zillergrund, die Mondviole (Lunaria rediviva L.) bei der Stadelbachbrücke im Zillergrund, die Neunblätterige Zahnwurz (Dentaria enneaphyllos Gr.) nördlich der Gerlosplatte, das Wunderveilchen (Viola mirabilis L.) bei der Vössingalm und das Leberblümchen geht bis Ginzling, Häusling und Finkenberg. Die an das trocken-warme Talklima gebundene Eiche (Quercus robur L.) ist vereinzelt an Waldrändern und Feldrainen bis Finkenberg anzutreffen. Die mehr luftfeuchte Standorte bevorzugende Winterlinde (Tilia parvifolia Ehrh.) ist nicht selten, ein Wäldchen bei Ramsau steht unter Naturschutz, und in Bachschluchten kommt sie häufig vor (z. B. Tuxer Bach — Schlucht bei Finkenberg). Einige alte Bergulmen (Ulmus montana With.) stehen bei Häusling im Zillergrund. An Laubhölzern finden sich außerdem noch Erle, Esche, Eberesche, Zitterpappel, Birke, der Bergahorn (bis an die Waldgrenze) und verschiedene Sträucher. Die Fichte (Picea excelsa Link) ist überall die Hauptholzart. Sie geht auf 1800—2000 m hinauf und bildet stellenweise auch die Waldgrenze. Häufig sind der Fichte Lärchen (Larix europaea DC.) beigemengt, besonders an südseitigen Hängen und an der Waldgrenze. Weit verbreitet ist im Zillertal das sogenannte „Schnaiteln", das ist das Abhacken der Fichtenäste zur Gewinnung der Taxstreu (Schnaitelfichten).

Die Kiefer (Pinus silvestris L.) tritt vielfach an trockenen und bodensauren Standorten, meist als Mischholzart der Fichte, aber auch im Reinbestand auf. Der Scheulingwald bei Mayrhofen steht unter Naturschutz. Die Föhren der zentralalpinen Trockenzone gehören einer besonderen Rasse (Engadinensis Heer) der Engadiner Kiefer an (z. B. der Bestand bei Häusling mit Legföhrenunterwuchs). Eine Charakterpflanze dieser Zone ist der Sadebaum (Juniperus sabina L.), der in mehreren ausgedehnten Vorkommen auftritt (z. B. bei Brandberg im Zillergrund, im Zemmgrund und bei Finkenberg). Auch die Felsenbirne (Amelanchier vulgaris Mönch.) tritt hier auf, der Wacholder (Juniperus communis L.) und gegen die Waldgrenze und darüber der Zwergwacholder (J. nana Willd.).

Übergangsformen von J. nana und J. communis kommen z. B. bei der Bärenbadalm im Zillergrund vor.

Im allgemeinen ist die Waldkampfzone das Wuchsgebiet der Zirbe (Pinus cembra L.). Sie bildet meist einzelne Gruppen und Horste, die nach oben zunehmend aufgelockert und mit Krummholzunterwuchs bestanden sind (Legföhre oder Grünerle). Wo der Mensch nicht eingegriffen hat, also die Natur sich selbst überlassen blieb, ist überall ein Ansteigen des Waldes festzustellen, was auf das Wärmerwerden des Klimas zurückzuführen ist (z. B.

Dr. Heinrich Klier · Dr. Henriette Klier

Zillertaler Alpen

Ein Führer für Täler, Hütten und Berge
mit 7 Bildern und 34 Anstiegsskizzen
sowie einer Übersichtskarte im Maßstab 1:200000

BERGVERLAG RUDOLF ROTHER GMBH · MÜNCHEN

Umschlagbild:
Hochferner und Weißspitzen,
davor Hochsteller und Rotbachlspitze von Norden
Farbfoto Sepp Schnürer

Der Text aller in diesem Führer beschriebenen Touren wurde nach bestem Wissen und Gewissen der Autoren ausgearbeitet. Autoren und Verlag können jedoch keine Gewähr für die Richtigkeit der Angaben übernehmen.

9. Auflage 1983

ISBN 3 7633 1214 5
Hergestellt in den Werkstätten
der Rudolf Rother GmbH, München
(2071/2573)

Vorhandensein junger Zirben weit oberhalb alter Baumleichen im Gebiet der Berliner Hütte). Leider wurde vielfach zum Zwecke der Gewinnung von Almboden die Waldkrone zerstört und so den Lawinen und Muren der Weg ins Tal freigelegt. Dadurch ist an vielen Stellen die Waldgrenze heute wesentlich tiefer, als das klimatisch bedingt wäre.

Im Bereich der oberen Fichtenstufe und an und über der Waldgrenze liegen die Almen. Wenn tief unten am Talausgang schon die ersten Kirschen reifen, steht hier am Nordhang die Krokuswiese (Crocus albiflorus Kit.) in ihrer vollen Pracht. Im Frühsommer leuchtet dort der stengellose Enzian (Gentiana clusii und G. kochiana Perr. et Song.) blau aus dem Grün, und auf den „Speikböden" blüht im Sommer der echte Speik (Valeriana celtica L.) meist auf sauren, kalkarmen bzw. ausgelaugten Böden, häufig im Borstgrasrasen (Nardus stricta L.). Die Wurzel des echten Speiks wurde noch um die Jahrhundertwende in Massen gesammelt und in ganzen Fuhren auf der Zillertaler Straße talauswärts geschafft, um als Parfumrohstoff für die Seifenherstellung Verwendung zu finden. Auf grünen Almmatten blüht auch das Rote Marienröschen (Melandryum rubrum Schk.), die zierliche Glockenblume (Campanula scheuchzeri Vill.), das Vergißmeinnicht (Myosotis silvatica Hoffm.), der Bergwohlverleih (Arnica montana L.), das duftende Kohlröserl (Nigritella nigra Rehb. und Nigritella rubra Richter) u. a. m. Unweit der Almhütten wachsen Blauer Eisenhut und Germer, vom Vieh verschmäht, in Gruppen und Büscheln. Weite Teile im Kampfgürtel des Waldes und darüber sind von der Rostroten Alpenrose (Rhododendrum ferrugineum L.) beherrscht. Nicht weniger groß ist das Areal der Zwergstrauchheiden mit Heidelbeeren (Vaccinium Myrtillus L.), Preiselbeeren (Vacc. vitis idaea L.), Rauschbeeren (Vacc. uliginosum L.), Krähenbeeren (Empetrum nigrum L.), Alpenazaleen oder Gemsheide (Loiseleuria procumbens Desv.), Heiderich (Calluna vulgaris Huds.) usw.

Die Bärentraube (Arctostaphyllos uva ursi Spr. und A. alpina Spr.) bedeckt hier bei weitem nicht so ausgedehnte Flächen wie etwa in den Tuxer Vorbergen.

An die Stelle der Rostroten Alpenrose tritt auf kalkhaltigem Boden die Behaarte Alpenrose (Rhododendron hirsutum L.), auch Bastarde sind nicht selten.

Überhaupt sind die aus Kalkgesteinen oder kalkhaltigen Gesteinen entstandenen Böden durch eine eigene Flora gekennzeichnet (siehe Beschreibung der geologischen Verhältnisse). Es finden sich dort die Erika (Erica carnea L.), z. B. in der Nähe des Magnesitwerkes und am Burgschrofen oberhalb Mayrhofen, der Felsenbaldrian (Valeriana saxatilis L.), die weiße Alpenanemone (Anemone alpina ssp. myrrhidifolia Vill.), das Platenigl (Primula auricula L.), die haarige Primel (Primula hirsuta All.) strichweise auf den Felsen des Zemmgrundes, die niedere Turmkresse (Arabis pumila Jacq.), der Pannonische Enzian (Gentiana pannonica Scop.), von dessen Wurzel der Enzianschnaps stammt, der gegenständige Steinbrech (Saxifraga oppositifolia L.) u. a. m. Wo felsige Bänder die steilen Rasenhänge durchziehen, ist die Heimat des Edelweißes (Leontopodium alpinum Cass.) und auch der beiden Arten der Edelraute (Artemisia laxa Fritsch und A. genipi Weber. Sie fehlen eigentlich nur an den S-Hüngen des Tuxer Hauptkammes und vom Rastkogel nordwärts. Am Mörchner geht das Edelweiß bis auf 3000 m. Wo in hoher schattiger Lage der Schnee lange liegen bleibt, breitet sich die sogenannte Schneetälchenflora aus, die in diesem Gebiet durch den Blauen Speik (Primula glutinosa Wulf.), das kriechende zweiblütige Sandkraut (Arenaria biflora L.) und einen kleinen blauen Ehrenpreis (Veronica bellidioides L.) charakterisiert ist. Als Besonderheit sei noch das Übergreifen einzelner Pflanzen aus benachbarten Florengebieten erwähnt, wie

z. B. das Vorkommen der westalpinen Französischen Glockenblume (Campanula cenisia L.) am Pluderling des ebenfalls westalpinen Alpenveilchens (Viola thomasiana) unterm Gerloskögfl, der östlichen Österr. Gemswurz (Dornicum austriacum Jacq.) und das Vordringen der südalpinen Langblütigen Primel (Primula longiflora All.) über den Alpenhauptkamm, sowie des Röhrigen Gelbsterns (Gagea fistulosa Ker.), der bei der Zillerplattenalm, bei der Breitenalm und auf den Almweiden ober Mayrhofen blüht.

Je weiter man nach oben kommt, um so karger wird die Pflanzendecke Einige besonders wetterharte Pflanzen nehmen noch im Verein mit Gräsern, Moosen und Flechten den Kampf mit den Unbilden der rauhen Witterung auf (Dianthus glacialis Hnk., Gentiana nana, Silene acaulis L., Potentilla frigida Vill., Primula minima L. u. a.).

Schließlich sind die alle Höhenrekorde brechenden Flechten (Rhizocarpon geographicum, Umbillicaria-Arten u. a.) die letzten pflanzlichen Lebewesen auf dem sonst kahlen Gestein.

Das Naturschutzgesetz dient der Pflege und Erhaltung der heimischen Natur in allen ihren Erscheinungsformen. Seinen Schutz läßt es daher vor allem jenen Pflanzen und Tieren angedeihen, die durch ihre Seltenheit oder Schönheit besonders begehrt sind, oder Landschaftsgebieten, deren Ursprünglichkeit erhalten bleiben soll.

Die Naturschutzverordnung stellt die Edelraute (Artemisia laxa Lam. und A. genipi Web.), den Frauenschuh (Cypripedium calceolus L.) und die Innsbrucker Küchenschelle (Pulsatilla oenipontana Kern.) unter gänzlichen Schutz, d. h. diese Pflanzen dürfen überhaupt nicht gepflückt werden.

Von einer Reihe weiterer Pflanzen dürfen lediglich 5 Stück gepflückt werden, und für die restlichen in der Verordnung angeführten Arten besteht das Verbot der „übermäßigen“ Entnahme. Die Namen dieser Pflanzen und deren Abbildungen sind aus Plakaten ersichtlich, die auf allen Bahnhöfen Tirols angeschlagen sind.

Naturschutz

Alle jagdbaren Tiere unterliegen den Bestimmungen des Tiroler Jagdgesetzes, die nicht jagdbaren Tiere den Bestimmungen des Naturschutzgesetzes, und zwar sind dadurch besonders geschützt:

Alle freilebenden nichtjagdbaren Vogelarten (mit Ausnahme der Krähen, Eichelhäher, Elstern und Spatzen), der Igel, Spitzmäuse, Fledermäuse, Maulwurf, Haselmaus, Wiesel, Eichhörnchen, Mauereidechse, Bergeidechse, Blindschleiche, Ringel- und Schlingnatter, Feuer- und Bergsalamander, alle Kröten und Unken, Laubfrosch, Frösche mit Ausnahme des Wasser- und Grasfrosches und eine Reihe seltener oder nützlicher Insekten.

IV. Verkehrsverhältnisse, Entfernungstafel, Rettungswesen, Führerwesen, Staatsgrenze

1. Verkehrsverhältnisse

Eisenbahnlinien:

Von der Schnellzughaltestelle Jenbach der Arlberglinie führt die Zillertalbahn über Zell am Ziller bis Mayrhofen.

Am Westrand des Gebirges verläuft durch das Wipptal die Brennerbahn, deren Stationen (nur teilweise Schnellzughaltestellen) Matrei, Steinach, St. Jodok, Gries a. Brenner und Brennersee als Ausgangspunkte für Besteigungen im Tuxer Kamm in Frage kommen. Die Schnellzugstation Brenner liegt auf italienischem Staatsgebiet.

Auch die Stationen der Linie Brenner — Gossensaß — Sterzing — Franzensfeste, sowie die Stationen der Linie durch das Pustertal von Franzensfeste bis Bruneck, sind als Ausgangspunkte für Bergfahrten im Südwestteil des Tuxer Kammes und in den Pfunderer Bergen von Bedeutung: Sterzing ist Ausgangspunkt für das Pfitscher Tal, Mühlbach für das Valser (Valler) Tal, Niedervintl für das Pfunderer Tal.

Nach Krimml im Pinzgau gelangt man von der Schnellzugstation Zell am See (Westbahnlinie) mit der Pinzgauer Bahn über Mittersill.

Autoverbindungen:

Wenige Jahre nach dem zweiten Weltkrieg wurden sowohl durch die Österreichische Bundespost, als auch durch eine Reihe von privaten Unternehmen zahlreiche, für den Bergsteiger ungemein günstige Autoverbindungen aufgenommen.

Innsbruck — Brennerpaß — Bozen;
Innbsruck — Jenbach — Mayrhofen;
Mayrhofen — Ginzling — Breitlahner; Mautstraße zur Dominikushütte.
Mayrhofen — Lanersbach — Hintertux;
Zell am Ziller — Gerlos;
Sterzing — St. Jakob im Pfitsch;
Sand — St. Peter (im Sommer bis Kasern);
Zell am See — Krimml — Gerlospaß — Zell am Ziller

Kleinbusverbindungen (z.T. mit Pkw; Auskunft bei den Gendarmerieposten am Ausgangspunkt; Sondergenehmigungen):

Mayrhofen — Stillupphaus — Grüne-Wand-Haus (Stilluppgrund);
Mayrhofen — Ginzling — Breitlahner — Dominikushütte;
St. Jodok — Schmirn — Kasern
Stafflach — St. Jodok — Valser Tal (Touristenrast).
St. Jakob im Pfitschtal — Pfitscher Joch (oft bis Juni von Lawinen gesperrt);
Sand im Taufers — Kasern.

Seilbahnen und Lifte von bergsteigerischem Interesse:
Mayrhofen: Penkenbahn, Ahornbahn.
Finkenberg—Penkenhaus.
Gerlossteinseilbahn (Hainzenberg—Gerlossteinhütte);
Hintertux—Spannaglhaus—Riepensattel;
Vorderlanersbach—Schrofenbahn;
Lanersbach—Eggalm-Lift;
Seilbahn Roßhag—Pitzenalm (Projekt).
Brennerbad—Zirog-Alm;
Gossensaß—Hühnerspiel—Amthorspitze.
Gerlos—Ißkogelbahn.
Sessellift Königsleiten.

2. Entfernungstafel

Innsbruck—Straß (am Eingang des Zillertales) 37 km;
Straß—Zell am Ziller 23 km;
Zell am Ziller—Mayrhofen 8 km;
Zell am Ziller—Gerlos 15 km (8 % Steigung);
Mayrhofen—Ginzling 12 km;
Mayrhofen—Hintertux 19 km (12 % Steigung);
Innsbruck—Steinach am Brenner 26 km;
Steinach—Brennerpaß 12 km (9 % Steigung);
Innsbruck—Sterzing 53 km;
Sterzing—Brixen 30 km;
Brixen—Bruneck 35 km;
Bruneck—Mühlen im Tauferer Tal 13 km;
Mühlen—St. Johann im Ahrntal 11 km;
St. Johann im Ahrntal—Prettau 16 km;
Mühlen—Lappach 14 km;
Zell am See—Mittersill 24 km;

Kitzbühel—Mittersill 30 km;
Mittersill—Krimml 29 km;
Wald bei Krimml—Gerlos 17 km (16 % Steigung).

3. Rettungswesen

Die Berge sind kein Sportplatz. Das Wissen um die Gefahr ist der erste Schritt zu ihrer Verhütung.

Der Rat des Erfahrenen, wohlüberlegtes Handeln, eine tadellose Ausrüstung — dies alles kann helfen, Unfälle zu verhindern. Die Eintragung ins Hüttenbuch mit Angabe der geplanten Bergfahrt oder das Zurücklassen einer Nachricht erweisen sich als notwendig, weil sonst bei Unfällen wertvolle Zeit für die Suche vertan wird. Das *alpine Notsignal* ist der erste Schritt zur Bergung. Es besteht aus einem beliebigen hör- oder sichtbaren Zeichen, das sechsmal in der Minute in regelmäßigen Abständen gegeben und nach einer Minute Schweigepause oder einem längeren, aber regelmäßig wiederkehrenden Abstand so oft wiederholt wird, bis eine Antwort gegeben wird. Diese besteht aus dreimal in der Minute mit regelmäßigen Abständen gegebenen Zeichen. Es ist Bergsteigerpflicht, über ein Notsignal sofort der nächsten Unfallmeldestelle Bescheid zu geben.

Unfallmeldestellen und Ortsstellen des Bergrettungsdienstes im Bereich der Zillertaler Alpen:

Haupt- und Ortsstelle Mayrhofen, Telefon: Gendarmerie 0 52 85/206.
Ortsstelle: Ginzling (Bergführer Steindl). Meldestellen: Gunggl (Maxhütte), Gh. Steinbock i. d. Floite, Grüne-Wand-Hütte, Berliner Hütte, Dominikushütte, Furtschaglhaus, Breitlahner (Gh. Eder), Stillupper Haus, Wh. In der Au, Alpenrose, Gamshütte, Greizer Hütte, Wandeckhaus (Jagdhaus), Plauener Hütte, Kasseler Hütte, Häusling (Jagdhaus), Edelhütte, Olpererhütte.
Ortsstelle Lanersbach, Telefon 0 52 87/203.
Meldestellen: Hintertux, Telefon 0 52 87/22 19, Tuxer-Joch-Haus, Spannaglhaus.
Ortsstelle Zell am Ziller, Telefon 0 52 82/251.
Meldestellen: Gerlossteinhütte.
Ortsstelle Gerlos, Telefon Gendarmerie 0 52 82/2 52 11.
Meldestellen: Gmünd (Gh. Kühle Rast), Gerlos-Försterei, Gh. Gaspinger (Hörl).
Ortsstelle Steinach a. Brenner, Telefon 0 52 72/259.
Meldestellen: Gries a. Brenner, Gh. Sprenger; Brenner, Grenz- und Zollstation (leitet die Zollwache).
Ortsstelle St. Jodok a. Brenner, Telefon 0 52 72/2 61 15.
Meldestellen: Gh. Geraerhof in St. Jodok, Padaun a. Padauner Sattel (Gh. Larcherhof), Vals im Valser Tal (Gh. Touristenrast), Innerschmirn (Gh. Kasern), Landshuter Hütte, Geraer Hütte.

4. Führerwesen

Nur die behördlich autorisierten Bergführer (bzw. Skiführer) bieten Gewähr für gute Führung; sie tragen das Bergführerabzeichen des Alpenvereins und besitzen ein Führerbuch.

Bergführerstandorte im Bereich der Zillertaler Alpen:

Schwaz, Jenbach, Mayrhofen, Gerlos, Finkenberg, Plauener Hütte, Stillupphaus, Ginzling, Berliner Hütte, Olpererhütte, Furtschaglhaus, Tux, Hintertux, Lanersbach.

Im südtirolischen Teil des Gebirges gilt die Bergführerordnung des Alpenvereins Südtirol und des CAI; hier sind in der Hauptwanderzeit meist auf den Hütten Führer stationiert bzw. die Hüttenwirte auch Bergführer.

5. Staatsgrenze

Die Staatsgrenze zwischen Österreich und Italien verläuft seit 1919 über den Zentralalpenkamm und zerreißt das alte deutschsprachige Tirol in die drei Teile Südtirol — Nordtirol — Osttirol. Im Bereich der Zillertaler wurde die Grenze in Saint-Germain wie folgt festgelegt:
Brennerpaß, 1370 m — Wolfendorn, 2775 m — nun stets genau auf der Kammhöhe des Tuxer Kammes bis zur Hohen Wand, 3284 m. Über ihren Südostgrat hinab zum Pfitscher Joch, P. 2250 (etwa 500 m nördl. vom Pfitscher-Joch-Haus). Weiter der Wasserscheide folgend über Rotbachlspitze, 2895 m — Hochfeiler, 3510 m — Gr. Möseler, 3478 m — Turnerkamp, 3418 m — Schwarzenstein, 3368 m — Gr. Löffler, 3376 m — Wollbachspitze, 3210 m — Hollenzkopf, 3193 m — Hollenzkofel, 2782 m — Hörndljoch.

Die Überschreitung der Grenzen außer an den offiziellen Übergangsstellen ist untersagt.

Die Benützung (Betreten, Übernachtung usw.) grenznaher Hütten wie z. B. Pfitscher-Joch-Haus, Schwarzensteinhütte, Neugersdorfer Hütte, Birnlucken-Hütte wird derzeit von den italienischen Grenzposten geduldet. Die Mitnahme von Personaldokumenten ist im gesamten Grenzbereich erforderlich.

V. Die Zillertaler Alpen im Winter

Während noch vor wenigen Jahren das Kernstück der Zillertaler Alpen im Winter als verschlossen galt, sind die Skifahrer und Winterbergsteiger in der letzten Zeit auch in die stillsten und abgelegensten Winkel vorgedrungen. Vor allem im Frühjahr, wenn die Gefahr der Wildschneelawinen meist gebannt ist, eröffnen sich dem erfahrenen Skibergsteiger prachtvolle Jagdgründe.

Die Randgebiete unseres Bereiches (Zirogalm, Hühnerspiel, Amthorspitze, Flatschspitze, Wolfendorn, Kraxentrager, die Berge um das Schmirntal, Tuxer Joch und Frauenwand, die Höhen über den Wintersportorten Hintertux, Lanersbach, Mayrhofen, Zell am Ziller, Gerlos) zählen bereits zum festen Bestand am Fahrtenzettel der Kenner. Aber auch in den Pfunderer Bergen (Wilde Kreuzspitze, Grabspitze), im hinteren Pfitschtal (Schrammacher, Sagwand, Hochferner, Weißspitzen, Hochfeiler, Weißzintspitzen), im Tuxer Kamm (Gr. und Falscher Kaserer, Alpeiner Scharte, Gefrorne-Wand-Spitzen, Riffler, Grinbergspitzen), um die „inneren Gründe" des Zillertales (Möseler, Schwarzenstein, Löffler, Lapenscharte, Stangenspitze, Wollbachspitze, Keilbachspitze) ist kaum mehr ein Gletscher oder ein Hang unbefahren, kaum ein Gipfel im Winter unerstiegen, wenngleich der innere Bereich der Zillertaler Alpen im Gegensatz zu den Ötztalern und Stubaiern viel mehr Bergerfahrung und Übung im hochalpinen Skilauf, bzw. die Leitung eines Berg- und Skiführers erfordert.

Einer der besten Stützpunkte ist die Berliner Hütte, die von Ende März bis Anfang Mai bewirtschaftet ist. Die Kasseler Hütte ist oft ab Anfang Juni offen. (Tel. Auskunft Mayrhofen, 469).

VI. Schrifttum und Karten

Aus der großen Reihe der über die Zillertaler Alpen entstandenen Schriften und Bücher wird hier nur eine beschränkte Auswahl geboten, die weniger nach kritischen Gesichtspunkten, als nach der leichteren Greifbarkeit getroffen wurde. Wertvolle Aufsätze finden sich vor allem in vielen Jahrgängen der Zeitschrift und der Mitteilungen des AV, in der ÖAZ, DAZ, ÖTZ, im „Bergsteiger" und in den Jahresberichten der alpinen Klubs, Vereine und Sektionen (vornehmlich Innsbruck).

1. Führer:

Delago, Hermann, Die Zillertaler Alpen. Innsbruck 1925.

Dörler, Adolf Ferdinand, Führer durch das Zillerthal und seine Alpenwelt. Innsbruck 1897.

Heß, Heinrich, III. Führer durch die Zillerthaler Alpen und die Rieserferner-Gruppe. Wien 1897.

Huber, Julius und Josef Trentinaglia, Das Zillerthal mit seinen Nebenthälern und Gletschern. Brixen 1868.

Luchner-Egloff, Oskar Friedr., Das Zillertal. München 1910.

Raitmayr, Dr. Erich, Kleiner Führer durch die Zillertaler Alpen und die Tuxer Voralpen, München 1964. Neubearbeitung 1974, Dr. H. und W. Klier.

Schwaighofer, Hermann, Wanderbuch durch die Zillertaler und Kitzbüheler Alpen. Innsbruck 1927, 1939.

Chicken, Lutz, Bergsteigen und Wandern um Brixen, Festschrift zur Hundertjahrfeier der AVS Brixen 1875—1975, Athesia, Bozen 1975,

Tauferer-Ahrntal, Gebietsführer, 144 S., Athesia, Bozen.

2. Ältere Schriften über das Zillertal:

Daimler, Josef, und Reinhold Seyerlen, Aus der Zillertaler Gebirgsgruppe. München 1873—82.

Diener, Carl, Die Zillertalergruppe. Berlin 1894.

Löwl, Ferdinand, Aus dem Zillertaler Hochgebirge. Gera 1878.

3. Neuere wissenschaftliche Literatur:

Bobek, Hans, Die Formenentwicklung der Zillertaler und Tuxer Voralpen im Einzugsgebiet des Zillers. Stuttgart 1933.

Christa, Emanuel, Das Gebiet des oberen Zemmgrundes. Wien 1931.

Hensler, Emil, Die Landwirtschaft in den Zillertalern. Schlernschriften 1953.

Marschner, Hugo, Die Zillertaler und die Ursachen ihrer Auswanderung. Schmiedeberg 1937.

Steiner, Walter, Die Faune der Entwässerungsgebiete im äußeren Zillertal. Diss. Innsbruck 1952.

Stolz, Otto, Geschichtskunde des Zillertales. Innsbruck 1949, Schlernschriften.

Troger, Ernst, Bevölkerungsgeographie des Zillertales. Diss. Innsbruck 1951.

Kartenwerke:

Karte der Zillertaler Alpen des DÖAV:
Westblatt 1930, 1:25000; Mittelblatt 1932, 1:25000; Ostblatt 1934, 1:25000 (Nachträge 1958, ergänzte Nachdrucke 1975 — West, 1978 — Mitte, 1980 — Ost).

Spezialkarte der Zillertaler Alpen des DÖAV. 1900, 1:50000, Ostteil und Westteil.

Mayrhofen und Umgebung, 1:50000, herausg. von Ing. Fritz Ebster, 1958. Österreichkarte 1:50000, Krimml.

AV-Karte Brennergebiet, 1:50000.

Wanderkarten 1:50000 des Österr. Eich- und Vermessungsamtes. BL. 148, 149, 150.

VII. Hinweise auf den Gebrauch des Führers, Schwierigkeitsbewertung, Abkürzungen

Der Aufbau des vorliegenden Führers wird am besten aus dem Inhaltsverzeichnis deutlich. Der „Einführende Teil“ gibt die allgemeinen Grundlagen, die für den Besucher der Gruppe wichtig sind. Sollte ihm dies zu wenig sein — und es konnte nur das Allernotwendigste sein, da das Buch im Format für den Bergsteiger brauchbar sein mußte — so weist ihm der Abschnitt „Schrifttum und Karten" den Weg, auf dem er sein Wissen wird bereichern können. Die Folge der Beschreibung in allen weiteren Abschnitten der Teile B und C (Talorte, Hütten, Verbindungswege, Gipfel) ist stets dieselbe.

Die Beschreibung beginnt im SW (Brenner) und endet im N (Gerlos) und O (Klockerkarstock); Täler und Kämme werden in der Richtung des Anmarsches beschrieben — d. h. im nördl. Gebirgsteil von N nach S; im südl. Gebirgsteil von O nach W; Hauptkamm und Tuxer Kamm werden von W nach O beschrieben. Die Pfunderer Berge sind an den Schluß gestellt.

Über die Zugänge und Verkehrsverhältnisse im großen, d. h. auch außerhalb der Zillertaler Alpen selbst, s. A. IV.

Am Talstützpunkt angelangt, schlägt der Benützer des Führers den Namen des betreffenden Ortes im Register nach; eine **Randzahl** verweist ihn von dort auf den Text. Hier wird er in knappster Form über Unterkünfte, BRD, beste Verbindung und häufigste Fahrtenziele unterrichtet. Ebenso erfährt er, wenn er die Namen seines Fahrtenziels kennt, den Weg zur Hütte und zum Gipfel. Steht nur der Gipfel auf seinem Programm, dann wird er zuerst den Gipfel aufschlagen, sich den geeigneten Weg und die entsprechende Hütte auswählen, und schließlich bei *dieser* den Weg vom Tal zur Hütte finden.

Zusammen mit der strengen sachlichen Ordnung werden Register und Randzahlen das Nachschlagen des gewünschten Textes rasch und sicher gestalten.

Schwierigkeitsskala

Der Führer verwendet folgende, auf der Alpenskala beruhende Schwierigkeitsgrade für Fahrten im *Fels*

I	= wenig schwierig	IV	= sehr schwierig
II	= mäßig schwierig	V	= besonders schwierig
III	= ziemlich schwierig	VI	= äußerst schwierig

Eine weitere Unterteilung erfolgt ab III, wobei das Minuszeichen (—) die untere Grenze, das Pluszeichen (+) die obere Grenze des betreffenden Schwierigkeitsgrades bedeutet.

Die Schwierigkeitsbegriffe der Alpenskala sind bereits bergsteigerisches Allgemeingut. Zur ständigen Überprüfung der Genauigkeit der Schwierigkeitsbewertung bitten wir alle Begeher von Kletterfahrten, die mit der Schwierigkeitsbewertung nicht einverstanden sind, um persönliche Nachricht (Dr. Heinrich Klier, A-6020 Innsbruck, Ad.-Pichler-Platz 10).

Schwierigkeitsbewertung im Eis:

Objektive Faktoren, die der Führer-Bearbeiter mit Gewißheit angeben kann:

a) bei Gletschern: Zerrissenheit, ungefähre Neigung, gleichbleibende Riesenspalten, die eine ganze Zone sperren.

b) bei Graten: Schwierigkeiten der Felsstellen, manchmal mit einem Hinweis auf mögliche Vereisung; Überwächtung; Neigung der vergletscherten oder verfirnten Abschnitte.

c) bei Eiswänden: Neigung in Graden; mögliche Überschreitbarkeit der Randkluft.

Abkürzungen

Außer den für die Himmelsrichtungen üblichen Abkürzungen N, O, S, W, sowie NO, SO, NW, SW u. ä., und nördl., östl., südl., westl., nordöstl. usw. wurden noch folgende Abkürzungen verwendet:

AAKI	=	Akademischer Alpenklub Innsbruck
a. a. O.	=	am angeführten Ort
Ä. A.	=	Ältere Auflage = siehe genaue Beschreibung in der 4. Auflage (1960) dieses Führers
AV	=	Alpenverein (= DAV, ÖAV, DÖAV)
AVK	=	Alpenvereinskarte
B	=	Betten
bew.	=	bewirtschaftet
bez.	=	bezeichnet, markiert
BRD	=	Bergrettungsdienst
E.	=	Einstieg, oder: vom Einstieg
E-St.	=	Eisenbahnstation
Einw.	=	Einwohner
f., ff.	=	folgender, folgende
ganzj.	=	ganzjährig
Ghs.	=	Gasthaus
H.	=	Haken
Jb.	=	Jahresbericht oder Jahrbuch

L.	=	Lager
Lit.	=	Literaturnachweis
M.	=	Matratzen
Min.	=	Minuten
Mitt. AV	=	„Mitteilungen des Alpenvereins“
N.	=	Notlager
o. Gr.	=	obere Grenze des Schwierigkeitsgrades
ÖAZ	=	„Österreichische Alpenzeitung“
P.M.	=	Private Mitteilung
R	=	Randzahl
s.	=	siehe
S.	=	Seite
SH	=	Standhaken
st	=	Stunde, Stunden
u. ä.	=	und ähnliches
u. Gr.	=	untere Grenze des Schwierigkeitsgrades
Whs.	=	Wirtshaus
WR.	=	Winterraum
Ww.	=	Wegweiser, Wegtafel
ZAV	=	„Zeitschrift“ des Alpenvereins
ZH	=	Zwischenhaken

Über die zur Schwierigkeitsbewertung verwendeten Abkürzungen (I—VI) siehe die Schwierigkeitsskala.

B. TALORTE, HÜTTEN UND WEGE

Erster Abschnitt:

Talorte und Täler

I. Das Zillertal

● **1** Südl. des Dorfes Münster zweigt das Zillertal vom Unterinntal ab. Das breite, fruchtbare Tal zieht bis Zell a. Ziller südwärts, dann südwestwärts bis Mayrhofen; hier verengt es sich und teilt sich in vier schmale Äste, „Gründe" genannt, die in das Innere der Zillertaler Berge emporleiten.

Ausgangspunkt für das Zillertal ist die Bahnstation Jenbach (Schnellzugshaltestelle) im Unterinntal. Von Jenbach bis Mayrhofen führen eine Schmalspurbahn und Autobusse. Autobahn-Anschlußstelle.

Das Zillertal ist das bedeutendste Seitental des Inntales; sein mildes Klima und die anziehende Umgebung machen es zu einer beliebten Sommerfrische.

Da zuerst von Salzburger Mönchen eine Kirche in Zell gegründet wurde, gehörten lange Zeit Teile des Tales nach Salzburg, andere nach Tirol. Erst 1816 kamen alle Gebiete zu Tirol.

● **2** **Zell a. Ziller,** 575 m

Haltestelle der Zillertalbahn. An der Einmündung des Gerlostales am Zillerfluß gelegen. Im Talhintergrund der Igent, der Dristner und die Ahornspitze. Politischer Hauptort des Tales, Sitz des Bezirksgerichts. 1900 Einw. Zell wurde um 1700 von Salzburger Mönchen gegründet, daher der Name: Zell — Zelle.

Post, Arzt, Apotheke, beheiztes Schwimmbad. Bergführerstandort, BRD. Sprungschanze, Lifte, Rodelbahn, Tennis- und Eislaufplatz.

Vom Bahnhof und dem Hotel „Bräu" fahren die Zubringer-Busse zur Gerlosstein-Seilbahn nach Hainzenberg. Die Seilbahn ist auch mit Postbussen von Gerlos, Krimml und Wald (Pinzgau) zu erreichen.

Sehenswürdigkeiten: Pfarrkirche des Hl. Vitus mit schönen Malereien von Franz Anton Zeiller, 1782.
Wallfahrtskirche Maria Rast 1739; 1923 renoviert. Barocke Altäre; Deckenbilder von Jos. Mich. Schmutzer (1741).
Hotel Bräu, Hotel Tirolerhof, Sporthotel Eberharter.
Gasthöfe: Eberharter, Neue Post, Neuwirt, Zellerstuben, Waldheim, Waldrast, Geisler, Café Gredler, Café-Milchbar Reiter, Rosengarten-Café. 1350 Privatbetten.

Spaziergänge und Ausflüge:

● 3 **Klöpflstaudach** — Herz-Jesu-Kapelle, 760 m, 3/4 st, Wegmarken 5 bzw. 6; westl. auf dem Zellberg mit prächtiger Aussicht.

● 4 **Enzianhof.** Vom Fuß des Rohrbergs, 20 Min. von Ortsmitte, führt eine Kleinkabinen-Seilbahn in 6 Min. auf die Höhe des Rohrberges, Alpengasthof „Gründlalm", 1170 m. Von der Bergstation in 1/2 st zum Alpengasthof „Enzianhof", 1270 m, mit sehr schöner Aussicht. Busverkehr Zell — Enzianhof.

● 5 **Gerlosklamm,** 2 1/2 st. Östl. zum Fuß des kapellengeschmückten Hainzenberges. Auf gut angelegtem Steig durch die Klamm, Wasserfall über die „Hohe Mur", und zum alten Goldbergwerk und durch die Schlucht weiter zum Wasserfall („Erzherzog-Ferdinand-Karl-Wasserfall").

● 6 **Maria Rast und Hainzenberg,** 1 1/4 st. Von Zell zum Fuß des Hainzenberges und auf der Straße zum Wallfahrtskirchlein Maria Rast. Am Ghs. Waidachhof vorbei zum Dorf Hainzenberg, 1000 m. (Von hier in 2 st zur Gerlossteinhütte.)

● 7 Die **Gerlosstein-Seilbahn** und ihr Gebiet:
Zubringerdienst von Zell am Ziller auf der Gerlosstraße zur Talstation Hainzenberg, 1000 m. Mit der modernen Kabinenseilbahn (Gondeln für 22 Personen) in 7 Min. in das Almgebiet der Gerlossteinhütte, 1750 m, am Fuß der Gerlossteinwand. (Im Winter herrliches, schneesicheres Gebiet, Abfahrt ins Tal mit 1000 m Höhenunterschied.)

● 8 Leichte Berwanderungen von der Bergstation:
Gerlossteinwand, 2166 m, 1 1/2 st, der Wegmarke 8 folgend zum Gipfel mit herrlichem Rundblick (östl. Zillertaler Alpen, westl. Tuxer Vorberge, östl. und nördl. die Kitzbüheler Alpen mit dem Zillertal, nördl. des Inntals die Rofangruppe).

Abb. 1 Zell am Ziller mit Tristner. Foto Hruschka

Kurzwanderungen im Bereich der Bergstation: Arbiskögerl, 3/4 st (Sessellift); Gerlossteinkögerl, 1/2 st.

Übergänge von der Bergstation:

Steinerkogelhaus, 3 st, blaue Markierung. In südl. Richtung am Gerlossteinkögerl links vorbei zur Kotahornalm und Labergalm, abwärts zum Steinerkogelhaus.

Brandbergkolmhaus, 3 st, rote Markierung. Ansteigend zum Haimjöchl, leicht fallend zur Schönbergalm, dann ansteigend über das Schönbergkar zur Brandberger Schneid und zum Kolmhaus (Abstieg nach Mayrhofen 2 st).

Schwarzachgrund, 5 st. Man folgt den roten Zeichen über die Scharte unter dem Torhelm, bis man auf die rote Markierung zum Brandberger Joch trifft; dieser folgt man nach links. Über die Schwarzacher Hütten ins Schwarzachtal zur Gerlosstraße, Gasthaus Kühle Rast (Postautostation nach Zell und Gerlos).

Abstiege von der Bergstation ins Tal: Ramsberg/Hippach 2 st, Ötschen an der Gerlosstraße 1 st, Zell am Ziller 2 1/2 st.

● 9 **Zell a. Ziller — Krimml,** Hochalpenstraße (Maut) über den Gerlos-Paß. Prächtiger Blick auf die Krimmler Wasserfälle.

● 11 Von Zell mit Auto bis zur Jausenstation Rosenalm, dann in 2 1/2 st auf das Kreuzjoch, 2559 m.
Von der Rastkogelhütte, 2126 m, lohnende Besteigung des Marchkopfes, 2500 m, und Rastkogel, 2760 m, 6 st.

● 12 **Hippach** und **Ramsberg,** 600 m

Bahnstation Ramsberg-Hippach. Hippach liegt auf der linken Zillerseite. Ghs. Christlwirt, Garber, Post. Von Hippach kürzester Anstieg auf Rastkogelhütte und Rastkogel.
Ramsberg-Sessellift. Von der Bergstation, 1400 m, schöne Wanderwege zur Gerlosstein-Hütte.

● 13 **Mayrhofen,** 630 m

Hauptort des Zillertales, 3000 Einw. Endstation der Zillertalbahn. Ausgangspunkt der Postautolinien nach Brandberg, Ginzling und Hintertux.

Am Zusammenfluß der vier Hochtäler Zillergrund, Stillupptal, Zemmgrund und Tuxer Tal auf weiter, ebener Talfläche gelegen. Trotz der Nähe der Gletscher hat Mayrhofen sehr

mildes Klima; es ist ein vielbesuchter Sommerfrischort und der Ausgangspunkt für die meisten Bergfahrten in den Zillertaler Bergen. Im Winter beliebter Skisportplatz. Skischule. Penken- und Ahorn-Seilbahn. Mehrere Schlepplifte. 8000 Fremdenbetten.

Im Talhintergrund ragen die Ahornspitze, 2976 m, und der Dristner, 2765 m, auf; zwischen dem tiefeingeschnittenen Zemmgrund und dem Tuxer Tal steht der mächtige Grinberg, 2867 m, der nordöstl. Ausläufer des Tuxer Kammes.

Post, Reisebüro, Ärzte, Schwimmbad, Hallenbad, Sauna, Eislaufplatz, Tennisplätze. Bergführerstandort. BRD-Haupt- und -Ortsstelle. Leiter: Leopold Loidl, Gend.-Rev.-Insp., Fernruf Gendarmerie 206. Ständige Bereitschaft.

Sehenswürdigkeiten: Pfarrkirche „Unsere Liebe Frau" (1590), 1740 erweitert. Teilweise gotischer Hochaltar, Rokokostil. Deckenbilder und Kanzel aus dem 17. Jahrhundert. 1969 von Clemens Holzmeister renoviert. Deckenbild von Max Weiler (1971).

Zillertaler Großrelief 1:10 000 vom AV-Kartographen Ing. Fritz Ebster.

Gaststätten: Alte Post, Straß, Kramer, Rose, Neuhaus, Berghof, Sonne, Kumbichl, St. Georg, Neue Post, Zillertaler Hof, Brücke, und über 6000 Privatbetten.

Die *Penkenbahn* führt in das Gebiet der Tuxer Voralpen, R 20.

Spaziergänge und Ausflüge:

● 14 **Ramsberg und Hippach,** 1 st. Am rechten Zillerufer talaus über Hollenzen nach Ramsberg und über die Zillerbrücke nach Hippach.

Die Wanderung am linken Zillerufer ist schöner. Man geht westl. aus dem Dorf, über den Ziller (Klausenbrücke), durch die Gmainaue, am Burgschrofen mit den Kapellen vorbei, nach Burgstall und Mühlbach und nach Hippach.

● 15 **Keiler Wasserfall,** 2 st. Wie oben am linken Zillerufer nach Mühlbach. Hier links ab nach Mühlen, über den Bach, aufwärts zum Elektrizitätswerk und empor zum Wasserfall.

● 16 **Schwendberg,** 1127 m, 2—2½ st. Über Mühlbach nach Mühlen. Über den Bach, zuerst links empor, dann rechts und steil aufwärts nach Schwendberg. Schöner Blick auf die Ahornspitze.

● 17 **Brandberg,** 1079 m, 1½ st. Von der Kirche links haltend an den Dorfausgang. Auf der schönen Weganlage eben durch den Wald an die östl. Tallehne. Bis zur Wegverzweigung mit dem großen Wegweiser. Links durch den Wald ansteigend empor zur Brandberger Kapelle. Bei der Wegteilung

rechts durch den Wald hinein zum schön gelegenen Dorf Brandberg.
Von Brandberg entweder auf gleichem Weg zurück oder auf gutem Weg hinab in den Zillergrund und zum Whs. Zillergrund. Auf breitem Fahrweg hinaus nach Mayrhofen.

● 18 **Steinerkogelhaus,** 1263 m, 1³/₄ st. Von Mayrhofen auf dem Weg nach Brandberg, nach der Brandberger Kapelle links ab und in Kehren durch den Wald empor auf die Wiesenfläche zum Whs. Steinerkogel. Tiefblick auf Mayrhofen, Aussicht auf die Ahornspitze.

● 19 **Astegg,** 1173 m, 2 st. Südl. aus dem Dorf über den Ziller, dann rechts über Wiesen und über die Zemme. Am jenseitigen Ufer durch Wald im Zickzack steil empor nach Astegg.
Ein anderer Weg führt von unterhalb des Bahnhofes über die Ziller, dann links dem Talhang entlang und bei der Wegteilung rechts auf dem Mariensteig empor. Einmündung in den Hauptweg.

● 20 **Über Astegg zum Penkenhaus** (3¹/₂ st) und auf den **Penkenberg,** 2093 m, 4¹/₂ st. Unschwierig, schöner Blick auf die Zillertaler Berge und in die Gründe (Penken-Seilbahn).
Wie oben nach **Astegg** (Ghs., 6 B.). Von Astegg westl. durch Wald empor (bei den Wegteilungen links haltend) zum **Penkenhaus** (2 st von Astegg; von Mayrhofen mit Seilbahnbenützung 1 st), 1810 m (Alpenghs., 12 B., 15 M.). Von hier über die freien Almflächen unschwer auf den höchsten Punkt mit dem Gipfelschutzhaus, dem Penkenjochhaus und „Penkentenne" (Sommer- und Winterwirtschaft). Penkenbahn, Finkenberger Almbahnen (Doppelsessellift).

● 21 Vom Penkenjochhaus für Geübte unschwierig über den Kamm nordwestwärts über die Wanglalm zum großen Magnesitbergwerk. Schrofenbahn (Seilbahn) für die Talfahrt nach Vorderlanersbach.
Oder vom **Penkenjochhaus** zum Rastkogel, 2760 m, 3 st. Herrlicher Aussichtsberg, schönes Skigelände.

● 22 **Berggasthof Gschößwand,** 1800 m. Neben der Bergstation der Seilbahn. Von Astegg wie zum Penkenhaus durch den Wald empor. Bei der Wegteilung rechts ab, steil durch Wald empor und über die Gschößalm zum Whs. Bes.: Friedrich Mitterer. Daneben noch Gh. Bergrast und Stadlrestaurant.

Von hier Übergang zum Penkenhaus und zum Penkenberg.

● **23 Gasthof Zillergrund,** ½ st. Von Mayrhofen westl. aus dem Dorf und auf schöner Weganlage durch den Wald und zur Wegteilung (Ww.). In die Schlucht des Zillergrundes und auf dem Fahrweg zuerst am rechten, dann am linken Ufer talein zum Whs.

● **24 Wirtshaus Wiesenhof,** 1060 m, 1—1½ st. Von Mayrhofen südl. aus dem Dorf, über die Zillerbrücke. Gleich hinter der Brücke links ab (Fahrweg ins Stillupp-Tal) und auf diesem durch Wald empor bis zu einer Wegteilung. Links ab (Wegweiser) zum Whs. Wiesenhof. Schöner Tiefblick auf Mayrhofen und das Zillertal.

● **25 Wirtshaus Alpenrose,** 1392 m, 1½—2 st. Von Mayrhofen wie in R 24 auf der Stillupp-Straße nach Oberkumbichl, den letzten Höfen oberhalb Mayrhofen. Bei der ersten Kehre von der Straße links ab, einen Graben querend und in vielen Kehren steil durch Wald empor. Zuletzt auf die Wiesenböden der Föllenbergalm und zum Whs. Alpenrose.

II. Das Gerlostal

● **26** Das Gerlostal mündet bei Zell a. Ziller in das Zillertal. Das etwa 25 km lange Tal zieht östl. zum Gerlospaß empor, der die Landesgrenze zwischen Tirol und Salzburg darstellt und den Übergang vom Zillertal in den Pinzgau vermittelt. Die neue Fahrstraße führt von Gerlos über den Durlaßboden auf die Gerlosplatte und jenseits hinab nach Krimml im Pinzgau; Postautobuslinie: Mayrhofen bzw. Zell a. Ziller — Gerlos — Durlaßboden — Plattenhotel — Krimml.
Von Zell a. Ziller führt die Fahrstraße südöstl. in das Gerlostal und an der südl. Tallehne in Kehren steil empor an der Wallfahrtskirche Maria Rast vorbei zum Dörfchen Hainzenberg, 1000 m, 350 Einw. Talstation der Gerlossteinbahn (R 7). Weiter talein zum neuen Ötschenwirtshaus, 1081 m (12 B.). Nun meist durch Wald über mehrere Bäche, beim Ghs. zur kühlen Rast (BRD) vorbei und zum Weiler Gmünd, 1210 m, am Ausgang des Wimmertales. In Gmünd Whs. Kröller (30 B.). Zur linken ein Stausee der Gerloskraftwerke (in Betrieb seit 1948). Weniger ansteigend östl. talein zur weitverstreuten Ortschaft

● 27 **Gerlos,** 1247 m

800 Einw. Haltestelle der Postautobuslinie von Zell. Beliebte Sommerfrische und bekannter Wintersportplatz. Ausgangspunkt für Touren in die Reichenspitzgruppe. BRD-Ortsstelle: Ghs. Gaspinger, Hörl, fernmündliche Verständigung. 2000 Fremdenbetten, Doppelsesselbahn Ißkogel, 1876 m, Sessellift Königsleiten. Post, Schwimmbad.

Gaststätten: Gaspinger (50 B. und 10 M.), Jagerhof (35 B.), Oberwirt (33 B.). 400 Privatbetten.

Gerlos ist Talort für die Zittauer Hütte.

● 28 Von Gerlos in einer Stunde zum **Durlaßboden.** (Großer Speichersee, Erddamm 70 m hoch. Landschaftlich sehr schön.) Hier biegt das Haupttal, nun Wildgerlostal genannt, nach S um und zieht gerade südl. empor gegen die Gletscherberge der Reichenspitzgruppe.
Gerade östl. weiter gelangt man auf der neuen Gerlosstraße (Maut) in kurzer Zeit zur Landesgrenze. Rechts ab auf die Gerlosplatte mit dem Sporthotel Gerlosplatte, 1695 m (70 B.). 2 st von Krimml. Vom Hotel in 1/2 st zur Aussichtshöhe. Schöner Blick auf die Berge der Reichenspitzgruppe.
Gerlospaß, Wasserscheide, Grenze zwischen Tirol und Salzburg. Seit 1963 führt die Scheitelstrecke der Straße nicht mehr über den Gerlospaß, sondern über die Gerlosplatte. Durch die Aufschüttung eines Dammes von 70 m Höhe am Durlaßboden entstand ein Speichersee, der sich 2 km ins Wildgerlostal erstreckt. Die neue Straße führt vom Beginn des Staudamms in einer Kehre auf den orogr. rechten Talhang und trifft 500 m unter dem Gerlospaß auf die alte Straße. Knapp vorher die Mautstelle. Die neue Scheitelstrecke führt nicht mehr durchs oberste Salzachtal über Waldberg nach Wald, sondern steigt über die Gerlosplatte empor zur Filzsteinalpe (Scheitelpunkt 1629 m), gegenüber 1480 m Gerlospaß. Von der Filzsteinalpe in vielen Kehren hinunter, vorbei an der Schönmoosalm, zum Blaubach, der auf einer Brücke überquert wird. Mit mehreren Schleifen und Tunneln führt die Straße hinunter auf 1078 m Höhe, wo sie in die neue Umfahrungsstraße von Krimml einmündet. Sie erschließt ein landschaftlich außerordentlich schönes Gebiet mit herrlichen Ausblicken, insbesondere auf die Krimmler Wasserfälle.

● 29 *Wanderungen von Gerlos:* Zum Hotel Gerlosplatte 1 1/2 st, nach Krimml 4 1/2 st.

III. Der Zillergrund

● **30** Der Zillergrund (14 km lang) zieht von Mayrhofen südostwärts bis zum Ghs. Bärenbad. „In der Au" zweigt der Sundergrund, in Bärenbad der Hundskehlgrund südlich ab. Der innerste Teil des Tales wird Zillergründl genannt. Im Zillergründl seit 1980 Bauarbeiten für ein Speicherkraftwerk. Die sich hieraus ergebenden Veränderungen sind erst nach der Fertigstellung (etwa 1986) absehbar.

● **31** Von Mayrhofen führt eine Fahrstraße (Privatweg, nur Kleinbusfahrten möglich) am nördl. Talhang durch die wilde Zillerschlucht hoch über dem Fluß einwärts. Nach Überschreiten des Flusses gelangt man zum **Ghs. Zillergrund,** 776 m, 1/2 st (16 B.). Gern besuchter Ausflugsort von Mayrhofen.

● **32** Durch den Wald mäßig ansteigend am S-Hang, zuerst hoch über die Bachschlucht, dann in der Nähe des Baches talein zum **Whs. Klaushof,** 1027 m (7 B.).

● **33** Über die Ziller und fast eben hinein zur kleinen Siedlung **Häusling,** 1053 m. Kirche, Widum, Ghs. (ganzj.), auf schöner, ebener Wiesenfläche.

● **34** Nun immer auf der rechten, nördl. Bachseite taleinwärts, an der Breitensteinaste, der Höhenbergalpe, 1176 m, der Sonnseiteggalpe, 1206 m, zum Whs. **In der Au,** 1270 m (6 B.). Letzte ganzj. bew. Siedlung. 3½—4 Std. von Mayrhofen. Von Mayrhofen aus werden vom Tiroler Reisebüro und Reisebüro Kröll Kleinbusfahrten bis zum Whs. „In der Au" veranstaltet. Dadurch verkürzt sich der Anmarsch zur Plauener Hütte.

Hier mündet von S der Sundergrund ein. Im Talhintergrund des Sundergrundes die beiden Stangenspitzen.

Vom Whs. In der Au durch den Sundergrund (Fahrweg bis Kainzenbergalm) einwärts über das Hörndljoch, 2553 m, nach St. Jakob im Ahrntal.

● **35** Vom Whs. In der Au auf Almweg ansteigend über Boden der Auhüttenalm zum **Whs. Bärenbad,** 1433 m (6 B.), Sommerwirtschaft. Hier mündet der Hundskehlgrund in das Zillergründl.

IV. Der Stilluppgrund

● **36** Der Stilluppgrund ist der am tiefsten eingeschnittene und am wenigsten besiedelte der vier Zillertaler Gründe, die bei Mayrhofen in das breite Haupttal münden. Er fällt mit einer Steilstufe, von der wilden Stilluppklamm durchbrochen, in den Talkessel von Mayrhofen. Er erweitert sich innerhalb der Klamm zu einem grünen Almtal, das in südöstl. Richtung gerade zu den Eisbergen des Hauptkammes emporzieht. Auf halbem Weg zum Talgrund ein 2 km langer Speichersee. Beim Damm das neue Restaurant Stillupp-Stausee. Über die gewaltigen Bergwände zu beiden Seiten stürzen Wasserfälle. Darüber schauen die Felshörner des Floitenkammes zur Linken (orogr.) und die Berge des Ahornkammes zur Rechten herab. Schöner Blick auf den Talhintergrund mit den eindrucksvollen Firngipfeln. Unterkunftsmöglichkeiten bieten das Whs. Lacknerbrunn, das Stillupper Haus, die Grüne-Wand-Hütte und die Kasseler Hütte.

Im Stilluppgrund findet der Bergwanderer Naturschönheiten, prächtige Bergfahrten und Einsamkeit. Im innersten Teil des Tales ist eines der besten Gemsreviere Tirols.

Von Mayrhofen aus werden vom Tiroler Reisebüro (Tel. 221) und vom Reisebüro Kröll Kleinbusfahrten bis zur Grüne-Wand-Hütte veranstaltet (Tel. 415, Mindestzahl 5 Personen, pro Person S 33,—). Seit 1971 Mayrhofen — Wasserfall am Stausee als Mautstraße betrieben (S 30,— pro Pkw).

V. Der Zemmgrund und seine Seitenäste

(Floite, Gunggl, Zemmgrund, Zamsergrund und Schlegeisgrund)

● **37** Der Zemmgrund und seine Seitenäste führen den Bergsteiger in das Herz der Zillertaler Alpen.

Nur wenig westl. der Mündung des Stilluppgrundes zweigt der Zemmgrund ab. Das enge Tal, das die Zemme mit einer Klamm schäumend durchbricht, zieht südwestw., dann südw.; bei Ginzling zweigt die Floite südöstl. ab, das schmale Hochtal der Gunggl mündet eine halbe Gehstunde hinter Ginzling. Dann wendet sich der Zemmgrund im Bogen nach S und zur Mündung des Zemmgrundes bei der Häusergruppe Breitlahner. Die Fortsetzung des Zemmgrundes heißt Zamsergrund. In den

Zamsergrund mündet der Schlegeisgrund und das kleine Haupental.

● **38** In den Zemmgrund führt seit der Erbauung des großen Schlegeis-Speichers durch die Tauernkraftwerke eine gute Fahrstraße bis zur neuen Dominikus-Hütte. Autobuslinie Mayrhofen — Breitlahner. Ab Breitlahner Mautstraße. Von Mayrhofen auf der Tuxer Straße bis zur Brücke über die Stilluppe. Nach der Brücke links ab und über die Zemmbrücke (Ghs. Hochsteg). Es folgt ein felsiges Wegstück; durch Wald und Wiesen zum Ghs. Linde und weiter zum Ghs. Jochberg (25 B.). Die Fahrstraße läßt das Ghs. Linde links unten liegen.)

Vom Ghs. Jochberg führt ein Fahrweg über den Weiler Großdornau und die Teufelsbrücke nach Finkenberg im Tuxer Tal.

Die Straße führt nun hoch über der wilden Schlucht der Zemme mit ihren vielen Wasserfällen, mäßig ansteigend durch Wald talein, unter überhängenden Felsblöcken durch und über eine Brücke, den „Karlsteg"; von dieser Brücke auf Fußsteig durch Wald zum Weiler Großdornau, über die Teufelsbrücke und auf die Tuxer Straße zwischen Finkenberg und Persal (bez.).

Jenseits des Baches auf einer Wiesenfläche das Ghs. Karlsteg. Man erreicht es über eine Holzbrücke (2 st von Mayrhofen). Bei den Alpen Saustein, den Häusergruppen Farmeben und Schliffstein vorbei in dem nun breiten Tal nach Ginzling.

● **39** **Ginzling,** etwa 1000 m, 400 Einw. 3 st von Mayrhofen. (Gemeinde Ginzling-Dornauberg), an der Mündung der Floite. Postauto von Mayrhofen.

Gaststätten: Altginzling (48 B.), Neuginzling (30 B.), Schwarzenstein (30 B.). 250 Privatbetten.

Jenseits der Brücke über dem Zemmbach das Kirchlein und das stattliche Jagdhaus des Fürsten Auersperg. BRD. (Leiter: Bergführer Steindl; Verständigung fernmündlich).

Auf die Almen am westl. Talhang unter den Grinbergspitzen: Inner- und Außerböden, 1301 m, ½ st. Gh. Innerböden.

● **40** **Bödenalm,** 1333 m; von der Kirche in Ginzling am Jagdschlößl vorbei und dem Lauf des Lauserbach's steil empor folgend. Links auf Steig ab durch Wald zur Äußeren uud Inneren Bödenalm. Gerade über den Wiesenrücken steil empor (Steig) zur Bödenalm. Sehr schöne Aussicht.

Die Floite

● **41** Die Floite mündet bei Ginzling in das Zemmtal. Der Bach (die Floite) entspringt am Floitenkees. Eine Fahrstraße

führt von Ginzling am linken Bachufer in dem zuerst engen und waldigen Tal einwärts zum Wh. Dristenbachalm an der Staumauer (Privatstraße). Der Weiterweg zur Greizer Hütte bleibt auf der orogr. linken Talseite. Zuerst durch Wald, dann über grüne Wiesenböden (Sulzenalpe) hinein zum Whs. Steinbock.
Das Tal zieht nur wenig ansteigend südostwärts hinein bis unter das mächtige Floitenkees. Im NO ragt der schroffe Floitenkamm, im SW der Mörchnerkamm und die kühnen Felsgestalten der Zsigmondy-Spitze und der Roßköpfe über dem Tal auf.

● 42 **Die Gunggl**

Eine halbe Gehstunde hinter Ginzling mündet von SO her das kleine Hochtal der Gunggl in das Zemmtal.
Von der Fahrstraße Ginzling — Roßhag zweigt der Weg ab, der über den Zemmbach, dann durch Wald sehr steil über die Talstufe empor in die Gunggl bringt. Er trifft nach Erreichen der Höhe mit dem direkt von Ginzling (auf der orogr. rechten Zemmbachseite) hereinführenden Weg zusammen. Am Eingang des Tales auf der östlichen Seite die Gungglalm. Ihr gegenüber das Jagdhaus Maxhütte, 1445 m, BRD.
Über dem innersten Talkessel, dessen Wände steil abfallen, ragen Zsigmondyspitze, Plattenkopf, Rotkopf und Ochsner auf.

● 43 **Whs. Roßhag,** 1096 m, (28 B.). Die Fahrstraße durch das Zemmtal führt durch Wald und Wiesen am linken Ufer der Zemme talein zum Whs. Roßhag.

● 44 **Breitlahner,** 1257 m, Häusergruppe in der kleinen Talweitung am Zusammenfluß des Zemmgrundes und des Zamser Grundes (Zemmtales).
Ausgangspunkt für Ghs. Grawand und Alpenrose, Berliner Hütte, Dominikushütte, Furtschaglhaus, Pfitscher-Joch-Haus, Olpererhütte und Friesenberghütte.
Der hier abzweigende Zemmgrund leitet in südöstl. Richtung empor zu den ausgedehnten Gletscherbecken des Hauptkammes, Waxeggkees, Hornkees, Schwarzensteinkees, und die daraus aufragenden mächtigen Gletscherberge.
Ab Breitlahner heißt der Grund Zamser Tal. Taleinwärts zweigt südöstl. der Schlegeisgrund, weiter talein das kleine Haupental ab. Durch das hinterste Zamser Tal und den Talschluß empor zum Pfitscher Joch. Etwas außerhalb der Ab-

zweigung des Schlegeistales steht die 135 m hohe Staumauer für den großen Schlegeisspeicher.

VI. Das Tuxer Tal

● 45 Das Tuxer Tal zieht von Mayrhofen zuerst westl., dann im Bogen nach SW bis unter die großen Gletscher der Gefrorenen Wand und des Olperers empor. Es ist von allen vier Hochtälern (Gründen) am leichtesten zugänglich; bis Hintertux Autobusverbindung; es ist dichter bevölkert als die anderen Gründe und verhältnismäßig fruchtbar. Von Hintertux bereits schöner Blick auf den Talschluß mit den mächtigen Gletscherbergen.
Entfernung: Mayrhofen — Finkenberg 4 km; Mayrhofen — Lanersbach 14 km; Mayrhofen — Hintertux 20 km.
Zu Fuß Mayrhofen — Hintertux 5½—6 st.
Von Mayrhofen führt die Straße über die Zillerbrücke, die Stilluppbrücke und die Brücke über die Tux an die nördl. Talseite und an ihr empor zum Dorf.

● 46 **Finkenberg,** 855 m

Schön gelegenes Dörfchen, 1000 Einw., am Fuß des Penkenberges, Sommerfrische und Wintersportplatz. Doppelsessellift Penkenjoch; Schlepplifte.
Gaststätten: Eberl (34 B.), Neuwirt (35 B.), Pension Persal (24 B.), 922 Privatbetten.
Von Finkenberg in einer halben Stunde ereichbar das Ghs. Sonnegg, jenseits des Tuxer Baches. Beliebter Ausflugsort.

● 47 Die Tuxer Straße führt hoch über der wilden Schlucht des Tuxer Baches talein. Kurz hinter Finkenberg zweigt der Weg ab, der über den Teufelssteg (40 m hohe Brücke) zum Ghs. Schöne Aussicht und durch Wald zum Karlsteg im Zemmgrund führt. Von dort nach Ginzling.
Man kann auch, ohne den Umweg über das Whs. Schöne Aussicht zu machen, über Großdornau zum Karlsteg in den Zemmgrund nach Ginzling gelangen.
Von dem Whs. Schöne Aussicht auf schönem Weg durch Wald zum Whs. Hochsteg an der Brücke über die Zemme. Zurück nach Finkenberg oder talaus nach Mayrhofen.
Von Finkenberg oder dem weiter talein liegenden Dorf Persal Anstieg auf das Penkenhaus, 1802 m, nach Astegg, zum Penkenjochhaus.

● 48 Von Persal führt die Straße noch ein Stück auf der nördl. Tallehne einwärts, bis sie hinter dem Weiler Freithof, 1049 m, die Tuxe übersetzt. Im engen Tal, auf dessen sonnseitigen Hängen die Wiesen und Felder weit hinaufreichen, talein und kurz vor Vorderlanersbach wieder über den Bach.

● 49 **Vorderlanersbach,** 1256 m

An der Einmündung des Nassen Tuxtales gelegen. Tel. Wintersportplatz. Seilbahn (Schrofenbahn).

Gaststätten: Tuxer Hof (30 B.), Forelle (18 B.).

Nach Vorderlanersbach biegt das Tuxer Tal nach SW und wird breiter.

Wanderungen von Vorderlanersbach:

● **50** Übergang über das **Torjoch,** 2399 m, zur Lizumhütte im obersten Wattental (Lizum) und talaus nach Wattens.

● **51** Vom Ghs. Forelle über Wiesen empor nach Gemais, das man auch von Lanersbach erreichen kann, und talein zur Wegteilung (rechts ab der Geiseljochweg). Links durch das Nasse Tuxtal durch den Wald talein. Wo der Wald aufhört, über den Bach und über steile Almhänge zur Unteren und Oberen Alm. Links haltend zu einem grasigen Felsriegel. Über ihn in die breite Mulde des **Torjoches.** Mehrere kleine Seen unter der Jochhöhe. Jenseits auf dem Steig hinab zur Lizumhütte, 2015 m, 3½ st.

● **52** Durch das Nasse Tuxtal nördl. empor und über das **Geiseljoch,** 2291 m, zur Nafinghütte und durch das Weertal talaus nach Weer.

● **53** Über das **Hippoldjoch,** 2536 m (zwischen Eiskarjoch und Hippoldspitze) in das Wattental; dem Lauf des Hobarbaches über Geisler und die Vallruckalm folgend, zuletzt empor auf das Hippoldjoch. Jenseits auf Steig hinab, dann über die Zirbnachalm und die Innere Melangalm in den Talgrund und talaus zum Whs. Walchen. Talaus nach Wattens.

● **54** Über das **Nurpenjoch,** 2525 m, in das Nurpental und zum Whs. Innerst im Weertal. Über Gemais und auf dem Weg zum Geiseljoch nördl. im Tal einwärts. Dort wo sich das Tal verzweigt (links ab zum Geiseljoch), im rechten Talast einwärts (entweder gleich bei dem Weiler Geisler rechts über den Bach und über die Lämmerbichlalm in den hintersten Talkessel, oder über die Geiselalm am westl. Talhang einwärts in den Talkessel). Zuletzt auf Steigspuren und weglos auf das Joch. Jenseits weglos und auf Steigspuren hinab in den innersten Talgrund und über die Haglhütten talaus nach Innerst. Weiter talaus nach Weer.

● **55** Von Vorderlanersbach Anstieg zum **Magnesitbergwerk** auf der Schrofenalm, 1651 m (nordöstl. über dem Tal). Das geförderte Material wird mit einer Seilbahn über das Wangljoch, 2142 m, an die Zillertalbahn bei Schwendau geliefert.

Von Vorderlanersbach im ebenen Talgrund einwärts nach

● 56 **Lanersbach,** 1290 m

(Vordertux) Hauptort des Tales mit schöner Kirche.

Gaststätten: Brücke (30 B.), Stock (16 B.), Jäger (26 B.). Privatunterkünfte.

Sommerfrisch- und Wintersportort; Bergbahn Eggalm (Sessellift) und Scheidegglift. Bergführerstandort.

BRD-Ortsstelle, Leiter Hans Großgasteiger, Haus 98, Ruf 7. Sessellift zur Eggalm am Ortseingang. Von der Bergstation in 3/4 st bez., bequemer Aufstieg zum Grübl-Spitz (2394 m). Schöne Aussicht auf Tuxer Kamm, Kalkwand-Spitze und Torwand.

● **57** Wanderung von Lanersbach über das **Junsjoch**, 2486 m, in die Wattener Lizum, 4½ st.

Vom Ort an den westl. Talhang und über die Wiesen auf einem Steig gleichlaufend mit der Talstraße talein. Bei der Wegteilung auf dem oberen Weg über die Höfe von Nock empor in den Wald. Nun im Bogen in das Hochtal des Junsbaches. Immer am nördl. Bachhang talein zur Alm Niederleger; in den Bachgrund und zur Hochleger Alm. Hier auf Steig steil westl. empor aufs Junsjoch, und hinab zur Lizum. Vom Joch schöner Blick auf die Berge von Hintertux.

● **58** Hinter Lanersbach überschreitet die Straße zweimal den Bach und erreicht **Madseit,** 1404 m, eine kleine Siedlung inmitten des flachen Talgrundes. Hinter Madseit mündet der Madseitbach in das Tuxer Tal. Die Straße führt nun eine bewaldete Höhe empor und erreicht

● **59** **Hintertux,** 1494 m

2 st von Lanersbach, im grünen Talkessel von hohen Gletscherbergen umgeben. Die Häuser scharen sich eng um die Kirche, den lawinensichersten Platz. Der Ort Hintertux ist bekannt wegen seiner warmen Quelle. Die Badeanstalt liegt etwas außerhalb von Hintertux, am jenseitigen Ufer des Baches, am Fuß der steilen Hänge des Schmittenberges. Wegen der Lawinen ist sie in den Berg gebaut; das Wasser mit glaubersalzhaltigem Kalk ist radioaktiv und hat 22,5° C; es ist weich und außerordentlich klar. Offenes Schwimmbad und Badstuben. Hintertux ist beliebter Sommerfrisch- und Wintersportort. Gletscherbahn (Gondelbahn Sommerbergalm, Einsessellift zum Spannaglhaus; Sektion 2 bis unter die Gefrorene Wand). Ausgangspunkt für herrliche Gletscherfahrten und Bergwanderungen. Autobuslinie Mayrhofen — Hintertux.

Vom Ort Blick auf die Gefrorene-Wand-Spitze und den Olperer, die mächtige Eisströme ins Tal senden.

Bergführer. BRD-Meldestelle, Leiter Franz Pichlsberger, Fernruf 3.

Gaststätten: Badgasthof (90 B.), Alpenhof (36 B.), Illinger (30 B.).

Talort für Spannagelhaus, 2528 m, und Tuxer-Joch-Haus 2313 m.

Spaziergänge und Wanderungen:

● 60 Zu den Tuxer **Wasserfällen**, 1—1½ st. Von Hintertux auf dem grünen Talboden eben hinein bis in den innersten Talgrund. Hier stürzen die Wasser des Tuxer Baches in einen Felskessel. Rechts der Fälle führt der Steig in Kehren den steilen Hang empor zum zweiten Fall. Der Klamm folgend kommt man auf einen grünen Boden und zum dritten Wasserfall.

● 61 Zur **Sommerbergalm**, 2000 m, 1½ st. Von Hintertux auf dem Weg zum Tuxer-Joch-Haus (R 163). Vor Erreichen des Grabens des Tiefen Baches (in der Höhe über dem untersten Tuxer Wasserfall) bei der Wegteilung links auf einem Steig ab und mäßig ansteigend über welliges Gelände zur Sommerbergalm. Mittelstation der Gletscherbahn.

● 62 **Schmittenberg**, 2729 m. Schöner Aussichtspunkt. Von Hintertux aus unschwierig in 3—3½ Std. über die Bodenalpe und den schotterigen W-Grat zu ersteigen.

● 63 Über das **Tuxer Joch**, 2337 m (Tuxer-Joch-Haus), 2½ Std., in das Schmirntal, 1½ Std. und nach St. Jodok im Wipptal.

VII. Das Wipptal

● 64

Die Grenze der Zillertaler Berge im W bildet das Wipptal; es zieht fast geradlinig von S nach N. Die Sill, die östl. des Brenners unter dem Wildseejoch entspringt, durchfließt das 37 km lange Tal und mündet bei Innsbruck in den Inn.

Durch das Wipptal und über den Brennerpaß, 1371 m, führt die Brennerbahn; sie wurde 1867 erbaut und überwindet von Innsbruck bis zur Paßhöhe 800 Höhenmeter. Ab Steinach fährt die Brennerbahn im Talgrund südwärts und zieht eine große Schleife in den Eingang des Schmirn- und Valser Tales.

● 65 St. Jodok, 1129 m

400 Einw. Am Zusammenfluß des Schmirner und Valser Baches, die von den Gletschern des Tuxer Hauptkammes herabkommen, gelegen.
E-St. der Brennerbahn. Die Brennerstraße berührt den ungefähr 1 km im Tal gelegenen Ort nicht. Am Ausgang des Schmirntales an der Brennerstraße liegt Stafflach.
BRD-Ortsstelle Stafflach (Sepp Wechselsberger, Tel. 5).
BRD-Meldestelle St. Jodok (Geraer Hof).

Gaststätten: Lamm (26 B.), Post (10 B.), Schmied (20 B.) Geraer Hof (20 B.). Pfarrkirche Hl. Jodok, 1780 barockisiert, Decken- und Altarbilder von Jos. Schmutzer.

St. Jodok ist Ausgangspunkt für Bergfahrten im westl. Teil des Tuxer Hauptkammes, Talort für das Tuxer-Joch-Haus und die Geraer Hütte.

Spaziergänge und Wanderungen:

● **66** In das Schmirntal, nach **Schmirn,** 1422 m (1½ st), und nach Innerschmirn, 1450 m, 2 st.

● **67** Zum **Tuxer-Joch-Haus,** 4½ st.
Übergang über das Tuxer Joch nach Hintertux, 6 st. Lohnende, schöne Wanderung. Bez.

● **68** Nach **Innerschmirn,** durch das Wildlahner Tal und über die Scharte am Steinernen Lamm zur Geraer Hütte, 4 st. Schöne Wanderung, bez., meist im Abstieg begangen.

● **69** Von St. Jodok in das Valser Tal nach **Innervals,** 1296 m, 1¼ st. Zum Ghs. Touristenrast, 1345 m, im innersten Valser Tal, 2 st. Bez.

● **70** Übergang über die Geraer Hütte und über die **Alpeiner Scharte,** 2957 m, zur Dominikushütte. Kürzester Zugang von der Brennerbahn in die Gletscherwelt der Zillertaler Berge.

● **71** Über den **Padauner Sattel,** 1550 m (Padaun), nach Brennersee an der Brennerbahn, 3½ st. Lohnende, bequeme Wanderung mit schöner Aussicht. Von der Kirche in St. Jodok nicht dem Fahrweg ins Valser Tal folgend, sondern rechts hinab zur Brücke über den Valser Bach, unter der Bahn durch und jenseits am südwestl. Hang des Valser Tales auf gutem Steig über Wiesen und durch Wald ansteigend talein, bis man hoch über der Mündung des Padauner Tales rechts über Wiesen gegen den Padauner Sattel emporsteigt. Herrlicher Blick auf Fußstein und Olperer. Zum Ghs. (Steckholzer) und südwestl. durch das flache Wiesental über die Häuser Padaun, 1580 m, zum Larcherhof. Nun in Kehren steil hinab zur Brennerbahn. Unter ihr durch und auf der Brennerstraße in 20 Min. bergan zur Station Brennersee oder talaus in 1 st nach Gries a. Brenner.

Bergfahrten von St. Jodok: Ottenspitze, Gammer Spitze, Hohe Warte (alle drei Gipfel leicht auf Almwegen ersteiglich), Padauner Kogel, Schöberspitze, Kleiner Kaserer.

Hinter St. Jodok verengt sich das Wipptal. Die Autostraße führt im Talgrund brenneraufwärt, die Bahn auf dem rechten (östl.) Talhang nach

● 72 Gries a. Brenner, 1163 m

1400 Einw. Langgestrecktes Sommerfrischdorf im engen Talgrund des obersten Wipptales an der Mündung des Obernbergtales; Sessellift. E-St. liegt 100 m höher an den Hängen des Padauner Kogels, 20 Min. Aufstieg vom Ort.
BRD (Ghs. Sprenger) fernmündliche Verständigung.

Gaststätten: Alte Post (18 B.), Grieserhof (45 B.), Guschlbauer (22 B.), Sprenger (15 B.), Waldheim (43 B.), Weiße Rose (25 B.), Weißes Rößl (75 B.).
Kirche Mariä Heimsuchung (1534), Neubau 1826; Deckengemälde von Jos. Arnold.

Spaziergänge:

● **73** Schöne Wanderung auf das **Nößlachjoch,** 2322 m, 3 st. In 1800 m Höhe ein aufgelassenes Anthrazitbergwerk, zu dem eine Material-Seilbahn emporführt. Hier die Nößlachjochhütte des ÖAV.

● **74** Von Gries nordwestl. empor auf die alte Römerstraße zwischen Nößlach und Vinaders zum alten St.-Jakobs-Kirchlein aus dem 14. Jh. mit sehenswertem gotischem Flügelaltar. Nördl. auf dem Weg nach Nößlach, dann rechts ab und empor auf das wenig ausgeprägte Joch.

● 75 Nach Nößlach, 1442 m, 1 st. Ghs. Touristenruhe.
St.-Jakobs-Kirchlein, in Nößlach an der alten Brennerstraße (1305).

● 76 Nach **Obernberg,** 1396 m, 1½ st. Fahrstraße von Gries westl. aus dem Dorf, über den Obernberger Bach und talein nach Vinaders. Weiter steil ansteigend durch das enge Tal neben dem Bach empor auf den weiten oberen Talboden und an den weit verstreuten Bauernhöfen vorbei zur Kirche und dem Ort. Gasthaus Spörr.

Wanderungen:

● 77 Zum **Obernberger See,** 1600 m, von Obernberg 1 st. Schöne Wanderung durch den Wald zum See zwischen den mächtigen Bergen Gaststätte.

● 78 **Sattelberg,** 2113 m, 2½ st. Knapp an der italienischen Grenze. Schöne Aussicht auf die westl. Zillertaler Berge von der runden Kuppe des Berges. Sessellift zur Sattelalm.

● 79 Nach **Padaun** zum Ghs. Steckholzer, 1560 m, 1—1½ st. Auf den Padauner Kogel, 2068 m, 2 st
Von Gries auf der Brennerstraße am Kirchlein „Hl. Siegmund und Christoph am Lueg" (13. Jh. ehemalige Burg und befestigte Zollstätte mit Straßensperre, 15. Jh., mit Mauern umgeben) Ghs. vorbei und nach 3 km zu dem in einer kleinen Talweitung liegenden dunkelgrünen Brennersee, 1310 m. Ghs. Seehof. Ghs. Brennersee und Ghs. Lueg.

● 80 Brennersee

Rechts an der Straße (Westrand) beim Ghs. Brennersee ein Teil der freigelegten alten Römerstraße mit Wagenrillen in den Steinplatten. Tafel.
E-St. Brennersee der Brennerbahn, letzte österr. Bahnstation vor der Staatsgrenze.

Beim Brennersee mündet von O her das schmale Vennatal, durch das man zur Landshuter Hütte, 2713 m, südwestl. des Kraxentragers ansteigt.

An der Brennerstraße unmittelbar vor der Paßhöhe und der Staatsgrenze Ghs. Kerschbaumer (16 B.). Der Bahnhof Brenner liegt auf italienischem Staatsgebiet.

Kurz vor der Staatsgrenze mündet von SO das steile Hochtal ein, das zum Wildseejoch mit dem darunter liegenden Wildsee emporzieht. Durch dieses Tal Anstieg zum Wolfendorn.

VIII. Das Schmirntal

● 81 Das Schmirntal mündet bei Stafflach in das Wipptal.

● 82 Stafflach, 1100 m

Hier zweigt die Fahrstraße in das Schmirn- und Valser Tal von der Hauptstraße ab. 1 km innerhalb der Talmündung liegt St. Jodok am Zusammenfluß des Schmirner und Valser Baches.

Hier gabelt sich das Tal; nordöstl. zieht das Schmirntal hinein, südöstl. das Valser Tal.
Die alte Straße (für Autoverkehr wegen ihrer Steilheit kaum geeignet) führt in dem engen Tal zuerst mäßig, dann sehr steil ansteigend talein (über 30 %). Die neue Straße (1970) folgt zunächst 500 m der Straße ins Valser Tal und zweigt hoch über dem Talgrund links ab. Zwei Kehren, dann eben, zuletzt fallend nach Schmirn.

● 83 Schmirn (Außerschmirn), 1422 m

Schönes Dorf, auf weiter Talfläche gelegen, deren Wiesen und Felder auf den sonnigen Hängen weit hinaufziehen.

Gasthof Fischer (12 B.).

● **84** **Spaziergang von Schmirn zur „Kalten Herberge" (St. Maria), Wallfahrtsort, 1572 m, in schöner Lage, ½ st.**
Bei der Kirche von Schmirn links ab und bei den letzten Häusern über den Bach und durch lichten Wald wenig ansteigend zur kleinen Wallfahrtskirche.
Wenn man sich weiter talein hält, kommt man in 10 Min. zu den Häusern von Wildlahner im Wildlahnertal. Von dort kurz talaus nach Innerschmirn. In Verbindung mit der Wanderung zum Tuxer Joch oder zur Geraer Hütte.

● **85** Von Schmirn über die Schafseitenspitze, 2604 m, nach Navis im Navistal, 5—6 st. Leicht, aussichtsreiche Wanderung. Von der Kirche in Schmirn kurz talein, dann zweigt nach links (nördl.) ein Weg ab, der in das kleine Tal bringt, das von der Schafseitenspitze herabzieht. Links des Baches steil empor, bei der Gabelung des Tälchens links haltend in Kehren auf die Grathöhe des Kammes. Jenseits auf Steig hinab zur Mülleralm, und durch Wald hinab zum Dorf Navis. Schöne Wanderung talaus nach Matrei a. Brenner, 2 st.
Gipfel: Hagerspitze, Gammerspitze, Riepenspitze, Ottenspitze.

Die Straße führt nun wenig ansteigend im Talgrund einwärts zu den Häusern von Innerschmirn.

● 86 Innerschmirn, 1450 m

An der Einmündung des Wildlahnertals auf weiter Wiesenfläche gelegen. Herrlicher Blick auf Gletscher und den Gipfel des Olperers und des Fußsteins.

Gasthof Jennewein (14 B.).

Am Eingang ins Wildlahnertal, auf der östl. Talseite liegen die Höfe von Wildlahner. Letzte ganzj. bewohnte Siedlung im Wildlahnertal.

Bergfahrten von Innerschmirn: Übergang über das Tuxer Joch nach Hintertux. Übergang über die Felsscharte am Steinernen Lamm zur Geraer Hütte. Schöberspitzen, Kleiner und Großer Kaserer, Kastenwand, Hogerspitze. Talort für das Tuxer-Joch-Haus und die Geraer Hütte.

● 87 Nach Innerschmirn zieht das Tal nordöstl. weiter bis Madern, dort biegt es scharf nach SO um. In der Talbiegung das Whs. Kasern, 1625 m (14 B.). Im Sommer bew. Letzte Siedlung des Tales. BRD-Meldestelle.

Übergänge: Tuxer Joch, Steinernes Lamm.
Gipfel: Schöberspitzen, Kleiner Kaserer.

IX. Das Valser Tal

● 88
Das Valser Tal streicht von St. Jodok südöstl. hinein; bei Außervals mündet das kleine Padauner Tal. Von Außervals steiler Steig nach Padaun, 1520 m.

Die Straße führt von St. Jodok zuerst steil, dann mäßig ansteigend über Außervals nach Innervals, 1296 m. Blick auf Schrammacher und Sagwand.

● 89 An den Einzelhöfen von Innervals vorbei leitet die Straße in den innersten Talgrund, zur Talgabelung. Ein Ast streicht südöstl. gegen Sagwand und Hohe Wand empor, der andere nordöstl. gegen den Fußstein in das Alpeinerkar.

Von der Talgabelung im nordöstl. Ast talein zum Whs. **Touristenrast,** 1345 m, Sommerwirtschaft, ganzj. bewohnt. BRD-Meldestelle. Hier endet die Fahrstraße.

X. Das Eisacktal (südl. Wipptal)

Der südtirolische Teil des Wipptales zieht vom Brenner südwärts und bildet bis Franzensfeste die Grenze der Zillertaler Berge im W. Es wird vom Eisack durchflossen, der gleich südl. des Passes den Felsen der westl. Talseite entspringt. Die Eisenbahn folgt dem Talverlauf über die Stationen Brenner, Brennerbad, Gossensaß (vor Gossensaß zieht die Bahn eine große Schleife in das Pflerschtal), Sterzing, Mauls, Mittewald nach Franzensfeste. Wenige Kilometer südwärts mündet das Pustertal von W. Abzweigung der Straße und der Bahn in das Pustertal. Autobahn.

● 90
Brenner, Paßkontrolle, Haltepunkt aller Züge, Zöllner- und Eisenbahnersiedlung, etwa 1000 Einw. Hotels: Post, Olympia, Motel „Agip".

Brenner — Wolf (1362 m), 1,5 km südl. des Brenners.

● 91 **Brennerbad,** 1309 m

Gaststätten: Hotel Silbergasser (40 B.), Gh. Vetter (15 B.).

4 km südl. des Brenners. Wintersportort. Sessellift auf die Enzianhütte, 1903 m, auf der Zirog-Alm. Skilift auf den Flatsch (2100 m).

Wanderungen:

Zirog-Alm, 1763 m, 1½ st (Straße für Kraftwagen, zweigt 6 km südl. des Brennerpasses von der Hauptstraße ab). Schutzhaus Enzian (20 B.), 1903 m, Schutzhaus Zirog (20 B.).

Über das Schlüsseljoch nach Kematen im Pfitschtal.
Bergfahrten: Flatschspitze, Kalkwandstange, Hühnerspiel.

Bis Brennerbad ist das Tal fast eben; es fällt dann als steile Rinne in das Talbecken von Gossensaß. Die Bahn überwindet die Steilstufe in weiter Schleife ins Pflerschtal.

● 92 **Gossensaß,** 1066 m

An der Einmündung des Pflerschtales im engen Talkessel gelegen. Sommer- und Winterkurort. Schnellzugshaltestelle. Schwimmbad und Sportanlagen. Henrik Ibsen, der berühmteste Sommergast von Gossensaß, verfaßte hier seine Hedda Gabler. Sessellift zur Hühnerspiel-Hütte und auf die Amthorspitze (1600 Höhenmeter).

Gaststätten: Hotel Erna, Europa, Gudrun, Savoy, Wielandhof, Pension Emma, Freund, Maier, Nußbaumer, Schuster, Garni Lorenz, Gschnitzer.

Sehenswürdigkeiten: Stattliche Barockkirche von Franz de Paula Penz (1754). Daneben gotische St.-Barbara-Kapelle (1510) mit schönem Flügelaltar.

Wanderungen: Hühnerspiel-Hütte, 1865 m, Bes.: Ludwig Gröbner, Gossensaß; Hühnerspiel, Weiß-Spitze, 2716 m; ins Pflerschtal zum Wasserfall Ladurner-Alm (Lifte), nach Außer- und Innerpflersch, 2 st. Zur Platzalm; zur Ziroger Alm.

● 93 Unterhalb Gossensaß am östl. Talhang die Ruine **Straßberg,** im 13. Jh. erbaut. Einst Sitz des landesfürstlichen Pflegers und Urbaramtes für das Gericht Sterzing.

Bei Ried, am Geierhaus an der Straße: Fresko des heiligen Christophorus aus dem 15. Jh.

Lurx, alte Zollstätte, ein stattliches Gebäude (Gasth.) aus dem 16. Jh. unterhalb der Straße.

● 94 Sterzing, 948 m

4500 Einw., Schnellzugsstation, Postautoknotenpunkt. Post, Telefon, Reisebüro, Wechselstube, Apotheke, Arzt. Autobahnausfahrt.
Sterzing ist Ausgangspunkt für das Pfitschtal und die Pfunderer Berge, für Ridnauntal und Jaufenpaß.
Seilbahn auf den Roßkopf. Schlepplifte. Schöne Wintersportmöglichkeiten.
Das großartige altdeutsche Städtchen liegt an der Einmündung des Pfitscher Tales von O und des Ridnauntales von W in weitem Talgrund. Früher füllte den Talboden ein See, dessen Buchten in die Seitentäler reichten. Nach dem Abfließen blieb das Sterzinger Moos zurück. Es wurde 1817 entwässert. Daher im Talboden keine alte Siedlung. Das römische Vipitenum ist älteren Ursprungs. Eine vorgeschichtliche Siedlung bei Tschöfs, nordwestl. über der Stadt.

Sterzing wurde 1207 zuerst urkundlich erwähnt. Es wurde durch den Bergbau reich. Ein Denkmal des Bergsegens ist die St.-Magdalenen-Kapelle (spätgotisch). Sie besitzt einen schönen spätgotischen Flügelaltar. (Werkstücke der Kapelle aus weißem Marmor.)
Pfarrkirche (1497) Säulen und Portal aus Marmor. Hier befinden sich die figuralen Teile des berühmten spätgotischen Altars von Hans Multscher, die Tafeln dieses Flügelaltars hat Mussolini 1942 Göring geschenkt, 1959 von Rom nach Sterzing zurückgestellt. Im 18. Jahrhundert barockisiert. Sterzing hat seine Eigenart bewahrt: alte Straßensiedlung, gotische Erker und Torbogen, Schilder, spätgotisches Rathaus.
Der eindrucksvolle Zwölferturm am Eingang der alten Stadt ist ihr Wahrzeichen.

Gaststätten: Parkhotel, Stötter (Bhf.), Stadcafé, Gold. Kreuz, Pension Schneider, Neue Post, Krone, Mondschein, Hubertus, Helene, Sport-Pizzeria, Schwarzer Adler, Maibad am Eingang des Ortes.

Wanderungen:

● 95 Gasteig im Ridnauntal, 1/2 st. Bei Gasteig, das man von Sterzing westl. auf der Straße durch das Ridnauntal erreicht, zweigt das Jaufental ab. Schöne Alpenstraße über den Jaufenpaß.

● 96 Schloß **Sprechenstein** und Schloß **Reifenstein.**

Beide Schlösser, die sich südl. von Sterzing auf Talhängen gegenüberstehen sind noch gut erhalten. Schloß Reifenstein (am westl. Talhang) ist über den Weiler Elzbaum in 1/2 st zu erreichen. Ebenso das Schloß Sprechenstein in 1/2 st von Sterzing (am östl. Talhang).
Schöne Wanderungen südl. in die Sarntaler Berge, östl. in die Pfunderer Berge und in das Pfitschtal.

● 97 **Trens,** 993 m; **Freienfeld,** 931 m

Freienfeld ist E-St., Trens liegt am nördöstl. Talhang etwas über der Straße, Wallfahrtsort mit schöner Kirche. Das Kirchlein Valgenein liegt malerisch auf spitzem Hügel östl. über dem Tal.

Gaststätten in Freienfeld: Neu-Ghs., Post, Lehner, Bircher, Haus an der Lahn.

Von Freienfeld führt ein Steig über Valgenein und Niederflans in das Sengestal (Brixener Hütte).

Auf der westl. Talseite etwas talaus von Freienfeld das Wildbad Möders.

Kurz vor dem Ort Mauls die Ruine Welfenstein nahe der Straße. Im **13.** Jh. erbaut, 16. Jh. Ruine, erneuert, 1918 abgebrannt.

● 98 **Mauls,** 899 m

E-St. Alter Ort mit zwei alten, schönen Straßenwirtshäusern, Seeber und Stafler. Schöne Erker mit schmiedeeisernen Schildern. Von Mauls führen Wege in die Sarntaler Berge; durch das Senges- und Maulser Tal in die Pfunderer Berge (Brixener Hütte). Übergang in das Valser Tal und nach Mühlbach im Pustertal. Spaziergang nach Trens und zum Bad Möders.

● 99 Hinter Mauls verengt sich das Eisacktal, die bewaldeten Berghänge reichen meist fast bis zur Straße herab. Talab durch das düstere Tal erreicht man die alte **Sachsenklemme,** gleich nach der E-St. **Grasstein;** 1809 Tiroler Freiheitskampf gegen Franzosen und einen sächsischen Vortrab. Ghs. Klopfer, Sachsenklemme.

● 100 **Franzensfeste,** 750 m

E-St. Große Befestigungsanlage südl. des Ortes. Sie wurde unter Kaiser Franz I. 1833—1838 errichtet. Später entwickelte sich ein Bahnknotenpunkt.

Großer Stausee vor der Festung, der aber immer wieder versandet. In Franzensfeste Abzweigung der Pustertaler Bahn. Gleich südl. der Befestigungsanlage zweigt links die Verbindungsstraße ins Pustertal ab. Sie übersetzt unterhalb Franzensfeste den Eisack und führt um den Rücken zwischen den beiden Tälern herum auf die von Brixen heraufkommende breite Autostraße und nach Mühlbach im Pustertal.

Beim Ghs. Sonne Abzweigung nach Spinges (Fahrstraße). Sonniges Dorf, berühmt durch das Heldenmädchen von Spinges (1796/97).

XI. Das Pfitschtal

● 102

Das rund 20 km lange Tal mündet von O in den Sterzinger Talkessel. Es zieht in nordöstl. Richtung bis an die großen Gletscherberge des Hauptkammes heran. Einige kleine Seitentäler führen nach S in die Pfunderer Berge empor. Im N ragt der westl. Teil des Tuxer Kammes auf. Im Inneren gabelt sich das Tal in das Unterberg- und Oberbergtal; die beiden Äste umschließen den Hochfernerstock. Von Sterzing führt die Fahrstraße (Postauto) in den zunächst breiten, einladenden Talboden hinein, am Schloß Moos vorbei zum Dorf

● 103 **Wiesen,** 948 m

Bekannter Sommerfrischort in angenehmer Lage.

Gaststätten: Lex, Wiesener Hof, Traube.

Hinter Wiesen verengt sich das Tal, und die Straße führt in der engen Talschlucht steil empor.

Afens (Ghs. Rainer), 1 st innerhalb von Wiesen.

Die Straße führt in großen Kehren am steilen Hang empor, umgeht die Schlucht des Pfitscher Baches, und erreicht die kleinen Orte Wöhr und Ried am Beginn des flachen, inneren Talbodens (Stausee).

Auf der südl. Talseite liegt **Burgum,** von wo aus das gleichnamige Tal zur Sterzinger Hütte (im Verfall) unter der Wilden-Kreuz-Spitze emporbringt.

Am (orogr.) rechten Talhang fast eben hinein nach

● 104 **Kematen,** 1444 m

Verstreute Ortschaft am sonnseitigen Talhang. Hier öffnet sich der breite innere Talkessel.

Gasthöfe: Alpenrose, Waldheim.

Von Kematen Übergänge über das Sandjoch, Schlüsseljoch und Pfundersjoch.

Die Straße führt weiter, wenig ansteigend, nach

● 105 St. Jakob-Innerpfitsch, 1452 m

Weit verstreute Ortschaft mit großen Höfen. Vortrefflicher Erholungsort. Schöne Spaziergänge in den angrenzenden Fichten- und Lärchenwäldern. Schlepplift.

Gasthöfe: Knappenhof, Neuwirt, Pfitscherhof.

Übergänge: **Pfitscher Joch, Kraxentragersattel, Weitenbergscharte, Grießscharte, Untere Weißzintscharte.**

Gipfel: **Kraxentrager, Hohe Wand, Grabspitze, Felbespitze, Hochsäge, Rotes Beil, Langspitze.**

Bis St. Jakob Postautoverbindung. Von hier ab Militärstraße, für die gewisse Beschränkungen gelten.

Die Fahrstraße führt am rechten Talhang mäßig steigend hinauf über die Häusergruppen Tötschen, Kinzen und Anger nach

● 106 Stein, 1555 m

Kleine Häusergruppe am nördl. Talhang. Letzte ganzj. bewohnte Siedlung. Ghs. Stein, im Sommer bew., Unterkunftsmöglichkeit auch im Winter (10 B.). Ausgangspunkt für die Wiener Hütte und das Pfitscher-Joch-Haus. Vorkommen von Silberquarzit.

Übergänge: **Pfitscher Joch, Pfitscher Schartl, Kraxentragersattel, Untere Weißzintscharte, Gliderscharte, Grießscharte.**

Gipfel: **Hohe Wand, Sagwand, Schrammacher, Hochsteller, Hochferner, Hochfeiler, Hochwart. Röteck, Engberg.**

XII. Das Pustertal

● 107 Mühlbach, 777 m

Alte Marktgemeinde am Eingang ins Pustertal mit den Bergfraktionen Meransen, 1420 m, Vals, 1350 m, und Spinges, 1100 m. Aufblühender Fremdenverkehrsort. Ausgangspunkt zu den Wintersportzentren Jochtal-Vals und Gitschberg-Meransen sowie für Bergwanderungen ins wildromantische Zillertaler Alpengebiet rund ums Jochtal, die Fahnalm, die Brixner Hütte, die Labesebenhütte, den Wilden See und die Seefeldseen.

Geschichtlich interessant als ehemaliger Gerichtssitz der Grafen von Wolkenstein-Rodeneck, deren Burg im nahen Rodeneck durch die Freilegung der Iweinzyklusfresken noch attraktiver geworden ist. Die Mühlbacher Klause, ehemalige Zollstation und Jagdschloß des Herzogs Sigismund, heute

Ruine am Stausee, wurde von Michael Gaißmayr 1515 und später von den Franzosen heiß umkämpft. Hier fand auch 1809 unter Peter Mayr die letzte Schlacht der Tiroler Freiheitskämpfer statt. In der Pfarrkirche von Mühlbach Bild von Fr. Bacher über die Kreuzauffindung durch St. Helena. Im Kirchhof granitener Zolltisch aus der Klause.

In Mühlbach: Musikkapelle, Schützenkompanie, Alpenverein, Sportverein, Fremdenverkehrsverein (s. u.).

Fremdenverkehrsbetriebe in Mühlbach: Gasthöfe Linde, Lamm, Lilie, Pichler, Rose; Pensionen Hohenlinden, Hubertushaus, Edelweiß; einige Bars, einige Jugendherbergen bzw. Ferienheime; Privatzimmervermieter.

Spazierwege: Stöcklvaterweg mit Fortsetzung zur Pallgrube (Galgenbühel) bei Schabs, Cigilyrweg am Ufer der Rienz in Richtung Schabs, Sandbichlweg mit Fortsetzung zum Plompeneidhof und bei Überquerung des Eiterbaches zur Mühlbacher Klause, Linerweg, Heidenhof, Rundlbrücke oder Rodenecker Schloß, Bachgartweg, Tscheplhof (Sammlung von Kristallsteinen), Graaweiher, Straßhofweg mit Fortsetzung zum Stöcklvater oder nach Spinges.

Prospekte und Auskunft beim Verkehrsverein I-39037 Mühlbach (Südtirol), Telefon-Direktwahl aus Deutschland 00 39 - 472 - 4 94 67.

Wanderungen:

● 108 **Mühlbacher Klause,** 1/2 st. Auf der Autostraße talauf zur romantischen alten Befestigung über dem Stausee im Talgrund.

● 109 **Spinges,** 1105 m, 1 st. Kleiner Ort, südwestl. über Mühlbach auf kleiner Hochfläche. Das Denkmal des Heldenmädchens von Spinges (1797), das das Dorf gegen die Feinde verteidigte, wurde von den Italienern entfernt. Von hier Aufstieg zum Valser Joch (Übergang nach Vals oder Mauls) möglich.

● 110 **Bad Bachgart,** 1/2 st. Aus dem Ort hinab und über die Rienz. Jenseits auf breitem Weg am südl. Talhang durch Wald aufwärts nach Bachgart.

● 110a **Schloß Rodenegg,** 897 m, 3/4 st. Wie oben über die Rienz auf die südl. Talseite. Südw. über St. Pauls (kleine Ortschaft) und Einzelhöfe zum Schloß. Aus dem 12. Jh. Im Besitz der Grafen von Wolkenstein-Rodenegg.

In das Valser Tal nach Vals. Brixner Hütte. Übergang nach Mauls. Nach Meransen, in das Altfaßtal und nach Pfunders.

● **111** **Meransen,** 1420 m

Schön gelegenes Dorf auf einem Hochplateau am Eingang des Pustertales. Auffahrt von Mühlbach (R 107) mit Schwebebahn oder über Autostraße (Fußweg von Bad Vals). Herrlicher Rundblick: Pustertal mit Zillertaler Alpen, Dolomiten und Brixner Talkessel. Angenehme Spaziergänge. Ausflüge auf Gitschberg, Großberg und Seefelder Seen. Fahrstraße über das Kienerjoch nach Weitental (R 121). Wintersport: Ausgezeichnete Skiabfahrt vom Gitschberg. Übungsgelände mit Skilift 5 Min. ab Bergstation. Fahrten 6.30 Uhr bis 20.00 Uhr, im Sommer 5.30 Uhr bis 21.00 Uhr. AV-Mitglieder 20 % Ermäßigung.

Gasthöfe: Hofer, Stubenruß, Bergstation, Pension Amber, Alpenblick, Alpenfrieden, Gh. Gitschberg, Bar Moser. Jugendherbergen und Ferienheime.
Übergang von Meransen über das Valser Joch nach Pfunders.

● **112** **Niedervintl,** 742 m

E-St. der Pusterer Bahn. Der kleine Ort liegt in dem nun breiter werdenden Pustertal, an der Einmündung des Pfunderer Tales (Weitental). Ebenso wie das weiter talauf gelegene Obervintl Ausgangspunkt für die Pfunderer Berge.
Wanderungen nordwärts in das Weitental nach Pfunders und zur Edelrautehütte, nach Terenten und zur Fritz-Walde-Hütte (Tiefrastenhütte).

● **113** Nach **St. Siegmund,** 790 m, ¾ st. In der Kirche von St. Siegmund befindet sich der älteste Flügelaltar Südtirols mit Fresken aus dem Jahre 1519. Der kleine Ort liegt zwischen Obervintl und Kiens an der nördl. Talseite. 5 Gaststätten.

● 114 **St. Lorenzen,** 810 m

E-St. Postautohaltestelle. Am Eingang des Abteitales (Enneberg). Nördl. über dem Ort die Sonnenburg und die Michaelsburg. Über der Sonnenburg haben sich Befestigungswälle aus sehr alter Zeit erhalten. In der Kirche Madonna mit Jesukind von Michael Pacher (Hochaltar).

10 Gaststätten und Pensionen.

● 115 **Bruneck,** 835 m

E-St. Hauptort des Tales. Post. Tel. Bank. 7000 Einw. Ausgangspunkt für Bergfahrten der südl. Zillertaler, der östl. Pfunderer Berge, Hochgallgruppe, Dolomiten und Rieserfernergruppe.

Seilbahn auf den Kronplatz. Schlepplifte.

Sportanlagen, großes Schwimmbad, Tennisplätze, Naturstrandbad. Wintersportort. Vielbesuchter Sommerfrischort. Bruneck liegt in dem freundlichen, grünen Talbecken an der Einmündung des breiten, flachen Tauferer Tales an den Ufern der Rienz. Das Brunecker Becken war schon zur Eisenzeit besiedelt (besonders in der Gegend von St. Lorenzen). Im 11. Jh. wurde das Tal den Bischöfen von Brixen geschenkt. Fürstbischof Bruno erbaute 1256 die Stadt und zugleich das prächtige, südl. über der Stadt aufragende Schloß. Es war zeitweise Sitz der Brixener Bischöfe.

Fünf Kirchen, zwei Klöster und mehrere Edelsitze sind Zeugen des kulturellen Hochstandes. Kulturgeschichtlich ist die Stadt außer durch die gotischen Gebäude und einige Barockbauten bekannt als der Geburtsort der zwei bedeutenden Maler und Bildhauer, der Brüder Michael und Friedrich Pacher (gest. 1498 und 1508).

Gaststätten: Hotel Post, Hotel Goldene Rose, Hotel Stadt Bruneck, Andreas Hofer, Goldener Hirsch, Weißes Lamm etc. (In Bruneck ca. 70 Gh., Pensionen, Bars, Cafés.)

In Dietenheim Gh. Blauer Bock.
Seilbahn auf den Kronplatz, 2272 m.

Wanderungen: Alle Wege gut markiert!

● 116 Kühberg, 1005 m. Gern besuchter Aussichtspunkt südl. der Stadt. An seinem Fuß Militärfriedhof.

St. Lorenzen, 3/4 st. Zu erreichen auf schönem Fußweg am linken Rienz-Ufer entlang.

Heilig Kreuz, Wallfahrtskapelle, 1/2 st an dem linken Ufer der Rienz talaus.

Schloß Lamprechtsburg, 1 st. Südöstl. über der tief eingeschnittenen Schlucht der Rienz oberhalb von Bruneck. Jausenstation.

Wege führen zu den nördl. über Bruneck schön gelegenen Orten Stegen, Pfalzen, Issing und wieder hinab ins Tal nach Kiens. Am südseitigen Mittelgebirge Reischach.

XIII. Das Valser (Valler) Tal

● 117

Bei Mühlbach mündet das lange, schmale Valser Tal in das Pustertal. Es führt in fast gerader Richtung nordwärts hinauf in die Pfunderer Berge. Von den Bewohnern wird es „Valler Tal" genannt.

In seinem südl. unteren Teil ist es sehr eng und öde, dann erweitert es sich etwas. In der Weitung liegt die verstreute Ortschaft Vals. Im oberen nördl. Teil zweigen nach W und O kleine Hochtäler ab. Das westl. abzweigende Tal des Seebaches führt zum landschaftlich schönen Wilden See empor, über dem die höchsten Berge der Gruppe aufragen. Im hintersten Tal liegt die Brixener Hütte.

● 118 **Bad Vals, 1180 m**

Von Mühlbach 1 st. Es liegt am östl. Ufer des Baches. Jetzt ein Ferienheim (60 Betten). Die Straße führt im engen Tal auf der westl. Seite (orographisch rechten) des Baches an der Einmündung zweier Bäche vorbei hinein nach

● 119 **Vals, 1354 m**

2 st von Mühlbach. Kleine Ortschaft aus verstreuten Höfen. In dem abgelegenen Tal haben sich ursprüngliche Bauweise und Volkstum erhalten.

Straße mit Pkw. befahrbar, Steigungen bis etwa 20 %.

Gaststätten: Masl, Huber, Pension Alpenrose.

Jochübergänge: Valser Joch, Satteljoch, Steinbergscharte, in der Eng.
Gipfel: Geißjochspitze, Domenarspitze, Rotwand, Seefeldspitze, Wurmaulkopf.

Wanderungen: talein zur Alm In der Fane, 2 st (auch mit Auto erreichbar) und zur Brixener Hütte.

XIV. Das Weiten- und Pfunderstal

● 120

Bei Niedervintl mündet das lange Weiten- und Pfunderstal in das Pustertal; es läuft mit dem Valser Tal beinahe parallel und führt nordwärts hinein in das Herz der Pfunderer Berge. Im N verzweigt es sich in mehrere Äste. Ein größerer Ast, das Weitenbergtal, streicht nordwest- und westwärts empor bis unter das Pfundersjoch; ein anderer streicht nordostwärts (Eisbruggtal) aufwärts zum Eisbruggjoch, auf dem die Edelrautehütte (Eisbrugghütte) steht

Der südl. Teil des Tales heißt nach seinem Hauptort Weitental. Bis Weitental ist das Tal eng und von steilen Berghängen umschlossen. Erst ab Pfunders zeigt es Hochgebirgsbilder. Auch in diesem wenig besuchten Tal hat sich tirolische Eigenart unverfälscht erhalten. Links vom Ausgang des Tales haben sich bei Niedervintl auf bewaldetem Hügel ausgedehnte Reste einer vorgeschichtlichen Befestigung erhalten (Wälle und Gräben).

● 121 **Weitental,** 860 m

1 st von der E-St. Niedervintl. Von W mündet ein kleines Hochtal ein, das von der Pirstling-Alm herabkommt.

Gasthof Gießerwirt.

Hierher auch von Mühlbach über Meransen, die Weiler Pitzer und Pichl, nordwestl. um den bewaldeten Stollberg herum durch den Stollenwald, 2—3 st. Schöne Wanderung. Auch von Obervintl über Terenten und St. Margaret gelangt man nach Weitental. Aussichtsreicher Weg, 2 st.

Fahrstraße von Weitental auf das Kienerjoch, 1741 m, Gastwirtschaft, Schlepplifte, und jenseits über Meransen nach Mühlbach.

Hinter Weitental verengt sich das Tal wieder. Über mehrere Einzelhöfe erreicht man die Häusergruppe Schmaldern, wo von rechts (O) der Schmansenbach mit schönem Wasserfall herabkommt. Kurz talein in einer freundlichen Talweitung liegt der Hauptort (von Weitental 1½ st)

● 122 **Pfunders,** 1159 m

In der grünen Talweitung weit zerstreute Ortschaft. Kirche mit Christophorusbild aus dem 15. Jh. Überall weit hinaufreichende steile Bergmähder, die teilweise nur mit Steigeisen begangen werden können. Reiche Flora auf den Wiesen.

Gaststätten: Weißsteiner, Huber.

Jochübergänge: Valzarer Joch nach Meransen, Furkelscharte nach Meransen, Steinbergscharte nach Vals, Steinkarlscharte zur Brixener Hütte. Pfundersjoch ins Pfitsch, Gliderscharte zur Wiener Hütte, Eisbruggjoch und Untere Weißzintscharte zur Wiener Hütte, Rieglerjoch nach Lappach, Passenjoch nach Lappach oder Mühlwald, Eidechsschartl zur Fritz-Walde-Hütte.
Gipfel: Gitsch, Eidechsspitze, Hochgrubbachspitze, Dengelstein, Rote Riffl.
Talort für Eisbrugghütte (Edelrautehütte).

XV. Das Winnebach- und Terententalа

● 123
Vom Terentener Mittelgebirge, das sich ungefähr 500 Höhenmeter über der Talsohle des Pustertales nördl. über Nieder- und Obervintl ausbreitet, ziehen das Winnebachtal (etwas ostw. von Terenten) und das Terententalа bei Terenten nordwärts empor gegen den Kamm der Pfunderer Berge. Beide Hochtäler laufen fast parallel. Das Terententalа zieht empor bis unter die Eidechsspitze.
Der nordwestl. Ast des Winnebachtales reicht bis unter die Hochgrubbachspitze, wo es sich zu einem großen Kar erweitert, in dem der kleine Tiefrastensee, 2308 m, liegt.

● 123 a **Terenten,** 1210 m

Stattliches Dorf auf sonniger Hangterrasse über dem Pustertal. Schöner Ausblick auf die Dolomiten.

Mehrere Gasthöfe und Pensionen.
Ausgangspunkt für zahlreiche Wanderungen und Bergfahrten in den Pfunderer Bergen.
Zufahrt mit Pkw oder Buslinie von Untervintl an der Pustertalstraße. Zu Fuß von der Bahnstation Obervintl 1½ st.
Ausflüge:

Kammerschin — Pfunders, Bez. Nr. 13a. Zunächst nach Margen. Dann beim Neuhäusl vorbei (rechts) nach Talson und weiter in nördlicher Richtung nach Kammerschin. Dann abwärts nach Schaldern und weiter in Richtung Pfunders. Gesamtgehzeit 5 st. Von hier Busverbindung Vintl — Terenten.

Grünbacher See, Bez. Nr. 65. Mit dem Linienbus nach Hofern. Von der Schule in Hofern (Nr. 65) durch das Marienta1 zur Grünbacher-Alm, 2114 m — Grünbacher See, 2258 m — leichter Anstieg zur Putzenhöhe, 2387 m. Gesamtgehzeit Hofern — Putzenhöhe und zurück 5 st.

Zum Kirchlein St. Zeno, Bez. Nr. 3. Auf breitem Wege Abstieg zum Mair am Ort, von dort rechts weiter zum Terentner Bach und Anstieg zum altertümlichen St.-Zeno-Kirchlein (½ st). Es liegt auf einsamem Hügel, zwischen zwei Bachläufen, und dürfte im 12. Jahrhundert erbaut worden sein, während der Turm erst 1795 angebaut wurde. Rückweg nördlich des St.-Zeno-Hofes auf steilem Pfade zur Straße nach Terenten. Gesamtgehzeit für Hin- und Rückweg etwa 1¼ st.

XVI. Das Tauferer Tal (Ahrntal, Prettau)

● 124

Das breite, flache Tauferer Tal mündet breit in das Brunecker Becken. Es zieht gerade nördl. nach Sand in Taufers, dem Hauptort des Tales: 14 km von Bruneck. Etwas südl. von Sand mündet das Mühlwalder Tal von W ein, bei Sand das Raintal von O. Das Weißenbachtal mündet bei Luttach von Westen. Von Sand zieht das Tauferer Tal, enger werdend kurz nordwestwärts hinein, macht dann einen großen Bogen nach NO und streicht nordostwärts bis unter die Birnlucke hinauf.

Von Schloß Taufers bis Hl. Geist heißt das Tal Ahrntal, von da bis an sein Ende Prettau.

Von Bruneck bis Kasern Autobusverbindung im Sommer dreimal täglich (15. VII. bis 15. IX.). Im Winter täglich bis St. Peter. Pkw. bis Kasern ganzj.

● 125 Sand in Taufers, 862 m

Hauptort des Tales, aus zwei Orten, Sand und St. Moritzen bestehend. Post. Tel. Wechselbüro. Gern besuchter Sommerfrischort. Kurort. Schwimmbad. Kino. Bergführerstandort. BRD. Haltestelle der Autolinie in das Ahrntal.

Gaststätten: Post, Elephant, Schloßhotel, Plankensteiner, Stern, Panorama, Station, Lamm, Kaffee Kostner, Alpenrose, Winkel (Mineralbad), sowie zahlreiche Pensionen.

Die heutige Burg Taufers stammt aus dem 13. Jahrhundert. (Die älteste Burg befand sich am Eingang ins Raintal). Die Herren von Taufers sind bereits im 12. Jahrhundert nachweisbar. Die heutige Burg wurde im 20. Jahrhundert wiederhergestellt. Es ist eine große, interessante Anlage Am südl. Dorfeingang der prächtige Ansitz Neumelans.

Gotische Pfarrkirche mit Sakramentshäuschen (1583), dicht nebenan die Michaelskapelle aus dem 15. Jahrhundert.

Wanderungen:

Bad Winkel, 1/2 st. Mineralbad.

Dorf Ahornach, 1331 m, nordöstl. über dem Talkessel von Sand. Sehr schöner Aussichtspunkt. Neue Fahrstraße, 2 Gh.

Rainbachfälle, 1 st. Am äußersten Rainbachtal. Schöner Spaziergang.

Unter- und Oberpurstein, 1 st. Südwestl. von Sand. Schöner Blick auf die Zillertaler.

Sesselbahn von Drittelsand zur Inneren Michlreiser Alm, 1975 m, unter dem Speikboden.

● 126 Nördlich von Sand heißt das Tal nun Ahrntal.

Vierzehn kurze, enge und steile Hochtäler ziehen vom Zillertaler Hauptkamm hinab und münden in das Ahrntal. Übergänge nach N in die Gründe des Zillertales. Über die Birnlucke gelangt man in das Krimmler Tal oder in den Oberpinzgau.

Von Taufers führt die Straße zweimal über den Ahrnbach. Von rechts mündet das kleine Pojental ein. Landschaftlich sehr schön. Nun auf der linken Seite des Baches talauf nach

● 127 Luttach, 970 m

Kleine Ortschaft an der Einmündung des Weißenbachtales. Gern besuchter Sommerfrischort und Wintersportplatz (750 Einw.) am S-Abhang der Zillertaler Alpen, mit herrlichem Blick auf ihre Berge und Gletscher. Trotz der nahen Gletscher liegt das Dorf klimatisch sehr günstig: es ist sonnig, windgeschützt und von Nadelwäldern umsäumt. Spätgotische Kirche, 1479 erbaut.

Talort für die Schwarzensteinhütte und die Chemnitzer Hütte am Nöfeser Sattel. Von Luttach auch durch das Weißenbachtal auf den Speikboden (Sonklarhütte zerstört). Gondelbahn nach Michlreiß etwas außerhalb der Ortschaft. Priv. Schwimmbad; Skilifts; Bergführer im Ort.

Gaststätten: Zum Schwarzenstein-Oberstock (45 B.), Luttacher Hof-Unterstock (50 B.), Zur Post (80 B.), Pension Steger (30 B.), Pens. Edelweiß (40 B.), Pens. Alpenblick (40 B.), Pens. Niederkofler (25 B.), Ferienh. Abfalterer (40 B.), und etwa 850 Privatbetten.

Gipfel: Speikboden (2523 m) und die Berge bis zum Lappacher Jöchl. Die Berge des Hauptkammes werden von der Schwarzensteinhütte aus begangen. Die Chemnitzer Hütte gilt als Ausgangspunkt für: Gamslahnernock, Sattelnock, Turnerkamp (3418 m), Roßruggspitze (3304 m), Kleiner und Großer Möseler (3478 m), Schaflahnernock, Weiße Wand, Tristenspitze; von der Schwarzensteinhütte aus werden Schwarzenstein (3368 m), Großer und Kleiner Löffler (3378 m), Floitenspitze (3194 m), Großer und Kleiner Mörchner (3283 m) begangen.

Übergänge: Tratter Joch, Millerbacher Joch, Schwarzensteinjoch, Tribbachsattel, Mösele-Scharte (alles Grenzübergänge!).

Wanderungen und Spaziergänge: Schwarzenbachwasserfall 20 Min., Pojer Wasserfall 45 Min., Schloß Taufers 1 st, Herrenberg und Steinerhöfe 1½ st. Zu den Klammerhöfen und weiter nach Weißenbach 1½ st. In den Schwarzenbach und zu den Gletschern der Hornspitzen 3 st, zu den herrlichen Aussichtsbergen Wolfskofel, Kleiner Nock und Speikboden.

Hinter Luttach (Oberluttach) wendet sich das nun breiter werdende Tal nach NO. Die Straße übersetzt im flachen Talboden zuerst den von links herabkommenden Schwarzenbach, danach Rotbach und Tribbach. (Der große Murbruch aus dem Rotbachtal im Jahre 1878 staute den Ahrnbach und drängte die Straße an die nördl. Talseite.)

Nach der kleinen Ortschaft St. Martin folgt

● 128 **St. Johann,** 1014 m

Kleiner Ort zwischen der Einmündung des Tribbach- und Frankbachtales. Bereits 1250 als Pfarrei erwähnt. Von der Kirche (stattlicher Barockbau von 1785) schöner Blick nach NO auf die Dreiherrenspitze.

Gaststätten: Zur Ahr, Zum Schachen, Brückenwirt.
Ausgangspunkt für den Großen Löffler und die Keilbachspitze.

● 129 **Steinhaus,** 1052 m

Dorf an der Einmündung des Keilbaches gelegen.

Gaststätten: Post, Neuwirt sowie Pensionen.
Ausgangspunkt für Fahrten im Zillertaler Hauptkamm. (Gfallenspitze, Grüne Wand, Keilbachspitze.)

Übergänge: Frankbachjoch, Keilbachjoch, Wollbachjoch (Grenzübergänge) und Pojenalm.

Hinter Steinhaus verengt sich das Tal wieder. Die Straße steigt über eine Talstufe empor und übersetzt hinter der Mündung des Wollbachtales zweimal den Ahrnbach. Dahinter liegt

● 130 St. Jakob, 1194 m

An der Einmündung des Hollenzbaches auf dem Wiesenhang gelegen. Weit zerstreutes Dorf.

Gaststätten: Zum Garber (Miramonti), Pichlwirt.

Ausgangspunkt für Wollbachspitze, Hollenzkofel.

Übergang über das Hörndljoch (Grenzübertritt).

● 131 St. Peter, 1364 m

Übergänge über das Mitterjoch und Hundskehljoch (Grenzübergänge).

Gasthof Ahrntal (30 B.).

Am Ausgang der Schlucht im grünen Talboden liegt malerisch

● 132 **Prettau, 1473 m**

mit dem Kirchlein St. Valentin. 14 km von Sand i. T. Ghs. Wieser. Kupferbergwerk.

Übergang über die Grubbachalm und das Hundskehljoch. (Grenzübergang.)

● 133 **Kasern, 1614 m**

Letzte Talsiedlung am Abschluß des Ahrntales, 40 km von Bruneck. Hier beginnen die Almen.

Etwas talein liegt die Kirche Hl. Geist, ein zierlicher spätgotischer Bau, 1455, mit einem Flügelaltar von 1600. Das Heilig-Geist-Jöchl hat von dieser Kirche seinen Namen.

Ghs.-Pension Kasern (Familie Meraner-Leimegger, Kasern, Post Sand i. T., bei Bruneck), ganzj. (45 B.), Bergführer, altbekannter Bergsteigerstützpunkt. Zwei weitere Gasthäuser. Skigebiet.

Bus-Verbindung von Bruneck im Sommer sechsmal täglich bis Luttach, dreimal täglich bis Kasern; im Winter bis Sand, von dort ab Pkw.

Sehenswert sind die Kupfergruben am südl. Berghang, zu denen 10 Min. talaus beim ehemaligem Pochwerk ein Steig hinaufführt. Seit dem 15. Jh. ertragreich, waren 430 Jahre in Betrieb. 1892 aufgelassen. Das hier erzeugte Kupfer genoß wegen seiner Güte Weltruf.

Aussichtsreiche Spazierwege zu den umliegenden Almen

Übergänge: Heilig-Geist-Jöchl — Plauener Hütte (Grenzübergang), Krimmler Tauern — Krimmer-Tauern-Haus — Krimml (Grenzübergang), Birnlucke — Krimml (Grenzübergang).

Neugersdorfer Hütte, Birnluckenhütte, Lenkjöchlhütte (im Sommer bew.).

XVII. Das Mühlwalder Tal

● 134

Das ziemlich lange Seitental mündet bei der Ortschaft Mühlen in das Tauferer Tal. Hinter Mühlwald, dem Hauptort des Tales, biegt es aus seiner Ost—West-Richtung nach NW um und zieht empor bis in das Kar unter den Steilabfällen des Großen Möselers. Das obere Tal nennt sich Lappachtal. Zu beiden Seiten des Tales erheben sich die Felskämme der Pfunderer Berge. Nahe seinem oberen Ende zweigt nach W das Pfeifholder Tal ab, das unter das Eisbruggjoch mit der Eisbrugghütte emporstreicht, nach O geht es empor auf das Nöfesjoch mit der Chemnitzer Hütte.

Entfernungen:

Mühlen—Mühlwald, 8 km, 1¾ st;
Mühlwald—Lappach, 6 km, 1¾ st.

Die Fahrstraße führt von Mühlen im Tauferer Tal westl. an Einzelhöfen vorbei nach

● 135 Mühlwald, 1221 m

Verstreut liegende Ortschaft in schöner Lage.

Gasthöfe: Oberwirt, Alpenrose und Mesenlechen sowie Privatunterkünfte. Übergänge: Über das Kleine Tor in das Pustertal. Plattnerjoch, Mühlwalder Joch.

Gipfel: Die Berge im südl. aufragenden Kamm: Zwölferspitze, Hohe Spitze, Mutenock, Reisenock, Graunock, Gruppachspitze.

Die nördl. über dem Tal aufragenden: Speikboden, Stoßkofl, Henne, Zintnock.

● 136 Lappach, 1436 m

Letzte geschlossene Talsiedlung. Die Höfe von Oberlappach liegen hoch über dem Tal am östl. Hang. Omnibusverbindung.

Gasthöfe: Knoll und Edelweiß, Bar, Pensionen.

Übergänge: Lappacher Joch, Wurmtaler Jöchl, Passenjoch, Rieglerjoch.

Gipfel: Ringelstein, Zinsnock, Tristenspitze, Hochgrubbachspitze, Schwarze Riffl, Rote Riffl, Dengelstein.

Talort für Nöfesjochhütte und Edelrautehütte.

XVIII. Das Weißenbachtal

● 137

Bei Luttach mündet das Weißenbachtal von W her in das Ahrntal. Es zieht zuerst nach W. Innerhalb des Ortes Weißenbach teilt es sich in zwei Äste; nordwestl. zieht das Trattenbachtal, durch das man zuletzt westl. den Nöfeser Sattel mit der Chemnitzer Hütte erreicht; südwestl. zieht das Wurmtal empor. Innerhalb Weißenbach (vor der Gabelung) mündet das vom Hauptkamm herabkommende Mitterbachtal ein. Es vermittelt den Übergang über das Mitterbachjoch zur Berliner Hütte. Durch die engen Talfurchen, die vom Mühlwalder Kamm in das Weißenbachtal abfallen, führen Übergänge in das Mühlwalder Tal.

Entfernungen:

Luttach—Weißenbach $1^1/_4$ st;
Weißenbach — Nöfesjochhütte 3 st.

In das Weißenbachtal führt eine Fahrstraße nach

● 138 **Weißenbach,** 1322 m

Freundliches Dörfchen auf ebener Wiesenfläche. In der Kirche schöner Schnitzaltar von 1516.

Gasthof Mösenhof.

Übergänge: Mühlwalder Joch, Wurmtaler Joch, Lappacher Joch, Mitterbachjoch (Grenzübergang).

Gipfel: Speikboden, Ringelstein, Tristenspitze; die Ersteigung der Berge des Hauptkammes ist vom Tal aus weit und mühsam.

Ausgangspunkt für die Chemnitzer Hütte.

Zweiter Abschnitt:

Die Hütten und ihre Zugangswege

● 139 **Hühnerspiel-Hütte,** 1865 m

Auf der Hühnerspielalm, östl. über Gossensaß, an der Bergstation des Sesselliftes. Bew. vom 1. Juni bis Ende Sept. und von Weihnachten bis Ostern. Von der Hütte führt ein weiterer Lift 820 Höhenmeter empor auf das Hühnerspiel (Amthorspitze). Besitzer: Ludwig Gröbner, Gossensaß. 3 B., 7 M.

Gipfel: Ralsspitze, Hühnerspiel (Amthorspitze).

● 140 a) **Von Gossensaß,** 2 st. Bez. Nr. 22. Südöstl. aus dem Ort, über den Eisack und auf steilem Steig gerade östl. empor über Hochweiden zur Hütte.

● 141 b) Mit Sessellift (800 m Höhenunterschied).

● 142 **Zirog-Alm,** 1762 m
und **Enzian-Hütte,** 1903 m

Südöstl. über Brennerbad auf den schönen Böden der Zirog-Alm gelegen. Im Winter herrliches Skigebiet. Sessellift von Brennerbad, Schlepplift Zirog-Flachspitze.

Bew.: 15. 6. bis 10. 10. und 10. 12. bis 15. 5. Oberhalb Skilift am Flatschspitz-Hang.

Schutzhaus Zirog, Tel. Brenner 04 72/6 11 22 (Bes.: Familie Seidner-Plattner). Behagliches Urlaubsheim.

18 B., 6 M. Hüttenwart: Josef Seidner.

Im Sommer Straße für Kraftwagenverkehr ab Gossensaß. Die Fahrstraße nach Zirog zweigt etwa 6 km südl. des Brenners von der Hauptstraße ab.

● 143 a) **Von Brennerbad,** 1½—2 st. Vom Ghs. Brennerbad empor zur Talstation des Lifts, 1309 m. Zu Fuß empor zur 1. Stütze; rechts auf dem Sommerweg in vielen Kehren durch Wald empor zur Badalm, 1604 m, und rechts über Wald und Wiesenhänge empor zur Zirog-Alm. Bez. Nr. 4.

● 144 b) **Von Gossensaß** mit dem Lift auf das Hühnerspiel. Von dort auf dem mit Nr. 1 markierten Weg bis Zirog.

● 145 c) **Von Kematen** im Pfitschtal, über das Schlüsseljoch, 2202 m, 3½—4 st.

● 146 d) **Vom Brennerpaß,** 2½—3 st. Von der Bahnstation Brenner auf der Straße südwärts zum Brennerwolf. Südöstl. auf Almsteig steil durch Wald zur Lueger Alm. Von hier auf einer ehemaligen Militärstraße zur Zirog-Alm. Schöne Wanderung über dem Eisacktal. Bez. Nr. 11.

Gipfel: Flatschspitze, Amthorspitze, Ralsspitze.
Übergänge: Landshuter Hütte, Amthorhütte.

● 147 **Landshuter Hütte,** 2693 m

Am SW-Rücken des Kraxentragers auf der österr.-ital. Grenze gelegen. Erbaut 1898/99 von der Sekt. Landshut, mehrmals erweitert.

Die Hütte gehört zur Hälfte den Italienern, die sie als Finanzerkaserne benützten (verfallen), zur anderen Hälfte der AV-Sekt. Landshut. Sommerwirtschaft von Ende Juni bis 30.9.; 10 B., 18 M., 8 L. WR mit 10 L, AV-Schloß. BRD-Meldestelle leitet der Pächter. Bew. H. Holzer, I-39040 St. Jakob/Pfitsch Nr. 78.

Gipfel: Kraxentrager, Wildseespitze, Wolfendorn, Friedrichshöhe.

● 148 a) **Von der Bahnstation Brennersee,** 4 st, bez. (AV-Weg Nr. 530), dem Bahngeleise nach ein kleines Stück nördl. talaus, dann rechts, östl. in das malerische Vennatal. Talein zum Weiler Venn, 1457 m, Whs., in einer Talmulde, dann durch Wald an der südl. Tallehne empor, und nach Überwinden der steilen Talstufe auf die Almböden der Ochsenalm. Über das wellige Grasgelände aufwärts, zuletzt sich rechts haltend steiler in Kehren zur Hütte am Kraxentragersattel. Von der Bundesstraße gelangt man mit Pkw ins Venntal (3 st).

● 149 b) **Aus dem Pfitschtal,** 3½ st. Bez. Nr. 3a. Von der Häusergruppe Platz (ungefähr auf halber Strecke zwischen Kematen und St. Jakob im Pfitschtal) auf Saumweg in gerader nördl. Richtung über die steilen Gras- und Waldhänge, zuletzt über Blockhalden empor zur Hütte.

● 150 c) **Von Innervals (über Tscheischalm und Sumpfschartl)** „Geistbeckweg". 4—5 st, unschwierig (I), bez. (AV-Weg Nr. 529), Weg in gutem Zustand.

Von der Innervalser Fahrstraße kurz vor dem Ghs. Touristenrast auf Fahrweg in südöstl. Richtung über den Alpeiner Bach an der Nockeralm vorbei in das Tscheischtal am rechten Ufer des Tscheischbaches in Serpentinen bis über den Tscheischfall auf die Tscheischalm. Dort über den Tscheischbach und über grüne Terrassen, später in westl. Richtung zur Langen Wand, steil aufwärts (Eisenleiter und Drahtseilsicherung) auf diese (schöner Blick in das Valser Tal und St. Jodok), weiter in südl. Richtung über die Lange Wand und durch ein blockübersätes kleines Kar zum Sumpfschartl, kurz bergab und durch das vom Kraxentrager in das Vennatal herabziehende Kar auf den W-Grat des Kleinen Kraxentragers (Steinmann) und von dort in südöstl. Richtung leicht bergab zum Hüttenweg vom Brennersee und über diesen in kurzer Steigung zur Hütte.

● 151 **Pfitscher-Joch-Haus,** 2277 m

Das Haus etwas südl. des Pfitscher Jochs bietet herrlichen Rundblick (in den Zamser Grund, in das Pfitschtal, auf die wilden Steilflanken und Hängegletscher des Hochferners und Hochfeilers). Es liegt auf Südtiroler Gebiet. Besuch von österr. Seite geduldet (Ausweis!). Besitzer: Stefan Volgger aus St. Jakob im Pfitsch (Knappenhofwirt), Tel. 0472/6605. Bew. Ende Juni bis Ende September. 30 B und M. Fahrstraße ab Mitte Juni bis zur Hütte frei; begrenzte Parkmöglichkeit.

Gipfel: Kraxentrager, Hohe Wand, Sagwand, Schrammacher, Rotbachlspitze, Hochsteller, Hochferner, Vordere und Hintere Weißspitze.
Überschreitungen: Landshuter Hütte, Wiener Hütte.

● 152 a) **Von St. Jakob** im Pfitsch, 3 st. Auf der Fahrstraße wenig ansteigend an der nördl. Tallehne einwärts nach Stein (3/4 st). Unter dem Ghs. Stein vorbei und auf der Fahrstraße talein, in den Graben des Steiner Baches. Nach Überschreiten des ersten Bacharmes führt ein Fußsteig von der Straße links durch den Wald steil empor, in einer großen Kehre nach rechts und zuletzt über die freien Hänge aufwärts zum Haus. Die Fahrstraße von St. Jakob (Bez. 3) führt von Stein durch den Wald in den Graben des Steiner Baches und in großen, schön angelegten Kehren über die gegen S steil abfallenden Hänge des Pfitscher Joches empor zur Hütte.

● 153 b) **Aus dem Zemmgrund.** Von der Dominikushütte, 2—2 1/2 st.

Vom Whs. Breitlahner auf der neuen Fahrstraße zum Schlegeis-Stausee. Am westl. Talhang die Dominikushütte.

Von der Hütte (Ww.) südwärts und durch den Wald über die Talstufe aufwärts in den Talgrund des Zamser Baches. Immer am rechten, südl. Bachufer talein, über den Haupentaler Bach in das kleine Talbecken der Lofitzer Alm. Am S-Rand des Kessels im Bogen nach W, nach der großen Kehre gerade südl. über die Rasenhänge empor auf das Pfitscher Joch. An mehreren kleinen Seen vorbei zur Hütte.

● 154 **Geraer Hütte,** 2324 m

Unter dem SW-Grat des Fußsteins nördl. über dem Talschluß des Valser Tales gelegen.

Neben der großen Hütte die kleine Hütte, die als Notunterkunft und WR dient. Erbaut von der AV-Sektion Gera 1895. Seit 1972 im Besitz der AV-Sektion Landshut. Bew. vom 20.6. bis 30.9.; 21 B., 90 M. BRD-Meldestelle (Pächter Hubert Kreidl, Steinach, Trinserstraße 109, Tel. 05222/45575). Funktelefon 05272/6220. WR mit 10 L, AV-Schloß.

Gipfel: Kleiner und Großer Kaserer, Gefrorene Wand, Olperer, Fußstein, Schrammacher, Sagwand, Hohe Wand, Hohe Warte.
Übergänge: Über die Alpeiner Scharte zur Dominikushütte, Pfitscher-Joch-Haus, Olpererhütte, Spannagelhaus, Tuxer-Joch-Hütte.

● **155** a) **Aus dem Valser Tal.** Von St. Jodok, 4½ st. Vom Ghs. Touristenrast, 3 st, bez. (AV-Weg Nr. 502).
Von St. Jodok auf der Fahrstraße talein über Außervals nach Innervals. Bei den letzten Höfen von Innervals links auf Fahrweg eben in das Alpeiner Tal und zum Ghs. Touristenrast. Am nördl. Bachufer ansteigend talein zur Ellerkaser Alm und zur Ochsenalm; im Talhintergrund die großartigen Wandfluchten des Schrammachers und der Felsendom des Fußsteins. Hinter der Alm in vielen Kehren steil empor zur Alpeiner Alm (Ochsner Alm), von hier schöner Rückblick auf die Stubaier Berge (Habicht und Pflerscher Tribulaun). Über die Almböden und die Grashänge östl. aufwärts, durch die Bachschlucht des Windschaufelgrabens und in Kehren zur Hütte empor.

● **156** b) **Aus dem Schmirntal.** Von St. Jodok, 5 st. Von Innerschmirn, 3 st, bez. (AV-Weg Nr. 525).
Von den ersten Höfen in Innerschmirn (Autostraße von St. Jodok) rechts beim Feuerwehrhäuschen vorbei zur Brücke über den Wildlahnerbach; über sie in das Wildlahnertal. Rechts des Baches der roten Markierung folgend (AV-Weg 525) auf Fahrweg zur Ochsenalm. (Man kann auch einem Almweg hinter der Brücke folgen, der geradeaus emporführt.) Herrlicher Blick auf Fußstein und Olperer. Über die grasigen Hänge weiter talein bis unter die letzte Talstufe. Hier führt der Weg in vielen Kehren steil empor auf die Felsenscharte beim Steinernen Lamm, 2488 m. Kurz darauf mündet der vom Tuxer Joch kommende Weg 527 ein. Jenseits gerade südl. eben hinein an den Fuß des großen Moränenrückens, der zum Wildlahnergrat emporzieht. Hier trifft der Weg mit dem von der Wildlahnerscharte herabkommenden Steig zusammen. Auf ihm hinab zur Hütte.

● **157** **Olpererhütte,** 2389 m

Die kleine Hütte liegt im Riepenkar unter dem Großen Riepenkees, westl. über der Einmündung des Schlegeisgrundes in den Zamser Grund. Herrlicher Blick auf die Eisgipfel des Zillertaler Hauptkammes: Möseler, Hochferner und Hochfeiler.

Erbaut 1881 von der AV-Sektion Prag, seit 1900 im Besitz der AV-Sektion Berlin. Umbau 1931, erweitert 1976. Bew. Olga Platzer, Haus Nr. 79, 6295 Ginzling. 1. Juni bis (wetterbedingt) etwa Oktober. 44 L. WR mit 16 L., AV-Schloß.

Gipfel: Schrammacher, Olperer, Fußstein, Gefrorene Wand, Riffler.
Übergänge: Spannagelhaus, Geraer Hütte, Rifflerhütte, Pfitscher-Joch-Hütte, Friesenberghütte.

● 158 a) **Aus dem Zamser Tal.** Vom Schlegeis-Stausee 2 st, bez., Nr. 502 bzw. Berliner Höhenweg. Von den Parkplätzen zum Bergrestaurant Schlegeis, dann vorbei am Wasserfall des Riepenbaches und kurz danach von der Straße rechts im spitzen Winkel ab. Im Wald kehrenreich bergan, weiter oben rechts über den Riepenbach. Über steinige Grashänge nördlich empor, zuletzt in Kehren zu der bereits sichtbaren Hütte.

● 158a b) **Vom Spannagelhaus,** 4 st. Aufstieg vom Spannagelhaus zur Friesenbergscharte, siehe R 294 Abs. 2. Von dort auf einem durch Drahtseile und Eisenstifte gesicherten schmalen Steig steil hinab ins Kar oberhalb des Friesenbergsees. Dann im wesentlichen höhengleich auf gutem Steig, der in der AV-Karte der Zillertaler Alpen, westliches Blatt, noch fehlt, zur Olperer Hütte.

● 159 **Spannagelhaus,** 2533 m

Das geräumige Haus liegt unter dem Gefrorenen-Wand-Kees, über dem Talschluß des Tuxer Tales.
Von der Hütte schöner Blick auf den mächtigen Gletscher der Gefrorenen Wand und auf die ihn umrahmenden Gipfel, Kleiner und Großer Kaserer, Olperer und Gefrorene Wand-Spitzen. Erbaut als Weryhütte, von der Zentrale des ÖTK als Spannagelhaus neu errichtet 1908. Im Besitz des Österr. Touristenklubs. Bew. im Sommer und Spätwinter (1. Juli bis 30. Sept. und März, April). 12 B., 20 M. BRD-Meldestelle (Pächter: Alois Hotter, Mayrhofen, Ghs. Hochsteg), Bergführer. WR.

Gipfel: Hoher Riffler, Gefrorene-Wand-Spitze, Olperer, Großer und Kleiner Kaserer.
Übergänge: Dominikushütte, Breitlahner, Geraer Hütte, Olpererhütte, Friesenberghütte, Tuxer-Joch-Hütte.
1968 wurde die zweite Sektion des Hintertuxer Sesselliftes in Betrieb genommen. (I. Sekt.: Hintertux — Sommerbergalm; II. Sekt.: Sommerbergalm — Felskopf oberhalb Spannaglhaus.) Dieser Lift ist den Großteil des Jahres über in Betrieb. Sommerskilauf.
Schlepplifte bis unter die Gefrorene Wand und Riepensattel.

● 160 a) **Von Hintertux über die Wasserfälle,** $3^1/_2$—4 st, bez. Unmittelbar hinter dem Bad-Hotel über den Tux-Bach und auf dem ziemlich gradlinig, mäßig steil ansteigenden Weg hinter dem Thermalbad in den Wald. Dort trifft der Weg auf den Steig, der von den Wasserfällen heraufführt.

b) Über den grünen Talboden hinein in den hintersten Talgrund, wo der Tuxer Bach in mächtigen Wasserfällen durch eine Felsschlucht stürzt. Rechts der Fälle auf gutem Steig empor, dann über den Bach und auf dem rechten Ufer empor; über den von links herabkommenden Schwarzbrunnerbach, die steilen Grashänge in Kehren aufwärts und über die flacheren Böden der Kleegrube zum Kunerbach. Über ihn und steil südl. über Moränen zur Hütte.

● 161 c) **Von Hintertux über die Sommerbergalm,** 4 bis $4^1/_2$ st, bez. Auf dem Tuxer-Joch-Weg am westl. Talhang empor, über den Weitentalbach und südl. mäßig ansteigend talein. Bei der Wegabzweigung (Ww.) links ab, und eben hinein zum Bach. Über ihn und über das wellige Gelände der Sommerbergalm; nun fast eben hinein, dann ansteigend und mehrere Bäche überschreitend an die große Moräne des Gefrorene-Wand-Keeses. Links von ihr oder auf ihr steil empor zur Hütte.

Dieser Weg eignet sich besser für den Abstieg oder wenn man vom Spannagelhaus zum Tuxer-Joch-Haus will.

200 Höhenmeter unterhalb des Tuxer Jochs zweigt ein zweiter Steig ab, der ebenfalls zum Spannagelhaus hinüberbringt.

● 162 **Tuxer-Joch-Haus,** 2313 m

Unterkunftshaus, auf einem grünen Sattel etwas nordöstl. des Tuxer Joches gelegen.

Von der Hütte schöner Blick auf das zerklüftete Gefrorene-Wand-Kees und die umliegenden Gipfel. Am linken Fernerrand oberhalb der mächtigen Seitenmoräne ist das Spannagelhaus sichtbar. Freier Ausblick zum Olperer und den beiden Kaserern. In Hüttennähe schönes Skigelände.

Erbaut 1912 von der Gruppe Wien des Österr. Touristenklubs. Im Besitz des Österr. Touristenklubs. Bew.: 15.6. bis 30.9. und Frühjahr (vorher anfragen). 16 B., 36 M. Tel. 05287/216. WR. im Nebengebäude. BRD-Meldestelle. (Pächter: Hans Hotter, Hochsteg 167b, Mayrhofen, Zillertal.)

Gipfel: Hornspitze, Frauenwand, Lärmstange, Kleiner und Großer Kaserer, Olperer.
Übergänge: Geraer Hütte, Spannagelhaus, Lizumhütte.

● 163 a) **Von Hintertux,** 2 st, bez., durch das **Weitental.** Von Hintertux westl. aus dem Dorf und südwestl. am Talhang ansteigend ins Weitental. Bei der Weggabelung hält man sich auf dem oberen Steig, der dicht am Schleierfall entlang führt und das ganze obere Weitental durchläuft. Zuletzt etwas stärker ansteigend erreicht man das Tuxer-Joch-Haus von NW her.
Schöne Aussicht auf den Tuxer Kamm bietet der Weg

b) **von Hintertux** über die **Sommerbergalm** (2 st). Von Hintertux westl. aus dem Dorf und südwestl. am Talhang ansteigend empor ins Weitental. Bei der Weggabelung wählt man den untersten Steig und überschreitet den Weitenbach auf einer Brücke. An der nächsten Wegabzweigung (links zur Sommerbergalm und zum Spannagelhaus) rechts über die grasigen Hänge ansteigend (zweite Wegabzweigung zum Spannagelhaus bleibt links liegen) und empor auf den kleinen Boden, auf dem die Hütte steht.
Bis zur Sommerbergalm wird man die Gondelbahn zu Hilfe nehmen.

● 164 c) **Aus dem Schmirntal,** von St. Jodok, 3$^1/_2$ st, von Kasern, 1$^3/_4$ st.
Von der Bahnhaltestelle St. Jodok auf der Straße in das Schmirntal und nach Innerschmirn. (Hier öffnet sich rechts das Wildlahnertal. Schöner Blick auf Olperer und Fußstein.) Von Innerschmirn über Glinzens durch das waldige, enge Tal nordöstl. weiter, in die Talweitung mit den Höfen von Obern (links) und Madern (rechts) und dem Whs. Kasern, 1625 m.
Hier biegt das Tal nach SO ab; über dem Talschluß die N-Abstürze des Kleinen Kaserers.
Der Weg führt links des Baches im Talgrund (genannt Kaserer Winkel) einwärts bis zum ersten von links vom Tuxer Joch herabkommenden Bach. Über diesen und rechts des Grabens sehr steil in Kehren den felsigen Hang empor. Über Rasenhänge auf die Jochhöhe, 2340 m, und nordöstl. über die Böden hinein zur Hütte

● **164 a** **Friesenberghütte,** 2498 m

Großes Unterkunftshaus am Friesenbergsee im Kar östl. unter den Gefrorene-Wand-Spitzen gelegen. 14 B., 21 M., 10 L. Pächter:

Franz Steindl, Dornauberg 476 a, 6295 Ginzling, bewirtschaftet Ende Juni bis Mitte September. Erbaut 1928—1930 vom DAV Berlin, 1934—1968 Alpenverein Donauland Wien, 1968 von der DAV-Sektion Berlin erworben.
Siehe R 295 ff.

Von der neuen Dominikushütte am Schlegeis-Stausee 2 st. Teilweise bez.

Vom Parkplatz unterhalb der Hütte durch den 200 m langen Tunnel und anschließend halblinks in einen Forstfahrweg, am Talhang in einigen Kehren empor, dann nordwärts ansteigend über den Alele- und den Falschseitenbach und in Kehren steil aufwärts zum Boden der Friesenbergalm, 2030 m. Nun um das Albleck herum und fast eben den Hang entlang hinein zum Lapenbach; rechts von diesem führt der Steig empor in das Lapenkar. Rechts, nordwärts durch den Karkessel hinauf, dann links hinüber und in mehreren Kehren empor zur Hütte.

Von Breitlahner, 1257 m, 3 st. An der Einmündung des Zemmgrundes in das Zamsertal auf gutem Waldweg oberhalb des Zamser Baches auf eine Fahrstraße, die man nach etwa 100 m nach rechts verläßt, dann durch Wald und durch das Wesendle-Kar zur Friesenberghütte.

Von der Olpererhütte, 2389 m, gelangt man in 2 st auf gutem Weg zur Friesenberghütte.

Gipfel: Gefrorene-Wand-Spitzen, Hoher Riffler.
Übergänge: Olpererhütte, Spannagelhaus, Hintertux.

● 165 **Rifflerhütte,** 2234 m

Im Birglbergkar gelegen. Zerstört durch eine Lawine; derzeit unbenützbar. Von der AV-Sektion Prag 1888 eröffnet, 1900 von der AV-Sektion Berlin erworben.
Als Stützpunkt für den Hohen Riffler dient jetzt das Spannagelhaus oder das Friesenberghaus.

● 166 a) **Von Roßhag,** 3—3½ st. Ungefähr eine Viertelstunde hinter Roßhag zweigt vom breiten Talweg nach rechts ein Steig ab. Er führt in steilen Kehren durch den lichten Wald empor zur Birglbergalm, 1651 m. Über die Almböden schräg empor, dann in Kehren über steiles, strauchbewachsenes Gelände aufwärts, über den Kesselbach und zur Kesselalm, 2006 m. Nun kurz südl., dann westl. steil empor zur ehemaligen Rifflerhütte.

● 167 b) **Von Breitlahner,** 3—3½ st, talaus bis zur Wegabzweigung, wo der Weg zur Rifflerhütte links steil emporführt. Weiter wie bei a.

● 168 **Roßhag,** 1096 m

Das Whs. Roßhag liegt im Talboden des Zemmgrundes (Dornaubergtal) ungefähr auf halber Strecke zwischen Ginzling und Breitlahner, auf halbem Weg von Mayrhofen zur Berliner Hütte.

Letztes ganzj. bewohntes Haus im Zemmtal, 28 B. Telefon 05286/219. Seilbahn der Tauernkraftwerke zur Pitzenalm (nicht allgemein zugänglich).

Gipfel: Kellerspitzen, Kleiner und Großer Igent, Grießkarspitze, Napfspitze, Realspitze, Roßkopf, Mitterschneidkopf, Hauserspitze, Nestspitze, Grinbergspitze.

Übergänge: In das Tuxer Tal nach Vorderlanersbach.

Von Ginzling, 1 st auf der Talstraße. Kleinbusverbindung.

● 169 **Gamshütte,** 1916 m

Südwestl. über Finkenberg im Tuxer Tal, an den Hängen des Gamsberges gelegen.

Erbaut 1927 von der AV-Sektion Kurmark, jetzt AV-Sektion Berlin. Bew. Anfang Juni bis Ende September von Josefa Hofer, Hochstegen 353 a, 6290 Mayrhofen. Tel. Tal 05285/8164. 3 B., 24 M.

● 170 a) Von **Mayrhofen** über den **Hochsteg,** 4—4½ st.
Den Hochsteg, der die Zemm überspannt, erreicht man von Mayrhofen auf der Fahrstraße nach Ginzling. Kurz vor dem Zemmbach gabelt sich die Straße (Postbushaltestelle). Man hält sich rechts, überschreitet den hölzernen Steg, läßt das Whs. Hochsteg rechts liegen und biegt nach einer Kehre rechts auf einen Fußsteig (Ww.) ab, der an die Tuxer Bachklamm und an dieser aufwärts zum Teufelssteg bei Finkenberg führt. Dort trifft man am selben Ufer auf den Weg von Finkenberg zur Gamshütte.

b) Von **Mayrhofen** über **Finkenberg** (Hermann-Hecht-Weg). Bevor die Fahrstraße nach Hintertux in einer großen Kehre nach Persal hinaufführt, bei der Bus-Haltestelle Teufelsbrücke links ab und auf dieser über den Tuxer Bach. Gleich hinter dem Steg rechts ab, zunächst auf Fahrstraße an einigen neuen Häusern vorbei. Dann am Ww. links ab auf den Hermann-Hecht-Weg. Man kreuzt einige Male eine Forststraße und gelangt immer durch Wald in mäßiger Steigung nach etwa

$1^1/_2$ st an eine kleine Blockhütte mit schöner Aussicht in den Zemmgrund. Nach einer weiteren Stunde erreicht man, meist weiter durch Wald, zuletzt etwas steiler, die Gamshütte. Von Finkenberg 3—$3^1/_2$ st.

c) Von **Finkenberg** über die **Grünberg-Alpe:** Zunächst wie unter b) über den Teufelssteg und gleich hinter dem Steg rechts auf einem Weg, zuerst längs des Tuxer Bachs, dann schräg über Wiesen mit verstreuten Höfen ansteigend. Bei den vorletzten Höfen links auf einem Steig steil durch Wald empor, in den Graben des Grinbergbaches und zur Grinbergalm, 1400 m; nun über die steilen Hänge, immer in der Nähe des Baches steil empor, zuletzt in mehreren großen Kehren zu Hütte.

● 171 d) **Von Mayrhofen über Freithof, $3^1/_2$ st, auf der Fahr**straße im Tuxer Tal einwärts bis hinter Freithof, wo die Straße den Bach überquert. Hinter der Brücke links ab und auf einem Weg zuerst ein Stück längs des Baches talaus, dann an der Steigebenalm vorbei, bei der Wegteilung rechts. Über die Wiesen empor in den Graben des Grinbergbaches und empor zur Grinbergalm. Weiter wie bei a.

● 172 e) **Aus dem Zemmgrund.** Von der Sausteinalm, 2 bis $2^1/_2$ st. In den Zemmgrund und talein zur Sausteinalm (siehe unter Talorte). Über den Zemmbach, und gerade westl. in Kehren über die Wiesen empor in den Wald. Nördl. empor zu den Wiesenhängen mit Einzelhöfen (Gruber). In einer großen Kehre aufwärts zur Grasbergalm, 1432 m; in Kehren über die steilen Wiesenhänge in den Wald und im Zickzack empor. Zuletzt im Bogen nach W weniger steil zur Hütte.

● 173 **Wiener Hütte** (Hochfeilerhütte), 2665 m

Das zweistöckige Steinhaus steht auf dem unteren Rand des Rückens, der vom Hochfeiler gegen SW abfällt und sich zwischen Weißkarferner und Gliderferner erhebt. Das Haus wurde 1881 vom Österr. Alpenklub erbaut und mehrmals erweitert. 1922 enteignet und dem CAI, Sektion Monza, übergeben.

Nach den Beschädigungen im letzten Krieg wurde die Hütte im Jahr 1950 neu hergerichtet. 1963 gesprengt. Unbenutzbar.

Gipfel: Vordere und Hintere Weißspitze, Hochferner, Hochfeiler, Hoher Weißzint, Breitnock, Muttenock, Niederer Weißzint, Hochwart, Röteck, Engberg, Rotes Beil.

Übergänge: Pfitscher-Joch-Haus, Furtschaglhaus, Eisbrugghütte, Brixner Hütte.

● **174 Von St. Jakob** im Pfitschtal, 5½ st, Bez. Nr. 1. Talein zum Ghs. Stein (¾ st).

(Bis Stein Autostraße.) Unter dem Ghs. Stein vorbei und auf der breiten Pfitscher-Joch-Straße (Militärstraße) einwärts bis zur dritten Kehre. Hier rechts von der Straße ab und zum Bach. (Es ist nicht notwendig, bis dahin auf der Straße zu marschieren. Ein Abschneider verläßt die Talstraße unterhalb der Rastkapelle; er passiert die Straße, schneidet die erste Serpentine ab (erste Markierung Nr. 1) und erreicht die zweite Serpentine etwa 200 m westl. der 3. Kehre. Von da geht der Weg einige hundert Meter in das Eberbergtal hinein, wo eine feste Brücke über den Bach führt.) Gegen rechts durch lichten Wald ansteigend zu den Unterberghütten am Bichl. Hinter den Hütten Wegteilung. Links über die nun freien Hänge steil aufwärts, an Heuhütten vorbei, dann in großer Höhe über die Bachschlucht am steilen Hang talein. Mäßig ansteigend auf dem nun guten Steig zu dem Felseneck, wo sich das Tal aus seiner SO-Richtung nach NO wendet. Schöner Blick auf den Gliderferner und den Talschluß. Zwischen den Felswänden und über Schuttreisen ansteigend empor (die Hütte wird hier zum erstenmal sichtbar), dann fast eben talein, und hinab zum Bach. Über ihn und jenseits steil über den begrünten Rücken empor zur Hütte.

● 174 a **Hochferner-Biwakschachtel,** 2429 m

Die 1972 von den AVS Sterzing und Bozen erbaute Biwakschachtel liegt im hintersten Oberbergtal (Pfitsch) zwischen den Einstiegen der Grießferner- und der Hochferner-Nordwand. 9 Plätze, Decken. Auch „Günther-Messner"- oder „Griesscharten-Biwak".

Zugang: Von der am weitesten nach O vorgeschobenen Kehre der Pfitscherjochstraße (Parkplatz) zur Oberbergalm und weiter zur Biwakschachtel unter der Grießscharte.

● 175 **Dominikushütte,** 1805 m

Die alte Hütte wurde von Dominikus aus Prag erbaut. Sie ist im Schlegeis-Stausee versunken. Die neue Hütte wurde am Südostabhang des Olperer über dem See neu und größer errichtet. Bergrestaurant am Stausee. Sommerwirtschaft, vom 1.6. bis 30.9. BRD-Meldestelle. 29 B und M.

Ausgangspunkt für Furtschaglhaus, Pfitscher-Joch-Haus und Olpererhütte. Gipfel: Spiegelkamp, Kleiner Greiner; die Berge, die sich zwischen Haupental und Schlegeisgrund erheben: Zamser Eck, Kleiner Hochsteller, Kälberlahner Spitze, Hochsteller.

Wanderungen und Übergänge: Geraer Hütte, St. Jodok, Spannagelhütte Hintertux, durch das Haupental auf die Haupentalscharte, durch den Schlegeisgrund zur Grießscharte.

Zum Bau des großen Speichersees im Schlegeisgrund wurde von Mayrhofen eine schöne Straße bis zum Schlegeisgrund gebaut. Maut für Pkw derzeit ÖS 50,—.

Entfernungen: Mayrhofen — Ginzling: 12 km, Ginzling — Schlegeisgrund: 12 km.

● **176 Von Breitlahner** Mautstraße (für Fußgänger verboten!) zu den Parkplätzen am nordwestlichen Ufer des Schlegeisspeichers. Im Hang etwas oberhalb steht die Hütte, 1805 m. Von Mayrhofen Postauto-Verbindung.

Von Breitlahner westl. sehr steil über den „Zamser Schinder" in vielen Kehren empor. Hoch über der Schlucht des Zamser Baches im Wald weniger steil ansteigend talein zur Wesendlealm, 1520 m. Nun immer im Talgrund rechts des Baches einwärts, an den schönen Wasserfällen des Lapenkarbaches und des Falschseitenbaches vorbei, und durch die riesigen Felsblöcke eines Bergsturzes auf den grünen Boden der Zamser Alm, an deren westl. Rand der stattliche Holzbau der Dominikushütte steht.

● 177 **Furtschaglhaus**, 2295 m

Östl. über dem innersten Schlegeisgrund unter dem Furtschaglkees gelegen.

Großartige Aussicht von der Hütte: Im SW das riesige Gletscherfeld des Schlegeiskeeses, mit den daraus aufragenden Eis- und Felsgipfeln. Besonders eindrucksvoll der Hochfeiler mit seiner jähen Eiswand. Von SO fließt das Furtschaglkees gegen die Hütte herab, vom Eisdom des Großen Möselers überragt. Im O baut sich die scharfkantige Furtschaglspitze auf.

Diese zweitälteste Hütte der AV-Sektion Berlin wurde 1889 eröffnet und 1899—1900 erweitert und ein Neubau errichtet. Bew. von Anfang Juni bis Ende September von A. und M. Daxenbichler, 6295 Ginzling Nr. 231, Tel. Tal 05286/244. 8 B., 61 M., 12 L. WR mit 12 L., offen.

Gipfel: Kleiner und Großer Greiner, Talggenköpfe, Schönbichler Horn, Furtschaglspitze, Großer und Kleiner Möseler, Möselekopf, Muttenock, Breitnock, Hoher Weißzint, Hochfeiler, Hochferner, Hochsteller.

Übergänge: Berliner Hütte und Schwarzensteingrund, Chemnitzer Hütte, Eisbrugghütte, über die Griesscharte ins Oberberg- und Pfitscher Tal, Brennertal (Grenzübergänge).

● **178 Von der Dominikushütte** (bzw. Stausee), 2 st, bez. Am Seeufer entlang talein zur Schlegeisalm. Hinter der Hörbergeralm, die links jenseits des Baches bleibt, überschreitet man den Bach und steigt nun links des Baches steiler empor in den innersten Talkessel. Hier der Zusammenfluß der vielen Bäche, die von den Gletscherzungen herabkommen. Nun in vielen Kehren den steilen grasigen Hang ostwärts empor, zuletzt weniger steil über begrünte Hänge zur Hütte. Kürzer: Mit dem Hüttenbus vom Stausee bis zur Station der Materialseilbahn, 1900 m. Von hier in 1 st zur Hütte.

● 179 **Nöfeser-Joch-Hütte,** 2416 m (ehemalige Chemnitzer Hütte, ital. Rif. G. Porro alla Forcella Neves)

Steht südl. des Nöfesjoches, das das Weißenbachtal mit dem Mühlwalder Tal verbindet.
Der zweistöckige Mauerbau mit Nebengebäude wurde von der AV-Sektion Chemnitz erbaut, 1922 enteignet, während des letzten Krieges zerstört, 1950 vom CAI Mailand wiederhergestellt. Bew. von Heinrich Stifter, Luttach, Juni bis Ende September. 10 B., 40 M.

Gipfel: Gamslahnernock, Sattelnock, Turnernock, Roßruggspitze, Kleiner und Großer Möseler, Schaflahnernock, Weiße Wand, Tristenspitze.
Übergänge: Eisbrugghütte, Schwarzensteinhütte, Furtschaglhaus, „Kellerbauerweg" (bez. 27) über die Kette zwischen Mühlbach und Weißenbach nach Sand in Taufers.

● **180 Von Luttach** im Ahrntal, 4 st, Steig Nr. 24, zuerst links, dann rechts des Baches westl. talein, über die Weiler Weißenbach und Stifter zur Talgabelung.
Rechts, nordwestl. im Talgrund einwärts zur Tratter Alm, 1827 m. Hier biegt das Tal nach SW um. In mehreren großen Kehren am südwestl. Talhang empor, dann wieder neben dem Bach im Bogen nach N zur Gögenalm, 2029 m. Dem östl. Tallauf folgend und östl. empor über die Hänge, zuletzt fast eben hinein zum Nöfeser Sattel und zur Hütte.

Oder in 2 st vom Nöfes-Stausee auf Bez. 24.

● 181 **Breitlahner,** 1257 m

Im grünen Talkessel an der Einmündung des Zemmgrundes in das Zamser Tal. Von der Häusergruppe mit dem Whs. schöner Blick auf die Felspyramide des Großen Greiners im S.

● **182** Das Whs. Eder ist bew. vom 1.5. bis 30.10. 60 B. BRD-Meldestelle (Eder), Verständigung fernmündlich. Tel. 05286/212.

Gipfel: Kleiner und Großer Igent, Spiegelkamp, Kleiner Greiner. Vom Breitlahner zur Grawandhütte, zum Ghs. Alpenrose und zur Berliner Hütte.

● **183** **Von Ginzling** Fahrstraße (asphaltiert) 8 km. Postautoverbindung ab Mayrhofen.

● **184** **Grawandhütte,** 1640 m

Auf den Böden der Grawandalm im Zemmgrund; am Fuß gewaltiger Felswände gelegen. Schöner Rückblick auf den Riffler im Tuxer Kamm.

Im Sommer bew. (15.6. bis 25.9.). Bes.: Wilhelm Steindl, Bergführer. Tel. 05286/213. 25 B., 10 M.

Gipfel: Hennsteigenspitze, Ochsner, Großer Greiner.

● **185** **Von Breitlahner,** 1¾ st, bez., südl. über den Bach und links des Zemmbaches über den waldigen, mit Blöcken bedeckten Hang empor zur Klausenalm, 1301 m. Über Böden in dem breiten äußeren Zemmgrund talein zum schotterbedeckten Talboden mit der Schwemmalm, 1354 m, der von mehreren Armen des Zemmbaches durchflossen wird. Blick auf die Felsgestalt des Großen Greiners zur Rechten. Eine Viertelstunde taleinwärts verläßt man den Talgrund und erreicht auf neuem Fahrweg (zwei Kehren) die Grawandhütte.

● **186** **Alpenrosehütte,** 1875 m

Die Unterkunftshütte Alpenrose liegt in der grünen Mulde der Waxeckalm gegenüber dem mächtigen Waxeckkees, eine halbe Stunde unterhalb der Berliner Hütte im Zemmtal. Blick auf das mächtige Waxeckkees und das Hornkees mit den darüber aufragenden Gipfeln.

Besitzer: Rosmarie Pum. 60 B., 27 M. Bew. von Juni bis Ende September. BRD-Meldestelle (Pum, Tel. 05286/222). Bad im Hause. Almwirtschaft.

Gipfel und Übergänge siehe Berliner Hütte.

● **187** **Von der Grawandhütte,** ¾ st, bez., mäßig steigend talein, dann über der wilden Schlucht des Zemmbaches am steilen Hang einwärts, zuletzt in dem wieder breiter werdenden Talgrund fast eben hinein zum Whs. Alpenrose. (Von Breitlahner 2—2½ st.)

● 188 **Berliner Hütte,** 2040 m

Auf der Schwarzensteinalm am Fuß des mächtigen Hornkeeses in großartiger, aussichtsreicher Lage im obersten Zemmtal. Unmittelbar vor dem Beschauer die Eisströme des Waxeck- und Hornkeeses, und im Halbkreis von rechts nach links die eisgepanzerten Gipfel: Greiner, Schönbichlerhorn, Möseler, Roßruckspitze, Turnerkamp, Hornspitzen, Schwarzenstein und Mörchner.

Die Hütte wurde von der AV-Sektion Berlin 1879 erbaut und wiederholt vergrößert; sie zählt zu den größten und besteingerichteten Schutzhütten der Ostalpen. Telefon. Elektr. Licht. Führerstation, BRD (Leiter Hörhager), Verständigung fernmündlich. 98 B., 92 M., 20 N., bew.: Mitte März bis Ende April. 15.6. bis 20.9. WR. mit AV-Schloß. 16 L. Pächter Gerh. Hörhager, 6295 Ginzling Nr. 45. Tel. Tal 05286/240 (Hütte 223).

Gipfel: Kleiner und Großer Greiner, Talggenköpfe, Schönbichler Horn, Furtschäglspitze, Großer und Kleiner Möseler, Roßruggspitze, Turnerkamp, Hornspitzen, Schwarzenstein. Großer und Kleiner Mörchner, Plattenkopf, Feldkopf, Rotkopf, Ochsner, Floitenspitzen, Tribachspitze, Großer und Kleiner Löffler.
Übergänge: Furtschäglhütte, Greizer Hütte, Schwarzensteinhütte (Grenzübergang), über die Melkerscharte in die Gunggl und nach Ginzling, Chemnitzer Hütte (Rif. Porro; Grenzübergang), nach Luttach im Ahrntal.

● 189 **Zugänge:** 1/2 st vom Whs. Alpenrose, 3 st von Breitlahner (Autoendstation).
Vom Whs. Alpenrose führt der Weg mäßig ansteigend über den Hang empor, an dem Denkmal vorbei, das die AV-Sektion Berlin ihren im Weltkrieg gefallenen Mitgliedern errichtete, zu den stattlichen Gebäuden der Berliner Hütte.

● 190 **Wirtshaus Zum Steinbock,** 1380 m

Auf grüner Wiesenfläche im mittleren Floitengrund.
Besitzer: Josef Egger. Sommerwirtschaft. BRD-Meldestelle (J. Egger). Die alte Hütte 1968 durch Lawine zerstört. Keine Übernachtungsmöglichkeit. Notdürftige Unterkunft kurz talein auf der Bockachalm.

Gipfel: Floitenturm, Drei Könige, Birbergspitze, Kreuzspitze, Gaulkopf, Lappenkopf, Kellerkopf. NO-Anstiege auf Feldkopf und Roßköpfe.
Übergänge: Stilluppgrund, Gunggl, Berliner Hütte.

● 191 **Von Ginzling,** 1 1/2 st, bez. Bei der Einmündung der Floite in den Zemmbach zweigt eine Fahrstraße ab, die in einer Kehre emporführt an den Eingang der Floite und zur Dristenbachalm (Kleinbusse ab Mayrhofen). Hier die Stauanlage. Man bleibt auf der westl. Talseite und folgt dem alten

Steig auf den grünen Talboden der Sulzenalm, 1320 m, rechts oben das fürstlich Auerspergsche Jagdhaus. Blick auf den vergletscherten Talgrund, auf Mörchner und Feldkopf. Über den Bach und fast eben talein zum Whs. Steinbock.
Die Wandeckhütte am SW-Rücken des Dristners hat keine Gastwirtschaft oder Unterkunftsmöglichkeit.

● 192 Greizer Hütte, 2226 m

In prächtiger Lage über dem innersten Talgrund des Floitengrundes mit dem Floitenkees, umrahmt vom Großen und Kleinen Löffler, den Floitenspitzen und dem Mörchner.
Erbaut von der Sektion Greiz 1893, erweitert 1905, 1927/1928 und 1971. Bew. 20.6. bis 20.9. 20 B., 68 M., 12 L. Elektr. Licht, Heizung und Waschräume. WR. BRD (Pächter: Rudolf Kröll, Mayrhofen 259, Fremdenheim Waldfeld, Tel. Tal 05285/2234. Hier Schlüssel für WR).
Gipfel: Gigalitz, Lapenspitze, Greizer Spitze, Kleiner und Großer Löffler, Tribbachspitze, Floitenspitzen, Schwarzenstein, Großer und Kleiner Mörchner.
Übergänge: Stilluppgrund, Berliner Hütte, Schwarzenstein-Hütte, St. Johann i. Ahrntal.

● 193 Von Ginzling, 4—4½ st, bez. Vom Whs. Steinbock in der Floite, 2¾ st, bez.
Von Ginzling zum Whs. Steinbock (R 191). Nun immer im Talgrund fast eben talein zur Baumgartalm, 1571 m; links des Baches weiter ansteigend einwärts bis unter die jähen Steilabstürze des Kleinen und Großen Mörchners. Nun links, östl. über Moränenhänge und Grasrücken in vielen Kehren ziemlich steil empor. Zuletzt in großen Kehren empor zur Hütte auf den steinigen Grashängen des Grießfeldes.
Ein neuer Weg führt von der Greizer Hütte über die Mörchnerscharte zur Berliner Hütte.

● 194 Schwarzensteinhütte, 2923 m

Die Hütte steht in herrlicher Lage auf dem Grat, der das Tribbachkees vom Rotbachkees scheidet, in nächster Nähe der Tribbachscharte, die das Ahrntal mit dem Zillertal verbindet. Schöner Blick auf Schwarzenstein und Großen Löffler.
Die Hütte, ein mit Schindeln verkleideter, einstöckiger Mauerbau, wurde von der Sektion Leipzig 1894 erbaut. 1922 enteignet. Seit 1927 S. Vittorio Veneto des CAI. (Rif. Sasso Nero). Im zweiten

Abb. 2 Berliner Hütte gegen Waxeckkees und Gr. Möseler.
Foto Hruschka

Weltkrieg beschädigt, jetzt wiederhergestellt. Seit 1973 wieder bew.; 13 B., 20 M. Funktelefon 0474/68860. Bew. vom 5.7. bis 15.9.

Gipfel: Schwarzenstein, Großer und Kleiner Mörchner, Floitenspitze, Löffler.
Übergänge: Chemnitzer Hütte (Stabelerweg), Greizer Hütte, Berliner Hütte.

● **195 Von Luttach** im Ahrntal durch das Rotbachtal, 5½ st. Bez. Nr. 23.
Von der Postautohaltestelle Luttach nördl. durch das Tal nach Oberluttach. Nordwestl. aus dem Ort und nördl. aufwärts zu den Höfen von Großstall. Mäßig ansteigend durch Wiesen und Wald an die Lehne des Rotbachtales und an Einzelhöfen vorbei in den Talgrund. In ihm zuerst links des Baches, dann rechts davon einwärts und über die Rotbachalm empor in den innersten Talgrund. Immer in nordwestl. Richtung sehr steil in Kehren am östl. Talhang empor und über Moränenschutt zum Rotbachkees. Man betritt den Gletscher an seinem südöstl. Ufer und steigt über ihn, zuletzt steiler (nördl.) empor zur Hütte. Den letzten Teil des Weges kann man auch über einen kurzen, versicherten Klettersteig nehmen (Kamin).
Der Weg von St. Johann (Nr. 19) ist zwar kürzer, aber mühevoller und für Ortsunkundige abzuraten.

● **196 Ghs. Lacknerbrunn,** 1040 m

Auf kleiner Wiesenebene im äußeren Stilluppgrund gelegen. Schöner Blick auf die Gletscher im Talhintergrund. Sommerwirtschaft, Tel., 12 B.

Gipfel: Bergumrahmung des vorderen Stillupptales. Ahornspitze, Popberg, Dristner, Blaser, Roßlspitze.

● **197 Von Mayrhofen,** 1½ st, bez., über die Zillerbrücke und gleich hinter der Brücke links ab, zunächst am Ziller entlang, dann dem Fahrweg ins Stillupptal folgend hoch am Hang (Kehren), und in westl. Richtung hoch über der Klamm hinein in die Schlucht der Stilluppe. Durch die wilde Klamm der Stilluppe talein. Am Ende der Klamm mündet der durch die Klamm führende Fußsteig in die Straße ein, der vom Ghs. Stilluppklamm gerade heraufführt. Zweimal über den Bach und zum Ghs. Lacknerbrunn.

● **198 Gasthaus Wasserfall, Stilluppgrund,** 1130 m, oberhalb der Fahrstraße in der Nähe des Staudammes. Autobusverbindung.

Ausgangspunkt für Ahornspitze und die Berge des äußersten Floitenkammes.

● 199 **Stillupphaus,** 1194 m

Auf der Moosackeralm im mittleren Stilluppgrund, am Fuß des Grundschartner gelegen. Blick auf den gletschergeschmückten Talschluß.
Sommerwirtschaft (1.5.—1.11.), 16 B., elektr. Licht, BRD-Meldestelle (Besitzer: Raimund Eberl). Fahrgelegenheit mit Kleinbus.

Stützpunkt für Bergfahrten auf Popberg, Wilhelmer, Mugler, Grundschartner, Floitenturm, Drei Könige, Birbergspitze.
Übergänge: Floitengrund, Sundergrund, Zillergrund, Ginzling.

● 200 Bis zum Südende des Stausees (bei der Vinzenz-Jagdhütte) ist die Straße asphaltiert. Nun auf gutem Fahrweg weiter zum Stillupphaus. Von Mayrhofen 3 st.

● **201** **Grüne-Wand-Hütte,** 1438 m

Auf der Taxachalm unweit des Talschlusses des Stilluppgrundes. Herrlicher Blick auf den vergletscherten Talhintergrund. Sommerwirtschaft 15.5.—1.10. 14 B., 15 M. BRD-Meldestelle (Bes.: Hermann Thaler).

Gipfel: Grundschartner, Roßwand, Lapenspitze, Birberg, Kreuzspitze, Gigalitz, Greizer Spitze.
Übergänge: Greizer Hütte.

● 202 **Vom Stillupper Haus** (hierher R 197, 200), 1½ st, bez. Talein über die Waldlaste und Birbergaste. Dann wenig ansteigend in dem engen Talgrund weiter, zuletzt am orographisch rechten Talhang aufwärts zur Grüne-Wand-Hütte. Von Mayrhofen, 4—4½ st, bez.
Alle Whs. im Stillupp-Grund sind im Sommer mit Kleinbus von Mayrhofen zu erreichen. Anmeldung im Tiroler Reisebüro oder Reisebüro Kröll. Privat-Pkw. nur bis zum Beginn des Stillupp-Speichers gestattet.

● **203** **Kasseler Hütte,** 2177 m

Auf dem von der Hinteren Stangenspitze westl. hinabziehenden Gratrücken, über dem Talschluß des Stilluppgrundes gelegen.
Erbaut von der Sektion Kassel 1926/27; mehrfach erweitert. Bew. 15.6. bis 20.9. 21 B., 42 M., 10 L. BRD. Pächter: Herta Wiesinger, Mayrhofen Nr. 317. Tel. Tal 05285/2469, von dort Funktelefon zur Hütte. WR. 6 L., offen.

Gipfel: Roßwandspitze, Vordere und Hintere Stangenspitze, Wollbachspitze, Hollenzkopf, Gfallenspitze, Grüne Wand, Kasseler Spitze, Keilbachspitze, Tribbachspitze, Großer und Kleiner Löffler.
Übergänge: Greizer Hütte, Edelhütte, ins Ahrntal, Sundergrund.

● 204 Von der Grüne-Wand-Hütte, 2 st, bez., im Talgrund einwärts bis zum Talschluß. Nun links, ostw. zwei Kehren empor zur Talstation der Materialseilbahn. Rucksacktransport (Telefon zur Hütte). In vielen Kehren steil empor und links des Grabens des Sonntagskarbaches aufwärts. Nach rechts über den Bach und in Kehren aufwärts, dann südw. hinein und wieder im Zickzack ansteigend zur Kasseler Hütte. Von Mayrhofen, 6 st, bez. Vom Talschluß 1 st.

● **205** **Whs. Alpenrose,** 1397 m

Auf der Unteren Föllenbergalm, am nordwestl. Fuß der Ahornspitze.

Das Bergwirtshaus ist im Sommer bew. Pächter: Käthe und Hans Desalla. Keine Nächtigung.

● 206 Von Mayrhofen, Kumbichl, 1½ st; vom Zillergrund aus, 3 st. Etwa ½ st hinter dem Gh. Zillergrund nach rechts abzweigen und auf guter Straße zum Wh. Alpenrose.

● 207 **Edelhütte,** 2237 m

Westl. unter der Ahornspitze im Föllenbergkar in aussichtsreicher Lage. Schöner Blick nach N ins Zillertal.

Erbaut 1891 von der Sekt. Würzburg des AV. Die Edelhütte wurde 1951 durch eine Lawine schwer beschädigt. Seit 1957 wieder bew. (Familie Vinzenz Volgger, Mayrhofen Nr. 216 b, Tel. Tal 05285/2509.) Mitte Juni bis Ende Sept. 15 B., 46 M., 40 L.

Ahorn-Seilbahn auf die Filzenalm. Bergstation Hahnpfalz 1985 m. Vom Filzenboden auf Steig ostwärts durch das Filzenkar in das Föllenbergkar und zur Edelhütte, 1 st.

Gipfel: Ahornspitze, Popberg, Wilhelmer, Mugler, Toreckenkopf (Aussichtspunkt, in 30 Min. von der Hütte auf bez. Steig erreichbar).

Übergänge: Zillergrund, Stilluppgrund, Kasseler Hütte.

● 208 **Von Mayrhofen,** 4 st, bez., zum Ghs. Alpenrose (R 206). Nun immer südl. neben dem Föllenbergbach über die freien Hänge und den Rücken der Föllenbergalm ansteigend. Zuletzt in Kehren steil empor ins Föllenbergkar zur Hütte.

● 209—229 frei für Ergänzungen

Abb. 3 Kasseler Hütte gegen Gr. Löffler. Foto Hruschka

● 230 Ghs. Häusling, 1053 m

Häusergruppe, Ghs. und Kirchlein auf schönem grünen Talboden im mittleren Zillergrund. Ganzj. bew. Siedlung, Sommerwirtschaft. 10 B. BRD (Kröll). Post. Telefon. Fahrstraße von Mayrhofen 10 km (Ausnahmegenehmigung erforderlich).

Gipfel: Ahornspitze, Popberg, Wilhelmer, Mugler, Grundschartner, Brandberger Kolm, Gamskopf, Hochsteinflach, Rotkopf.
Übergänge: Stilluppgrund, Schwarzachgrund und Gerlostal.

● 230 a Von Mayrhofen, 2½ Std., bez., westl. aus dem Dorf. Auf schöner Weganlage durch den Wald zur Wegteilung (Ww.) In die Schlucht des Zillerflusses und auf dem Fahrweg zuerst am rechten, dann am linken Ufer talein (vorbei am Ghs. Zillergrund, 16 B.) zum Whs. Klaushof, 1027 m (7 B., ganzj. bewohnt). Nun fast eben im grünen Talgrund einwärts zum Ghs. Häusling.

● 231 Bodenalm, 1671 m

Große Almsiedlung aus uralten Holzhütten in der Talweitung des mittl. Bodengrundes gelegen.
Ausgangspunkt für die Besteigungen der N- und O-Abstürze des äußeren Ahornkammes. Matratzenlager für Bergsteiger, ca. 10 Plätze. Einfachste Almwirtschaft.

Von Häusling, 1½ Std. Kühn in die Felsen geschlagener Almsteig. Vom Gh. Häusling 250 m taleinwärts zur Brücke über den Bach. (Talstation einer Materialseilbahn. Telefon zur Bodenalm. Täglich abends ca. 17.30 werden die leeren Milchkannen bergwärts befördert. Mitlieferung der Rucksäcke gegen kleines Entgelt möglich.)

Der Weg zur Bodenalm: über die Brücke, jenseits talauswärts zu den Almhütten der Schrofenaste. Leicht ansteigend durch Gestrüpp an das Ufer des Bodenbaches. Diesseits des Baches steil bergauf; der Steig wird zusehends ausgeprägter. Er führt dann in Kehren (in den Fels geschlagen) durch den Steilabbruch hinauf in den sich weitenden Bodengrund. Über den Bach, talein zur Bergstation der Materialseilbahn und zu den Almhütten.

● 232 Ghs. In der Au, 1267 m

Letztes ganzj. bewohntes Gasthaus im Zillergrund, auf dem grünen Talboden an der Einmündung des Sundergrundes. Jagdhaus südl. am Hang. Blick nach S, über dem Sundergrund die Stangenspitze. In der Hauptreisezeit Kleinbusfahrten von Mayrhofen zum Ghs. „In der Au".

Ganzj. bew., 10 B., 6 M. Poststelle, Telefon, BRD-Meldestelle (Besitzer: Familie Hoflacher).

Gipfel: Grundschartner, Roßwand, Vordere und Hintere Stangenspitze, Wollbachspitze, Hollenzkopf, Napfspitze, Hohe Warte, Hoher Ribler, Hohe Gaulschneide, Höhenbergkarkopf.

Übergänge: Über die Grundscharte ins Stillupp, übers Hörndljoch ins Ahrntal, über die Aukarscharte in den Wimmergrund, Gmünd, Zell am Ziller, Gerlos; über das Mitterjoch ins Ahrntal (Südtirol).

● 233 **Von Mayrhofen,** 4—4½ st, bez. Vom Ghs. Häusling immer im Zillergrund (R 233) links des Baches talein durch lichten Wald an der Breitensteinalm und der Höhenbergalm vorbei. Jenseits des Baches die Waldbergalm. Beim Finanzhaus vorbei zur Sonnseiteggalm, jenseits die Schattseiteggalm. Dann aus dem Wald auf den grünen Talboden In der Au.

● 234 **Bärenbad,** 1433 m

An der Einmündung des Hundskehlgrundes auf der Bärenbadalm im hintersten Zillergrund. Sommerwirtschaft, 14 B., Post, Telefon, Besitzer: Familie Bliem.

Gipfel: Rauchkofel, Kleiner und Großer Magner, Zillerkopf.

Übergänge: Hundskehljoch nach St. Peter im Ahrntal (Grenzübergang), über das Heilig-Geist-Jöchl ins Ahrntal (Grenzübergang), über die Wimmerscharte nach Gmünd im Gerlostal.

● 235 **Von Mayrhofen,** 4½—5 st, bez. Von R 232 ¾ st. Vom Ghs. In der Au den Weg links empor und neben den Wasserfällen des Zillerbaches durch Wald hinauf über die Gaulalm und Ahüttenalm fast eben hinein nach Bärenbad. Autostraße von Mayrhofen.

● 236 **Plauener Hütte,** 2363 m

Östl. über dem Zillergründl im Kuchelmooskar, herrliche Aussicht auf Magnerkamm und Reichenspitzgruppe.

Das stattliche Haus wurde 1898 / 99 von der AV-Sektion Plauen-Vogtland erbaut 1912, 1926 und 1958 erweitert. Elektr. Licht. Autostraße bis Bärenbad. Seilbahn für Gepäck ab Kuchelmoosalm. 11 B., 45 M. Bew. 15.6. bis 20.9. BRD-Meldestelle (Pächter: Anneliese Hauser, Schwenden 199, 6283 Hippach, Tel. Tal 0 52 85 / 31 14). Bergführer auf der Hütte. WR., 10 L., im Winter offen.

Gipfel: alle Berge der Reichenspitzgruppe und des Magnerkammes.

Übergänge: Richterhütte, Zittauer Hütte, Krimmler-Tauern-Haus, Lenkjöchlhütte (Grenzübergang), ins südtirolische Ahrntal (Grenzübergang).

● 237 Von Bärenbad, 3 st, bez., 80 Schritte nach dem Ghs. vom breiten Almweg links ab und in Kehren durch den Wald hinan zu den grünen Hängen der Zillerplattenalm und weiter zur Zillerhüttenalm auf dem weiten, von den Armen des Zillers durchflossenen Talboden des Zillergründls. Weiter hinten liegt die Kuchelmoosalm und nahe dem Talschluß die Hohenaualm. Schöner Blick auf die Berge des Magnerkammes zur Rechten. Zuerst, links haltend, über die Almflächen talein, dann in Kehren links den Hang (vorbei an dem Brunnen mit Denkmal für die Gefallenen) steil empor und in das Kuchelmooskar. Am steilen Hang auf gutem Steig empor und rechts hinaus zu einem Aussichtspunkt mit Kreuz. Links leicht aufwärts zur bereits sichtbaren Hütte.

● 238 Trinksteinhaus, 1671 m

Ehemaliges Ghs. im obersten Ahrntal, heute italienische Finanzkaserne. Keine Unterkunft.

● 239 Von St. Peter, 4 st, auf dem Fahrweg in nordöstl. Richtung immer im Talgrund des Ahrntales talauf über Prettau, 2 st, und Kasern zur Hütte.

● 240 Neugersdorfer Hütte, 2568 m (auch Krimmler-Tauern-Hütte)

Südl. unter der Scharte zwischen Dreiecker und Klockerkarkopf auf der S-Seite des Krimmler Tauerns gelegen.
Die Hütte wurde 1907 von der Sektion Warnsdorf erbaut. 1922 von Italien enteignet, jetzt im Besitz des CAI. Derzeit unbenützbar, enthielt 10 B., 17 M.

Übergänge: Plauener Hütte, Krimmler-Tauern-Haus, Richterhütte, Birnluckenhütte, Warnsdorfer Hütte.

● 241 a) **Vom Trinksteinhaus,** 3 st, auf dem breiten Talweg 15 Min. talein. An der Brücke über den Ahrnbach zweigt links ein guter Weg ab, der in Kehren durch einen Graben hinaufführt zur Tauralm und von dort weiter über magere Grasböden, sodann über Blockwerk bis 150 m unter die Einsattelung des Krimmler Tauerns. Hier bei der Wegverzweigung (Lausitzer Weg) rechts hinauf zur Hütte.

● 242 b) **Vom Krimmler-Tauern-Haus,** 3½ st, bez., Grenzübergang. Am orographisch rechten Bachufer taleinwärts bis zur Brücke der Anlaßalm. Gleich hinter der Brücke zweigt rechts der Weg in das Windbachtal ab. Über eine Steilstufe empor, dann über die Wiesenböden taleinwärts zur Windbachalm und weiter genau südwärts in den innersten Talgrund. (Rechts führt der Weg zur Zillerplattenscharte empor.) Links, ostwärts in weiten Kehren über den Hang aufwärts über magere Schafweiden und Blockhalden, dann südwärts zur breiten Senke des Krimmler Tauerns, Grenzübergang. Links ein kurzes Stück hinab zur Hütte.

● 243 **Birnluckenhütte,** 2440 m

Etwas westl. unter der Birnlucke in sehr schöner, aussichtsreicher Lage. Ehemals private Schutzhütte, jetzt CAI.-S. Bruneck, restauriert, wieder benutzbar (40 B.). Bew. vom 5. Juli bis 20. September. Pächter Erwin Unteregger.

● 244 a) **Von Kasern** im Ahrntal, 3 st. Von der Trinksteinhütte (R 238) auf gutem Weg in nordöstl. Richtung talein. Immer dem Bachlauf folgend über die Kehrer Alm und die Lahner Alm, 1983 m, dann den Bach verlassend in gleicher Richtung (nordöstl.) ansteigend zur Hütte.

● 245 b) **Vom Krimmler-Tauern-Haus,** 4—5 st, R 350, Grenzübergang.

● 246 **Richterhütte,** 2374 m

An der O-Seite der Reichenspitzgruppe unter der Schwarzen Wand im obersten Rainbachtal.
Erbaut 1897 von Anton Richter, Sektion Warnsdorf. (Besitzer Ing. Walter Richter, Krimml.) Seit 1967 durch die Sektion Bergfreunde Rheydt pachtweise für den DAV übernommen. Erweitert 1971. Tel. Tal 0 65 64 / 328.
Bewirtschaftet Anfang Juni bis Ende September. 24 B., 30 M., 15 N., fließendes Wasser, Dusche, Tagesraum. Außerhalb der Bewirtschaftungszeit ist die Hütte mit Sonderverschluß versperrt. Gepäcktransport bis zum Transportlift möglich. Rechtzeitige schriftliche Anmeldung beim Hüttenwirt.

Gipfel: alle Berge der Reichenspitzgruppe.
Übergänge: Plauener Hütte, Zittauer Hütte.

● 247 Aus dem Krimmltal, vom Krimmler-Tauern-Haus, 2½—3 st, von Krimml 5—6 st, bez. Durch das Rainbachtal, zuerst in westl., dann südwestl. Richtung dem Tallauf folgend empor. Aus dem innersten Talgrund in Kehren südöstl. empor zur Hütte.

● 248 **Krimmler-Tauernhaus,** 1631 m

Im Krimmler Achental gelegenes, privates Alpengasthaus, bew. März bis Oktober, 40 B., 23 M. Ausgangspunkt für Zittauer, Richter-, Plauener, Warnsdorfer, Birnluckenhütte. Von Krimml 3½ st.

● 249 Von Krimml immer südl. auf dem Fahrweg talein zum Krimmler-Tauern-Haus.

● 250 **Zittauer Hütte,** 2329 m

In herrlicher Lage am Unteren Wildgerlossee gelegen.
Die Hütte wurde 1901 von der AV-Sektion Warnsdorf erbaut und wird von der „Gruppe Warnsdorf" betreut (1. Vors.: Ing. Walter Richter, Krimml). Pächter: Paula und Günther Schulze, Neukirchen Nr. 12, bew. 15. 6. bis 30. 9. 10 B., 37 M., 10 N., Winterraum unversperrt, 10 L. Gepäcktransport mit Materialseilbahn ab etwa 1900 m. Funktelefon 06564/3322.

Gipfel: Berge der nördl. Reichenspitzgruppe.
Übergänge: Richterhütte, Plauener Hütte, Krimmler-Tauern-Haus.

● 251 a) **Von Gerlos,** 5 st, 3 st von Finkau, bez., östl. aus dem Dorf und auf dem neu angelegten Fahrweg südlich über dem Speichersee (Durlaßboden) in das nach S streichende Wildgerlostal. (Blick auf die Berge der Reichenspitzgruppe). Fast eben talein zu einer sumpfigen Talweitung mit der Schütthofalm. Nun ansteigend über die Finkau (bis zum Gh. Finkau Zufahrt mit Auto möglich) und Drißalm, mit prächtigen Blicken auf die Reichenspitze und den Gabler im Talhintergrund. Auf gutem Weg in Kehren empor und an Gletscherschliffen vorbei zur schön gelegenen Hütte am Unteren Wildgerlossee.

● 252 b) **Von Krimml** über die Schneggenscharte ins Wildgerlostal und zur Zittauer Hütte, 6½ st. Schlechter Steig.
Südl. des Plattenkogels führen zwei Übergänge in das Wildgerlostal. Von Ober-Krimml auf der neuen Gerlos-Straße empor bis zur Schönmoosalm. Nun auf bez. Steig weiter zur Schönangerlalm, ober der sich der Weg teilt; entweder steigt man gegen W weiter unter den „Öfen" genannten südöstl. Steilhängen des Plattenkogels aufwärts und erreicht über die Breite Scharte den Kamm unmittelbar südl. vom Plattenkogel, von wo man jenseits ins Wildgerlostal hinabgelangt; oder man überschreitet, links abbiegend, den Blaubachgraben und

Abb. 4 Richterhütte gegen Rainbachkarkopf. Foto Höfler

kommt nördl. der Schneggenköpfe über die Schneggenscharte, 1979 m, auf den Kamm. Von dort auf bez. Steige durch das Schneggenkar am W-Hang des Gerloskammes südl. weiter zur Drißlalm und zur Zittauer Hütte.

● 253 c) **Vom Hotel Gerlosplatte,** 4 st, westl. hinab zum Durlaßboden mit dem Ww. bei der Wegteilung. Links, südl. (wie bei a) zur Hütte. Der Steig ist schlecht erhalten.

● 254 **Hotel Gerlosplatte,** 1695 m

Das Sporthotel hat 70 B., Bes.: Karl Waltl. Sommer und Winter bew. Skigebiet. Ausgangspunkt für Zittauer Hütte.

Gipfel: Plattenkogel, Schönbichl, Steinkar.

Von Gerlos, 1½ st. Abzweigung von der neuen Gerlosstraße 800 m oberhalb der Mautstelle West.
Von Krimml, 2 st, bez. Von Wald im Pinzgau, 2 st.

● 255 **Filzsteinalm,** 1641 m

Das Alpengasthaus steht am östlichen Rand der Gerlosplatte, knapp oberhalb des Scheitelpunktes der neuen Gerlosstraße. Mit schöner Aussicht auf die Krimmler Wasserfälle und den Pinzgau.
40 B. Sommerwirtschaft, Skigebiet.

● 256 **Duxeralm-Skihütte,** 1687 m

Gut geführte Berghütte auf der Gerlosplatte, Sommer und Winter, Matratzenlager, Bewirtsch.: Frau Oberhollenzer.

● 257 a) **Von Krimml,** 1½ st. Von der Kirche in der Nähe des Hotels Krimmler Hof über Unterberg nordwestl. die Tallehne in Kehren steil empor zur Alm, wobei man knapp unterhalb die neue Gerlosstraße überquert.

● 258 **Brandbergkolmhaus,** 1842 m

Am Eingang ins Brandberger Kar am Fuß des Brandberger Kolms gelegen. Private Sommerwirtschaft Ende Mai bis Anfang Oktober, 6 B.

Gipfel: Lohnend ist die Ersteigung des Brandberger Kolms.
Übergänge: Gerlossteinhütte, über das Brandberger Joch nach Gmünd im Gerlostal.

● 259 **Von Mayrhofen,** 3 st, empor zum Dorf Brandberg (Postautoverkehr) (siehe dort) und zum Steinerkogelhaus, 1263 m (schon vom Tal aus sichtbar), oberhalb des Ortes

Brandberg ($1^1/_2$ st). Auf Waldweg über die Brandberger Kapelle und das Brandbergeck zum Brandbergkolmhaus.

● 260 **Gerlossteinhütte,** 1682 m

Auf der Gerlossteinalm, nordwestl. unter der Gerlossteinwand. Alpengasthaus, ganzj. bew. 40 B., Zimmer mit Bad. BRD-Meldestelle (Bes.: Wilfried Binder). Etwas oberhalb liegt die Seilbahn-Bergstation. Skischule. Zwei Schlepplifte. Sessellift Arbiskogel.

Gipfel: Gerlossteinwand, Arbisködgerl, Hochfeld.
Übergänge: Brandberger-Kolm-Haus, Brandberg, Zillergrund.

● 261 Von Zell a. Ziller, $2^1/_2$ st, auf der Straße ins Gerlostal empor bis zum Ort Hainzenberg (hierher auch auf Steig durch die Gerlosklamm). Südl. aus dem Ort und über Wiesen in den Wald. Zuletzt auf die Gerlossteinalm und zur Hütte. Gerlosstein-Seilbahn von Hainzenberg, 910 m.

● 262 **Sterzinger Hütte,** 2344 m
(früher Wilde-Kreuz-Hütte)

Auf der Burgumer Alm, im obersten Burgumer Tal (südl. Seitental des Pfitschtales), nordwestl. unter der Wilden-Kreuz-Spitze. Erbaut vom Österr. Touristenklub 1888/89. 1922 enteignet und dem CAI übergeben, jetzt verfallen.
Kleinbau mit Erdgeschoß und Dachboden. Enthielt 8 M.

Gipfel: Wilde-Kreuz-Spitze, Blickenspitze, Sandjochspitze, Grabspitze, Kramerspitze.
Übergänge: Brixener Hütte, Mauls im Eisacktal.

● 263 Von Burgum im Pfitsch, $2^1/_2$ st, bez. Nr. 2. Von Burgum oder von Ried (nächste Häusergruppe von Burgum talaus) südöstl. durch das Burgumer Tal aufwärts und zur Burgumer Alm. Nun links, östl. aus dem Talgrund empor und steil zur Hütte, die unterhalb der Kammerhebung des Burgum liegt.

● 264 **Brixener Hütte,** 2270 m
(auch Valser Hütte)

Die Hütte steht auf dem oberen Fanealmboden im obersten Valser Tal, östl. unter der Wilden-Kreuz-Spitze. Erbaut von der ehem. AV-Sektion Brixen 1919. 1922 von Italien enteignet, dem CAI übergeben. 1971/72 Wiederaufbau durch die AVS Brixen/Mühlbach. Seit 1973 ist der Neubau nahe der alten Hütte bew. 6 B., 25 M. Bew. Juli bis September, sonst Selbstversorgerhütte, Schlüssel erhältlich bei AVS-Außenstelle Mühlbach.

Gipfel: Wilde-Kreuz-Spitze, Blickenspitze, Sandjochspitze, Rübespitze, Eselskopf, Wurmaulspitze.
Übergänge: Sterzinger Hütte, nach Mauls, Eisbrugghütte, nach Pfunders.

● **265** **Von Mühlbach** (777 m) im Pustertal mit dem Auto über die schmale Straße nach Vals (1354 m), von dort kann die Straße bis zum Parkplatz vor der Fanealm (1715 m) benützt werden. Nun zu Fuß den Weg entlang zum Almdorf in der „Fane". Von hier bis zum Beginn der Klamm, wo der Güterweg in einen gut markierten Pfad übergeht (Markierung Nr. 17), in 20 Minuten durch die enge Schlucht, an deren Ende Hinweisschilder. Weiter über den Seebach (1. Brücke), durch die Almweiden am Pfannstall vorbei, über die 2. Brücke auf die rechte Talseite, etwas stärker ansteigend zur bereits sichtbaren Brixner Hütte. Gesamtgehzeit vom Parkplatz 1½ st, von Vals 3½ st.

● **266** **Variante Wildersee — Rauchtalscharte.** 3—4 st. Nach der Klamm Abzweigung (Ww.) nach links zur Labisebenalm (Bez. 18; 2138 m, im Sommer Almwirtschaft. Von der Alm leicht ansteigend talein, dann über einen Bach und links empor über einen langen Rücken aufwärts. Von hier rechts haltend über den Wiesenhang aufwärts (Vorsicht: nicht zu weit nach rechts in die Schlucht hinein halten); zuletzt quert man leicht fallend den steilen Hang und gelangt über den abschließenden Rücken zum Wildensee, 2538 m. Vom Wildensee in östl. Richtung ansteigend zur Rauchtalscharte und von dort über das meist schneebedeckte Rauchtal hinunter zur Brixner Hütte.

● **267** **Von Pfunders** über Dun, die Duner Klamm und die Steinkarlscharte, 3—4 st.

● **268** Zugänge von Mauls siehe R 361 / 362.

● **269** **Eisbruggjochhütte,** 2543 m

Auf dem kleinen Rücken des Eisbruggjoches zwischen dem Mühlwalder Tal und dem Pfunderer Tal gelegen.

Der kleine, mit Schindeln verkleidete Holzbau wurde von der Alpinen Gem. (später AVS) Edelraute 1908 erbaut. 1922 enteignet. Im letzten Krieg zerstört, 1950 wiederhergestellt. Bew. vom 25. Juni bis 20. Sept. 16 B, 5 M.

Hüttenwart: Adelh. Volgger, Bachgarterhof, Pfunders. CAI. („Rif. Passo Monte di Ghiaccio").

Gipfel: Weißzintspitzen, Mutnock und Breitnock, Hochfeiler, Hochferner, Mösele, Napfspitze.
Übergänge: Chemnitzer Hütte, Hochfeiler-Hütte (Wiener Hütte), Brixner Hütte, Fritz-Walde-Hütte, Furtschäglhaus (Grenzübertritt), Berliner Hütte (Grenzübertritt).

● **270** a) **Von Pfunders,** 2½—3 st, bez. Nr. 13. Von der E-St. Niedervintl nördl. durch das Pfunderer Tal einwärts nach Pfunders. Auf der östl. Tallehne an Häusergruppen und über Wiesen hinein nach Dun (Daan). Bis hierher mit Pkw befahrbar. Hier dem nordöstl. aufwärts streichenden Tal folgend zum Walderhof und zur Bodenalm. Hier gabelt sich das Tal. Im rechten Talast, zuerst östl. dann wieder nordöstl., dem Eisbrugger Bach folgend, über die Eisbruggalm aufwärts zum Eisbruggsee. Am rechten Ufer entlang und empor auf das Eisbruggjoch, wo die Hütte steht.

● **271** b) **Von Lappach,** 3 st, bez. Steig Nr. 26. Von der Station Mühlen im Tauferer Tal westl. durch das Mühlwalder Tal hinein nach Mühlwald. Immer dem Tallauf westl., dann nordwestl. folgend nach Lappach. Am östl. Talhang nach Ober-Lappach und in den Talboden des Neveser Tales. Bis zum Stausee Fahrstraße. Nördl. durch das Tal hinein zur Neveser-Ochsen-Alm. Hier am Nordrand des Stausees westl. ab und ins Pfeifholder Tal, durch das man, immer westl. aufwärtsgehend, das Eisbruggjoch mit der Hütte erreicht. Vom Stausee 1½ st.

● **272** **Sonklarhütte,** 2420 m

Die kleine Hütte stand am Speikboden, nahe dem Gipfel, nördl. über dem Mühlwalder Tal. Herrlicher Aussichtspunkt. 1876 erbaut von der ehem. AV-Sektion Taufers. 1922 von Italien enteignet und dem CAI übergeben. Jetzt verfallen.
Gipfel: Speikboden, Großer und Kleiner Nock, Stoßkofl, Henne, Zinsnock.
Übergänge: Chemnitzer Hütte.

● **273** a) **Von Mühlwald,** 3½ st, etwa ½ st talaus, dann links ab und auf einem Weg an vielen Einzelhöfen vorbei, am nördl. Berghang empor nach Außer-Mühlwald. (Hierher auch von Mühlen im Tauferer Tal; auf der Straße etwa ½ st westl. talein nach Mühlwald, dann rechts auf einem Weg aufwärts, zuletzt nördl. empor nach Außer-Mühlwald.)
Von Außer-Mühlwald zuerst nördl., dann nordwestl. steil durch Wald empor zur Mitterberger Alm; in gleicher Richtung weiter aufwärts, über mehrere grüne Rücken zu den

obersten Böden der Wurzacher Alm und nördl. empor zur Hütte.

● 274 b) **Von Sand i. Taufers,** 4—4½ st., nördl. auf dem Weg ins Ahrntal kurz hinein bis zum Ahrnsteg. Nach links über den Bach auf die westl. Talseite und in Kehren westl. durch den Wald empor; dann rechts hinaus um einen Rücken in die grüne Mulde der Inneren Michelreißer Alm. Nun südl. aufwärts in eine Mulde und südl. weiter empor auf den Grat des Speikbodens. Westl. etwas links des Grates zur Hütte.

● 275 c) **Von Sand über Oberpurstein,** 4½—5 st. Mühsam. Gerade westl. zur Feuerschwend, südl. durch Wald nach Unterpurstein und empor nach Oberpurstein. (Ein Weg führt auch unmittelbar nach Oberpurstein.) Von hier schöne Fernsicht. Westl. aufwärts gegen den O-Rücken des Speikbodens und zur Hütte.

● 276 d) Von **Luttach über Weißenbach,** 4—5 st. Westl. im Weißenbachtal einwärts und zur Häusergruppe Weißenbach. Westl. im Tal weiter bis zur Talgabelung. Südl. im Weißenbachtal kurz aufwärts (10 Min.), dann links ab und südöstlich durch Wald aufwärts und in ein kleines Tal. Diesem folgend in gleicher Richtung aufwärts zu den Hütten der Mitterberger Alm, 1874 m, und weiter empor zum Mühlwalder Joch. Östl. kurz zur Hütte.

● 277 Tiefrastenhütte (Fritz-Walde-Hütte), 2310 m

Die Hütte steht nördl. über dem Tiefrastensee, über dem Talschluß des Winnebachtals in den Pfunderer Bergen. Von der ehem. AV-Sektion Brixen 1912 erbaut. 1922 enteignet, dem CAI übergeben (Sekt. Bozen, Neubau 1976). 11 B., 30 M., WR 8 L., Schlüssel bei Tankstelle Blasbichler, Terenten. Bew. Ende Juni bis Ende September. Stützpunkt bei Begehung des „Pfunderer Höhenwegs“, R 333 c.

Gipfel: Hochgrubbachspitze, Eidechsspitze, Graunock, Kempspitze, Reisenock, Geißwand.

Übergänge: Über das Kompfosschartl nach Terenten, nach Schaldern (Pfunders), über die Hochsägescharte und das Passenjoch nach Pfunders, nach Lappach, Mühlwald, Eisbrugghütte, über das Große und Kleine Tor, den Mutenock und den Sambock nach Bruneck.

● 278 **Von Terenten** 3 st.

Neuerdings Autozufahrt bis 1½ st unter die Hütte.

Von Terenten ostwärts auf der Straße nach Pfalzen bis an den Eingang des Winnebachtales (alter Wegweiser). Nun nördl. dem Bach folgend im engen Tal aufwärts. Markierung Nr. 23 bis zur Huberalm, 1905 m, 1½ st, Parkgelegenheit. Weiter Bez. Nr. 23 folgend gegen NW, links hinaus eine Steilstufe.

Über Grashänge nordwestl. empor in das Tiefrastenkar und zur Hütte.

Dritter Abschnitt:

Verbindungswege – Höhenwege – Übergänge

I. Tuxer Kamm

● 279 Schlüsseljoch, 2209 m

Von Brennerbad nach Kematen im Pfitschtal, 5—6 st.
Bez. Nr. 4a bis Schlüsseljoch.
Von Brennerbad östl den waldigen Hang auf einem Weg zur Badalm empor. Gerade östl. ansteigend über die Hänge, an mehreren Heuhütten vorbei zur Leitneralm, 1882 m. Nun südöstl. über die Rasenhänge schräg hinein und auf das Schlüsseljoch.
Hierher auch von Brennerbad auf der mit kleinerem Pkw. befahrbaren Militärstraße über die Enzianhütte, 1909 m, und weiter auf das Schlüsseljoch. Vom breiten, begrünten Joch (südwestl. davon die Kalkwandstange, nordöstl. die Flatschspitze) südöstl. über Wiesen hinab in den Wald. Etwas östl. haltend, dann durch einen steilen Graben, links des Baches hinab zu den Häusern von Kematen im Pfitschtal.

● 280 Brennermäuerl, 2395 m (auch „Flatschjöchl")

Vom Brenner nach Kematen im Pfitschtal, zum Teil weglos, 6 st.

Von der E-St. Brenner südl. auf der Straße zur Häusergruppe Brennerwolf (1/4 st). Östl. auf Steig durch Wald den Hang steil empor und zur Lueger Alm. (Hierher auch von der Station Brenner über die Postalm.) Nun südöstl. über Rasen einen Rücken empor und in gleicher Richtung weiter zur Oberen Lueger Alm. Nun auf Saumweg in das weite Kar unter dem Gratsattel des Brennermäuerls und auf das Joch zwischen Wolfendorn und Flatschspitze. Jenseits östl. auf Steig hinab, dann südl. über Rasenhänge zu den Heuhütten auf der Issen und steil durch den Lahnergraben südwestl. hinab nach Kematen.

● 281 Kraxentragersattel, 2693 m

Flacher Sattel südwestl. des Kraxentragers, auf dem die Landshuter Hütte steht. Er vermittelt den Übergang von Brennersee ins Pfitschtal. Gut markiert (Wege Nr. 530 und ab Hütte Nr. 31), 6—7 st, Grenzübergang.
Von der E-St. Brennersee auf dem Hüttenweg zur Landshuter Hütte (siehe dort, R 148).
Jenseits auf Steig zwischen großen Blöcken südl. in Kehren westl. eines felsigen Rückens hinab. Nun auf den Rücken und

über ihn gerade hinab; die Pirstling-Alm-Hütte bleibt links (östl.) unten liegen. Über den Rücken weiter abwärts, dann nach rechts, westl. hinab in den Graben. In ihm weiter abwärts. Man erreicht den Talboden bei den Häusern von Platz, 1/2 st talaus von St. Jakob.

● 282 Höhenweg Landshuter Hütte — Pfitscher-Joch-Haus
„Landshuter Weg", 3 st, breiter, bez. Weg. Nr. 3. Der Weg ist gut begehbar.
Auf südtirolischem Boden.

Von der Hütte auf dem aus großen Steinplatten gebauten Weg östl. in eine Mulde hinunter, unter dem Kraxentrager vorbei und über einen von den Kluppen herabziehenden Felssporn hinweg in den weiten Kessel, der von den Graten des Kluppens und der Hohen Wand gebildet wird. Hoch über der Wasserfallalm um einen Felsrücken herum und immer in gleicher Höhe bleibend östl. den Berghängen entlang zum Pfitscher-Joch-Haus. Vom Weg schöner Blick auf die Hochferner-Abstürze.

Der bez. Höhenweg Hühnerspiel-Hütte — Landshuter Hütte ist wieder durchwegs gangbar. Bez. Nr. 3, 5 st.

● 283 Kluppenscharte, 2900 m

Übergang aus dem Valser Tal ins Pfitschtal, Weganlage verfallen, mühsam, 7—8 st, unschwierig (I), Grenzübergang. Von der Ortschaft Innervals östl. auf dem Talweg weiter bis zur Talgabelung. Rechts, südöstl. ab und auf einem Weg empor zur Nockeralm; rechts über den Rasenhang zum Tscheischbach und ihm folgend, mäßig ansteigend südöstl. talein. Kurz vor dem Wasserfall im Talhintergrund durch die rechte, westl. Bachschlucht empor. Auf Steigspuren nach links aus ihr heraus und über den begrünten Rücken aufwärts. Links kurz hinab zur Hütte der Äußeren Tscheischalm. Dem Bach entlang südöstl. in Richtung auf den Verbindungskamm Kraxentrager — Kluppen aufwärts, dann rechts haltend zu einem nordwestl. herabziehenden Felsrücken. Über Schrofen und Geröll, dann über den Ferner südöstl. aufwärts, zuletzt über Schutt in die links gelegene, wenig ausgeprägte Scharte, 2900 m.
Jenseits gerade über Schrofen und Geröll hinab in das Blockkar über der Wasserfallalm. Weiter abwärtssteigend trifft man auf den Landshuter Höhenweg.

Von hier östl. zum Pfitscher-Joch-Haus, westl. zur Landshuter Hütte, oder gerade südl. weiter hinab und zur Wasserfallalm. Von hier entweder zum Ghs. Stein oder nach Innerpfitsch (St. Jakob).

● 284 Pfitscher Joch, 2250 m

Flache Jocheinsattelung, die das Pfitschtal und das Zamser Tal verbindet. Grenzübergang. Nächst dem Joch auf der südtirolischen Seite das Pfitscher-Joch-Haus.

Von der Dominikushütte zum Joch 2—2½ st; von St. Jakob im Pfitschtal 3 st, Straße; von der Dominikushütte nach Innerpfitsch, St. Jakob, 5—6 st, bez. (Wege siehe unter Hütten, R 151 ff.).

● 285 Pfitschscharte, 2740 m

(früher Urbasrinnenscharte genannt)

Kleine Felsscharte im Verbindungsgrat Kraxentrager — Hohe Wand, östl. unter der Erhebung des Kluppens. Sie vermittelt einen sehr mühsamen Übergang aus dem Valser Tal nach Innerpfitsch oder zum Pfitscher Joch, 6—8 st, Grenzübergang.

Von Innervals empor zur Äußeren Tscheischalm (Weg Nr. 529) und südwärts über die Hänge steil und weglos empor in das Kar der Tscheischalm, das nördl. unter dem Kluppen und der Hohen Wand eingelagert ist. Über Geröll zu einem grünen Köpfl unter der Urbasrinne. Durch diese breite Schutt- (oder Schnee-)rinne gerade empor zu einem Felsabsatz, den man links über brüchige Felsen erklettert. Durch die Rinne weiter und über Schrofen in die schmale Scharte.

Jenseits steil über plattige Stufen und Blockwerk hinab zu den Böden bei den Wasserfallköpfen und hinab zum Landshuter Höhenweg (Weg Nr. 3). Auf ihm ostwärts zum Pfitscher Joch, oder westwärts zur Landshuter Hütte. Gerade weglos rechts den Felsabbrüchen ausweichend in den Kessel von Hinterboden. Dem Bächlein folgend hinab auf die Böden und Hänge der Wasserfallalm, 1998 m. Auf Almsteig hinab nach Innerpfitsch.

● 286 Alpeiner Scharte, 2957 m

Scharte zwischen Fußstein im N und Schrammacher im S. Übergang von der Geraer Hütte zum Pfitscher-Joch-Haus, zur Dominikushütte und Olpererhütte. Lohnender Übergang, bez. (AV-Weg Nr. 502), 4½ st (Geraer Hütte — Alpeiner Scharte, 1½ st). Von der Geraer Hütte auf dem AV-Steig am Bergwerk vorbei und in östl. Richtung in Kehren gegen den Fußsteingrat aufwärts, dann südöstl. die Blockhalden empor bis zur Scharte. Kurz links empor in die Felsen, der Bezeichnung folgend gerade aufwärts, dann rechts um ein Eck und über Schutt in die Scharte, 2957 m. Von der Scharte Blick auf die Berge des Zillertaler Hauptkammes.

Jenseits steil über Schutt hinunter auf 2600 m, Steinmann auf einem Felssporn. Abzweigung nach links zur Olpererhütte (vgl. R 286 a). Unter ihm rechts, südl. hinein und kurz hinab zur Wegteilung:

Rechts zum **Pfitscher Joch** (neue Markierung, Weg Nr. 528), zuerst über Geröll hinab, dann wenig fallend um den Ameiskopf (am Ende des langen Grates, der vom Schrammacher ostwärts hinabstreicht) herum in das Oberschrammachkar. Man quert es fast eben, geht um den Felsrücken (Kastenschneid) herum und erreicht über die Rasenhänge des obersten Zamser Tales südl. das Pfitscher Joch und das Pfitscher-Joch-Haus.

Bei der Wegteilung links ab geht es zur **Dominikushütte.** Zuerst steil über einen begrünten Hang hinab in das Unterschrammachkar mit den zwei kleinen Seen. Über den flachen Hinterboden östl. hinüber zum Unterschrammachbach, dem man zunächst folgt. Dann überquert man den Bach unmittelbar unter einem kleinen Wasserfall. Auf guter Weganlage am linken Ufer des Schlegeis-Stausees gelangt man dann zur Dominikushütte.

● 286a Olpererhütte — Alpeiner Scharte

Wie in R 448 zuerst ca. 400 m bergauf, dann bez. Abzweigung und schöner Weg ins Unterschrammachkar. In weitem Bogen zu dem von der Alpeiner Scharte herabziehenden Weg (R 286).
Im Abstieg:
Von der Alpeiner Scharte steil über Schutt hinunter auf 2600 m (Ww., Abzweigung zum Pfitscher Joch). Dann fast eben unterm Unterschrammachkees vorbei, steil über Schutt auf den Riepengrat (2852 m) und weiter über mehrere Bäche zum Olpererweg (Ww., 2584 m). Durchs Riepenkar zur bald sichtbaren Olpererhütte, (ab Alpeiner Scharte 2½ st).

● 287 Innervals — Sumpfschartl, 2666 m — Landshuter Hütte

5—6 st, teilweise ohne Weg.
Von Innervals (bei den letzten Höfen) südl. über den Bach auf die andere Talseite (neben der Brücke alte Steinsäge) und in südöstl. Richtung durch den Wald auf Almweg empor zur Ploderalm, an der Waldgrenze. Südl. im kleinen Tal, dem Bach folgend aufwärts, und rechts des Wasserfalles am westl. Berghang empor und bis auf die Grasböden unter dem Niedervennjöchl. Hier teilt sich das Tal in zwei Mulden. Gerade südl. durch die grasige Mulde auf das Sumpfschartl, P. 2666 m, der Karte 1 : 50 000. (AV-Brenner).

● 287 a Innervals — Tscheischalm — Sumpfschartl Landshuter Hütte, siehe R 150

● 288 Innervals — Saxalmjoch (Niedervennjöchl), 2253 m — Vennatal

4 st. Teilweise ohne Weg. Von Innervals wie in R 287 auf das Saxalmjoch, 2253 m (auch „Niedervennjöchl" genannt).
Jenseits südl., dann westl. über Geröll hinab. Rechts haltend über Rasen hinab zur Ochsenhütte. Nun auf einem Steig rechts hinaus, den Felsabbrüchen ausweichend, und in Kehren durch Wald hinab zum Bach in das Vennatal; kurz talaus, über den Bach und auf den Landshuter-Hütten-Weg. Auf ihm talaus, an den Vennahöfen vorbei zur E-St. Brennersee.

● 289 Wildlahnerscharte, 3220 m

Gletscherübergang von der Geraer Hütte zur Olpererhütte, oder zum Spannagelhaus. Sehr schöner Übergang, spaltenreicher Gletscher, 5—6 st.
Von der Geraer Hütte auf gutem Steig nördl. etwa 20 Min. empor zur Wegteilung (Ww.). Rechts ab an der Gedenktafel

(für Dr. Schäfer und Führer Offer, die am Wildlahnerferner verunglückten) vorbei und über Rasenhänge zur großen Moräne. Über sie, zuletzt etwas absteigend auf den Gletscher. Zuerst wenig ansteigend über eine kleine Kuppe schräg aufwärts. Dann hält man sich gegen links, gegen eine Felsrippe, genannt Wildlahnergrat. Unter ihr, den Spalten ausweichend, gegen rechts in die Mulde (Spalten!), in ihr etwas rechts haltend empor. Dann gegen links über einen steilen Eis- oder Schneehang empor auf flacheres Gelände unter dem Eisabbruch des Olpererferners. Unter die Eiswand hin ansteigend, unter ihr durch, mäßig ansteigend über Firn zum breiten Gletschersattel der Wildlahnerscharte, zwischen Olperer und Falschem Kaserer, 3220 m. (2½—3½ st von der Hütte.)

Zur Olpererhütte: Von der Scharte östl. hinab auf den weiten Gletscherboden (Spalten!) des Riepensattels, 3058 m. Nun rechts, südöstl. haltend über das zerklüftete Große Riepenkees hinab, in Richtung gegen das Ende eines langen Felsgrates zu, der von der Gefrorenen Wand herabzieht. Auf die große Moräne und südl. über sie hinab und über grasige Hänge zur Olpererhütte.

Zum Spannagelhaus: Von der Wildlahnerscharte nordöstl. über den flachen Ferner hinab in das weite Gletscherbecken nördl. unter dem Riepensattel. Gerade nördl. über das wenig geneigte Gefrorene-Wand-Kees (sehr spaltenreich) hinab. Zuletzt steiler über Firn hinab auf die Moräne und gegen links zu einem Felsköpfl mit Steinmann, hinter dem die Hütte liegt.

● 290 Olpererhütte — Rifflerhütte (zerstört)

Großenteils weglos, mühsam, 4½—5 st.
Von der Olpererhütte zunächst den bez. Weg zur Friesenbergscharte, bis der Steig sich westwärts der Scharte zuwendet. Dort hält man sich nach rechts (O) und folgt zunächst Steigspuren, die zwischen Hohem Riffler und Petersköpfl hindurch führen, um dann weglos in nordöstl. Richtung fast eben an zwei kleinen Seen vorbei den Anstieg zur Unteren Rifflerscharte zu erreichen. Von der Scharte, wie in R 471 in umgekehrter Richtung beschrieben, hinab zur Ruine der Rifflerhütte.

● 291 Steinernes Lamm, 2488 m

Übergang von der Geraer Hütte nach Innerschmirn, bez., 3½—4 st, AV-Weg Nr. 525.
Von der Geraer Hütte auf dem Steig nordöstl. etwa 20 Min, ansteigend zur Wegteilung. Links ab fast eben hinein, dann links haltend empor auf den felsigen Gratrücken des Steiner-

nen Lammes, 2488 m. Zuerst am Grat, dann in der N-Flanke etwa 150 m westwärts, sodann über den steilen Hang in Kehren hinab in das Wildlahnertal und über Almböden und auf neuer Almstraße talaus nach Innerschmirn. Weiter talaus nach St. Jodok an der Brennerbahn.

● 292 **Padauner Sattel,** 1580 m

Von St. Jodok zur Brennerstraße und nach Gries a. Brenner, schöne Wanderung, 3 st.

Von der Kirche in St. Jodok nicht auf dem Fahrweg ins Valser Tal, sondern rechts hinab zur Brücke über den Valser Bach. Unter der Bahn durch und jenseits am Berghang auf gutem Weg mäßig ansteigend über Wiesen talein, dann durch Wald empor zur Mündung des Padauner Tales. Rechts über den Rasenhang empor, zum Ghs. Steckholzer. Weiter durch das schöne Wiesental Padaun. Dann auf einem Karrenweg in Kehren hinab ins Brennertal. Auf der Straße talaus (1 st) nach Gries, oder talauf in 20 Min. zur Station Brennersee.

● 293 **Riepensattel,** 3058 m

Weiter Gletschersattel nordöstl. des Olperers, vermittelt den Übergang vom Spannagelhaus zur Olpererhütte, schöne Gletscherwanderung, 4 st. Auf unvergletschertem Gebiet bez.

Von der Hütte auf dem Steig zum Gefrorenen-Wand-Kees. Über den Gletscher mäßig ansteigend gerade südl. empor bis zu einer mächtigen Eiswand. Unter ihr nach rechts querend in eine Firnmulde und durch sie südl. empor; um einen Seitengrat der Gefrorenen-Wand-Spitze herum aufwärts, indem man sich gegen links den Hängen der Gefrorenen-Wand-Spitze zu hält. Zuerst über den flachen Gletscher auf den Riepensattel, 3058 m. Schlepplifte der Gletscherbahn Hintertux.
Jenseits wie in R 289 hinab zur Olpererhütte.

● 293a **Rifflerhütte — Friesenberghaus**

2½ st, weglos. Landschaftlich besonders schön.
Wie in R 471 auf die Untere Rifflerscharte. Etwas hinunter auf ein Plateau, an den zwei kleinen Seen des oberen Wesendlekares vorbei südwestl. fast eben bis zum P. 2648 m der AV-Karte. Von hier auf Steigspuren in gleicher Richtung hinab zur Friesenberghütte.

● 294 Friesenbergscharte, 2904 m

Übergang vom Spannagelhaus nach Breitlahner, zur Dominikushütte oder zur Friesenberghütte. Lohnender Übergang, 4—5 st. Teilweise bezeichnet.

Vom Spannagelhaus südöstl. auf gutem Steig über die Moräne und in gleicher Richtung über eine Zunge des Gefrorenen-Wand-Keeses zu einem schmalen Moränenrücken. Östl. über das Geröll empor zum Firnfeld unter der Scharte. Über den Schnee leicht und mäßig ansteigend (Ww.) empor in die Friesenbergscharte, 2904 m, zwischen Gefrorener-Wand-Spitze und Hohem Riffler (1½ st).

a) **Nach Breitlahner:** Von der Scharte jenseits in Kehren steil (östl.) hinab, dann links, östl. haltend fast eben hinein zu den Böden unter einem mächtigen Rücken, der vom Riffler südl. herabstreicht. Einsattelung P. 2648 beim Petersköpfl. Der steile Abstieg von der Scharte ist durch Drahtseile und Eisenstifte gesichert. Südöstl. über Rasenhänge steil hinab zum Bach im Wesendlekar. Ein Stück dem Bach entlang hinab, dann nach links über ihn und in einem Bogen nach links hinab zum Hochleger, 1923 m. Durch Krummholz und Wald steil auf schmalem Almsteig hinab in den Zamser Grund und links des Zamser Baches talaus und über den Zamser Schinder steil hinunter zum Whs. Breitlahner. (Unter dem Rücken Abzweigung westl. hinauf zur Friesenberghütte.)

b) **Zum Friesenberghaus.** Von der Scharte jenseits in Kehren hinab, dann vom Steig rechts ab und, den Abbrüchen (Seewände) über dem Friesenbergsee links ausweichend, zur Friesenberghütte, 2498 m.

c) **Zur Olpererhütte:** Von der Friesenbergscharte zunächst den gesicherten Steilabbruch hinunter ins Kar. Dann rechts ab auf neu angelegtem Steig über P. 2533 m unter den steil aufragenden Gefrorene-Wand-Spitzen durch und in Richtung SSW über die Gamsleiten zur Olpererhütte.

● 295 Höllscharte, 2991 m

Unschwieriger Gletscherübergang vom Spannagelhaus zur Geraer Hütte, kürzeste Verbindung zwischen beiden Hütten, 4 st.

Vom Spannagelhaus auf dem Gefrorenen-Wand-Kees wie in R 293 empor, bis man über den Eisbrüchen zur Rechten steht und die Gefrorene-Wand-Spitzen sichtbar werden. Nun über

den Gletscher rechts, westl. hinüber und fast eben die Hänge unter dem Großen Kaserer querend in die Höllscharte, 2991 m, zwischen Großem Kaserer im S und Kleinem Kaserer im N.
Jenseits sehr steil durch eine Geröllrinne hinab, unter den S-Abstürzen des Kleinen Kaserers vorbei abwärts, dann nach links, über Moränenrücken und Geröll nach S hinab, bis man auf den vom Steinernen Lamm herabkommenden Weg trifft. Auf ihm hinab zur Geraer Hütte.
Man kann bei Erreichen des Weges, pfadlos über die Hänge westl. talwärts hinabsteigen, bis man auf den Hüttenweg der Geraer Hütte trifft. Auf ihm hinab ins Valser Tal und hinaus nach St. Jodok.
Oder auf dem Steig nördl. auf das Steinerne Lamm empor und jenseits ins Wildlahnertal hinab.

● 295a Gamshütte — Pitzenalm

(1. Abschnitt des „Berliner Höhenweges".) Teilweise erst im Ausbau. Trittsicherheit erforderlich.
Von der Gamshütte, 1916 m, wird der vorhandene, gute und markierte Steig, der zur Vorderen Grindbergspitze führt, benutzt bis zu einem Punkt in ca. 2050 m Höhe. Ab diesem Punkt Neubau unter Verwendung vorhandener Steigspuren bis zum Punkt 2088 m (ca. 0,6 km) und Ausbau eines vorhandenen Steiges bis zum Punkt 2115 m (Kareck, ca. 0,5 km). Weiter Ausbau eines vorhandenen Almpfades über Punkt 2085 m (dort eine verlassene Almhütte), das Schrahnbachkar durchziehend und wieder aufwärts zum Punkt 2158 m („Graue Platte") (ca. 1,9 km). Von hier abwärts unter Benutzung eines vorhandenen Almpfades in Richtung Wildalpe über die „Wasserböden" bis zu einem Punkt in ca. 1960 m Höhe (ca. 0,5 km) („Brunnach"). Von diesem Punkt Neubau in südwestlicher Richtung, bis bei „Paschberglahner" ein vorhandener, auszubauender Almpfad erreicht wird (ca. 0,6 km), der über den Punkt „Am Hohen" ca. 1900 m zur Feldalpe, 1865 m, führt (ca. 0,7 km). Weiter auf einem vorhandenen Steig zur Pitzenalpe, 1874 m (ca. 1,2 km). — Gesamtlänge ca. 6 km.

● 295b Pitzenalm — Friesenberghaus

(2. Abschnitt des „Berliner Höhenweges".)
In Fortsetzung von 295 a. Die Pitzenalm kann auch direkt vom Roßhag unter Benützung der Seilbahn der Tauernkraft-

werke AG. erreicht werden. Eröffnung der Seilbahn für den allgemeinen Touristenverkehr 1971. Vor der Bergstation (ca. 1650 m) in 30 Min. zur Pitzenalm.
Von der Pitzenalpe wird der vorhandene Fußweg in Richtung Birglbergalpe über die Lackenalpe benutzt bis zum ersten Bachübergang ostwärts unterhalb der Lackenwand, 1990 m (ca. 1,3 km). Nun aber nicht abwärts, sondern Neubau unter Querung des unteren Teiles der Lackenwand und über die unteren Hänge von Birglbergmähder zur Kesselalpe, 2006 m (ca. 1,3 km). Oberhalb der Kesselalpe führt die neue Markierung nach S ab (Tafel „Friesenberghaus"), unter dem vom Schönlahnerkopf nach ONO streichenden Felsgrat herum, und steigt unmittelbar südl. davon — die Rifflerrinnen querend — zum Wesendlekarsee an; man erreicht bei 2360 m den Weg, der vom Friesenberghaus unterhalb des Wesendlekarsees vorbei ins Tal führt (ca. 3,2 km), auf diesem Weg zum Friesenberghaus, 2498 m (ca. 1,4 km). Oder wie in R 293 a über die Untere Rifflerscharte, 2774 m. — Gesamtlänge ca. 8 km.

● 295c Friesenberghaus — Olpererhütte

(3. Abschnitt des Berliner Höhenweges, im Sommer 1967 erneuert.) Bez.
Man geht am Friesenbergsee, 2444 m vorbei durch das „Uramentenloch" zum Punkt 2533 m, quert die „Gamsleiten" und „Böden", 2300 m, zur Olpererhütte, 2389 m. (Zu diesem Abschnitt III zählt Dr. Gutzler auch noch den Abstieg zur neuen Dominikus-Hütte am Schlegeis-Stausee.)

Abschnitt IV: Dominikus-Hütte — **Furtschaglhaus.**
Von der Sektion Berlin für späteren Bau geplant: Von der Staumauer auf vorhandenem Steig durch Wald aufwärts zum Inneren Spiegelkar, 2196 m. Von da auf noch zu erkundender Trasse durch die Kare südwestlich unterhalb Spiegelkopf und Kleinem Greiner zum Reischbergkopf, 2459 m, Furtschaglkopf, 2574 m und Furtschaglhaus, 2295 m.

● 296 Geraer Hütte — Kleegrubenjöchl, 2498 m, — Frauenwand — Tuxer-Joch-Haus

Gut markierter, neu angelegter Weg, 4½ st. Von der Geraer Hütte auf gutem Steig bis kurz vor das Steinerne Lamm. Hier zweigt der Weg rechts ab zu den Böden der Ochsenalpe hinab und dann hinauf zur Kleegruben-Scharte, 2498 m.

Von der Scharte hinunter in die Tote Grube und aus ihr zur Kaserer-Scharte. Weiter in fast nördl. Richtung, an der Frauenwand vorbei, zum Tuxer-Joch-Haus.

• 297 Obere Rifflerscharte, 2868 m

Übergang von der Rifflerhütte nach Hintertux, lohnend, 4—5 st. Teilweise ohne Weg.

Von der Rifflerhütte nördl. schräg aufwärts über die steinigen Weideböden des Birglbergkares. Nordwestl. über Geröll und Moränen aufwärts unter das Federbettkees. Man betritt es am nordöstl. Ufer. Westl. über die wenig geneigten Gletscher zur bereits sichtbaren Scharte ansteigend, die zwischen Hohem Riffler und Griererkarspitze eingeschnitten ist. Jenseits auf Steigspuren westl. hinab, dann links haltend über Geröll steil hinunter auf die Kesselböden. Links eines felsigen Spornes entlang über die Kesselböden hinab. Am unteren Ende des Felsrückens links, südl. eben hinüber zum Schwarzbrunner Bach. Über ihn und auf dem Hüttenweg zum Spannagelhaus. Auf diesem hinab nach Hintertux. Man kann auch von der Scharte immer in westl. Richtung pfadlos über Schrofen und Geröll in das Bodenkar absteigen. Am Ausgang des Kares hält man sich gegen rechts, nördl. auf Steigspuren zum Forchenbichlbach hin, überschreitet ihn und steigt zuerst längs des Baches, dann mäßig fallend nach N durch Wald auf einem Weg direkt nach Hintertux ab.

• 298 Verbindungsweg Spannagelhaus — Tuxer-Joch-Haus

Bez., 1½ st. Vom Spannagelhaus auf dem Weg über die große Moräne absteigend, dann links über Geröll über die Abflüsse des Gefrorenen-Wand-Keeses und weiter absteigend an die steilen Rasenhänge unter der Frauenwand. Fast eben nördl. die Hänge querend auf die Melkerböden und eben hinein, wo der von Hintertux heraufkommende Hüttenweg sich mit dem Höhenweg vereinigt. Über die Grashänge links aufwärts zum Tuxer-Joch-Haus.

• 299 Tuxer Joch, 2364 m

Es vermittelt den Übergang aus dem Schmirntal ins Tuxer Tal. Von Kasern im hintersten Schmirntal nach Hintertux, 5½—6 st, bez. Sehr schöner Übergang, Wegbeschreibung siehe unter Hütten, R 162—164.

● 300 Lange-Wand-Scharte (Hauser Nieder), 2796 m

Ziemlich mühsamer Übergang aus dem Tuxer Tal nach Roßhag, teilweise ohne Weg, 7—8 st.

Von Finkenberg im Tuxer Tal über Freithof talein, über den Tuxbach und am rechten Ufer einwärts, bis zur Brücke über den von links herabkommenden Elsbach, wo die Straße eine Kurve macht. Gleich hinter der Brücke auf Almsteig links von der Straße ab und südl. steil durch Wald aufwärts.

Über den Elsbach und über die freien Weidehänge aufwärts zur Elsalm, 1866 m. Nun ohne Weg (Steigspuren) südwestl. durch das Tälchen empor auf den grünen Boden des Kreuzjoches, 2173 m. Südl. eben und etwas absteigend (Bei der Mauer) hinein, dann etwas rechts südl. haltend und in das Lange-Wand-Kar. Weglos und sehr mühsam durch das enge Kar steil über Geröll empor in die Lange-Wand-Scharte, zwischen Roßkopf und Nestspitze.

Jenseits ohne Weg über Schrofen und Schutt südl. hinab ins Hauser Kar. Nun südöstl. über die steilen Hänge hinab zur Hausalm. In Kehren in den Graben hinab, aus dem der Steig südl. ansteigt zu einem Grasrücken; jenseits hinab zur Lackenalm, 2010 m. Südl. über die Bäche unter der Lackenwand und schräg über die waldigen Hänge hinab zur Wegvereinigung mit dem Hüttenweg der Rifflerhütte. Auf ihm über die Birglberg-Gschwandter-Alm hinab ins Zemmtal und kurz talaus zum Whs. Roßhag.

● 301 Elsscharte (Nestnieder), 2739 m

Mühsamer, wenig lohnender Übergang von Ginzling ins Tuxer Tal, 7 bis 8 st. Zum Teil ohne Weg, unschwierig (I).

Von der Kirche in Ginzling rechts auf dem Weg zur Kapelle empor und über die Wiesen weiter über das Lauserbachl. Links des Baches (am orographisch rechten Ufer) in Kehren auf einem Steig steil empor, dann links hinein in den Wald und in großen Kehren durch Wald empor auf die Hänge der Bödenalm. Empor zur Almhütte, 1533 m, und weiter ansteigend zur Wildalm, 1761 m. Auf Almsteigen westl. wenig ansteigend hinein, über einen Rücken (Paschberglahner) dann rechts aufwärts zur Nestalm, 2200 m. Nun ohne Weg in gerader nordwestl. Richtung empor ins große Nestkar. Über schrofendurchsetzte Hänge empor, zuletzt über Blockwerk und Felsen in die Scharte zwischen Nestspitze und Hinterer Grinbergspitze.

Jenseits über brüchige Schrofen in das Innere Elskar hinab. Über Geröll durch das wilde Kar abwärts, am Ausgang des Kares links haltend gegen einen grünen Rücken zu, der zum Kreuzjoch hinabzieht. Vor Erreichen des Joches auf Steigspuren rechts (westl.) über die wenig geneigten Hänge hinab zur Loschbodenalm, 1740 m, und auf gutem Steig hinab ins Tuxer Tal, das man zwischen Lanersbach und Madseit erreicht.

Oder hinab aufs Kreuzjoch und rechts, nordöstl. hinab zur Elsalm und hinaus ins Tuxer Tal; man erreicht es 20 Min. talein von Freithof.

II. Hauptkamm

● 302 Untere Weißzintscharte, 2928 m

Lohnender Übergang von der Wiener Hütte zur Eisbruggjochhütte (Edelrautehütte), unschwierig (I), gut markierter Steig (1), 2—3 st, zur Scharte 1½—2 st.

Von der Wiener Hütte östl. zuerst auf Steig eben hinein, um einen Rücken herum, und unter den Felsabbrüchen auf dem Steig querend, über Felsstufen hinab und zur großen Seitenmoräne des Gliderferners. Auf ihrem Scheitel weiter und an geeigneter Stelle auf den Gletscher. Nun südl. über den flachen Ferner, in Richtung auf die Untere Weißzintscharte, die durch einen auffallenden Felszahn gekennzeichnet ist, aufwärts. Man steigt auf die rechte der beiden Grateinsenkungen empor, südwestl. des Niederen Weißzints. Jenseits auf gutem Steig über Felsstufen hinab und links, südostwärts, hinab zum Eisbruggjoch mit der Eisbrugghütte

Geht man unter der Scharte rechts, südl. hinab zum Eisbruggsee, so gelangt man, ohne das Eisbruggjoch zu berühren, in das Eisbruggtal und talaus absteigend in das Pfunderer Tal und nach Pfunders.

● 303 Obere Weißzintscharte, 3198 m

Die Obere Weißzintscharte kommt als Übergang von der Wiener Hütte zur Eisbrugghütte kaum in Betracht. Das Überschreiten ist mühsam und weiter als bei der Unteren Scharte.

Weglos, 4 st. Gletscherübergang. Zur Scharte 2½ st.

Von der Wiener Hütte wie R 302 auf die große Seitenmoräne. Man geht erst nahe ihrem Ende, wo sie niedrig wird, auf den Gliderferner über. Man hält sich aus der Gletschermulde, rechts des großen Bruches aufwärts (Spalten). Aus der oberen Gletschermulde nach rechts gegen die Felsen der Niederen Weißzintspitze zu und erreicht zuletzt über weniger steilen Firn (Spalten) die ziemlich breite, vergletscherte Scharte zwischen Hohem und Niederem Weißzint.

Jenseits, rechts, südwärts haltend über den südl. Teil des Weißzintferners hinab. An seinem westl., rechten Rand hinab auf die Schutthalden, die in das Pfeifholder Tal hinabziehen. Hier trifft man auf ein schwaches Steiglein, das hinab zum Eisbruggjoch und zur Hütte führt.

● 304 Schlegeisscharte, 3028 m

Schöne Gletscherfahrt vom Furtschäglhaus zur Chemnitzer oder Eisbrugghütte über klüftereichen Ferner. 5—6 st. Grenzüberschreitung. Zur Schlegeisscharte 3 st.

Vom Furtschäglhaus südl. auf dem Steig über den Bach und zur Wegteilung. Rechts fast eben über die felsigen Hänge unter Furtschagl- und Schlegeiskees südwärts und aufwärts zum Schlegeiskees, das mit seinen mächtigen Brüchen ein großartiges Bild bietet. Die Überschreitung des zerklüfteten Ferners zwingt zu vielen Umgehungen. Zuerst hält man sich in der Richtung auf den Muttenock südwärts empor, bis man ungefähr die Höhe des vom Breitnock nordwestwärts hinabziehenden Felsspornes erreicht hat. Hier nach rechts und westwärts unter dem Felsfuß hinüberquerend, unter den obersten Brüchen des Schlegeiskeeses durch bis unter die Felsabstürze des Hohen Weißzintes. Nun durch die weniger spaltenreiche Gletschergasse zwischen Breitnock und Hohem Weißzint südostwärts empor in die Schlegeisscharte, 3028 m.

Jenseits über den Muttenockferner hinab. Man hält sich rechts gegen die Felsen des Hohen Weißzints, auf die Schutthänge, die steil zu den Wasserböden hinabführen. Hier trifft man auf den Verbindungssteig Nöfeser Joch — Eisbruggjoch.
Links, nordostwärts gelangt man auf schwachem Steig, eben unter dem Muttenockferner querend und die Felsausläufer des Muttenockes umgehend, in das weite Kar unter dem Großen Möseler, das man ganz ausgeht. Über die östl. Seite des Kares leicht absteigend erreicht man das Nöfesjoch mit der Chemnitzer Hütte.
Rechts, südwestwärts den Steigspuren folgend, erreicht man das Eisbruggjoch mit der Eisbrugghütte (Edelrautehütte).

● 305 Nöfessattel, 3029 m

Vom Furtschäglhaus zur Chemnitzer Hütte oder Eisbruggjochhütte. Leichter als der Übergang über die Schlegeisscharte. Schöne Gletscherfahrt über zerklüfteten Ferner, 5 st. Zum Nöfessattel 3 st. Grenzüberschreitung.
Wie R 304 auf das Schlegeiskees und zwischen den Brüchen in Richtung auf den Muttenock empor. In Höhe der großen Brüche unter dem Breitnock steigt man über den steilen Firn südwärts empor auf den Nöfessattel, 3029 m, eine Einschartung im felsigen Grat, der vom Muttenock nordwärts zum Großen Möseler zieht. (Der Nöfessattel liegt etwas nördl. des Muttenocks.)
Vom Sattel etwas nach links über den Kamm in eine Scharte und jenseits über Schrofen kurz hinab auf den Westl. Nöfesferner. Zuerst rechts haltend hinunter, dann im Bogen nach links und ostwärts über den steilen Firn hinab. In Höhe des vom Möselenock nach S herabstreichenden Felsrückens quert man nach links, ostwärts in Richtung auf seinen Fußpunkt. Unter den Felsen vorbei und etwas abwärts zum bez. Steig (Verbindungsweg Chemnitzer Hütte — Eisbruggjochhütte), der unter dem Östlichen Nöfesferner durch südostwärts zur Chemnitzer Hütte am Nöfesjoch führt.
Vom Nöfessattel kann man auch (zuerst rechts haltend) gerade hinabsteigen auf die steilen Schutt- und Rasenhalden, die in das oberste Lappachtal hinabführen. (Man quert dabei den Verbindungssteig Chemnitzer Hütte — Eisbruggjochhütte.) Man erreicht über die Nöfesalm talausgehend das Dorf Lappach.
Vom Nöfessattel wie oben gerade hinab gelangt man auf den Verbindungssteig Chemnitzer Hütte — Eisbruggjochhütte. Rechts auf dem Steig umgeht man die Felssporne des Muttenockes, erreicht über die Wasserböden das Eisbruggjoch und die Hütte.

● 305 a Eisbruggjochhütte — Furtschaglhaus

Wie in R 570a auf die Einsattelung (etwa 3050 m) zwischen Breitnock und Muttenock. Vom Sattel links gegen Muttenock, unterhalb der Schneewächte rechts über den Schlegeisgletscher auf den Steig nach Furtschagl.

● 306 Östliche Möselescharte, 3240 m

Schöne, lohnende Gletscherwanderung, 4—5 st. Gletscher zerklüftet. Als Übergang nach S (Chemnitzer Hütte, Lappachtal) ist die Östl. Möselescharte nicht besonders geeignet (Grenzübergang).

Von der Berliner Hütte auf dem Steig südl. (bei den Wegteilungen rechts) auf das Geröllgelände unterhalb des Waxeckkeeses und in das Garberkar. Durch das Kar in Kehren aufwärts zur Wegteilung. Hier links (rechts geht es zum Schönbichler Horn) und über Moränen zuerst in Richtung auf die Furtschaglspitze empor, dann wendet man sich nach links, südwärts, und steigt über das Waxeckkees in Richtung auf den Felsgrat aufwärts, der vom Schneedreieck des Großen Möselers in den Gletscher vorspringt. Etwa 100 m unterhalb des Felsfußes vorbei (Spalten!) und knapp unter den Gletscherbrüchen unterhalb der Felsen des Großen Möselers empor, um den breiten Felsfuß des Kleinen Möselers herum und südwärts zuletzt steil über Firn oder Eis in die Östl. Möselescharte, 3240 m, zwischen Großem Möseler im W und Roßruggspitze im O.

Aus der Scharte steigt man jenseits an geeigneter Stelle zuerst sehr steil hinab auf den Östl. Nöfesferner. Aus der Gletschermulde südl. unter der Scharte steigt man südostwärts (links haltend) über den Gletscher hinab, dann hält man sich wieder südwärts, gerade hinab und erreicht die Schutthänge unter dem Ferner. Nun auf dem Steig (Eisbrugghütte — Chemnitzer Hütte) links an den Hängen des Großen Troges entlang und zur Chemnitzer Hütte.

● 307 Roßruggscharte, 3229 m

Die zwischen Roßruggspitze und Turnerkamp eingeschnittene Scharte kommt als Übergang von N nach S kaum in Betracht, da sie im Sommer bei Ausaperung von N schwer ersteiglich ist. Grenzübergang.

Von der Berliner Hütte zur Scharte (R 596), 4½—5 st, gesamter Übergang 6½—7 st.

Jenseits kann man über den Östl. Nöfesferner absteigend den Verbindungssteig Eisbrugghütte — Chemnitzer Hütte erreichen. Auf ihm links zur Chemnitzer Hütte.

● 308 Trattenjoch, etwa 3040 m

Von der Berliner Hütte kann man über das Trattenjoch zur Chemnitzer Hütte oder in das Weißenbachtal absteigen. Grenzübergang. Gletschererfahrung erforderlich. Auf das Joch 4 st. Übergang vom Joch nach Weißenbach 4—5 st. Vom Joch zur Chemnitzer Hütte 2—3 st.

Auf dem Hornweg (zur Berliner Spitze = III. Hornspitze) etwa 1½ st aufwärts. In etwa 2600 m nach rechts und Querung unter die Zunge des vom Hornkees getrennten Keeslappens. Nun über abschüssige Schliffwände (Achtung auf Wackelblöcke!) zum Fuß des W-Grates der IV. Hornspitze. Dort Trümmer eines zerschellten Bombers. Um den Fuß dieses Grates herum nach links und im Bogen nach rechts Richtung Trattenjoch. In den Steilhang des Joches steigt man links der Fallinie ein. Nun von links nach rechts über Platten (II) zum Trattenjoch.

Vom Joch südwärts auf das Trattenbachkees und über den Ferner hinab. Man hält sich gegen die Mitte des Trattenbachkares und steigt über Geröll gerade hinab (Kleiner See). Dort trifft man auf Steigspuren, die in das kleine, flache Becken („Moos") führen. An seinem rechten Rand auf den Steigspuren talaus, dann rechts, südwestwärts an den Hängen des Pfaffennockes und Gamslahnernockes wenig absteigend abwärts und auf dem Steig zum Nöfeser Sattel mit der Chemnitzer Hütte.

Hält man sich aus dem Becken unter dem Trattenbachkar gerade südwärts hinab, so kann man auf Steigspuren links des Baches zur Trattenalm, 1827 m, und weiter talaus durch das Weißenbachtal nach Weißenbach gelangen. Talaus weiter nach Luttach.

● 309 Mitterbachjoch, 3130 m

Übergang von der Berliner Hütte nach Weißenbach und Luttach. Schöne Gletscherwanderung, unschwierig (I). Spaltiger Gletscher. Auf das Joch 4—4½ st. Vom Joch nach Weißenbach 3½—4 st, nach Luttach 5 st, Grenzübergang.

Wie auf dem Weg zum Trattenjoch zur Wegteilung unter den Felsen der Erhebung Am Horn. Wie dort rechts ab und unter den Schrofen des langen Rückens, der zur Dritten Hornspitze hinzieht, aufwärts. Auf das Hornkees; man hält sich immer nahe dem östl. Rand des Ferners in Richtung auf den in den Gletscher vorspringenden Felsfuß der III. Hornspitze (Berliner Spitze). Um diesen herum zwischen vielen Spalten hindurch und in Kehren auf den Firnsattel des Mitterbachjoches, nordöstl. der IV. Hornspitze und westl. der II. Hornspitze. (Links vom Joch ragt ein kleiner Felszacken auf.)

Vom Joch südwärts durch eine links befindliche (meist mit Schnee gefüllte) breite Geröllrinne hinab. Durch diese steil auf das kleine Mitterbachkees. Über das Firnfeld des Ferners hinab auf die steilen Hänge, die mit Abbrüchen in das innerste Tal abfallen. Man hält sich nach links unter den Rücken, der das Kar östl. begrenzt, und steigt dann links des Baches in den innersten Talgrund ab. Kurz talaus zur Oberen Mitterbachalm, 1947 m, und weiter durch das schmale Hochtal in das Weißenbachtal und nach Weißenbach.

● 310 Schwarzenbachjoch, etwa 3100 m

Einschartung nordöstl. der I. Hornspitze. Als Übergang von N nach S weniger geeignet als die benachbarten Joche; unschwierig (I), Gletscherüberschreitung. Von der Berliner Hütte 4 st. Vom Joch nach Luttach, 4 st. Grenzübergang. Mühsam, teilweise ohne Weg.

Von der Berliner Hütte talein, über den Zemmbach und jenseits des Baches weiter talauf zu den Böden an der Einmündung des Abflusses des Schwarzensteinkeeses. An der rechten Seitenmoräne empor, dann an geeigneter Stelle auf den Gletscher. Zwischen den großen Brüchen zur Rechten und zur Linken durch (Spalten!), dann rechts in eine Gletschermulde. Etwas rechts haltend, zwischen großen Spalten durch auf den südlichsten Fernerteil. Zuletzt steil auf das Schwarzenbachjoch.

(Das Schwarzenbachjoch ist nicht die tiefste Einsenkung des langen Grates, der von der I. Hornspitze zum NW-Grat des Schwarzensteins zieht. Diese befindet sich nordöstl. davon, es ist die schwierig zu erreichende Schwarzenbachscharte, 3020 m.)

Jenseits südwärts entweder durch eine schnee-erfüllte Rinne oder in den Felsen rechts davon hinab auf das kleine Schwarzenbachkees.

Rechts haltend über den Ferner hinab, dann aber nach links über die Geröllhänge und hinab zum Beginn eines langen Geröllrückens (Mausfalle genannt). Über ihn hinab, dann nach rechts über den Bach und diesem folgend talaus zu den ersten Hütten von Madeben. Hier trifft man auf Steigspuren; man folgt denen rechts des Baches, die zur Außermoosalm und hinab zur Innermoosalm führen. Nun durch das Schwarzenbachtal hinaus nach Oberluttach und Luttach im Ahrntal.

● 311 Schwarzenbachscharte, 3020 m

Tiefste Einschartung im langen Grat, der von der ersten Hornspitze gegen eine Erhebung im NW-Grat des Schwarzensteins streicht. Als Übergang kaum geeignet, da die Überschreitung dieser tiefeingerissenen Scharte schwierig ist. Von der Berliner Hütte, schwierig (III), 4—5 st. Grenzübergang. Wie auf dem Weg zum Schwarzenbachjoch auf den spaltenfreien, flacheren Gletscherteil nördl. unter beiden Jochen empor. Hier nun nach links (südostwärts) empor und über Firn in die steile Scharte.

Jenseits durch Kamine in der 200 m hohen plattigen Wand hinab. (Die Kamine sind meist naß.) Auf das Schwarzenbachkees (Spalten) und über den kleinen Ferner auf die Hänge und die Moräne. Weiter wie in R 310 in das Schwarzenbachtal.

● 312 Berliner Hütte — Schwarzensteinhütte

Gletscherübergang, unschwierig (I), lohnend, 5½ st. Soweit gletscherfrei bez.; kein Grenzübergang; der Besuch der nahe der Grenze gelegenen Hütten wird jedoch meist stillschweigend geduldet. Abstieg nach S verboten.

Von der Berliner Hütte auf dem Weg neben dem Bach talauf in das Feldkar, unter den Abbrüchen des Kares nach rechts hinaus. (Man kann auch den Weg benützen, der zum Schwarzsee hinaufführt; wo dieser zwei von links herabkommende Bäche überschreitet, Wegteilung; rechts ab und in das Feldkar und auf den gerade von der Hütte heraufführenden Weg.) Über den Saurüssel empor in das Mörchenkar und auf dem bez. Steig zum nördl. Schwarzensteinkees. Auf einen aus dem Gletscher herausragenden schwarzen Felsen zu, unter ihm durch, dann in seiner Nähe ostwärts über den steilen Firnhang empor. In Höhe des Felsens (der links liegen bleibt) wendet man sich wieder südostwärts auf die breite Firnfläche zwischen Großem Mörchner im N und Schwarzenstein im S, dem Schwarzensteinsattel, 3155 m (Spaltengefahr!).

Nun quert man südostwärts die Firnfläche in Richtung auf die tiefste Einsattelung im NO-Grat des Schwarzensteins zu. Sobald sich der Gletscher zu dieser senkt, wendet man sich links und überschreitet einen niederen Firnrücken, worauf man zum kurzen Blockhang gelangt, mit dem die letzte Erhebung des NO-Grates zum Tribbachsattel abfällt. (Im Blockhang Grenzstein und Stange.) Nun rechts, südwärts auf den Firn steil hinab auf den Tribbachsattel, 3053 m. Man hält sich auf eine, aus dem Ferner herausragende Geröllinsel zu.

Vom Sattel südostwärts kurz hinab zur Schwarzensteinhütte.

● 313 Berliner Hütte — Schwarzenstein — Greizer Hütte

Sehr schöne Gletscherfahrt, 6—7 st. Siehe R 312 und R 314.

● 314 Greizer Hütte — Tribbachsattel — Schwarzensteinhütte

Sehr lohnende Gletscherfahrt, arg zerklüfteter Ferner, 3—3½ st. Soweit gletscherfrei, bez. Grenzüberschreitung.

Von der Greizer Hütte wie in R 630 auf den breiten Tribbachsattel, eine Firnhochfläche zwischen Westl. Floitenspitze und Schwarzenstein, 3053 m. Der alte, rot bez. und in der AV-Karte eingezeichnete Weg wird kaum mehr begangen, da er etwas steinschlaggefährlich geworden und wesentlich steiler ist als die jetzt begangene Führe, die den Gletscher etwa bei P. 2516 des Löfflerweges betritt, ihn dann quert und erst am Schluß auf die alte Führe stößt.

Jenseits ¼ st hinab zur Schwarzensteinhütte.

● 314 a Stabeler Weg

Übergang von der Chemnitzer Hütte zur Schwarzensteinhütte. Eröffnet 1978.

● 315 **Floitenjoch, 3027 m**

Tief eingeschnittene Scharte zwischen Östl. Floitenspitze im SW und Tribbachspitze im NO. Als Übergang nach S nicht zu empfehlen; sehr mühsam. Zerklüfteter Ferner. (Grenzübergang.)

Von der Greizer Hütte, 3—4 st. Soweit gletscherfrei bez Vom Joch nach St. Martin oder St. Johann im Ahrn, 3 bis 3½ st; teilweise ohne Weg.

Von der Greizer Hütte südwärts auf dem Steig zum Floitenkees und wie R 630 auf den flacheren Teil des Gletschers am Beginn der langen nach W ziehenden Spalten. Links oberhalb mächtiger Gletscherbruch, den man im Bogen rechts umgeht. So gelangt man in die Firnmulde unter dem Floitenoch. Durch diese Mulde (Spalten!) zum Joch empor.

Jenseits zuerst sehr steil über einen Firnhang hinab auf das Tribbachkees und gerade südwärts hinab auf ein großes Gletscherbecken. Links haltend über den Gletscher und die Moräne hinab in das Tribbachtal. Man hält sich dann rechts hinüber auf die Almböden der Tribbachalm. Auf Almsteigen talaus nach St. Jakob oder St. Martin.

● 316 **Frankbachjoch, 2761 m**

Felsige Scharte im Grat zwischen Großem Löffler im W und der Keilbachspitze im O.

Als Übergang nach S nicht besonders geeignet, da das Joch von beiden Seiten mühsam und etwas schwierig zu erreichen ist. Gletscherübergang. Soweit gletscherfrei bez. Von der Kasseler Hütte, 3½ st. Vom Joch nach St. Johann im Ahrn, 4—5 st.

Von der Kasseler Hütte auf dem Steig zur Lapenscharte hinein bis unter das Westliche Stilluppkees. Südwestwärts über Blockwerk empor und auf das Löfflerkees. Man hält sich auf dem östl. Rand des Ferners und steigt rechts eines Felsrückens über den Gletscher steil empor. Zuletzt über Blockwerk und Schrofen auf die Höhe des Hauptkammes. Nach S fallen die Felsen schroff zum Frankbachkees ab. Man verfolgt nun den Grat ostwärts bis zur tiefsten Einsenkung, dem Frankbachjoch, 2761 m.

Jenseits auf Steigspuren südwärts hinunter, zuerst über Firn, dann über Schutt. Man hält sich sodann ziemlich scharf rechts hinüber auf eine Seitenmoräne. Über diese hinweg in eine Mulde und nun allmählich fallend über die Samböden auf den immer deutlicher werdenden Steig zur Frankbachalm (Platterhütte). Auf gutem Weg entweder im Frankbachgraben oder eben hinaus durch den Wald zum Galetschköpfl und über die Einzelgehöfte Hochlärcher, Reicheck und Maireegg hinunter nach St. Johann im Ahrn.

● 317 Keilbachjoch, 2835 m

Lohnender Übergang von der Kasseler Hütte (Stillupp) in das Keilbachtal und hinab nach Steinhaus im Ahrntal, 5½ bis 6 st, unschwierig (I). Grenzübergang. Auf südtirolischer Seite weglos.

Von der Hütte südwärts auf dem Steig um den Ausläufer der Hinteren Stangenspitze herum und zur Wegteilung. Links ab und empor in das Eiskar. Über eine Moräne und über Geröll auf dem Steig aufwärts auf das Östliche Stilluppkees. Zuerst in Richtung auf die im S aufragende Gfallenspitze über den in seinem südwestl. Teil fast spaltenfreien Gletscher empor. Unter einem von der Grünen Wand vorgeschobenen Felsfuß vorbei in den südl. Gletscherteil. Über ihn gerade südwärts, zuletzt steil (aper) auf das Keilbachjoch, einen Gratsattel zwischen Grüner Wand im NW und Gfallenspitze im O.

Vom Joch jenseits südwärts auf ein Firnfeld, von dem die Felsen steil abstürzen. Südl. hineinquerend, dann über eine Felsstufe in das obere schutterfüllte Keilbachkar. Man hält sich links, ostwärts gegen den langen Rücken, der von der Gfallenspitze südl. hinabzieht und der das Keilbachkar im O begrenzt. Die Felsabbrüche, mit denen das Kar abfälit, umgeht man auf Steigspuren links, östl. Am linken, östl. Hang des Keilbachtales auf schwachem Steig steil hinab zur Oberen Keilhütte, 1821 m, zur Mittleren Keilhütte und auf Almweg, immer links des Baches ziemlich steil hinab nach Steinhaus.

● 318 Wollbachjoch, 2831 m

Mühsamer, weniger empfehlenswerter Übergang von der Kasseler Hütte (Stillupp) nach St. Jakob im Ahrn, 6—7 st, unschwierig (I), Grenzübertritt. Auf ital. Seite z. T. weglos. Wie beim Weg auf das Keilbachjoch von der Hütte auf das Östliche Stilluppkees und südostwärts empor (an dem Felsfuß der Grünen Wand vorbei); dann quert man den Ferner ostwärts etwas ansteigend und erreicht über Schrofen das Joch zwischen Wollbachspitze im N und Gfallenspitze im S. Vom Joch sehr beschränkte Aussicht.

Jenseits über Blockwerk und Geröll steil und pfadlos hinab. Man hält sich an die steilen Hänge und Rücken zwischen den zwei Bächen. Über sie hinab, überschreitet dann, wo felsendurchsetzte Hänge beginnen, den linken östl. Bacharm nach links, ostwärts und steigt hinab zum Zusammenfluß der Bäche, wo Steigspuren beginnen, die in wenigen Minuten zu den Innerhütten (Alm) führen. Den Bach entlang hinab zur Wollbachalm, 1602 m. Durch Wald gerade hinab auf Almsteig ins Ahrntal, das man etwas außerhalb von St. Jakob erreicht.

Man kann auch etwa ½ st unterhalb der Alm nach links auf schmalem Steig durch Wald zum Lahntalgraben hin absteigen und unmittelbar nach St. Jakob gelangen.

● 319 Hörndljoch, 2531 m

Flacher Gratsattel, der den Übergang vom Sundergrund (In der Au) nach St. Jakob im Ahrn vermittelt. Nicht lohnend. Grenzübergang.
Nur teilweise bez., teilweise weglos. 7—8 st.
Vom Whs. In der Au im Zillergrund über die Brücke und südwärts aufwärts, am Jagdhaus vorbei in den Sundergrund. Auf Almweg durch Wald eine Talstufe hinauf und am rechten Bachufer talein. Vorbei an der Unteren Rachhüttenalm und wenig ansteigend weiter; jenseits des Baches die Kainzenalm, 1555 m, wo von W ein Bach aus dem Kainzenkar herabkommt. Weiter talein zur Mitterhüttenalm, 1714 m, an der verfallenen Schönhüttenalm vorbei in den hintersten Talgrund, zum Zusammenfluß der Bäche, wo aus dem Grasleitenkar zur Rechten und dem Roßkar zur Linken Schutthänge herabfließen. Hier nach links über drei Bacharme und am östl. Talhang auf dem Steig über die Steilstufe empor. Dann südwärts kurz eben hinein und über eine zweite Stufe. Nun wenig ansteigend südwärts (Unterlangeben) über die Böden und weiten Blockhalden bis unter das Joch. Nun südwärts über eine Blockhalde auf schwachem Steig in Kehren aufwärts, dann rechts haltend zum Joch, 2531 m, östl. der Wollbachspitze.
Auf dem Kamm westwärts zum Kreuz, P. 2553 m, ansteigen, dann südwestl. hinab zur Steinebenhütte, etwa 2050 m. Weiter über steile Hänge zur Hollenzalm, 1900 m. Am rechten Hang des Hollenztales durch Wald hinab und nach St. Jakob im Ahrn.

● 320 Mitterjoch, 2644 m

Übergang vom Whs. In der Au durch den Sundergrund nach St. Peter im Ahrntal, unschwierig (I), nicht lohnend. Als Übergang weniger geeignet als das Hörndljoch. Mühsam, 7—8 st. Zum Teil weglos. Grenzübertritt.
Vom Whs. In der Au wie beim Weg zum Hörndljoch durch den Sundergrund hinein und empor auf die zweite Stufe und auf die Böden von Unterlangeben. Nun links (ostwärts) in Richtung auf die Napfspitze über die Hänge empor über das Napfeck (Steilstufe) zu drei kleinen Seen. Nun rechts, südwärts eben über der Steilstufe querend hinein und zuletzt ein wenig ansteigend über Blockwerk auf das flache Mitterjoch, südwestl. der Napfspitze.
Vom Joch zuerst nach rechts, dann südwärts steil über Blockhänge hinab. Nun entweder rechts haltend hinab in das Steinerbachtal und hinab in das Ahrntal, das man zwischen St. Jakob und St. Peter erreicht; oder nach links in die Mulde querend zum Bach und diesem folgend durch das Walchertal über die Feichtenberghütte, 1923 m, hinab nach St. Peter.

● 321 Hundskehljoch, 2561 m

Übergang vom Whs. Bärenbad im Zillergrund durch den Hundskehlgrund nach St. Peter im Ahrntal. Teilweise bez. Steig, 7—8 st. Grenzübergang.
Vom Whs. Bärenbad im Zillergrund kurz talein zur Wegteilung, rechts ab, über den Bach und über die Ziller und zur Sulzenalmhütte, am Eingang des Hundskehlgrundes. Nun südwärts in den Hundskehlgrund und links des Baches (orogr. rechtes Ufer) hinein; die Neuhüttenalm bleibt am anderen Ufer; weiter talein zur Mitterhüttenalm, 1841 m, auf dem Breitlahnerboden. Im Tal südwärts ansteigend über steinige Böden, zwischen Blöcken und Moränenhü-

geln durch zu einem kleinen See. Weiter aufwärts zu einem zweiten See („Lacken"), 2036 m, dann links am Hang empor und hinein zu einem dritten Tümpel. Aus dem innersten Talgrund in vielen kleinen Kehren gegen rechts auf das Hundskehljoch, südwestl. unter dem Rauhkofel. Vom breiten, flachen Jochsattel zweigt ostwärts der Lausitzer Höhenweg ab, der zum Hl.-Geist-Jöchl und zur Neugersdorfer Hütte am Krimmler Tauern führt (vgl. R 351).

Jenseits südwärts über die Hänge, rechts haltend, hinab. Am westl. Talhang führt der Steig über Weidehalden hinunter, dann in eine grüne Mulde (Noatfeld) hinab. Über die Rasenhänge südwärts weiter hinab, dann nach rechts um den Rücken herum zu der Almsiedlung Am Sam, 2000 m. Nun auf Almsteigen durch den Wald hinab nach St. Peter im Ahrn.

III. Die nördlichen Seitenkämme

● 322 Haupentalscharte, 2679 m

Von der Dominikushütte ins Oberbergtal (Pfitschtal).
Ziemlich mühsamer, nicht lohnenswerter Übergang. 7 st. Als Übergang viel besser geeignet ist das Pfitscher Joch. Grenzübergang.

● 323 Grießscharte, 2886 m

Mühsamer Übergang aus dem Schlegeisgrund in das Oberbergtal (Pfitschtal). Grenzübergang. Teilweise bez.

a) **Vom Furtschäglhaus** zum Joch, 4½ st. Vom Joch nach Stein 3 st. Vom Furtschäglhaus auf dem Hüttenweg hinab in den innersten Schlegeisgrund. Hier vom Weg links ab und auf schwachem Steig über die vielen Bacharme des Schlegeiskees-Abflusses hinüber auf die andere Talseite. Nun zwischen zwei Bächen über die Hänge westwärts steil empor (R 541) auf die Hänge unterhalb der Grießscharte (In der Röte). Westwärts weiter aufwärts, dann oberhalb eines Felsabbruches (dieser bleibt links unten) nach links gegen ein kleines Schneefeld aufwärts. Dann nach rechts (westwärts) hinauf in die Grießscharte, 2886 m, südl. des Hochstellers.
Von der Scharte jenseits westwärts über Geröll hinab zum Bach im innersten Oberbergtal. Nach rechts über den Bach und zu den Hütten der Lofitzalm, 2150 m. Nun auf dem Almsteig rechts des Baches durch das Oberbergtal hinaus, an den vielen Heustädeln der Isse und von Ritzlar vorbei. Durch den Wald auf die Straße, die vom Pfitscher-Joch-Haus herabkommt. Auf dieser hinaus nach Stein und St. Jakob im Pfitsch.

● **324** b) **Von der Dominikus-Hütte** in den Schlegeisgrund und talein bis zur Brücke über den Bach. Rechts des Baches auf schmalem Steig weiter bis in den innersten Talgrund und westwärts über die Hänge aufwärts auf die Röte. Weiter wie in R 323.

● 325 Furtschäglhaus — Schönbichler Horn — Berliner Hütte
Sehr schöner Übergang, überaus lohnend, mit prächtiger Aussicht; bez. AV-Steige. Unschwierig (I), 4—5 st.
Anstieg s. R 717, Abstieg s. R 718 (Gegenrichtung).

● 326 Berliner Hütte — Schönbichler Horn — Furtschäglhaus
Sehr schöner Übergang, überaus lohnend, mit prächtiger Aussicht; bez. AV-Steige. Unschwierig (I), 5—6 st.
Anstieg s. R 718, Abstieg s. R 717.

● 327 Nördl. Mörchenscharte, 2870 m

Gletscherfreier Übergang von der Berliner Hütte zur Greizer Hütte. $5^1/_2$ st. 1966 erbaut, gut bezeichnet.
Von der Berliner Hütte zum Schwarzsee. Vom Schwarzsee über den steilen Erdrücken hinauf bis zu einem kleinen Bach, den man überquert; rechts wieder auf einen Rücken. Nun dem Rücken folgend bis zu einer kleinen Schlucht. Durch die Schlucht hinauf und jetzt immer leicht rechts aufwärts, zum Teil über Schneefelder, in die Scharte nördlich des Mörchenschartenkopfes. Von der Scharte nun steil, gleich nach links abwärts in die Felsen, und in diesen gut bezeichnet und mit Seilen versichert hinunter, bis sich die Felsen nach links hinüberziehen. Jetzt aus den Felsen heraus und in der Fallinie der Scharte leicht links haltend hinab auf den gut sichtbaren Moränenkegel nördl. der Mörchenklamm. Der Weg führt nun über die Moräne, später über Grashänge und Rücken, in Kehren nördl. der Klamm hinunter. Die Grashänge werden vor den steil abfallenden Wänden nach rechts verlassen: man gelangt so in das untere Ende der Mörchenklamm. Dieser folgt man ein kurzes Stück auf der nördl. Seite, und quert dann über den Bach (meist liegt ein Lawinenkegel), nach rechts hinüber. Nun über einen Moränenhang des hinteren Floitentales hinunter zum großen Bach, und über eine Brücke, die vom 25. September bis Juni abgelegt wird, hinüber auf den Steig, der von Ginzling zur Greizer Hütte führt.

● 327a Greizer Hütte — Berliner Hütte

Neuer AV-Weg über die Nördl. Mörchenscharte (1965 eröffnet). (Umgekehrte Richtung von R 327.) Unschwierig (I), 5 st.
Von der Greizer Hütte auf bez. AV-Steig hinab in den Floitengrund. In einer der letzten Kehren zweigt am Fuße des Moränenwalles (Wegweiser) ein Steig nach W ab. Nach etwa 100 m wird der Floitenbach auf gesichertem Steg überschrit-

ten (1850 m). Nach weiteren 350 m Querung gelangt man an den Ausgang der Mörchenklamm. Der Firn wird schräg ansteigend überquert. Auf der Nordseite des Firns führt der Weg etwa 200 m in kurzen Serpentinen empor. Dann in schön ausgebauten Kehren über steile Grashänge und auf dem breiten nördl. Moränenrücken, endlich durch Geröll- und Schneefelder zur rechten nördl. Scharte nördl. des Mörchenschartenkopfes. (Bei Vereisung Pickel und Seil ratsam!) Jenseits in Kehren hinab, dann rechts unter den Roßköpfen bis zum bez. Weg zur Zsigmondyspitze; links abwärts am Schwarzsee vorbei auf gutem AV-Weg zur Berliner Hütte.

● 328 Sammerscharte, 2690 m

Einschartung südl. der Tiefenkarspitze. Vermittelt einen Übergang aus der Gunggl in den Floitengrund. Bergsteigerisch ohne Bedeutung. Ziemlich mühsam, ohne Weg. 5—6 st.

Aus der innersten Gunggl auf einem Steig empor auf die Gungglplatte, den Hängen südl. über dem innersten Talgrund.

Steigspuren führen in südöstl. Richtung empor gegen die Zsigmondyspitze. Man folgt ihnen aufwärts bis ungefähr unter einen Felssporn, der südl. der Sammerscharte ins Kar hinabzieht. Links von den Spuren ab und über Geröll links des Felsspornes empor, zuletzt sehr steil durch eine Geröllrinne oder in den Schrofen links davon in die Scharte.

Jenseits über Geröll steil hinab auf die Schutthänge, links haltend hinunter in das Bichlkar. Am Fuß des O-Grates der Tiefenkarspitze setzt ein Jagdsteig an, der in den Floitengrund hinabführt.

● 329 Streimerscharte, 2558 m

Felsige Einschartung zwischen Lappenkopf (im S) und Friderich im N. Vermittelt einen sehr mühsamen Übergang aus der Gunggl in die Floite, 5—6 st. Teilweise ohne Weg.

● 330 Melkerscharte, 2812 m

Lohnender, sehr schöner Übergang von der Berliner Hütte in die Gunggl und nach Ginzling. Teilweise bez. Steig. Unschwierig (I), am Bergschrund u. U. II, 6 st.

Von der Berliner Hütte auf dem Weg zum Schwarzsee hinauf. Am See rechts vorbei und auf teilweise bez. Steig durch das Roßkar empor, dann nach links (nordwärts) zu einem kleinen See. Nordwärts über die mäßig steilen Hänge aufwärts und auf das flache Gelände unter der Melkerscharte. Teilweise über Schnee, zuletzt über einen Blockhang in die Melkerscharte, westl. unter der Zsigmondyspitze, 2½—3 st.

Von der Scharte fasse man schon die oberste Felseninsel im Melkerkees ins Auge, um später dort die Wegmarkierung aufzunehmen. Zunächst aber rechts hinunter durch Fels und Schnee zur Randkluft und über diese auf das Kees. Nun dieses hinunter zu der Felseninsel und weiter die gestuften Böden der Gungglplatte hinab.

Nun nach rechts über Schrofen steil abwärts (Abstieg bez.) und über den schmalen Bergschrund auf das kleine Melkerschartenkees, das in nordwestl. Richtung in wenigen Min. gequert wird.

Die Gungglplatte (die Hänge und Böden über dem innersten Talgrund der Gunggl) bricht überall steil in die Gunggl ab. Nur ungefähr in der Mitte führt ein Steiglein zuerst über einen Rücken, dann in der Bachschlucht steil hinab in die innerste Gunggl. Nun ohne Schwierigkeiten auf dem Steig durch das kleine Hochtal talaus und hinab in den Zemmgrund. Talaus nach Ginzling.

● 331 Löfflerscharte, 2932 m

Ziemlich mühsamer Übergang von der Greizer Hütte zur Kasseler Hütte. Unschwierig (I). Gletscherüberschreitung. 4 st. Teilweise weglos, z. T. AV-Steig.

Von der Greizer Hütte auf dem Weg zum Floitenkees kurz talein, dann links ab und über die Hänge und den Moränenschutt weglos empor auf den Firn des Floitenkeeses (Spaltengefahr!). Gerade ostwärts aufwärts in die ziemlich tief eingeschnittene Scharte nördl. des Kleinen Löfflers. Jenseits über das Löfflerkees, links gegen die Felsen haltend hinab und über Moränen auf den AV-Steig, der gegen rechts durch das Löfflerkar und das Eiskar eben hinüberführt zur Kasseler Hütte.

● 332 Lapenscharte, 2700 m

Sehr lohnender, schöner Übergang auf bez. Steigen von der Greizer Hütte zur Kasseler Hütte, 5 st, oder zum Grüne-Wand-Haus, 4 st.

a) **Zur Kasseler Hütte:** Von der Greizer Hütte auf dem Steig nordwärts über die steinigen Hänge in Richtung auf den Gigalitz aufwärts (Grießfeld), dann in kleinen Kehren über die Hänge zwischen zwei vom Kamm herabziehenden Felsrücken empor in die Scharte zwischen Gigalitzturm und Lapenspitze, 2700 m. Von der Scharte jenseits, links, nahe den

Felsen des Gigalitz hinab, dann nach rechts hinab zu einem Moränenrücken. Dann hinab in das Lapenkar, das seit der Zerstörung der Weganlagen am oberen Ausgang der Ebenklamm bereits in etwa 2500 m Höhe nach rechts (südwärts) gequert wird. Rechts auf dem Höhenweg in schöner Wanderung die ganzen Kare über dem inneren Stilluppgrund ausgehend (unter Greizer Spitze, Löffler, Keilbachspitze und Grüner Wand vorbei) zur Kasseler Hütte. (Dieser neue Höhenweg wurde 1956 seiner Bestimmung übergeben.)

Kommt man von der Kasseler Hütte, ist bei unsichtigem Wetter unterhalb der Lapenscharte besondere Aufmerksamkeit nötig, um nicht den kleinen Steig, der von „Grüne-Wand-Haus" zur Lapenscharte führt, zu verfehlen und in unwegsames Gelände zu kommen.

b) **Zum Grüne-Wand-Haus:** Wie bei a) über die Lapenscharte und jenseits hinab zur Wegteilung im Lapenkar. Zuerst in Kehren auf dem Steiglein gerade hinab zu einem Hüttchen. Dann links hinab (Steig z. Zt. fast völlig zugewachsen, schwer passierbar) und über den Bach. Zwischen zwei Bächen in Kehren durch das Krummholz hinab. Dann nach links über den Bach; sehr steil an der linken Seite des Baches abwärts, zuletzt nach links steil hinab in die Lämperklamm. Über die letzte Felsstufe hinab auf die Hänge über dem Stilluppgrund. Nun rechts unter den Felsen hinüber, nach rechts über zwei Bäche und in Kehren hinab in den Talgrund der Stilluppe. Auf einer Brücke über den Bach und über die Daxachalm kurz talaus zum Grüne-Wand-Haus. (Brücke besteht z. Zt. nicht, die nächste erst 1 km bachabwärts bei der Schmidhütte, nur durch wegloses Gelände zu erreichen!)

● 333 Der Siebenschneidensteig am Ahornkamm

Hochalpiner Übergang zwischen Edel-Hütte und Kasseler Hütte. Markiert, nur für Geübte, Tagestour. 14 km über sieben Schneiden und durch neun Hochkare. Gesamthöhendifferenz: 700 Höhenmeter. 5—7 st, 1, einzelne Stellen II.

Der Steig verbindet die beiden Hütten und erschließt von diesen her den Zugang zu den Hauptgipfeln des Ahornkamms. Der Übergang ist kein ausgebauter AV-Weg, sondern führt zum Teil über vorhandene Steige und Trittspuren, zum größten Teil jedoch durch weglose Blockkare. Markierungszeichen. Vorsicht bei Nässe und Nebel! Bergerfahrung. Schwindelfreiheit und Trittsicherheit sind Voraussetzung. Abstiegsmöglichkeiten zum Stilluppttal bestehen in allen Karen vom Popberg- bis zum Weißkar über die erheblich tiefer liegenden Almen. Die Abstiege sind jedoch lang, mühsam und zum Teil gefährlich. Am Übergang selbst besteht im Notfall Biwakmöglichkeit in einer kleinen Almhütte am Weißkarjöchl. (Beschreibungen von Michael Pflier.)

● 333a Edel-Hütte — Kasseler Hütte

Von der Edel-Hütte auf dem zum Toreckenkopf führenden Steig (oberhalb des Abstiegs zur Filzenalpe) höhengleich ca. 300 m in südwestlicher Richtung, zuletzt etwas ansteigend auf ein Plateau am oberen Föllenbergbach. Dort meist Schneefeld, das ostwärts ansteigend überquert wird. Nach ca. 100 m Kehre in südwestlicher Richtung und ca. 300 m bis in die Mitte des oberen Föllenbergkars. Nun in zwei Serpentinen hoch zu einem Wandl, das von links nach rechts zur Mitte der Einsattelung (Popbergnieder P. 2448) durchstiegen wird. Bis hierher 20—30 Minuten ab Hütte. Nun wenige Meter der Popbergschneid in Richtung Ahornspitz folgen, dann höhengleich gerade (Ostsüdost) auf Trittspuren durch die Sonnwand. In deren Mitte Rampe mit Steinbank. Von dort ostwärts absteigend, Rinnen querend in das hintere Popbergkar, das nun wieder in südlicher Richtung, entlang einer von Grasplätzen unterbrochenen Blockböschung in etwa 2300—2400 m Höhe gequert wird. Ein der Krummbachschneid vorgelagertes Felsköpfl wird etwas ansteigend rechts (westlich) umgangen. Von einem Grasplatz über große Blöcke an den Fuß des auffallenden Krummschnabelturmes, P. 2478. Dort nach rechts (westlich) über Grasstufen leicht hinauf und dann dem Bande folgend nach links hoch zum Jöchl etwa 10 m westlich des Turmes.

Abstieg nach links (östlich) ins Hasenkar über ein steil abfallendes Band, möglichst nahe am Fels. Nun wieder im Bogen in etwa 2300 m Höhe über eine Block- und Grasböschung zur zerscharteten Nofertensschneide. Das niedrigste Schartl rechts, das Sammerschartl P. 2392 (nicht die höhere große U-Scharte) ist der Durchstieg. Vom Schartl zieht ein Grasband nach rechts (westlich) ins Kar Richtung Stillupptal. Einstieg dort, wo dieses Band ziemlich weit rechts mit einer kurzen Kletterstelle (II) ins Kar mündet. Hier nach links hinauf, dem abschüssigen Grasband folgend zum Schartl. Oben ganz kurze Kletterstelle (II).

Abstieg über Grasstufen nach links ins Nofertenskar, das man etwa höhengleich auf einer Gras- und Blockböschung (HL 2300) im Bogen quert, Richtung Hennsteigenkamp — Durchlaß in der Nofertensmauer (Viehmauer), P. 2277. Von dort die Höhe möglichst haltend durch das Maderegglkar zum Weißkarjöchl, das als Joch kaum erkenntlich ist; der auffallende Felsriegel südlich ist bereits das Samerkarjöchl. Von dort, im Samerkarl etwa 50 Höhenmeter ansteigend, dann etwa höhengleich weglos, steile Hänge querend über 2 Jöchln zum südwestlichen Endpunkt der Roßwand, P. 2202 (Sonntagskarkanzel). Sicht zur Kasseler Hütte gegenüber.

Nun ostwärts oberhalb der Karhütte (Ruine) vorbei im Bogen durch das Sonntagskar leicht ansteigend bis etwa HL 2300 zur tiefen Schlucht des Sonntagskarbaches. Vor der Schlucht Beginn eines über den Bach zur Kasseler Hütte führenden Weges. Trifft man diesen Weg vor der Schlucht nicht und erscheint diese unpassierbar, höher ins Kar hinauf und weiter oben queren.

● 333b Kasseler Hütte — Edel-Hütte

Beschwerlicher, mühsamer Weg, Gehzeit 7—8 st. Auf dem Wasserleitungsweg in nordöstl. Richtung hoch ins Kar über die Schlucht des Sonntagskarbaches (HL 2300). Dann im Bogen in westl. Richtung durch das Sonntagskar etwas absteigend, oberhalb der Karhütte (Ruine) vorbei und dann nach Norden abbiegend zum südwestl. Endpunkt der Roßwand, P. 2202 (Sonntagskarkanzel).

Von dort weglos zunächst höhengleich nordwärts durch Steinkarl und Samerkarl über 2 Jöchln, steile Hänge querend, im Samerkarl etwa 50 Höhenmeter absteigend, zum Samerkarjöchl. Höhengleich weiter auf Steigspuren zum Weißkarjöchl, P. 2119. Kurz hinter dem wenig ausgeprägten Joch eine auf der AV-Karte noch nicht verzeichnete Almhütte.

Weiter in Richtung Hennsteigenkamp (Nofertensmauer). Da der Almweg bald abwärts führt, hält man möglichst die Höhe und steigt an zum Durchlaß in der Nofertensmauer (Viehmauer), P. 2277. Nun zunächst rechts herum ansteigend und dann über eine Gras- und Blockböschung in etwa 2300 m Höhe zur Nofertensschneide, Richtung „sitzender Mann" im zerscharteten Grat. Das niedrigste Schartl links daneben = Sammerschartl, P. 2392 — ist der Durchstieg. Die höhere große U-Scharte ist es nicht. Von rechts (östlich) nach links über kurze Grasstufen zum Sammerschartl.
Auf der Hasenkarseite ganz kurze, mäßig geneigte Kletterstelle (II). Abstieg nach links (westlich) über ein schräg nach unten laufendes abschüssiges Grasband. Unten mäßig geneigte kurze Kletterstelle (II). Nordwärts weiter im Bogen (HL 2300) über Blockböschungen und -mulden mit Grasplätzen durch das Hasenkar zur Krummschnabelschneide, Richtung Krummschnabelturm (auffallender Turm, P. 2478). Vom Jöchl links des Turmes zieht ein Grasband nach rechts herunter. Dieses steile Band steigt man hoch von rechts nach links, möglichst nahe am Fels.

Nördlich leicht hinab ins obere Popbergkar an den Fuß des Turmes, zunächst dem Gefälle folgend nach links und dann über Block- und Grasstufen nach rechts zum Turm hin queren. Nun in nördlicher Richtung etwas absteigend an einem Felsabsturz links vorbei über große Blöcke, kurz ostwärts einschwenkend, zu einem Grasplatz und von dort im Bogen nordwärts über eine Blockböschung mit Grasplätzen in etwa 2300—2400 m Höhe auf die Sonnwand (Westgrat der Ahornspitze) zu. Diese letzte Schneide vor der Edel-Hütte bietet im Gegensatz zu ihrem bollwerkartigen Eindruck fast keine Mühen mehr, da sie fast höhengleich aus ca. 2350 m Höhe zum ca. 1500 m entfernten Popbergnieder, 2448 m, leicht gequert wird in westlicher Richtung. Etwa auf halber Wegstrecke ab Popbergbach nach kurzer Steigung Rampe mit Steinbank. Von dort höhengleich zum Popbergnieder. Sicht zur nahen, 210 Höhenmeter tiefer gelegenen Edel-Hütte. Von der Mitte der Einsattelung nach rechts ein ca. 40 m hohes Wandl auf gut ausgeputzten Tritten und Bändern hinunter ins obere Föllenbergkar und in mehreren Serpentinen in 10 Minuten zur Hütte. *Bitte den Geröllsteig nicht durch Abstiegsraserei zertreten.*

● **333c Pfunderer Höhenweg:** Von Sterzing nach Bruneck, 6 Tage. Markierung: Weißer Punkt in roter Scheibe, Steinmänner.

1. Sterzing — Aussichtspunkt Gschlissegg (1650 m) — Trenserjoch (2212 m) — Sengesspitze (2365 m) — Simile Mahdalm (2011 m, private Almwirtschaft, vorerst Heulager).
2. Sengesjoch (2600 m) — Rauhtaljoch (2811 m) — Brixner Hütte (AVS-Unterkunft). Besteigung der Wilden Kreuzspitze möglich.

3. Steinkarscharte (2610 m) — Kellerscharte (2439 m) — Dannelscharte (2437 m) — Biwak Walter Brenninger am Weissenstein (2150 m, Schlafstellen für 8 Personen).
4. Gaisscharte (2700 m) — Eisbruggjochhütte (=Edelrautehütte, 2545 m)
5. Eisbruggalm (2154 m) — Kuhscharte (2249 m) — Gampesalm (2219 m) — Passenjoch (2410 m) — Hochsägescharte (2650 m) — Tiefrastenhütte (2312 m), AVS Skt. Brixen.
6. Kleines Tor (2374 m) — Perntaler Spitze (2450 m) — Sambock (2396 m) — Platte (2175 m) — Pfalzen oder Bruneck.

Eine ausführliche Beschreibung dieses Weges liegt bei der AVS Brixen auf.

• 334 Birbergscharte, 2734 m

Felsige Einschartung südl. der Birbergspitze. Sehr mühsamer Übergang von der Floite in den Stilluppgrund. Kaum begangen. Weglos, 7 st.

Die Birbergscharte erreicht man, indem man vom Whs. Steinbock weiter talein bis gegenüber der Schönhüttenalm ansteigt, wo von links ein Bach herabkommt. Man verläßt den Talboden und steigt an geeigneter Stelle neben dem Bach über einen felsigen Rücken hinauf auf die Hänge unter dem Breitstallkar. Rechts, unter dem von der Birbergspitze herabstreichenden Rücken vorbei, empor in das schutterfüllte Große Breitstallkar. Ostwärts über Geröll empor, dann durch Rinnen und über Schrofen in die Scharte.

Jenseits über Schrofen hinab in den nördlichsten Teil des weiten Birbergkares. Gerade hinab, dann rechts das Kar ausgehend und nordwärts hinab zur kleinen Birbergalm, 1729 m, zu der das Birbergkar felsig abstürzt. Nun auf Almsteig sehr steil hinab in den Stilluppgrund, den man etwas außerhalb des Grünen-Wand-Hauses erreicht.

• 335 Bleiarzscharte, 2541 m

Felsscharte zwischen dem Floitenturm (im N) und den Drei Königen (im S). Vermittelt einen ziemlich mühsamen Übergang vom Stillupphaus zum Whs. Steinbock in der Floite. Meist weglos, 5—6 st; unschwierig (I). Vom Stillupphaus hinab und über die Stilluppe. Links aufwärts zum Eingang in die kleine Schlucht und auf schwachem Steig steil durch die Schlucht hinauf, dann nach links aus ihr und schräg links steil empor zum Bach und zur Rebenzaunalm, 1656 m. Nun links des Baches auf Steigspuren im Rebenzaunkar aufwärts, dann links, südwärts über die steil abbrechenden Karhänge empor zur Karhütte. Das Steiglein führt nun nach rechts, mäßig ansteigend durch das Kar nach N, im Hintergrund die schroffen Felszacken der Drei Könige und die dunkle Toiflerspitze. Knapp vor Überschreiten des dritten Baches im Kar vom Steig ab und weglos links (westwärts) über Geröll steil empor zu einer Schlucht, die unter den SO-Abstürzen des Floitenturmes in die Scharte emporführt. Man erreicht sie zuletzt über Schrofen von links her.

Jenseits durch Rinnen und über Schrofen hinab in das Bleiarzkar. Man hält sich nach links hinaus auf das Bockeck (unter dem langen Rücken, der von den Drei Königen in die Floite hinabzieht). Von hier leitet ein Steiglein hinab in den unteren Teil der Bockklamm und in die Floite, die man gerade beim Whs. Steinbock erreicht.

● 336 Ligeedlscharte, 2454 m

Die Ligeedlscharte vermittelt den Übergang aus dem äußeren Stilluppgrund nach Ginzling. In Verbindung mit dem Dristner lohnend. 6—7 st. Teilweise weglos.

Vom Whs. Lacknerbrunn im Stilluppgrund talein über die Gradlaste zu den zwei Hütten der Kolbenstubenaste (1/4 st). Noch 5 Min. auf dem Talweg weiter, bis ein Bach von rechts herabkommt. Hier vom Weg ab und dem Bach folgend an den westl. Talhang und an den Beginn einer Schlucht. Nun auf einem Steiglein, die Schlucht rechts lassend, in kleinen Kehren über die felsige Stufe an einer Jagdhütte vorbei empor auf die Böden und Hänge der verfallenen Ligeedlalm, 1591 m. Auf Steigspuren gerade über die Hänge aufwärts, bis an den Fuß eines Felskammes, der das Bockkar links vom Ligeedlkar rechts trennt. Von der auf der AV-Karte Zillertaler Alpen, Mittleres Blatt, Auflage 1958, eingezeichneten Ligeedlhütte sind nur noch Reste der Grundmauern zu finden. Rechts auf Steigspuren in das Ligeedlkar; gerade über die Blockhänge, dann rechts unter die Felsen haltend empor und in die schmale Scharte, die durch einen Felszacken gekennzeichnet ist.

Von der Scharte durch Geröllrinnen und Schutthänge hinab in das Wandeckkar, dem Bach folgend bis an den Beginn des Krummholzes. Dann nach rechts hinaus auf dem Steig zum Jagdhaus Wandeck und in Kehren steil durch Wald hinab nach Ginzling.

● 337 Popbergscharte, 2713 m

Übergang von Häusling in die Stilluppe, mühsam, zum Teil weglos, 6—8 st. Von Häusling kurz talein und über den Bach. Jenseits wieder zurück und an den Eingang des Bodentales. Auf einem Steig am orographisch rechten Bachufer steil empor durch Wald und über den Bach zur Bodenalm, 1671 m. Von der Alm auf Steig zunächst weiter längs des Bodenbaches in den Grund hinein. Dann wendet sich der Steig fast um 180° und steigt mit vielen Stufen zum Lahnkar Oberleger hinan. Nun weglos über die weiten Rasenhänge in westl. Richtung empor, zuletzt über Blockwerk in die Scharte, die die tiefste Einsattelung zwischen Ahornspitze und Popberg darstellt.

Jenseits über Felsen und Trümmerhalden hinab ins Popbergkar, dem Bächlein folgend abwärts zum Popbergstall, 1927 m, und über steilen Rasen rechts des Baches hinab zur Popbergalm, 1726 m; auf gutem Steig durch Wald hinab in den Stilluppgrund, den man 20 Min. talein vom Whs. Wasserfall erreicht.

● 338 Grundscharte, 2965 m

Übergang vom Whs. In der Au im Zillergrund in die Stilluppe. Als Gemswechsel bedeutsamer denn als Übergang für Touristen. Lohnend in Verbindung mit dem Grundschartner, 7—9 st.

Vom Whs. In der Au auf dem Fahrweg südlich in den Sundergrund und im engen, waldigen Tal einwärts, über die Rachhüttenalm zur Kunighütte und vom Weg ab rechts (westl.) über den Bach zur Kainzenalm, 1555 m (1 st). Westlich steil den Berghang empor (Steig) bis unter das Kainzenkar, das in einer steilen Felswand abbricht. Links um den Abbruch herum und empor auf die oberen Böden; nun gerade westlich empor über Moränenschutt, zuletzt über den Firn des Kainzenkeeses, nahe den Felsen, die es im N begrenzen, empor in die Scharte. Jenseits über Felsen und durch eine Rinne steil hinab in das Maderegglkar. Über Geröll, dann über steinige Rasenhänge südwestl. hinab und auf Steigspuren in gleicher Richtung hinunter zur Madereggalm, 1769 m. Kurz hinab, bis man auf einen besseren Steig trifft, der (dem linken Ast folgend) durch den Wald hinab zur Birbergalm, in der Stilluppe führt (halbwegs zwischen Grüne-Wand-Hütte und Stillupphaus).

● 339 **Stangenjoch**, 3058 m

Übergang von der Kasseler Hütte in den hinteren Sundergrund, zerklüftete Gletscher, nur für Geübte, 6½ st.
Von der Kasseler Hütte auf dem Steig südöstl. (bei der Wegteilung links) empor in das Kar unter dem Östl. Stilluppkees. Über Geröll auf den Gletscher und an seinem nördl. (linken) Rand aufwärts. Immer nahe dem nördl. Ufer aufwärts unter die Felsabstürze der Hinteren Stangenspitze. Unter ihnen über den nun spaltigen Ferner empor und östl. steiler (Spalten) auf das Stangenjoch zwischen Hinterer Stangenspitze und Wollbachspitze.
Jenseits des Joches brechen senkrechte mit Eis durchzogene Plattenwände in einen Kessel ab. Man steigt über Firn auf der Sundergrundseite südwärts an gegen die Wollbachspitze und umgeht den südl. Rand des Kessels. Nun links, nordöstl. (Spalten) zu einer Felsrippe am Ausläufer des Kessels und über sie hinab. Diese Felsrippe ist erst in jüngster Zeit ausgeapert und in der AV-Karte nicht angegeben. In nördl. Richtung unterhalb des O-Grates der Hint. Stangenspitze zur hohen Seitenmoräne und über sie nordöstl. auf Steigspuren in den Talgrund zur Mitterhüttenalm, 1714 m, und auf dem Fahrweg zum Whs. In der Au, 1267 m.

● 340 **Magnerscharte**, 2800 m

Einziger Übergang vom Hundskehlgrund in das Zillergründl. Nur in Verbindung mit der Ersteigung des Gr. Magners lohnend. Aufstieg aus dem Hundskehlgrund s. R 979, aus dem Zillergründl R 978

IV. Reichenspitzgruppe

● 341 **Heilig-Geist-Jöchl** (Feldjöchl), 2657 m

Plauener Hütte — Heilig-Geist-Jöchl — Neugersdorfer Hütte, 4 st; oder Plauener Hütte — Heilig-Geist-Jöchl — Ahrntal, 4½—5 st. Schöne Wanderungen, bequemer Übergang.

Von der Plauener Hütte auf schön angelegtem AV-Steig (Hannemannweg) südl. kurz ansteigend, dann fast eben um einen vom Südl. Schwarzkopf herabziehenden Felsgrat herum in das weite Hohenaukar. Mehrere Bachrinnen querend südw. eben hinein und um einen Schuttrücken, der von der Zillerplattenspitze herabzieht, herum in das Seekar (Keeskar). Hier zweigt nach links der Steig ab, der empor zur Zillerplattenscharte führt. Unser Weg führt eben südw. weiter, dann kurz ansteigend zum P. 2539 m und in zwei Kehren hinab zu den Seelein („Beim Seebl"). Nun mäßig ansteigend die Hänge des Talschlusses des Zillergründls aufwärts, an einem weiteren kleinen See vorbei und empor auf das Joch zwischen Dreiecker im O und Winkelkopf im W, 2657 m (Heilig-Geist-Jöchl).

Jenseits gerade südostw. über Geröll hinab zu einer Wegteilung:

a) links (ostwärts) auf dem Lausitzer Weg (s. R 351) zur Neugersdorfer Hütte: zuerst über die Hänge (südostw.) eben hinein und um einen Felsrücken, die Geiereggschneide, herum in das Kar südl. des Dreieckers. Dieses geht man eben aus, umgeht einen zweiten Rücken (die Schientalschneide), die das Kar östl. begrenzt, und erreicht nordostw. auf dem Steig, zuletzt den Weg querend, der aus dem Ahrntal zum Krimmler Tauern führt, und kurz ansteigend die Neugersdorfer Hütte.

Von der Wegteilung 15 Min. unterhalb der Neugersdorfer Hütte gerade südl. hinab erreicht man auf gutem Steig, in Kehren über die Hänge steil absteigend, die Obere Tauralm, 2024 m; nach rechts und über den Bach und in Kehren steil hinab auf den Talboden des Ahrntales, den man etwas oberhalb des Trinksteinhauses erreicht. Nun auf dem breiten Talweg südwestw. talaus, über die Siedlungen Hl. Geist, Kasern und Neuhaus nach Prettau und weiter nach St. Peter.

b) Von der Wegteilung unter dem Heilig-Geist-Jöchl kann man auch über Fuchs — Oberstall nach Kasern absteigen.

● 342 **Zillerplattenscharte,** 2874 m

Plauener Hütte — Zillerplattenscharte — Neugersdorfer Hütte, lohnender Übergang, 4—4½ st (Grenzübergang). Bez. Von der Plauener Hütte wie auf dem Weg zum Heilig-Geist-Jöchl (R 341) durch das Hohenaukar in das Seekar (Keeskar) und zur Wegabzweigung. Hier links ab (östl.) und durch das

Kar gerade empor. Der Steig führt dann im Bogen empor auf die nördl. der beiden Einschartungen zwischen Zillerplattenspitze und Keeskarkopf. (Die südl. ist die eigentliche Zillerplattenscharte, 2872 m.) 2½ st.
Von der Scharte jenseits östl. über Blockwerk durch das Kesselkar hinab, dann im Bogen nach S (in die Fallinie des Keeskarkopfes) und auf den Verbindungsweg Richterhütte — Neugersdorfer Hütte. Rechts, südl., auf ihm zur Wegteilung (links ab hinab ins Windbachtal). Rechts über den Bach eben weiter, dann durch das Untere Kesselkar hinab. Über den Bach und auf dem Kesselweg aufwärts (man trifft auf den vom Krimmler-Tauern-Haus heraufführenden Weg); nun kurz empor auf den Sattel des Krimmler Tauerns, 2634 m, jenseits links haltend in wenigen Minuten zur Neugersdorfer Hütte.

● 343a Nördl. Zillerscharte, 2849 m

Niedrigster Übergang Richterhütte — Plauener Hütte, siehe R 1400.

● 343b Gamsscharte, 2976 m

Plauener Hütte — Gamsscharte — Richterhütte, bez., 3—4 st. Wenn die Eisfelder unter der Scharte aper sind, ist (besonders für den Abstieg von der Scharte zur Plauener Hütte) Eiserfahrung nötig! Versicherungen.
Von der Hütte nordöstl. auf gutem Steig durch das Kuchelmooskar aufwärts bis unter das Schneefeld unter der Scharte. (Nach links zweigen Steigspuren zum Kuchelmooskees ab.) Rechts haltend über Geröll empor auf den Schnee. Über den Firn empor. (Dieses Firnfeld ist bei starker Ausaperung in den letzten Jahren im Abstieg oft sehr gefährlich! Schlamm.) Zuletzt über den in Fels gesprengten Steig in die zwischen Richterspitze im N und Nördl. Schwarzkopf im S eingeschnittene Scharte. In der Scharte kleine Unterstandshütte, 2976 m, 2½ st. Jenseits über Felsstufen und Geröll über den Steig steil (zwischen dem Keeskarkees und dem von der Richterspitze östl. hinabziehenden Felsrücken) hinab auf eine Geröllterrasse. (Hier zweigt nach links, nördl., ein Steig zum Rainbachkees ab.) Nun scharf nach rechts (S) etwas hinab und über den Bach. (Links ein Steig ab ins Rainbachtal.) Nun geht man das Rainbachkeeskar eben im Bogen aus und gelangt zur Richterhütte, 2374 m.

Für Ungeübte ist als Übergang von der Plauener zur Richter-Hütte die Zillerplattenscharte, R 342 bzw. der Krimmler Tauern, R 346, zu empfehlen.

● 344 Plauener Hütte — Gamsscharte — Roßkarscharte — Zittauer Hütte

5—6 st. Bez. Von der Plauener Hütte wie bei R 343 über die Gamsscharte und jenseits hinab auf die Geröllterrasse. Rechts absteigend über den Bach und auf schwachem Steig links ab (rechts geht es weiter zur Richterhütte) und in Kehren steil längs des Baches hinab auf die Keesböden, 2155 m. Nun links auf gutem Steig zunächst nach N, dann nach NO die Hänge des innersten Rainbachtales entlang, über mehrere Bäche im Bogen nach N zur kleinen Roßkarlacke am Eingang des Roßkares, 2291 m. Nun nordwestl. durch das blockerfüllte Roßkar ansteigend und zuletzt wenig steil in die Roßkarscharte, 2687 m, zwischen Roßkopf im NO und dem Mannlkarkopf im SW.
Jenseits, zuerst rechts, nordöstl. unter dem Gratrücken haltend, dann nördl. hinab, zwischen den zwei Wildgerlosseen absteigend und im Bogen um das N-Ende des großen Sees herum zur Zittauer Hütte.

● 344 a Richterhütte — Plauener Hütte (Fritz-Pungs-Weg)

Höhenwanderung über Windbachscharte, Seekarkees, Zillerplattenscharte und zuletzt am Hohenaukar vorbei zur Plauener Hütte.

● 345 Richterhütte — Roßkarscharte — Zittauer Hütte

Sehr schöner Übergang, 3—4 st. Bez. Von der Richterhütte nördl. auf dem Hüttenweg ins oberste Rainbachtal und auf die Keesböden. Nun wie bei R 344 nördl. weiter zur Roßkarscharte und hinab zur Zittauer Hütte.

● 346 Richterhütte — Krimmler Tauern — Neugersdorfer Hütte

Schöne Wanderung, aber Trittsicherheit und Schwindelfreiheit erforderlich, 4½—5½ st, bez. Von der Hütte auf dem Steig südl. am kleinen See vorbei und links östl. in Kehren empor in Richtung auf den Windbachtalkopf zu. Dann rechts, südöstl. haltend, mäßig steil in die Westl. Windbachscharte, 2693 m (auch Schöntaljöchl genannt). Jenseits entweder links unter dem Grat im Bogen nach S oder gleich rechts, südl., wenig ansteigend, unter dem Rücken der Keesfeldschneid vorbei in das Kar des Seekarkeeses unter der Zillerscharten- und Zillerplattenspitze. Man quert es fast eben nach

S, umgeht den langen Rücken (Aschbichlschneide), der von der Zillerplattenspitze östl. herabstreicht, und trifft auf den von der Zillerplattenscharte herabkommenden Steig. Südl. (R 342) auf ihm zum Krimmler Tauern und jenseits hinab zur Neugersdorfer Hütte.

● 347 Krimmler-Tauern-Haus — Richterhütte

Bez. Übergang, Hüttenanstieg zur Richterhütte, 2½—3 st. Vom Tauernhaus nördl. an der Kapelle vorbei, über den Rainbach und rechts des Baches (am orogr. linken Ufer) in Kehren die Steilstufe am Schlagegg (1837 m) empor. Von hier schöner Blick auf die Dreiherrnspitze und die Reichenspitze. Nun über der Bachschlucht wenig ansteigend talein (rechts zweigt ein Steig zur Rainbachscharte und Zittauer Hütte ab) zum Jägerhaus. Eben längs des Rainbaches westl. zur Rainbachalm, 1890 m. Hier über den Bach und fast eben neben dem Bach weiter und um das scharfe Eck des Roßschermridels, wo sich der Ausblick auf die Reichenspitzgruppe öffnet. Immer dem Tallauf folgend südwestl., wenig ansteigend, in den hintersten Talkessel. Nun in steilen Kehren südl. den Hang aufwärts ins Keeskar und zur Richterhütte.

● 348 Rainbachscharte, 2770 m

Sehr lohnender Übergang vom Krimmler-Tauern-Haus zur Zittauer Hütte, 4½ st. Bez. Jedoch nur für Berggeübte zu empfehlen.
Vom Tauernhaus wie oben über die Steilstufe des Rainbachtales empor zum Schlagegg. Noch kurz auf dem Weg weiter, dann rechts auf dem Steig ab und in Kehren auf ihm empor. (Man kreuzt den Krimmler Höhenweg, der vom Jagdhaus im Rainbachtal an die W-Hänge des Krimmler Tales hinausführt.)
Nun westl. hoch über dem Rainbachtal auf eine Terrasse und durch eine kesselartige Mulde empor zum Rainbachsee. Links des Sees (am südwestl. Ufer) vorbei und durch das Seekar nordwestl. zunächst wenig ansteigend empor in den innersten Kessel unter dem Hohen Schafkopf. Im Bogen nach links (W) an die Felsen unter der Scharte und mittels eines gesicherten Steiges in die Rainbachscharte, 2720 m, zwischen Hohem Schafkopf im N und Roßkopf im S.
Jenseits über Geröll in einigen Kehren hinab und nördl. (rechts) haltend oberhalb des Oberen Wildgerlossees vorbei

und westl. in Kehren hinab zum Weg, der von der Roßkarscharte kommend zur Hütte führt. Auf ihm im Bogen um den großen See herum zur Zittauer Hütte.

● 349 Die Krimmler Höhenwanderung

(Lit.: M. v. Prielmayer, Zt. DÖAV 1891, S. 277.)
Dieser landschaftlich ungemein abwechslungsreiche Höhenweg führt von der Schönangerlalm über Krimml fast ohne Höhenverluste durch die gesamten O-Hänge des Gerloskammes bis ins Rainbachtal, wo er auf den Weg Krimmler-Tauern-Haus—Zittauer Hütte trifft.

Da die Schönangerlalm andererseits über die Breite Scharte hin mit der Gerlosplatte in Verbindung steht, ermöglicht der Höhenweg eine vollkommene Umwanderung des Gerloskammes. Gute Geher können diese Wanderung in zwei Tagen (Übernachtung Krimmler-Tauern-Haus oder Zittauer Hütte) schaffen.

Dieser Höhenweg setzt sich allerdings bloß aus einer Folge von Jagd- und Schafsteigen zusammen, die nicht bez. und nicht leicht zu finden sind. Infolge der geänderten Almbewirtschaftung und der Verwachsung im Latschengebiet oft nur noch andeutungsweise erkennbar. Für geübte Geher interessant.

Von Krimml westwärts empor zur Gehöftegruppe „Beim Melchart". Hier beginnt der Almweg, der über die Schönmoosalm zur Schönangerlalm, 1398 m, emporführt. Von hier zunächst südwärts über mehrere Gräben (schlechter Steig) an den großen waldigen N-Hang des Steinkarkopfes. Auf besserem Steig durch Wald in weitem Bogen um den NO-Rücken des Berges herum (Rauher Kopf) in den Roßkargraben. Hier herauf führt ebenfalls ein Steig von Krimml. Weiters zweigt hier rechts ein Steig ab, auf dem man in wenigen Minuten das Seekarhüttchen erreicht (Ausgangspunkt für den landschaftlich reizvollen Seekarsee, 2230 m.) Anstieg von Krimml s. R 1120.

Der Höhenweg führt eben weiter, dann leicht ansteigend durch das runsige O-Gehänge des Arweskopfes. Er quert sodann das weite Waldbergkar und den O-Hang des Weißkarkopfes. (Hier herauf führt ein Weg von der Holzlahneralm im Krimmler Achental; ebenso führen zwei kleine Steige rechts ab zum Weißkarhüttchen.)

Der Weg wird nun schlechter; er führt ins Weißkar hinein, übersetzt den Weißkarbach (stark vermurt) und klettert jenseits empor auf den Gamslahner über den Gamslahnerklammen.
Vor dem Eintritt ins Rötenkar verzweigt sich der Höhen-

weg. Der waagrecht weiterführende verliert sich bald im Rötenkar. Der andere führt am N-Rand des Kares wieder hinab auf Höhe 2000 m, und zieht sich daraufhin fast stets südwärts, durch den breiten O-Hang des Rainbachkarkopfes (mehrere Klammen querend), bis er am SO-Rücken dieses Berges, etwa 300 Höhenmeter über dem Rainbachtal, in den Weg Krimmler-Tauern-Haus — Zittauer Hütte mündet.

● 350 Krimmler-Tauern-Haus — Birnluckenhütte

Grenzübergang, teilw. bez., 5 st. Grenzübertritt durch ital. Grenzwache nicht gestattet.

Vom Tauernhaus östl. über die Krimmler Ache und auf dem breiten Weg südl. im Krimmler Tal zur Äußeren Anlaßalm, 1668 m. Hier über die Ache und hinter der Brücke Wegteilung. Links im Krimmler Tal eben talein, dann auf die andere Bachseite zur Inneren Anlaßalm, 1683 m. Weiter über die Wiesen, über den von links herabkommenden Klammbach. Jenseits (rechts zweigt der Lausitzer Weg zur Neugersdorfer Hütte ab) links in einer halben Stunde südwestl. hinab zur Birnluckenhütte.

Von der Hütte dem Bach folgend in Kehren steil hinab ins Ahrntal und immer dem Tallauf folgend talaus über die Kerra-Alm zum Trinksteinhaus. Weiter nach Hl. Geist, Kasern Prettau, St. Peter.

● 351 Der Lausitzer Weg

Hundskehljoch — Heilig-Geist-Jöchl — Neugersdorfer Hütte — Birnlucke — Warnsdorfer Hütte, z. T. auf südtirolischem Gebiet, schöner Höhenweg, teilweise bz. 7—9 st. (Grenzübertritt.)

Der nun auch in seinem Westteil wiederhergestellte Lausitzer Weg beginnt am Hundskehljoch (R321), 2561 m. Zunächst folgt der mit Nr.13 bez. Weg der „Jochschneide“ genannten Grathöhe, die ostw. zieht und bald scharf nach N abbiegt. Auf der Höhe 2618 m wendet sich der Weg abermals nach O und führt in leichtem Auf und Ab durch die S-Flanke des Rauchkofels (Wegabzweigung zum Gipfel bei P. 2642 m) und seines langen O-Grates bis in das Kar unter dem Hl.-Geist-Jöchl, wo man den Weg Kasern — Hl.-Geist-Jöchl kreuzt.

Von der Plauener Hütte auf R 341 zum Heilig-Geist-Jöchl und jenseits hinab zur Neugersdorfer Hütte. Von dieser westl. absteigend, um einen Felssporn (Taurschneide) herum in das Kerrachkar. Dieses geht man eben aus. Kurz vor Erreichen des Felsspornes der Pfaffenschneide zweigt nach links der Weg in die Pfaffenscharte ab. Über die Pfaffenschneide („Teufelsstiege“) und in das Kar unter dem Pfaffenschneidkopf und dem Klockerkarkopf (nach links empor Wegabzweigung zum Klockerkarkopf). Der Weg über die Pfaffenscharte ist in schlechtem Zustand und nur geübten Gehern anzuraten. Der Weg führt fast eben durch das Blockkar, das steil

nach S abstürzt. Unter dem Grat mit den Erhebungen der Zwillingsköpfen eben westl. zur Wegabzweigung. Von der Neugersdorfer Hütte bis hierher ist der Weg neu ausgebaut und gut bez. Rechts führt ein Steig hinab zur Birnlucke, 2667 m.
Zur Warnsdorfer Hütte steigt man auf dem Weg ins Krimmler Tal vom Joch nach NO ab bis zur Moräne unter dem Krimmler Kees. Hier zweigt bald ein Steig nach rechts ab, der zum jenseitigen Moränenrand bringt. Dort trifft man, etwas ansteigend, den von der Innerkeesalm heraufführenden Hüttenweg, der in 3/4 st zur Warnsdorfer Hütte führt.

● 352 Krimmler-Tauern-Haus — Neugersdorfer Hütte

Schöner Übergang (Grenzgebiet), auch Hüttenanstieg zur Neugersdorfer Hütte. Beste Verbindung zwischen Krimmler Tal und Ahrntal, 3 st. Grenzübertritt nicht gestattet.
Vom Krimmler-Tauern-Haus über die Achbrücke und am rechten Ufer talein zur Äußeren Anlaßalm, 1668 m. Hier über die Brücke und gleich hinter der Brücke Wegteilung. Rechts ab und über den Talboden an den Beginn des Windbachtales. Links des Baches in vielen Kehren über die steile Talstufe empor in das Windbachtal. Man überschreitet den Windbach und erreicht die Windbachalm, 1879 m. Nun immer rechts des Baches südwestl. in dem nun engen und öden Tal weiter. Über mehrere Felsriegel empor in den hintersten Talkessel. Hier zweigt nach rechts der Weg zur Zillerplattenscharte und zur Plauener Hütte ab. Links südl. dem Bachlauf folgend empor, dann nach links über den Bach und in großen Kehren den O-Hang (Taurleite) des innersten Talkessels aufwärts. Dann südl. mäßig ansteigend in die breite Senke des Krimmler Tauern, 2634 m. Jenseits links, östl. haltend, kurz hinab zur Neugersdorfer Hütte.

● 353 Birnluckenhütte — Warnsdorfer Hütte

Grenzübergang, 2—3 st. Grenzübertritt durch ital. Grenzwache nicht gestattet. Von der Birnluckenhütte nordöstl. auf dem Weg zur Birnlucke empor. Jenseits hinab und wie bei R 351 zur Warnsdorfer Hütte.

● 353a Keeskarscharte, 2785 m

Übergang vom Schönachtal zur Zittauer Hütte.

● 354 Gerlos — Schönachschneid — Plauener Hütte

Schöner Übergang aus dem Gerlostal zur Plauener Hütte. Gletscherübergang, nur für Geübte, 6—7 st.

Von Gerlos dem Bach entlang in den oberen Teil des Ortes. Beim Ghs. Kammerlander über den Bach und in das Schönachtal. Nach links über den Schönachbach und durch Wald zur Stinkmoosalm, 1348 m. Fast eben über die Almböden talein, über mehrere Seitenbäche, dann über den Schönachbach und über die Lackenalm zur Ißaste, 1405 m. Hier steigt der Talboden mit einer jähen Stufe zum oberen Talboden an. Von der Ißaste nach links auf die andere Talseite und links des Baches (orogr. rechts) in kleinen Kehren steil aufwärts über die Talstufe zu einem Jagdhüttl. Über die Pasteinalm in dem nun engen Tal aufwärts in den innersten Kessel (ohne Weg), in den die Moränen des Schönachkeeses hinabziehen. Dem mittleren Bächlein folgend mühsam über das Geröll und den Schutt empor auf das Schönachkees. Man steigt, sich östl. (links) haltend zu einem flachen Sattel der über dem Gletscher aufragenden Schönachschneid, etwa 2950 m, an. (Spalten!) Seit der Erbauung des AV-Weges empfiehlt sich auch folgender Anstieg (Beschreibung nach R. Laimböck, 1959): An der Pasteinalm vorbei zum Talschluß. Von dort führt der AV-Weg, gut markiert, in Kehren über die große Moräne empor und biegt dann nach links in das Keeskar gegen die Keeskarscharte ab. In etwa 2400 m rechts, südöstl., vom Weg ab und über Geröllhalden zum Fuß des langen, auffallenden Felsrückens, der in Fallinie der Schneekarspitze das Schönachkees teilt. An der Stelle, wo der Fels dieser Trennungsschneide auf der Moräne fußt, etwas absteigend, auf das Kees. Jetzt in Richtung auf einen Felssporn rechts im Kees. Vor diesem gerade hinauf übers Kees und oberhalb des Sporns (Spalten!) rechts, südwestl., zur Scharte, etwas östl. von Punkt 2981 m.

Jenseits hinab auf die obere, wenig geneigte Firnterrasse des Zillerkeeses. Man hält sich nach links, östl., empor, dann nach SO fast eben ein Stück unter den Felsfluchten der Wildgerlosspitze und steigt dann zum Firnsattel zwischen Wildgerlosspitze und Kuchelmooskopf an, 3125 m. Jenseits über die obersten, wenig geneigten Hänge des Kuchelmooskeeses in südöstl. Richtung hinab, unter dem Hahnenkamm vorbei bis unter den Felsabsturz der Reichenspitze. Nun an geeigneter Stelle (Spalten!) südl. steil über das Kuchelmooskees hinab, wo man auf einen Steig trifft, der über die Geröllhänge südl. hinab zur Plauener Hütte führt.

● 355 Wimmerscharte, 2541 m

Mühsamer Übergang vom Whs. Bärenbad nach Gmünd im Gerlostal, 6 bis 8 st, z. T. ohne Weg. Unschwierig (I).

Vom Whs. Bärenbad im Zillergrund etwa 80 Schritte talein, dann links ab und ober der Bärenbadalm durch den Wald empor. Der Steig führt links eines aus dem Bärenbadkar herabkommenden Baches steil bergan in das Untere Bärenbadkar. Links hinüber zur Bärenbadkarhütte, 1924 m. Auf schmalem Steig zurück zum Bach (Zusammenfluß unter der Steilstufe, mit der das Obere Bärenbadkar abbricht). Dem linken, westl. Bacharm folgend, steil empor, dann nach links den Abbrüchen ausweichend pfadlos auf die Hänge des Oberen Bärenbadkares. Gerade nördl. sehr steil über die Schutt- und spärlichen Grashänge empor zum Karsee. Am linken, westl. Ufer vorbei und gerade nördl. empor in die Wimmerscharte, 2541 m, zwischen Zillerkopf im NO und Aukarkopf im SW.

Jenseits über unschwierige Schrofen hinab, links, westl., haltend, über geröllbedeckte Hänge steil hinab in den innersten Teil des Wimmertales. Hinab zur Bachquelle und auf schmalem Steig dem Bach entlang nördl. talaus durch das zuerst enge Tal (Wimmergrundhütte) in die grüne Talweitung „Hintere Angen". Auf Almwegen, den Bach mehrmals überschreitend, talaus über mehrere Almen nach Gmünd.

● 356 Höhenbergnieder, 2474 m

Teilweise wegloser Übergang aus dem Zillergrund (Whs. In der Au) in das Gerlostal (Whs. Kühle Rast), 6—8 st, mühsam. Vom Whs. In der Au ostwärts auf dem Weg nach Bärenbad (Plauener Hütte) kurz hinein, dann links ab und auf schmalem Steig durch den Wald steil nordwestl. in Kehren empor. Unter Schrofen nach links hinaus, dann wieder in Kehren durch den Wald, später über die freien Hänge aufwärts zur Aukarhüttenalm, 2102 m. Nun links eben um einen Rücken herum und ansteigend und querend nordwestl. in das Höhenbergkar. Wenig ansteigend (nun weglos) die steilen Hänge des Kares in Richtung auf den Höhenbergkarkopf hinan, zuletzt steil über schrofige Halden in die Scharte Höhenbergnieder, 2474 m (Schwarzachscharte), westl. des Höhenbergkarkopfes.

Jenseits gerade nördl. über Geröll hinab zum Bach und ihm folgend durch das Schwarzachtal hinaus zum Ghs. Kühle Rast im Gerlostal.

In das Höhenbergkar gelangt man auch von der Höhenbergalpe, etwas innerhalb von Häusling im Zillergrund. Von der Höhenbergalpe zweigt links ein Steig ab, der durch einen Graben den waldigen Hang emporleitet (bei der Wegteilung rechts halten), die Kendlköpflalm links liegen läßt, den waldigen Hang unter dem Höhenbergkar nach O quert und zur Höhenbergalm, 2014 m, emporführt. Nun auf einem schwachen Steig mäßig ansteigend nach links in das Höhenbergkar und vom Ende des Steiges wie oben weglos über die Halden zur breiten Scharte empor.

● 357 Brandberger Joch, 2309 m

Übergang von Brandberg nach Gerlos. Lohnender Übergang, bez., 6 st.

Von Brandberg auf dem Weg kurz talaus, dann rechts auf einem Weg aufwärts, über den Mühlbach und nach Ahornach. Über die Wiesen östl. sanft ansteigend, über den Schneebach und den Stockachbach längs des Waldes und über die Brandberger Mähder zum Brandberger-Kolm-Haus. In gleicher Richtung (östl.) durch das schmale Hochtal (Brandberger Kar) aufwärts; dann hält man sich auf die südl. Talhänge zu, unter den Felshängen des Brandberger Kolms (nach rechts zweigt der Steig auf den Brandberger Kolm ab) und erreicht über wenig geneigtes Gelände das Joch, 2309 m, zwischen Brandberger Kolm im S und Torhelm im N.

Jenseits auf dem Steig in das schmale Hochtal östl. hinab und talaus zur Oberen Schwarzachalm. Nun rechts (östl.) auf gutem Weg über den steilen Hang hinab zur Unteren Schwarzachalm, 1373 m, an der Einmündung des Seitentales in das Schwarzachtal. Durch das Tal hinaus zur Schwarzbüchlalm. Wegteilung: rechts nach Gmünd i. Gerlos, links auf dem breiten Fahrweg zum Ghs. Kühle Rast (1/2 st talaus von Gmünd).

V. Pfunderer Berge

Sandjoch, 2646 m

Gratsattel nordöstl. der Wilden Kreuzspitze. Vermittelt einen lohnenden Übergang aus dem Pfitschtal in das Valser Tal. Teilweise Steige.

● 358 Von Kematen im Pfitsch zur Brixener (Valser) **Hütte,** 4—5 st.

Von Kematen im Pfitschtal kurz talaus zur Kirche der Häusergruppe Wieden (Fußendraß). Dort über den Pfitscher Bach und jenseits in das Großbergtal.

Im waldigen Tal aufwärts zur Großbergalm, 1929 m. Nun auf einem Steig dem Bach entlang in die innerste Talmulde. Aus ihr rechts empor auf bez. Steig Nr. 17 (nach links führt ein Steig zum Pfunders-Joch), dann südostwärts über Blockwerk empor auf die breite Jochsenke. Nun auf Steig die Hänge südwärts hinab zum Fanealmboden und im Bogen nach S durch das Kar hinaus zur Brixener Hütte. Talaus nach Vals.

● **359 Von der Brixner Hütte zur Sterzinger Hütte.** Teilweise wegloser Übergang, 2½ st. Sterzinger Hütte derzeit nicht bew.

Von der Hütte wie oben (umgekehrter Weg) auf das Sandjoch. Dann jenseits links unter den Felsen westwärts über die Hänge hinab und wieder mäßig ansteigend zum Karjöchl, etwa 2600 m, wo man vom Großbergtal ins Burgumer Tal übertritt (Scharte nördl. der Wilden Kreuzspitze). Über Hänge und den Rücken hinab zur Sterzinger Hütte.

● 360 **Brixner Hütte — Steinkarlscharte — Gliderscharte — Wiener Hütte — (oder Pfitschtal)**

Teilweise wegloser, sehr mühsamer Übergang. Zurechtfinden nicht immer leicht. 6—7 st.

Von der Brixener Hütte in nordöstl. Richtung zuerst auf schwachen Steigspuren, dann pfadlos über die Hänge und Blockhalden empor in die Steinkarlscharte zwischen Eselskopf und dem SO-Grat der Rübespitze, 2650 m.

Jenseits steil und weglos nordwärts hinab und zum Bach. Dem Bachlauf folgend talaus zur Weitenbergalm, 2039 m. Talaus hinab bis zur Einmündung des Engbergtales. Durch dieses nordostwärts hinauf zur Oberen Engbergalm. Noch etwa 20 Min. rechts des Baches hinauf, dann nach links über den Bach und links unter den Felsen eines Rückens empor gegen eine große Schlucht. Vor dieser über Böden nordwärts hinauf und links in einen engen Schuttkessel. Aus ihm steil empor in die Gliderscharte, 2634 m.

Von der Scharte jenseits sehr steil hinab, dann rechts des Baches unter den Felsen rechts haltend schräg hinabsteigend zum Zusammenfluß der Bäche des Gliderferners. An geeigneter Stelle über diese und über die Moränen hinweg. Jenseits längs des Baches talauf, bis man auf den Hüttenweg trifft, der zur Wiener Hütte emporführt.

Von der Gliderscharte kann man auch nach Stein im Pfitschtal absteigen. Man hält sich von der Scharte zuerst gerade nordwärts hinab, dann jedoch nach links hinaus, überschreitet einen begrünten Zweiggrat und steigt hoch über dem Talboden des Unterbergtales über die Hänge nordwärts hinab und auf ein flacheres Eck hinaus hoch über der Schlucht (Mahdbichl). Nun etwas links haltend (rechts befinden sich die steilen Abbrüche) über die steilen Hänge hinab zum Unterbergbach. Man überschreitet ihn; am jenseitigen Ufer auf gutem Steiglein zur kleinen Almsiedlung der Unterberghütten, wo man auf den Hüttenweg zur Wiener Hütte trifft; auf ihm hinaus nach Stein und Innerpfitsch.

Vom Eck (Mahdbichl) führt auch ein Steiglein links die steilen Hänge entlang fast eben hoch über den Unterbergbach talaus. (Der Hüttenweg zur Wiener Hütte führt am jenseitigen Talhang entlang.) Auf diesem hoch über der Schlucht des Unterbergbaches über die Hänge steil nordwestwärts gegen das Pfitscher Tal hinab, zuletzt nach links hinab und über die Steilstufe, mit denen die Hänge zum Tal abbrechen. Man erreicht den Talboden etwas innerhalb von Stein.

● 361 Sengesjoch, 2616 m

Von Mauls im Eisacktal, 6—7 st, teilweise bez. Steig Nr. 2 und 18. Von der Kirche östl. ins Tal des Maulser Baches und rechts, nördl. durch Wald und Wiesen empor zu den Höfen von Niederflans. Ostwärts in das Sengestal, und nordwärts im engen Tal aufwärts zur Unteren und Oberen Sengesalm. Bei der Talgabelung rechts dem Sengesbach folgend und empor auf das Sengesjoch (2616 m). Jenseits hinab zum Wilden See und in den obersten westl. Ast des Valser Tales; nordostwärts über Geröll empor auf die Rauchtalscharte, 2811 m. Jenseits über Geröll und Rasen hinab zur Brixner Hütte.

Ein guter Weg führt auch von der Autostraße zwischen Mauls und Freienfeld, ostwärts empor nach Valgenein und nach Niederflans.

● 362 Gansörscharte, 2250 m

Von Mauls, durch das Gansörtal, 6½—7 st, teilweise bez. Nr. 20. Von Mauls durch das Maulser Tal zur Talgabelung, rechts hinein nach Fleins. Bei der zweiten Talgabelung links ins Gansörtal, rechts dem Bach folgend zur oberen Gansöralm, 2350 m. Durch die Mulde nördl. empor über Geröll auf die Gansörscharte, 2550 m, zwischen Sattelspitze links und Domenarspitze rechts. Vom Joch jenseits kurz hinab und fast eben zum Wilden See. Im N die Wilde-Kreuz-Spitze. In nördl. und nordöstl. Richtung über Geröll in den westl. Ast des Valser Tales, zuletzt empor auf die Rauchtalscharte, 2811 m, und jenseits hinab zur Brixner Hütte.

● 363 Brixner Hütte — Eisbruggjoch

Ziemlich mühsamer, aber schöner Übergang. Teilweise weglos, 6 st.
Von der Brixener Hütte wie in R 360; von der Weitenbergalm talaus bis zur Einmündung des Engbergtales. Nun weiter talaus nach Dun (Daan). Von hier auf dem Weg über die Bodenalm und die Eisbruggalm zum Eisbruggjoch.

● 364 Eisbruggjochhütte — Nöfesjochhütte (ehem. Chemnitzer Hütte)

3—3½ st, leicht und lohnend. Von der Eisbruggjochhütte ostwärts auf bez. Steig, fast immer auf gleicher Höhe. (Nachmittags bei Schneewasser zwei Bäche manchmal etwas schwer überschreitbar.)

● 365 Pfunderer Joch, 2574 m

Südl. der Grabspitze im Kamm eingesenktes Joch. Es vermittelt einen etwas mühsamen Übergang aus dem Pfunderer Tal in das Pfitschtal.

Von Pfunders nach Kematen 7 bis 8 st. Teilweise weglos (verfallener Saumweg).

Von Pfunders auf der östl. Talseite hinein zur letzten Talsiedlung, den Höfen von Dun (Daan). Hier Talgabelung. Man wendet sich nach links, überschreitet den Engbergbach und geht durch die Duner Klamm westwärts im Weitenbergtal aufwärts. Über die Moseralm, 1703 m, wo man den Bach überschreitet, erreicht man die Untere Engbergalm (die Hütte bleibt am linken Ufer) und die Weitenbergalm, 2023 m. Sie liegt am SO-Abhang eines Rückens, der von der Rübespitze nordöstl. absinkt und in die oberste Talmulde hinabreicht. Nun auf einem Steiglein an diesem Rücken südwestwärts hinein, dann bei einer Steilstufe nach rechts und in den obersten Winkel des Weitenbergtales. Von dort westwärts hinauf, in das bereits sichtbare Joch, das zwischen Sandspitze im S und Grabspitze im N eingesenkt ist.

Nun westwärts über Geröll hinab in das Großbergtal, aus dessen innerstem Talgrund ein Steig über die Großbergalm talaus führt nach Kematen im Pfitschtal.

● 366 Weitenbergscharte, 2683 m

Gratscharte zwischen Weitenbergspitze (westl.) und Hochsäge (östl). Sie vermittelt einen teilweise weglosen, selten begangenen Übergang aus dem Pfitschtal in das Pfunderer Tal.

Von Innerpfitsch auf die Scharte, 4 st. Von der Scharte nach Pfunders, 4 st. Teilweise weglos.

Von Innerpfitsch zweigt man bei den Häusern von Sand rechts von der Straße ab und überschreitet auf einer Brücke den Pfitscher Bach. Über den flachen Talboden an die jenseitige Tallehne. Auf einem Steig, der nach links schräg über die waldigen, steilen Hänge emporleitet, in das kleine Hochtal des Moaßl-(Bergl-)Baches. In der Nähe des Baches kurz empor, dann nach links über den einen Bacharm und zwischen den Bächen steil über die Hänge empor zu den Hütten von Hintermahd. Nun links haltend steil gegen den Hauptkamm empor, dann über einen kleinen Seitenkamm und jenseits empor in die Scharte.

Von der Weitenbergscharte jenseits steil gerade südwärts hinab zur Weitenbergalm. Nun immer dem Tallauf des Weitenbergbaches folgend talaus; später durch die Klamm nach Dun und talaus nach Pfunders.

● 366 a Überwassertörl, ungefähr 2670 m

Die Scharte Überwassertörl, nordöstl. der Grabspitze, vermittelt einen selten gemachten Übergang aus dem Pfitschtal in das Pfunderer Tal. Teilweise weglos, ziemlich mühsam. Von Innerpfitsch nach Pfunders 8 st.

● 367 Pfunders — Gliderscharte — Wiener Hütte — Innerpfitsch

Schöner, aber mühsamer Übergang. Zurechtfinden nicht immer leicht. Unschwierig (I). Teilweise weglos.

Von Pfunders auf die Scharte, 5 st. Von der Scharte zur Wiener Hütte, 2½ st. Von der Scharte nach Innerpfitsch, 3 st.
Von Pfunders wie beim Weg zum Pfundersjoch (R 365) über Dun in das Weitenbergtal und zur Talgabelung. Nordwärts durch das Engbergtal zur Oberen Engbergalm und wie in R 360 in die Gliderscharte und jenseits hinab nach Innerpfitsch oder zur Wiener Hütte.

● 368 Mauls — Gansörjoch — Vals

Sehr schöne Wanderung, etwas mühsam. Teilweise bez. Nr. 20 bis Gansörjoch. Bis zur Labesebenalm nicht bez. Weiter Nr. 18.
Wie in R 362 (Anstieg zur Brixener Hütte) durch das Gansörtal zum Gansörjoch und jenseits hinab zur bereits sichtbaren Labesebenalm. Rechts des Baches hinaus in das Valser Tal talaus nach Vals.

● 369 Satteljoch, 2546 m

Lohnender Übergang von Vals nach Mauls, 7—7½ st. Teilweise weglos.
Von Vals zum Joch 4—4½ st. Vom Joch nach Mauls 3½ st.
Von Vals durch das Valser Tal talauf zur schönen Alm In der Fane, 1715 m, und durch die Klamm zur Einmündung des westl. Seitenastes. In diesem empor zur Labesebenalm, 2100 m, einer Almsiedlung mit mehreren Hütten. Dem kleinen Hochtal westwärts folgend, bis dieses nach N umbiegt; hier westwärts weiter und empor auf das Satteljoch, 2546 m, nördl. der Sattelspitze.
Vom breiten Joch jenseits über Hänge und durch begrünte Mulden hinab in den südl. Ast des Sengestales. Durch diesen hinab zur Sengesalm und südwärts talaus. Nun entweder rechts hinaus über Niederflans und Falgenein nach Freienfeld, oder gerade südwärts hinab in das Maulser Tal und hinaus nach Mauls.

Valser Joch, 1933 m

● 370 Von Mauls nach Vals

Sehr schöner, vielbegangener Übergang. Teilweise Steige, 4 bis 5 st.
Von Mauls auf das Joch, 3 st.
Von Mauls auf der Fahrstraße nach Ritzeil (alte Bergbauernhöfe am sonnigen Wiesenhang). Von dort führt ein Fahrweg (Fahrverbot!) weiter talein bis an den Fuß weiter Almwiesen. Hier von der Straße ab, links auf gutem Steig (Bez. Nr. 10) hinauf zum Valser Joch. Von Ritzeil 1½ st.

Von Vals talein bis vor den von rechts herabkommenden Tschiffernaunbach. Durch das Seitental nordostwärts über Almen aufwärts auf das breite Joch. Jenseits hinab in das

Steinbergtal und hinaus über die Steinbergalm zur Museralm. Talaus nach Pfunders. Oder mit dem Jochtallift auf den Kamm südl. des Joches empor. Auf breitem Weg von dort nordw. in Kehren hinab zum Joch.

Vom Joch in kurzer Zeit auf die südl. gelegene (etwa 170 m höhere) Almhochfläche (Hinterberg, 2103 m), von der man sehr schönen Ausblick auf die Dolomiten hat.
Vom Joch jenseits gerade ostwärts durch ein kurzes Hochtal hinunter in das Valser Tal und nach Vals.

● 371 Von Mauls nach Spinges, Mühlbach oder Schabs.

Sehr schöne, aussichtsreiche Wanderung, teilweise Steige.
Von Mauls auf das Valser Joch, 3 st. Vom Joch nach Spinges 2 st. Vom Joch nach Mühlbach oder Schabs 2½—3 st.
Von Mauls wie in R 370 auf das Valser Joch, 1933 m. Vom Joch führt ein Steig rechts den Hängen entlang, mehrere kleine Täler querend, über Almen und Einzelhöfe nach Spinges. Von Spinges (bei der Kirche) entweder nordwärts hinab in das Valser Tal und kurz talaus nach Mühlbach (E-St.) oder südwärts hinunter zur Station Schabs der Pustertaler Bahn.

● 372 Steinkarlscharte, 2650 m

Teilweise wegloser Übergang aus dem Pfunderer Tal zur Brixner (Valser) Hütte. Schöne Wanderung.
Von Pfunders auf die Scharte 5—6 st. Von der Scharte zur Hütte ½ st.
Von Pfunders talein nach Dun (Daan) und links hinauf durch die Duner Klamm über die Moseralm zur Engbergalm. Links hinein in das Weitenbergtal und zur Weitenbergalm, in prächtiger Bergumrahmung gelegen. Südwestwärts in dem kleinen Hochtal empor (im linken Ast) und pfadlos empor in die Scharte, 2650 m, zwischen Eselskopf und Rübespitze. Jenseits gerade südwestwärts hinab zur Hütte.

● 373 Joch In der Enge, 2822 m

Das Joch In der Enge ist südl. der Wurmaulspitze im Kamm eingeschnitten. Es vermittelt einen ziemlich mühsamen Übergang aus dem Pfunderer Tal in das Valser Tal.
Von Pfunders auf das Joch, 6 st. Vom Joch nach Vals, 3—4 st.
Von Pfunders talein über Dun, die Duner Klamm zur Moseralm (R 362) und in das Weitenbergtal. Kurz talein, dann links um einen Rücken und in das erste kleine Hochtal, das zwischen Wurmaulspitze und Gernbergspitze herabzieht; immer in südwestl. Richtung durch das Tal empor, zuletzt über Geröll mühsam auf das Joch.
Jenseits über Schrofen hinab und nach links hinab in den schluchtartigen Graben des Silonbaches. Durch diesen hinaus zur Alm In der Fane und talaus nach Vals.

● 374 Steinbergscharte, 2573 m

Scharte im Kammverlauf südl. der Rotwandspitze; Übergang aus dem Valser Tal nach Pfunders. Selten begangen, teilweise weglos. Von Vals in die Scharte, 4 st. Von der Scharte nach Pfunders, 3—4 st.

● 375 Furkelscharte, 2450 m

Schöner Übergang von Meransen (ober Mühlbach) nach Pfunders. 5—6 st. Teilweise Steige.

Von Mühlbach im Pustertal hinauf zum Dorf Meransen auf der nördl. über dem Tal gelegenen Hochfläche, 2 st. Links haltend aus dem Dorf und in das Altfaß(Großberg)tal. Immer in der Nähe des Baches nordwärts talein bis in das hinterste Tal. Beim Zusammenfluß der zwei Bäche bei der letzten größeren Almsiedlung (Kuhalm) führt ein Steiglein am linken Talhang aufwärts und zum schönen Großen See (Seefelder See, 2270 m). Links des Sees vorbei zu einer Alm (Seefelder Alm). Dann scharf nach rechts, ostwärts empor auf die Scharte, südl. der Rauchbachspitze. Jenseits ostwärts ziemlich steil hinab zur Furkel-Almhütte und durch das Lehenbachtal hinaus nach Pfunders.

● 376 Paulsscharte, 2600 m

Einschartung im Kamm nördl. der Rauchbachspitze. Kann auch als Übergang von Meransen nach Pfunders benützt werden. Etwas weiter als die Furkelscharte.

Man hält sich (s. R 375) von der Seefelder Alm gerade nordwärts weiter aufwärts zum Mittleren und Kleinen Seefelder See und schräg rechts empor in die Paulsscharte.

Jenseits hinab und über Almen (Spitaler Alm) hinaus in das Pfunderer Tal, das man etwas nördl. von Pfunders erreicht.

● 377 Rieglerjoch, 2438 m

Selten begangen, unschwieriger Übergang von Lappach nach Pfunders. 5—6 st.

Von der Kirche in Lappach auf dem Talweg kurz talein, dann hinab zum Bach und dort, wo er nach W umbiegt, auf das andere Ufer. An der Häusergruppe Reden vorbei und gerade westwärts durch das Zösental empor zur Redenalm. Auf das andere Bachufer; links des Baches empor über einen von S einmündenden Seitenbach und zu zwei Almhütten am Fuß des Dengelsteins hinauf. Nun über die Hänge ansteigend, links oberhalb eines Absturzes südwestwärts hinein und empor auf das Joch, südl. des Dengelsteins. Jenseits über die Hänge steil hinab und am linken Rand des Grabens talaus hinab nach Pfunders.

● 378 Passenjoch, 2410 m

Lohnender Übergang von Pfunders nach Lappach, 6 st.

Von Pfunders oder dem etwas talaus gelegenen Schaldern am

östl. Berghang empor, dann am nördl. linken Hang des nordostwärts hinaufziehenden Tales empor und zu den Almen (Weißensteiner Alm) im hintersten Talgrund. Durch eine Mulde ostwärts auf das Passenjoch, 2410 m.

Jenseits über steinige Hänge hinab, die Passenseen bleiben rechts unten, über die Passenalmen durch das Tal des Passenbaches talaus in das Lappachtal, das man bei Unter-Lappach erreicht.

● 379 **Kleines Tor, 2350 m**

Lohnender, aussichtsreicher Übergang aus dem Mühlwalder Tal in das Pustertal. Teilweise weglos, teilweise Almsteige. Von Mühlwald auf das Joch 2—2½ st, vom Joch nach Terenten 2 st, von Terenten nach Niedervintl 1 st, von Terenten nach Bruneck 3 st.

Von Mühlwald auf der neben dem Bach hineinführenden Talstraße etwa 10 Min. talein bis zur Mündung des von S herabkommenden Retterbaches. Über den Mühlwalder Bach und südwärts durch den waldigen Graben auf Almweg empor zur Boseralm (Untere und Obere). Südwestwärts empor in den schmalen Sattel des Kleinen Tores, 2350 m, links des Mutenocks.

Jenseits rechts, südwestwärts, am Rücken oberhalb einer Mulde mit einem kleinen See entlang, sodann hinab zur Hofalm und über den Bach. Hinab in das Winnebachtal und hinaus auf das Mittelgebirge. Rechts in kurzer Zeit nach Terenten und hinab nach Obervintl oder nach Niedervintl.

Links über die Dörfer Pichlern, Issing, Pfalzen nach Bruneck.

● 380 **Plattnerjoch (Putzenhöhe), 2330 m**

Gratsenke im Grubbachkamm südl. über Mühlwald, zwischen Plattnerjochspitze östl. und Hoher Spitze westl. Als Übergang vom Mühlwalder Tal in das Pustertal kaum geeignet.

Von Mühlwald auf das Joch, 3 st. Vom Joch nach Kiens im Pustertal, 3 st.

● 381 **Fritz-Walde-Hütte — Eisbruggjoch**

Der 1913 von der Sektion Brixen begonnene Höhenweg ist inzwischen verfallen. Daher ein meist wegloser Übergang an der W-Seite des nach NW und N streichenden Kammes, der Bergerfahrung und Orientierungssinn erfordert. Die alte Markierung wird jedoch im Frühjahr 1960 erneuert. Unschwierig (I), 6—7 st.

Von der Hütte durch das Tiefrastenkar in die Hochsägescharte, 2600 m, hinauf, sodann nordwärts hinab zu den Seen und zum Passenjoch, 2425 m. Westwärts kurz auf die Pfunderer Seite hinab und bei der ersten Alm nordwärts über die Hänge hinein. Ungefähr in Höhe 2220 m auf schmalen Almsteigen weiter, sodann biegt der Steig am Gitschegg gegen das Rieglerjoch in die Mulde der Riegleralm, 2260 m, ein. Dann nordwärts weiter zu den Hütten der Grafalm, 2222 m, südwestl. unter dem Dengelstein, mit schönem Ausblick. In einen Graben hinab und auf der anderen Seite hinauf etwa 60 m zu verfallenem Heuschuppen, dort links abwärts, dann auf dem Steig wieder ansteigend zur Wieser-Alm, von dort links aufsteigend in eine kleine Mulde, diese überquerend rechts auf den Rücken, der zur Bodenalm abfällt, rechts quer den Hang hinein ins Eisbruggtal, hinauf zum See und zur Eisbruggjochhütte.

Auch an der Ostseite des Kammes kann man vom Passenjoch aus auf das Eisbruggjoch gelangen. Sehr mühsam, meist weglos. 6—7 st von der Fritz-Walde-Hütte.

● 382 Fritz-Walde-Hütte — Sambock — Bruneck

Aussichtsreiche Höhenwanderung, unschwierig (I), weglos, 8—9 st. Man kann die Wanderung jederzeit unterbrechen und nach S in das Pustertal absteigen.

Fritz-Walde-Hütte — Geißwand 1 st, Geißwand — Reisenock $1^1/_2$ st, Reisenock — Kleines Tor 1 st, Kleines Tor — Bruggerspitzen 2 st, Bruggerspitzen — Sambock — Bruneck 3 st. Von der Hütte ostwärts empor auf die Geißwand, 2715 m, sodann jenseits hinab zu den obersten Weideplätzen und ostwärts empor auf den Reisenock, 2665 m. Über ihn und jenseits durch eine Schlucht hinunter zum breiten Sattel des Großen Tores, 2358 m. Ostwärts, um eine grüne Kuppe herum zum Kleinen Tor, 2380 m, und südostwärts kurz empor auf den Mutenock, 2484 m. Nun immer dem Kamm folgend über Zwölferspitze, 2355 m, Hohe Spitze, 2410 m, Plattnerjochspitze, 2438 m, Perntaler Spitze, 2456 m, Donnerschlagspitze, 2461 m, zur Westl. und Östl. Bruggerspitze, von wo zwei grüne Rücken gegen das Tauferer Tal hinabstreichen. Man steigt nun gerade südwärts hinab auf den Sambock einem schönen Aussichtspunkt.

Von hier auf einem Steiglein südwärts hinab über Pfalzen nach Bruneck.

● 383 Lappacher Jöchl, 2366 m

Lohnender Übergang von Lappach nach Weißenbach, besonders in Verbindung mit dem südl. aufragenden Ringelstein 6 st.
Unter dem Ghs. in Lappach in den nordostwärts hinaufziehenden Knollgraben; auf einem Steig durch diesen kurz empor, dann nach links hinaus und um den Rücken herum in den nächsten Graben, den Rinsbachgraben. An seinem rechten Hang entlang aufwärts, zuletzt über Weidehänge in Richtung auf die kühn geformte Tristenspitze empor. Aus der obersten Mulde rechts haltend steil auf das Joch, 2366 m, südl. der Tristenspitze und nördl. des Ringelsteins.

Jenseits über die Hänge hinab in ein kleines Tal, das bei der Weißenbachalm in das Tristental einmündet. Talaus und in das Weißenbachtal; ostwärts hinaus nach Weißenbach.

● 384 Wurmtaler Jöchl, 2290 m

Als Übergang aus dem Mühlwalder Tal (Lappach) in das Weißenbachtal weniger geeignet als das Lappacher Jöchl. Weglos 6 st.

Wie auf dem Weg zum Lappacher Jöchl in den Knollgraben. Gleich am Eingang über den Bach und jenseits auf einem Steig durch Wald empor, links um einen Felsabbruch herum; steil empor auf die Lange Lahn und über den Rücken rechts hinüber zu den Almhängen. Über sie, zuletzt steil auf das Joch, 2290 m, südl. des Zinsnockes.

Jenseits durch den Graben des Tristenbaches, über die Feichter, Pircher und Weißenbachalm in das Weißenbachtal. Ostwärts talaus nach Weißenbach.

● 385 Mühlwalder Joch, 2348 m

Lohnender Übergang von Mühlwald nach Weißenbach, teilweise Steige. 5—6 st.

Wie auf dem Weg zur Sonklarhütte (R 273) empor zur Mitterberger und Wurzacher Alm. Über die weiten Almhänge nordwärts mühelos auf das Joch.

Jenseits über die Mitterberger Alm hinab in das Weißenbachtal und nach Weißenbach s. R 276 (entgegengesetzte Richtung).

● 385 a „Kellerbauerweg". Schöner bez. Höhenweg (Nr. 27), der die Gratüberschreitung von der Nöfeserjochhütte (R 179) über die Kette zwischen Mühlwald und Weißenbach, vorbei am Tristensee, über den Speikboden bis nach Sand in Taufers ermöglicht.

C. GIPFEL UND GIPFELWEGE

I. Tuxer Kamm

● 386

Im W der Zillertaler Berge erhebt sich der Tuxer Kamm. Er zieht als ein mächtiger Gebirgskamm von SW nach NO und entsendet gegen N und NW mehrere kleine Seitenkämme: den Padauner Kamm zwischen dem Vennatal und dem Valser Tal, den Valser Kamm zwischen Valser bzw. Alpeiner Tal und Schmirntal bzw. Wildlahnertal, und den Kaserer-Kamm, der an der Wildlahnerscharte ansetzt und nordwärts gegen das Tuxer Joch und nordwestwärts zum Inneren Schmirntal streicht.

Bis zum Wolfendorn liegt der Tuxer Kamm auf südtirolischem Gebiet, vom Wolfendorn bis zur Hohen Wand bildet er den Grenzkamm; von der Hohen Wand nordostwärts erstreckt er sich auf österreichisches Gebiet.

Dem Tuxer Kamm entragen mehrere sehr schöne Fels- und Gletscherberge, die dem Bergsteiger leichte und lohnende wie auch schwierigste Fels- und Eisfahrten bieten. Wegen der leichten Erreichbarkeit und der besonderen landschaftlichen Schönheit wird der Tuxer Kamm gern und häufig besucht. (3 st vom Gh. Touristenrast, Endpunkt der Fahrstraße, zur Geraer Hütte; oder von N: Spannaglhaus, Liftstation der Hintertuxer Gletscherbahn.)

● 387 **Saun,** 2086 m, **Riedspitze,** 2494 m
Bairnock, 2613 m

Südlichste Erhebungen im Kamm, der von der Hohen Wand nach SW streicht. Die teils begrünten Gipfel sind aus dem Eisack- oder Pfitschtal leicht zu erreichen.

● 388 **Weißspitze,** 2716 m

Aussichtsberg mit Gipfelaufbau aus hellem Kalkgestein. Erste bedeutende Erhebung im Tuxer Kamm. Nur in Verbindung mit dem Hühnerspiel lohnend.

● 389 a) **Von Gossensaß,** 4—5 st. Von der Kirche über den Eisack und am östl. Talhang hinauf nach Hochwieden. Durch Wald und durch den Graben des Platzbergbaches hinauf auf die Hänge und in das Kar zwischen Weißspitze und Hühnerspiel. Über Schutt zum Gipfel. (Oder mit Lift bis zur Hühnerspiel-Hütte.)

● 390 b) **Von Sterzing,** 4—5 st. Bez. Nr. 3. Von Sterzing über das Dörfchen Fleins zur Häusergruppe Braunhof. Rechts haltend auf dem Steig durch Wald mäßig ansteigend schräg über die Hänge aufwärts, mehrere Gräben querend und um den Rücken des Bairnockes in großer Schleife herum. Sodann in das Kar zwischen Weißspitze und Hühnerspiel und über Schutt zum Gipfel.

● 391 Hühnerspiel (Amthorspitze), 2749 m

Sehr schöner Aussichtsberg mit schmalem Gipfelaufbau. Blick auf Zillertaler, Dolomiten, Ortler, Ötztaler und Stubaier. Das Hühnerspiel wurde nach dem um das alpine Schrifttum verdienten Dr. E. Amthor umbenannt. Seit der Erbauung des Sessellifts von Gossensaß herauf beliebte und vielbesuchte Gegend, besonders auch im Winter. (Radarstation.)

● 392 a) **Von Gossensaß,** 4½ st. Bez. Nr. 22, am östl. Talhang durch Wald steil empor nach Hochwieden. Links haltend durch Wald empor auf die Hänge der Hühnerspielalm mit der Hühnerspielhütte. Nun gerade ostwärts über den langen, breiten Rücken des Hühnerspiels auf schwachem Steig zum höchsten Punkt. (Lift in 3 Abschnitten; 1600 Höhenmeter, 600 Lire.)

● 393 b) **Aus dem Pfitschtal,** 4½ st. Teilweise weglos, unschwierig (I). Trittsicherheit und Schwindelfreiheit erforderlich. Die alten Sicherungen sind durchwegs zerstört.
Von Kematen im Pfitschtal auf das Schlüsseljoch (R 279). Nun westl. um die Kalkwandstange herum und auf Nr. 3 auf dem Landshuter Höhenweg auf die Ralsspitze. Über sie und den kurzen Verbindungsgrat zum Hühnerspiel.

● 394 **Ralsspitze,** 2800 m, **Daxspitze,** 2645 m

Leicht ersteigbare Erhebungen nördl. des Hühnerspiels. Die Ralsspitze bietet noch bessere Aussicht als der Hühnerspiel. 1. touristische Ersteigung der Daxspitze über die N-Wand: K. Berger, 1899 (AAKI, VI. Jb.).

a) **Vom Schlüsseljoch** (R 279) wie bei R 393 in 1½ st. Die Daxspitze ist vom Weg aus über den SO-Grat mit Umgehung eines Turmes in leichter Kletterei zu erreichen, ½ st.

● 395 b) **Von Pontigl** (2 km nördl. von Gossensaß), 4 st, teilweise weglos. Am orogr. rechten Ufer des hier einmündenden Baches auf einen Steig durch den Wald steil empor zum

Daxkaser (Alm), 1686 m. Über Weidehänge empor, dann dem Bächlein ostwärts folgend aufwärts in das Kar. Nun nordostwärts auf die Daxspitze und südostwärts auf die Ralsspitze.

c) **Kalkwandstange.**

● 396 Flatschspitze, 2567 m

Flacher Gras- und Geröllkegel nördl. über dem Schlüsseljoch. Seit der Erbauung des Zirogliftes besonders im Frühjahr vielbesuchter Skiberg.

a) Von der E-St. **Brennerbad** (oder Brenner) zur Zirogalm oder zur Leitner Alm. Über die Grashänge und den Schuttrücken ohne jede Schwierigkeit zum Gipfel, 4 st.

b) Vom **Schlüsseljoch.** Wie in R 279 von Brennerbad oder von Kematen auf das Schlüsseljoch (Militärstraße). Von hier führt ein gut gepflegter Weg (Militärweg) auf den Gipfel.

● 397 Wolfendorn, 2776 m

Mächtiger Bergkegel mit schöngeformtem felsigen Gipfelaufbau, der nach O und SO schroff abfällt. Schöner Aussichtsberg, beliebter Frühjahrs-Skiberg, Mineralienfundstelle. Bis zum Wolfendorn verläuft der Tuxer Kamm auf südtirolischem Gebiet; von hier ab nordwärts bis zur Hohen Wand ist er Grenzkamm.

Das Wolfendornkind, ein Felszahn im NW-Grat des Berges, wurde erstmalig von J. Sowerby erstiegen, 1887.

● 398 a) **Von der E-St. Brenner über die Postalm,** unschwierig (I), 4 bis 4$^1/_2$ st. Von der Station Brenner ostwärts durch steilen Wald empor zur kleinen Postalm. Nun gerade ostwärts über den Rücken aufwärts, an einem auffallenden Felsturm vorbei bis unter den Gipfelbau. Nach links über Schrofen und Felsen zum Gipfel.

● 399 b) **Von der E-St. Brennersee,** 4—4$^1/_2$ st, unschwierig (I). Zum Ghs. Kerschbaumer von der Station Brennersee über die Brennerstraße in 15 Min.. Man überschreitet die Bahn und geht durch das Quelltal der Sill aufwärts, an zwei Höfen vorbei, überschreitet zweimal den Bach, steigt gerade ostwärts über die teils bewaldete Talstufe empor auf die weiten Hänge. Gerade aufwärts, dann nach rechts hinaus und weglos um den NW-Rücken des Wolfendorns herum und aufwärts zu dem auffälligen Felsturm. Weiter wie bei a).

● 399a c) **Vom Schlüsseljoch.** Wie in R 279 auf das Schlüsseljoch. Von dort auf gutgepflegtem Militärweg über die Flatschspitze zum Wolfendorn.

● 400 **Wildseespitze,** 2733 m

Aus großen Blöcken aufgebaute Spitze im Kamm zwischen Wolfendorn und Kraxentrager-Sattel (Landshuter Hütte).

a) **Von der Landshuter Hütte** zuerst auf dem hier noch erhaltenen Landshuter Höhenweg auf der Pfitscher Seite des Kammes südwestwärts hinein, dann ohne Weg über grobes Blockwerk zum Gipfel. ¾ st, I.

b) **Von der E-St. Brennersee,** 4 st, I. Wie bei R 399 auf die weiten Hänge oberhalb der Talstufe; von hier ostwärts über den Wildsee empor, zuletzt über Blockwerk zum Gipfel.

c) Der **Kuhberg** (Grießberg), 1992 m, im W-Grat der Wildseespitze wird am leichtesten über seinen kurzen O-Grat erstiegen. Vor dem schmalen, steilen Gipfelgrat wendet man sich über Steigspuren nach rechts und gelangt leicht auf einem Band zum höchsten Punkt des allseitig schroff abfallenden Gipfelkörpers.

● 401 **Kraxentrager,** 3000 m

Mächtiger Bergstock mit auffallend geformtem felsigem Gipfelbau. Oft besuchter Aussichtsberg. Nach W zweigt vom Kraxentrager der Padauner Kamm ab, der zwischen Vennatal und Valser Tal gegen das Brennertal hinabstreicht. Die Rundschau reicht von den Dolomiten über den Ortler bis zum Karwendel.

1. Ersteigung gelegentlich der Landesvermessung, 1852; wahrscheinlich aber schon früher von Jägern und Hirten.

● 402 a) **Normalanstieg** von der Landshuter Hütte, 1 st, I. Von der Landshuter Hütte auf dem Steig über den SW-Rücken des Kraxentragers; über ihn, teilweise in der S-Seite empor. Zuletzt 20—30 m Abstieg in die N-Flanke (gesichert); nun dort über unschwierige Felsen zum Gipfel.

● 403 b) **Von Westen.** Von den Vennahöfen im Vennatal, 5 st, I.

Auf dem üblichen Hüttenweg zur Landshuter Hütte über die Talstufe empor und über die Böden und Hänge empor bis zu den letzten grünen Böden. Hier links vom Weg ab und weglos über Geröll empor an die Felsen, mit denen der Kraxentrager nach W abfällt. Rechts einer Rinne über Felsen hinauf, dann gerade empor über plattiges Gestein zum Gipfel.

● 404 c) **Nordwestgrat** (Dr. Otto Kazda), II—, von St. Jodok 6 st.

Von St. Jodok auf der Straße durch das Valser Tal hinein und zu den letzten Höfen von Innervals wie in R 287 auf das Niedervennjöchl.

Vom Joch über den Rücken empor auf die erste Graterhebung (P. 2791) der alten AV-Brennerkarte). Südwärts über Blockwerk hinunter, dann zurück auf den Grat; man klettert über ihn empor zu drei Felszacken, die südwärts umgangen werden. Nun auf dem breiten Grat zum Gipfel.

● 405 d) **Ostgrat,** II, von Innervals 6—7 st.

Wie in R 283 zur Kluppenscharte. Nun westwärts über den gestuften Grat immer an der Gratkante bleibend zum Gipfel. Grattürme und Zacken werden überklettert.

● 406 e) **Von Norden, Nordwestgrat,** II, von Innervals 6 st. A. A.

● 407 f) **Übergang zur Hohen Wand** (A. Heinrich, O. Schlagintweit, 1910). II+, 3 st.

Vom Gipfel des Kraxentragers ostwärts über den gestuften Grat, die Türme und Zacken überschreitend, hinab in die Kluppenscharte, 2900 m (R 405). Nun immer auf dem teils scharfen Grat nordostwärts hinüber und aufwärts unter den Gipfelaufbau der Hohen Wand. Man quert nun unter den S-Abstürzen der Hohen Wand nach rechts und erklettert schwierig den S-Grat des Berges. Über ihn zum Gipfel.

● 408 **Hohe Wand,** höchste Erhebung 3286 m

Langgestreckte Gratmauer, die nach W schroff in das Zeischkar abfällt. Im O erhebt sie sich nur wenig über dem Stampflkees. Nach S streicht vom P. 3286 ein langer Rücken gegen das Pfitscher Joch hinab, der die Grawand, 2996 m, und den Grawandkofel, 2834 m, trägt; über diesen Felsrücken verläuft die Landesgrenze.

Die Hohe Wand wird meist in Verbindung mit der Sagwand überschritten.

1. Ersteigung: L. Purtscheller, 1883 (Mitt. DÖAV, 1884).

● 409 a) **Vom Pfitscher-Joch-Haus über den nördl. Firnrücken,** I, 3—4 st. An den Seen vorbei (Landesgrenze) und um den langen Grasrücken herum, der von der Grawand gegen das Pfitscher Joch hinabzieht. Nun durch die breite Rinne, links neben der großen Seitenmoräne des Stampflkeeses steil empor auf Geröll. Mäßig ansteigend aufwärts und auf das Stampflkees. Über den hier wenig geneigten Gletscher (der Bruch bleibt rechts liegen, Spaltengefahr!) ansteigend aufwärts, an einem vom Kamm der Hohen Wand absinkenden breiten Rücken herum auf den nördl. Gletscherboden. Hier an geeigneter Stelle über den Firnrücken (je nach Jahreszeit Eis) auf den Kamm, P. 3225 m. Der höchste Punkt liegt weiter südwärts.

● 410 b) **Vom Pfitscher-Joch-Haus über den südöstl. Felsgrat,** I, 3—5 st. Wie bei a) neben der Moräne aufwärts. An ihrem Ende wendet man sich nach links zur Schneescharte, 2799 m, und steigt aus dem kleinen Sattel nordwestwärts auf die erste Graterhebung, die **Grawand**, 2996 m. Nun über den nach W steil abfallenden Grat nordwärts zum P. 3286 der Hohen Wand. Über die einzelnen Erhebungen der Gratmauer bis P. 3225, von wo der Firn leicht gangbar zum Stampflkees abfällt (Bergschrund).

● **411** c) **Westwand** (Dr. S. Hohenleitner u. Gef., 1921), I+, von der Zeischalm 4—6 st. A. A.

● **412** d) **Südwestgrat – Mittelgrat** (Beschreibung nach L. Brankowsky, Heinr. Palme, 1943), IV—, 3½ st. Grathöhe 600 m.
Vom Weg Landshuter Hütte — Pfitscher Joch über rasendurchsetzte Platten und Blockwerk zum E. an der NW-Seite des Gratfußes (Steinmann). Durch eine senkrechte, griffige Verschneidung aufwärts und über rauhe Platten nach rechts auf den Grat. Diesen verfolgt man (Steinmann), bis er zur scharfen Schneide wird, die nach NW überhängt. (Lose Platten!) Der scharfe Grat mündet in einen senkrechten Abbruch. Über einen Überhang zu einer abgesprengten Platte und unter losen Blöcken Quergang nach links zu einem Riß. In festem Fels empor zu einer kleinen Terrasse und über zwei kleine Standplätze zur Gratschneide (Steinmann). Leicht über den Grat weiter und durch eine kurze, plattige Verschneidung, über der eine große Platte lehnt. An ihr rechts vorbei und zu einer kleinen Scharte. In der NW-Flanke ansteigend wieder zurück zum Grat. Knapp neben dem NW-Abbruch über lose Platten und Blockwerk zum S-Grat. In wenigen Min. rechts des Grates zum Gipfel.

● **413** e) **Übergang zur Sagwand,** I, ½—1 st.
Von der Hohen Wand fast eben auf dem Grat nordwärts zum Gipfel der Sagwand, der sich nur wenig über den Grat erhebt.

f) Beim **Abstieg von der Hohen Wand durch die S-Seite** ist Orientierungsgabe erforderlich. Man muß sich vom Gipfel nach links abwärts halten. Die auffallende Schlucht bleibt rechts. Brüchiges Gestein.

● 414 Sagwand, 3224 m

Schön geformte Felspyramide, die mit mächtiger Wandflucht und einem markanten N-Pfeiler nach N zum Alpeiner Ferner abfällt. Nach NW streicht ein zerklüfteter, mit Türmen bewehrter Felsgrat in das Valser Tal hinab; ihm entragen die Erhebungen der Hohen Warte, 2949 m, und, nahe seinem Ende, die Hohe Kirche, 2632 m. Nach SO fällt die Sagwand mit mäßig steilen Gröll- und Firnhängen zum Stampflkees ab. 1. Ersteigung: Otto und Emil Zsigmondy, Dr. Ferd. Hochstetter, 1881 (M. DÖAV 1881).

● **415** a) **Vom Pfitscher-Joch-Haus,** I, 3½—4 st, wie auf R 409 über das Stampflkees nordwärts empor und wenig ansteigend über den flachen Ferner in die nördlichste Gletschermulde. Aus ihr nordwestwärts (links) über Firn und Blockwerk zum Gipfel.

Abb. 5 Sagwand-Nordwand
1 = Rebitsch-Führe, 2 = R 419, 3 = R 418

● 416 b) **Westwand,** II, 5 st von der Zeischalm. Von der Zeischalm südwestwärts über die Hänge empor und auf das kleine Firnfeld, das südwestl. unter der Sagwand eingelagert ist. Über den Firn an den Beginn einer Rinne, die schräg aufwärts zum Gipfel bringt. Eine Felsstufe gleich zu Beginn wird rechts umklettert.

● 417 c) **Nordwestgrat** (Ingenuin Hechenblaikner, 1903), III—, 5 st E. Von der Zeischalm nordostwärts über die Hänge zum breiten Sattel im NW-Grat der Sagwand, 2610 m. Links über den Rücken empor auf die **Hohe Kirche,** 2632 m. Zurück zum Sattel und südostwärts über den Rücken empor bis unter einen Gratturm, der nach S mit einer steilen Kante abfällt. Er wird links umgangen. Über den Grat und in die Scharte hinter der Erhebung, 3193 m, und an den Fuß eines plattigen Turmes. Man ersteigt ihn gleich westl. der Gratkante. Dieser Turm bricht mit einem Überhang 60 m in die letzte Scharte vor dem Gipfel ab. Senkrecht über der Scharte durchreißt ein Spalt den Überhang, durch den man auf ein Band hinabgelangt. Auf dem Band nach rechts und vor dem Ende des Bandes über gut gangbare Felsen hinab in die Scharte. Aus ihr leicht zum Gipfel.

● 418 d) Nordwand (Jos. Harold, Dr. Helm. Scharfetter, 1925). IV, Wandhöhe 800 m, 6 st, steinschlaggefährdet.
Der Aufstieg vollzieht sich in der westl. der drei großen Eisrinnen, die die N-Wand durchfurchen, dann in der mittleren Rinne, zuletzt in den Felsen östl. davon.
Das untere Ende der westl. Rinne — sie zieht zum letzten Turm des N-Grates empor — erreicht man von rechts her über Schnee und Felsen. Nun durch die Rinne empor, bis ein gut gangbares Band in die mittlere Rinne hinüberleitet. In dieser bis fast zu ihrem Ende empor, dann über Eis und Fels auf die Höhe der Rippe, die die mittlere und östliche Rinne trennt. Von hier ostwärts über ein wenig ansteigendes, etwa 60 m langes Band und knapp vor dessen Ende über steile, gutgestufte Felsen und schließlich über flacheres, eisdurchsetztes Gelände gerade zum Grat empor, den man wenige Seillängen östl. des Gipfelsteinmannes erreicht.

● 419 e) **Nordpfeiler** (Paul Aschenbrenner, Wastl Mariner, 1939). VI—, 7 st, Wandhöhe 800 m.
Aus den zwei markanten Rinnen, welche östl. und westl. des Gipfels den steilen N-Absturz durchziehen, springt ein auffallender, plattiger Pfeiler hervor, welcher im spitzen Winkel der zusammenlaufenden erwähnten Rinnen etwa 100 m über dem Gletscherboden endet und dann in fast senkrechter Plattenflucht abfällt. Der Weg befindet sich in der Fallinie des Gipfels durch den Plattengürtel und führt dann fast ständig über die Pfeilerkante empor.
E. knapp rechts des von den erwähnten Steilrinnen gebildeten Wassergerinnsels. Über abgeschlagene, weiße Platten empor, zum Beginn einer etwa 70 m hohen Verschneidung (V+). Diese bis zu ihrem Ende verfolgend, erreicht man ein nach links aufwärts ziehendes breites Band, das bald zum Beginn

dieser Rinne führt. Diese überquerend, zum Beginn des Pfeilers. Unmittelbar an seiner Kante etwa 180 m in leichter Kletterei empor, bis zum ersten plattigen Steilaufschwung. Schräg rechts ansteigend, unter einem weit herausstehenden Felszacken vorbei zu einem Geröllkessel. Weiter schräg rechts hinauf über Platten zum Beginn einer auffallenden Rißreihe, die etwa 40 m rechts der Kante den ungangbaren Plattengürtel durchzieht. Diese bis zu einem Dach verfolgend (schwierigste Stelle, H. [VI—]), nach rechts um eine Kante und über Platten empor, leicht links haltend, auf ein Band, welches zur Kante zurückführt. Nun an der Pfeilerkante gerade über den plattigen, meist mit Rissen durchzogenen Fels (teilweise brüchig) empor (V—), schließlich in einen Kamin. Unter einer Erweiterung nach links heraus und über steile Wandstellen gerade hinauf zum Gipfel-Steinmann.

● 420 f) **Abstieg Nordwestgrat,** III, 2½ st.
Über die ersten zwei Türme, dann über die plattige, jedoch wenig geneigte Flanke zum Alpeiner Ferner hinab.

● 421 g) **Nordostwand** („Schiefer Riß"), (M. Rebitsch u. Gef. 1947; 2. Beg, H. Mariacher, P. Brandstätter u. Gef. 1977).

● 422 h) **Übergang zum Schrammacher** (in umgekehrter Richtung: Gebrüder Zsigmondy, Dr. Ferd. Hochstetter, 1881), II—, 1 st.
Vom Gipfel ostwärts hinab in die Scharte am Fuß des West-Grates des Schrammachers.
Die direkte Erkletterung des W-Grates über den ersten Abbruch ist schwierig. Man umgeht diesen daher über etwas brüchige Schrofen und Bänder in der S-Seite und steigt über Schrofen und Absätze oder durch eine Rinne auf den Grat empor. Nun über den langen Grat mäßig ansteigend auf den Gipfel des Schrammachers.

● 423 **Schrammacher,** 3411 m

Schaufelförmige, breite Felsschneide, die mit einer ungemein eindrucksvollen Plattenwand nach NW zum Alpeiner Ferner abstürzt. In alle vier Himmelsrichtungen entsendet der Schrammacher schön geschwungene Grate. Der N-Grat stößt in der Alpeiner Scharte mit dem Fußstein-S-Grat zusammen. Skiersteigung von S her im Frühjahr ungemein empfehlenswert. Prachtvolle Aussicht, vor allem gegen S (Hochferner, Pfunderer Berge, Dolomiten); der Tiefblick über die NW-Wand ist sehr eindrucksvoll.

1. Ersteigung: P. K. Thurwieser mit Georg Lechner (Schneider Jörgl) und Jakob Huber (Gainer Jaggl), 1847.

● 424 a) **Südgrat** (Weg der Erstersteiger), I, eine Stelle II, lohnende, aber anstrengende Bergfahrt. Vom Pfitscher-Joch-Haus 4—5 st, E. 3/4—1 st. Von Stein 6—8 st.
Vom Pfitscher-Joch-Haus wie auf R 409 auf das Stampflkees und nordwärts über den flachen Ferner empor, dann nach rechts, zuletzt steil in die überfirnte Oberschrammachscharte, 3105 m, am Fuß des S-Grates.
Beim Aufstieg ab Schlegeissee sollte man am besten vor dem letzten Aufstieg zum Pfitscher Joch auf die vorerst kaum sichtbare, östliche Seitenmoräne aufsteigen und danach die Firnfelder zur Oberschrammachscharte überqueren.
Über den flachen Blockgrat, manchmal in die W-Seite ausweichend, empor an ein 2 m hohes Wandl (II). Über dieses hinauf und über den nun flachen Rücken leicht zum Gipfel. (Der erste Turm kann westl. auf dem Firn umgangen werden. Seine Erkletterung von S weist Stellen II auf, Abstieg über die griffarmen Platten der Nordseite III—.)

● 425 b) **Südwestflanke,** I+. Vom Pfitscher-Joch-Haus 4—5 st.
Wie bei a) über das Stampflkees empor und aufwärts in den nordöstlichsten Teil des Ferners. Über Firnhänge (Spalten!) aufwärts zur Randkluft. An geeigneter Stelle hinüber und durch eine steile Schrofen- oder Schnee(Eis-) Rinne zum Gipfel. Sehr steinschlaggefährdet.

● 426 c) **Westgrat** (im Abstieg: Brüder Zsigmondy, Dr. Ferd. Hochstetter, 1881), II—. Vom Pfitscher-Joch-Haus 4 1/2—5 st, E. 1 st.
Wie bei a) auf das Stampflkees und nordwärts über den flachen Ferner empor in den Sattel zwischen Sagwand und Schrammacher. Wie bei R 422 zum Gipfel.

● 427 d) **Von der Olpererhütte über den Südgrat,** I, eine Stelle II, ziemlich mühsam, Steinschlag. Von der Hütte 6 st.
Wie in R 286a auf dem neuen Weg ins Unterschrammachkar. Auf R 286 etwa 10 Min. bergab (Richtung Dominikushütte). Dann über Geröll (unangenehm) zum langen Blockrücken, der vom Hauptkamm ostwärts hinabzieht und das Oberschrammachkees im O begrenzt. Man ersteigt den flacheren Teil des Blockrückens, etwa 2770 m, Steinmann; über diesen auf den oberen Teil des Oberschrammachkeeses (Steinschlag!). Über den Firn (Spalten!) südwestwärts ansteigend gegen die Oberschrammachscharte im S-Grat des Schrammachers. Durch

eine Rinne (brüchige Schrofen) auf den S-Grat und wie bei a) zum Gipfel.

Beim Abstieg empfiehlt es sich, direkt ins Zamser Tal abzusteigen.

● 428 e) **Von der Geraer Hütte über den S-Grat,** I, eine Stelle II, mühsam, $6^1/_2$ st.

Von der Hütte auf die Alpeiner Scharte (R 286) und jenseits auf dem Steig hinab in das Unterschrammachkar. Bei der Wegabzweigung zum Pfitscher Joch quert man das Kar nach rechts südwärts und steigt über Blockwerk auf den Blockrücken, der das Unterschrammachkar im S begrenzt. Über ihn empor und auf das Oberschrammachkees. Weiter wie bei d).

● **429** f) **Nordnordostgrat** (L. Grün, H. Hörhager, 1892. 1. gerade Ersteigung: Dr. Hans Lorenz, 1895), III, brüchiges Gestein, 4—5 st von der Geraer Hütte.

Von der Geraer Hütte zur Alpeiner Scharte ($1^1/_2$ st).

Von der Scharte westl. um einen niederen Felskopf herum in die nächste schmale Scharte. Aus dieser über eine hohe Plattenwand nahe der Kante (mit Eisenstiften versichert) empor zu Wandstufen und über sie auf ein ebenes Gratstück. Über den Grat weiter zu plattigen Türmen, die man teils überklettert, teils in der SO-Seite umgeht. Zuletzt leicht zum Gipfel.

● **430** g) **Südostflanke** (Dr. Lammer, 1891, teilweise über den SO-Grat), III, brüchig und Steinschlag. Vom Pfitscher-Joch-Haus 5—6 st. Ä. A.

● 431 h) **Nordwestwand** (Dr. Fritz Drasch mit J. Lechner, 1895), IV, Fels- und Eistour, 4—6 st, E.

Von der Geraer Hütte kurz auf dem Weg zur Alpeiner Scharte empor, dann rechts südwärts durch das blockerfüllte Kar auf den Alpeiner Ferner und in Richtung auf die Sagwand empor und zu einem Felssporn, der in Fallinie der Scharte zwischen Sagwand und Schrammacher aus dem Gletscher tritt (ungefähr in Höhe 2500 m). Hier E. Über die Randkluft in eine flache Rinne und in deren Mitte in einen kleinen Kessel, der von senkrechten Wänden eingeschlossen ist. Durch eine steile Rinne zum westl. Ende eines breiten Bandes. Man folgt nun diesem Band nach links (ostwärts) etwa 40 m, erreicht über Schrofen eine Felsleiste, die nach 5 m nach links zu einem steilen, geraden, 15 m hohen Riß führt. Durch diesen empor, dann etwas nach links hinaus und über plattige Wandstufen gerade empor. Durch die dunkle Plattenwand zieht eine flache Furche schräg nach links (ostwärts) hinauf, die schon von unten sichtbar ist. In der Furche über plattiges Gestein empor, dann durch einen Riß 10 m empor und durch eine Runse in eine Schlucht. (Hier zweigt die Führe Baumgartner-Pfeiffer nach links empor ab.) Auf der rechten westl. Seite der Schlucht über einen flachen Felsrücken zu einem nach W laufenden, schmalen Band empor und auf ihm ausgesetzt westwärts je nach Verhältnissen über steile Firnflecken, die das Band unterbrechen. Über diese zur Fortsetzung des Bandes, das in einem Gesims endet. Über eine Platte 20 m empor und durch einen Riß weiter. Dann wendet man sich nach links zum ausgesetzten Rand eines Eishanges und steigt über diesen etwa 20 m hinauf zu einem Kamin. Durch ihn hinauf über Eisflecken und eine Stufe und nach rechts zu einem steilen, überfirnten Rücken, der zum Verbindungsgrat Schrammacher — Sagwand emporzieht. An der O-Flanke des Rückens über Steilstufen auf die Grathöhe, die man östl. der Scharte erreicht. Über den W-Grat zum Gipfel.

Man kann auch (bei schlechten Schneeverhältnissen) vom Gesims über die Platte empor und zu einem kleinen Band klettern. Von hier etwa 35 m Quergang nach rechts (auffallender Felszahn, der aus der Wand herausragt) und in die auffallende große Verschneidung im östl. Wandteil. In ihr empor (in ihrem oberen Teil unter einem Überhang H.). Man erreicht den W-Grat bei einer kleinen Scharte.

● 432 i) **Nordwestwand** (Kuno Baumgartner, Gottfried Pfeifer, 1922), IV, 6—8 st.

Wie auf dem Weg Drasch—Lechner in die Schlucht. Von ihrem oberen Ende auf einem abschüssigen Plattenband nach links (ostwärts) zu dem kleineren, viereckigen Eisfeld unmittelbar in Gipfelfallinie. Auf der jenseitigen Fortsetzung des Plattenbandes weiter zu einem Pfeiler und über ihn aufwärts, bis er sich im Eis des auffallend großen Eisfeldes links unter dem Gipfel verliert. Über das steile Eisfeld nach links empor (Stufenarbeit) und über brüchige Felsen zur Grathöhe und zum Gipfel. (Am Ende des großen Eisfeldes kann man sich auch links aufwärts in ein auffallendes Schartl im Grat halten. Von hier gerade empor zum Gipfel oder — leichter — über den NO-Grat zum höchsten Punkt.)

● 432a Nordwestpfeiler (Ander, Franz und Hans Hörtnagl und Walter Egger 1962), V; 5 st; schöne Kletterei, festes Gestein.

Übersicht:

Die Führe verläuft über den von der Geraer Hütte aus gut sichtbaren, geraden Felspfeiler (etwa 200 m rechts vom Gipfel), und im letzten Wanddrittel etwa 20 m links von der zur Scharte aufwärtsziehenden Verschneidung.

Die Führe:

Von der Geraer Hütte auf dem Weg zur Alpeiner Scharte, etwa 3/4 st, in das Schuttkar und zum Einstieg. Rechts vom Pfeiler über den Bergschrund und zurück zum Pfeiler (Steinmann). An der Pfeilerkante zwei Seillängen aufwärts zu einem

Felskopf (Steinmann). Weiter an der Pfeilerkante drei Seillängen aufwärts (gute Standplätze) auf ein Köpfl. Nun einige Meter nach links und durch Risse auf ein Schuttband (Steinmann). Links vom Pfeiler über Platten aufwärts (V, H.) zu einem weißen Pfeilerköpfl (hier quert die Draschführe).
Nun einige Meter links der geschlossenen Platten in besonders schwieriger Kletterei aufwärts (V, H.) zu Stand. In einer

Abb. 6 Schrammacher, Nordwestwand
1 = R 433, 2 = R 432 a, 3 = R 431, 4 = R 432

Linksschleife aufwärts zum Schuttband am Pfeiler. Am Pfeiler etwa 80 m aufwärts, dann halblinks haltend aufwärts bis unter den großen, angelehnten Felszahn. Dieser wird an der rechten Seite in einer Verschneidung erklettert (schwierigste Stelle). Über Platten links vom Pfeiler aufwärts und nach etwa $2^1/_2$ Seillängen zum oberen Pfeilerende zurück.
Querung nach rechts bis vor die große linksaufwärtsziehende Verschneidung. Etwa 20 m links der Verschneidung in schöner Plattenkletterei aufwärts (fester Fels mit Ausnahme

der letzten drei Seillängen). Ausstieg am W-Grat, etwa 200 m rechts vom Gipfel, in die Scharte.

● 433 j) **Nordwestwand — linker Wandteil** (Adi Fluch, Leo Brankowsky, 1947), V, 6 st.
Einstieg mehrere hundert Meter links des Baumgartner-Einstiegs, etwas links der Riesenverschneidung der Gipfelwand.
Vom Einstieg schräg empor zu einem Köpfl durch gutgegliederten Fels. 30 m Quergang nach rechts hinaus in die sperrende Wandzone und über das senkrechte Wandstück empor auf die zweite, schräg durch die Wand streichende Depression (2 H.). Über Platten und Blöcke links aufwärts, bis eine auffallende schiefe Rißreihe sichtbar wird, die etwas links der Gipfelfallinie den Durchstieg durch den mittleren senkrechten Plattengürtel auf das obere Band vermittelt. Einstieg durch eine Steilrinne und durch sie 70 m in festem Fels empor. Die flache Rinne verengt sich zu einem feinen Riß (mehrere H.). Durch griffigen Fels auf eine kleine Schutterrasse, und mit Hilfe von Rissen und Pfeilern auf das Band, über das der Pfeifer-Baumgartner-Weg von rechts heranführt. Zuerst empor gegen das Eisfeld. Es wird aber unterhalb an glatten Platten umklettert. Gerade empor einer flachen Plattenrinne zu, die sich oben zum Riß verengt. Der Riß gabelt sich später. Durch seinen linken Ast (H.) empor und zu einer Quarzader, die gutgriffig emporführt. Kurze Querung rechts gegen den Grat hin und weiter zum Gipfel.

● 434 k) **Untere Nordwestwand in Gipfelfallinie** (Herb. Baumgartner, Leo Brankowsky, 1946). Kombinierte Eis- und Felsfahrt, 8 st
In Gipfelfallinie springt ein grauer Vorbau aus der Wand. Über diesen und in Richtung auf eine senkrechte, graue Rißverschneidung im ersten Plattengürtel führt der Durchstieg.
Ein feiner Riß durchzieht die grauen Einstiegsplatten. Von links her in den Riß, 30 m in ihm und 90 m in leichtem Fels gerade empor. 30 m Quergang nach rechts und über plattigen Fels hinauf. 90 m Quergang nach rechts empor zu grauen Platten und über diese (Schneefeld) zur hellgrauen Wandkulisse (Verschneidung). 30 m links davon auf ein Felsköpfl und 30 m Quergang nach rechts, teilweise überhängend, zu gutem Stand (4 H. nötig). Über ein 7-m-Wandl durch Risse empor zu einem Schneefeld und zu einem blockigen Band. Über dieses 30 m schräg rechts empor zum zweiten Plattengürtel (Riß und Rampe). 4 m gerade hinauf, 20 m halbrechts ansteigend zu kurzem heiklem Quergang und gerade empor in die weniger steile Wandzone (hier Zusammentreffen mit dem Weg Baumgartner—Pfeifer). Durch eine rinnenartige Mulde bis in ihre Mitte empor, dann rechts auf einen Pfeiler und über ihn auf den Pfeilerkopf. Über Platten nach links zum obersten Schneeband und auf ihm zum großen Eisfeld. (Einmündung zum Weg Baumgartner-Pfeifer).

● 435 Fußstein, 3381 m

Auch Fuirstein genannt. Beherrschende Felspyramide über dem Alpeiner Tal, mit hervorstechend schönen, langen Graten (S-Grat von der Alpeiner Scharte, W-Grat, N-Kante-Verbindungsgrat zum Olperer). Auch durch die plattigen Wände führen mehrere schöne Felsanstiege. Farbige und vielförmige Gipfelrundschau.
1. Ersteigung: R. Starr mit Joh. Eberl und Hans Lechner, 1880, über die O-Seite.

● 436 a) Von der Olpererhütte über die Südostseite, leichtester Anstieg (Weg der Erstersteiger), I, jedoch für Bergunerfahrene nur mit Führer. Von der Hütte 4 st.

Von der Hütte durch das steile, schrofendurchsetzte Riepenkar westwärts empor und über Blockhänge und einen Rücken auf das Unterschrammachkees. Über den zerklüfteten Gletscher — man hält sich ungefähr in der Mitte des Gletschers — in Richtung auf den Gipfel des Fußsteins empor. Durch eine schon von weitem sichtbare Rinne (45°) über Schnee und brüchige Schrofen empor auf den S-Grat, den man in einer Scharte zwischen Haupt- und südl. Nebengipfel erreicht. In der O-Seite des Gipfelaufbaues empor zum höchsten Punkt. Wenn die Rinne unbegehbar ist, kann man aus ihrem unteren Teil nach rechts hinaus über unschwierige Felsen zum Gipfel ansteigen.

● 437 b) **Von der Geraer Hütte über die Südwand** (Gebrüder Zsigmondy, Dr. A. v. Böhm, L. Purtscheller, 1881; auf anderem, leichterem Weg: Prof. Dr. K. Schulz, V. H. Schnorr mit Johann Ofer, 1887), II. Von der Hütte 3½ bis 4½ st.

Auf dem Steig zur Alpeiner Scharte empor, bis der Weg sich nach rechts zum Moränenrücken wendet. Hier links ab und über Blockwerk hinüberquerend an den Fuß der S-Wand. Ungefähr in ihrer Mitte sieht man über dem Schutthang die Mündung einer Rinne. E.

Durch die Rinne und nach rechts auf ein Plattenband, das, schmäler werdend, ostwärts zu auffallenden schwarzen Wandstufen hinaufführt. Rechts an der ersten Wandstufe vorbei unter die zweite, höhere, und von da ungefähr in halber Höhe der Wand auf Bändern fast eben nach links (westwärts) hinüber unter einen auffallenden Felskopf, hinter dem eine steile Rinne in der Scharte zwischen Haupt- und Nebengipfel emporzieht. Über eine Rippe von rechts unten auf den Felskopf, die Steilrinne querend, und in den brüchigen Schrofen links von ihr in die Scharte und in der O-Seite des Gipfelaufbaues empor zum höchsten Punkt.

Südwand im Abstieg (Normalweg).
Vom Gipfel auf Steigspuren hinab in die Scharte im S-Grat. Aus ihr durch die Rinne abwärts zum auffallenden Felskopf, wo sich die Rinne teilt. Hier rechts über die weiterlaufende Rinne ca. 250 m abwärts querend bis vor die auffallende Schlucht. Links der Schlucht in den Fels einsteigen, dann zwischen den zwei Bächen im Zickzack (Steinmann, Steigspuren) hinunter. Weiter in Richtung Geraer Hütte über Schrofen ins Kar.

Variante: Man steigt von dem genannten auffallenden Felskopf direkt über den Grat ab, der von hier ins Kar hinabzieht (Steigspuren, Steinmanndln). Einige Absätze werden dabei rechts umgangen. In der unteren Hälfte geht der Grat in eine breite Rampe über, die aus schräg nach unten ziehenden Bändern besteht; diesen folgt man im Zickzack, bis man auf die oben beschriebene Route trifft. Einige Stellen II, leichter zu finden (bes. bei Nebel), auch für den Aufstieg empfehlenswert.

● 438 c) **Südgrat** (L. Grün mit Franz und Jakob Lechner, 1895), III, 3—4 st.
Von der Alpeiner Scharte über einen Vorkopf auf den Grat. Die drei Türme des ersten Gratstückes werden überklettert (beim E. in den zweiten Turm eine schwere Stelle). Von der Scharte hinter dem dritten Turm wird das zweite Gratstück durch einen Riß im senkrechten Wandabsturz auf der Zamser Seite erreicht. Nun nach links über ein Band zum ersten Felskopf, dann auf dem Gratrücken über geschichtete, glatte Platten bis zu einem überhängenden Abbruch (5 m), von dem man mit Abseilen in eine kleine Scharte gelangt. Es folgt ein zweiter Abbruch von gleicher Höhe und auf eine schräge Platte von 30 m Länge eine schwierige Wandstelle und eine große, steile Platte. Nun leichter zur Spitze des südl. Nebengipfels. Abstieg in die nördl. Scharte auf der Alpeiner Seite, dann an der O-Seite des Grates leicht auf den Hauptgipfel.

● 439 d) **Westsüdwestgrat** (Paul Haas mit den Führern Fröhlich und Mühlsteiger, 1896), III—, 4—5 st. Von der Geraer Hütte auf dem Steig zur Alpeiner Scharte etwa ½ st empor, dann links ab und zum untersten Abbruch des WSW-Grates. Durch einen seichten Kamin gerade über den Abbruch empor, dann über Wandstufen auf den weniger steilen Teil des Grates. Nach Überkletterung und Umgehung einiger Grattürme und Gratzacken erreicht man die zwei schon von unten sichtbaren Grattürme in halber Höhe des Berges. Der erste wird von links (zuerst Quergang mittels eines Risses mit Klemmblock) erklettert. Den zweiten erklettert man ebenso von links quert dann nach rechts, bis ein Kamin wieder auf die Grathöhe bringt. Nun immer auf der Gratkante über plattigen Fels zum Gipfel.

● 440 e) **Gerade Nordwestwand** (Kuno Baumgartner, Gottfr. Pfeifer, 1921), IV, teilweise V—. Von der Geraer Hütte 4—5 st
Von der Hütte auf dem Wege zum Olpererferner. Südwärts über ihn zum Fuße der Wand. In einer Höhe von ungefähr 2900 m zieht ein auffallendes Band rechts in die Wand hinein. Dieses verfolgt man so lange, bis die Geraer Hütte sichtbar wird (ungefähr 150 m vom Beginne an). Über eine Wand 25 m schräg rechts aufwärts zum Beginne eines Rinnensystems, das sich nach 180 m an der Kante links oben verliert. Nun in immer schwerer werdender Kletterei direkt auf der Kante empor. Eine gewaltige Platte wird durch Seilpendeln überwunden (von links nach rechts). Die Kante kann aber auch gerade erklettert werden.

● 441 f) **Nordwestwand** (A. Fluch, L. Brankowsky, 1947). IV, 6 st. 600 m Wandhöhe, fester Fels.
Im rechten, mittleren Wandteil stößt ein ausgeprägter Plattenpfeiler zu kleinen Bändern hinauf. E. in Wandmitte, wo der Firn am höchsten hin-

aufreicht. Rechts aufwärts auf ein Band, gerade empor, dann links zum Pfeiler, Quergang links zum Plattengürtel und gerade zum Gipfel.
Vom Olpererferner, wo der Firn am höchsten hinaufreicht (E.), nach rechts auf eine Geröllterrasse. Steigender Quergang nach rechts und gerade über Platten und kleine Einrisse (kleiner Überhang) empor. Quergang links empor auf den eingelagerten, plattigen Pfeiler und 90 m empor (2 heikle Quergänge) zum Pfeilerkopf. Steigender Quergang nach links zu Geröllplatz unter Platten und eine folgende Rißreihe 80 m empor. 2 Seillängen links aufwärts querend zum sperrenden Plattengürtel. Links einer vorstehenden, lotrechten Platte, die überhängend eine Kante bildet, über eine Wandstelle aufwärts (H.), dann leichter zu dem fast die ganzen oberen zwei Drittel der Wand sperrenden Dachüberhang. Über eine Unterbrechungsstelle empor und über Platten 60 m zu Blöcken. Links haltend gerade zum Gipfel.

● 442 g) **Nordkante** (H. Frenademetz, K. Tschaler, 1935), IV+, 5—6 st. Schöne Kletterei, fester Fels.

Vom Fußstein fällt nach N eine schwach ausgeprägte Kante ab, die auf einem breiten Band aufsetzt. Durch eine flachere Zone in Wandmitte wird sie in zwei Hälften geteilt. Der Anstieg folgt im unteren Teil einem Rißsystem, das etwa 40 m westlich der Kante emporzieht, im oberen Teil der Kante selbst.

Am Weg zur Wildlahnerscharte empor, bis man leicht an den Fuß der NO-Wand des Berges herankommt. Man sieht hier bereits das große Band am Wandfuß, das man über ein kurzes Steilstück von links gewinnt. Über das Band westwärts bis in Fallinie der Kante und noch etwa 40 m weiter zum ersten Riß. (Etwas weiter westlich setzt ein flacheres und leichteres Rinnensystem an, das sich höher oben mit dem Originalweg vereinigt.)

Durch diesen Riß 40 m empor auf einen Absatz. Standplatz etwas links. Von hier wieder gerade empor auf ein Band. (Dieses wird mitunter auch zum Ausqueren in die leichteren Risse rechts verwendet.) Man kann aber auch geradeaus durch feine Risse und über glatte Platten emporsteigen und erreicht den Schluß des Rinnensystems unterhalb der glattgeschliffenen Steilrinne, die auf den großen Schuttabsatz in Wandmitte emporleitet.

Über Schutt und Blockwerk an den zweiten Kantenaufschwung. Kurz rechts an den Beginn eines schönen Plattenrisses. Durch diesen 80 m empor in prachtvoller Kletterei zu Standplatz (H.). Nun kurzer Quergang rechts in eine Plattenverschneidung. Durch diese auf den flacheren Gratteil und zum Gipfel.

● 443 h) **Gerade Nordwand** (Paul Aschenbrenner, Wastl Mariner, 1939), V+. 5 st. Wandhöhe 400 m.

Von der Geraer Hütte auf dem Olpererweg bis zum großen Moränenkopf. Den Olpererferner querend, zum Fuße der Wand. Der Schrund wird in Gipfelfallinie überschritten, dann den folgenden Eishang gerade empor zu plattigen Felsen. Diese schräg rechts aufwärts (IV) bis unmittelbar unter den ersten ungangbaren Plattengürtel. Ein Band nach rechts querend, bis es möglich ist, das zweite Band oberhalb des Plattengürtels zu erreichen. Auf diesem schräg nach links aufwärts zurück in die Wandmitte. Über gestuften Fels empor (IV) auf eine Kanzel am Beginn des zweiten Plattengürtels. Über weit herausstehende Platten in eine Verschneidung, 25 m empor (H.), bis sie überhängend nach links zieht. 5 m Querung nach rechts (H.) in einen Riß, welcher die Riesenplatte durchzieht. Durch diesen 35 m hinauf (H.) zu Stand (V). Über geneigtere Platten schräg rechts empor auf ein Band unterhalb der plattigen Gipfelwand. Dieses bis zu seinem Ende nach rechts verfolgend (IV), zu einem auffallenden Block. 15 m an überdachter Leiste nach rechts hangelnd (H.),

Abb. 7 Fußstein, Nordwand. 1 = R 443, 2 = R 442, 3 = R 441

über einen Überhang hinweg in eine Verschneidung, nach 5 m zu einem Hakenstand (V+ oder VI—). Die nun folgenden steilen Platten (IV+) gerade ansteigend, bis man auf die NW-Kante gelangt, und über diese nach 30 m direkt zum Gipfel.

Abb. 8 Fußstein, Nordostgrat, R 445 (Übergang zum Olperer)

● **444** i) **Alte Nordwand** (L. Grün mit Hans Hörhager, 1897), Fels- und Eisfahrt.
Ehemals bis zur Wandhälfte Eis und Firn, sodann Ausquerung gegen den NO-Grat.

● **445** j) **Überschreitung Fußstein — Olperer** (Dr. E. G. Lammer, 1884), III, frischer Felsabbruch unter dem Olperer-Gipfel IV+. 3—4 st. Abwechslungsreiche Kletterei. Vgl. auch R 456.
Vom Gipfel des Fußsteins über den scharfen NO-Grat steil hinab (manchmal etwas links ausweichend) und über die Gratzähne in die tiefste Scharte im Verbindungsgrat. Die folgenden kühnen Türme werden überklettert. Dann rechts vom Grat ab über einen Steilhang und eine Felsrippe hinab. Dann Quergang und auf breitem Band empor unter dem Turm vorbei zurück zum Grat. Der Grat und der Turm kön-

nen auch schwieriger gerade überschritten werden. Beim Anstieg zum Olperer sperrt ein frisch entstandener, etwa 8 m hoher Wandabbruch den Weg, der von links nach rechts oben erklettert wird (V—).

● 445a k) **Abstieg vom Fußstein durch die Ostflanke.** 1½ bis 2 st zur Alpeiner Scharte, I (wenn keine Vereisung).
Da der übliche Abstieg zur Geraer Hütte durch die Südwestflanke oft bis in den Hochsommer hinein vereist ist und in den letzten Jahren die Steinschlaggefahr in dieser Flanke in den Nachmittagsstunden relativ groß war, wird sehr oft der Abstieg durch die Rinne der Ostflanke auf das Unterschrammach-Kees und über die Alpeiner Scharte zurück zur Geraer Hütte gewählt.
Man steigt vom Gipfelkreuz zunächst etwa 20 m auf dem Nordostgrat Richtung Olperer und quert dann entschieden rechts durch die Flanke über Geröll bis an den Beginn der auffallenden Rinne, die in Gipfelfallinie zum Unterschrammach-Kees hinunterführt. Durch diese Rinne auf die Firnfelder und nun stets rechts haltend hinab durch die Geröllfelder und um einen Ausläufer des Fußstein-Südgrates herum auf den Steig, der hinauf zur Alpeiner Scharte führt.
Man erreicht den Steig etwa in 2650 m Höhe und steigt nun 300 Höhenmeter an zur Alpeiner Scharte. Jenseits zur Geraer Hütte hinab.

● 446 Olperer, 3476 m

Hauptgipfel des Tuxer Kammes. Einer der berühmtesten, meistbesuchten und aussichtsreichsten Berge der Zillertaler Alpen. Steile Felsschneide, die kühn aus den umgebenden Eisfeldern vorstößt. Der beste Weg von der Geraer Hütte führt von der Wildlahnerscharte her über den N-Grat, teilweise gesichert. Jedoch erfordert auch dieser Anstieg Bergerfahrung und Ausdauer.
Neben herrlichen Talblicken fesseln vor allem die Eiszinnen des Zillertaler Hauptkammes, die sich von ihrer schönsten Seite zeigen.
1. Ersteigung: Paul Grohmann mit Georg Samer und Jakob Huber über den SO-Grat (Erschließung der Ostalpen, III).

● 447 a) **Nordgrat** (im Abstieg: Emil und Otto Zsigmondy, 1879; im Aufstieg: Dr. E. Suchanek mit Stabeler Hansl, 1883). II—, teilweise gesichert. Für Ungeübte Führer! 1 st E. Von der Geraer Hütte 3½—4 st. Vom Spannaglhaus 3—4 st. Von

der Geraer Hütte, dem Spannaglhaus oder der Olpererhütte auf die Wildlahnerscharte.
Von der Scharte zuerst rechts des Grates (westl.) über Firn oder Eis aufwärts, dann nach links über die Randkluft an geeigneter Stelle an den Grat. Zuerst über glatte Platten, die mit einigen Stiften gesichert sind, empor. Dann über plattige Stufen weiter, ein kleines Wandl wird gerade erklettert, über gut gangbaren Fels und über Blockwerk zum Gipfel.

● **448** b) **Südostgrat „Schneegupf-Grat"** (Weg der Ersteiger). II, ungefährlicher als a). Von der Olpererhütte 3 st. Vom Spannagelhaus 4½—5 st. Versicherungen.
Von der Olpererhütte nordwestwärts auf Steigspuren, teilweise Steinmanndln, bis unterhalb des Großen Riepenkeeses. Dieses bleibt rechts. Über Geröll und große Blöcke an den Riepengrat („Schneegupf-Grat").
Die Felsen des Schneegupfes teilen sich am Fuße gabelförmig. Man klettert hier empor auf die Grathöhe und erreicht über die gut gangbare Schneide den Firn. Links über das steile Firnfeld empor und über den Rücken auf die Höhe des Schneegupfes, etwa 3250 m. Über den Firngrat weiter zu den Gipfelfelsen.

Abb. 9 Olperer von Nordwesten. 1 = R 447, 2 = R 452, 3 = R 453

Einige Schritte links an der Wand mit Hilfe von Eisenstiften empor und durch einen Kamin (mit Eisenstiften gesichert), und weiter über die Gratschneide zu einem glatten Felsblock. Mit Hilfe von Sicherungen über ihn und zum Gipfel. Der Block kann bei guten Schneeverhältnissen rechts auf dem steilen Hang umgangen werden. (Durch Blitzschlag wurden hier 1956 Sicherungen zerstört. Es ist daher zweckmäßiger, den großen Block rechts [nördl.] zu umgehen. Bei Neuschnee Vorsicht!)

Vom Spannagelhaus über das Gefrorene-Wand-Kees zum Riepensattel, und südwestwärts über den Ferner aufwärts an den Fuß des Schneegupfes. Über die Randkluft und steilen Firn an die Felsen und über diese auf die überfirnte Erhebung im SO-Grat, den Schneegupf. Weiter wie oben zum Gipfel.

Will man über den SO-Grat hinab und zum Spannagelhaus, so kann man vom unteren Rand des Schneegupfes gerade auf das Riepenkees hinabsteigen. Man klettert über steile, jedoch mäßig schwierige Felsen und steilen Firn hinab und überschreitet die Randkluft. Dann steigt man nordostwärts schräg hinab und erreicht den breiten Riepensattel.

● 449 c) **Südwand** (L. Grün mit Hans Hörhager, 1895), schwierig (III). Von der Olpererhütte 5 st.

Von der Olpererhütte durch das Riepenkar empor, über die Ausläufer des SO-Grates des Olperers zum Unterschrammachkees. Über den Ferner, in der Nähe der Felsen des SO-Grates empor an die S-Wand des Olperers, senkrecht unterhalb der Spitze. Leicht über die Randkluft zu einer hellen Wandplatte inmitten schwarzer Felsen und über sie auf die erste Wandstufe, dann gerade hinauf durch eine Rinne und über Platten zum zweiten Band. Weiter schräg nach rechts, dem Plattenzug folgend, bis in die Höhe des Schneegupfanfanges und nun senkrecht über Platten in der äußersten Wandmulde bis zum Gipfel.

● 450 d) **Felspfeiler zum P. 3469 m im Südwestgrat** (Otto Ampferer, H. Hammer, 1899), IV—, teilweise steinschlagsicherer Anstieg neben der Eisrinne, 4—6 st. A. A.

● 451 e) **Durch die Eisrinne der Westwand** (Dr. W. Fickeis mit dem Senner Johann Ofer, 1879), III +, steinschlaggefährliche Eistour, 4—6 st. (Auch die nordwestl. Eisrinne wurde bereits durchstiegen; Dr. Kaupra und Gefährten, 1910.)

● 452 f) **Westflanke-Eisweg** (Wastl Mariner, Cilli Dejaco, 1940). Schöne, sehr schwierige Eisfahrt, 3 st, E.

Vom großen Moränenkopf, am Weg zur Wildlahnerscharte nach O querend, zum Beginn des unteren Bruches des Wildlahnerfernes. Über Eisrücken und Abbrüche gerade ansteigend, bis zum letzten großen Absatz unter der Terrasse. Dieser, etwa 20 m hoch, wurde durch einen Eiskamin erstiegen. Über einige große Spalten hinweg auf die Terrasse und gerade an die ansetzende Eiswand heran. Die Überwindung dieser etwa 50 m hohen Eiswand (75°) sowie der Eiskamin unterhalb der Terrasse erfordern schwierige Eiskletterei. Vom oberen Ende der Eiswand kann der Gipfel

a) gerade über einen oberhalb des Schrundes ansetzenden Eishang und den anschließenden plattigen Fels,
b) durch Querung zum NO-Grat und über diesen weiter,
c) oder über den Grat westl. zum W-Gipfel,

erreicht werden.

● 453 g) **Vorgipfel – gerader Anstieg über den Westsporn** (Herb. Baumgartner, L. Brankowsky, 1946), IV, Felshöhe 250 m, 2½ st.
Vom Weg zur Wildlahnerscharte ist südl. (rechts) des großen Eisbuckels der W-Sporn sichtbar.
Den Fuß des W-Spornes rechts umgehend, gewinnt man über steiles Eis den Rücken des Spornes. Über Blockwerk zu einem etwas brüchigen Wandl, das von rechts nach links durchklettert wird. Über die folgende Platte durch feine Risse gerade aufwärts. Halblinks ansteigend zu einem kleinen Band unter glatten Platten und 30 m über kleingriffige Platten zu Stand (Felszacken). Schräg links empor in eine rötliche Verschneidung und in ihr sehr schwierig 40 m empor zu Stand. Über Platten und Blöcke unmittelbar zum Vorgipfel hinauf.

●454 h) Nordostwand (Heinz Pauksch mit Hans Fiechtl und Hans Hotter, 1910), Wandhöhe etwa 200 m, 5—6 st.
Von der Wildlahnerscharte oder vom Riepensattel an den Fuß der Wand, über die Randkluft links an geeigneter Stelle und quer über den steilen Gletscher, zuletzt über ein brüchiges Band nach rechts in die Fallinie des Gipfels. Nun durch eine Verschneidung, ungefähr 30 m gerade hinauf auf ein schmales Band, über dieses nach rechts, bis es aufhört, und an der rechten Kante einer Platte ungefähr 4 m hinauf auf eine kleine, schmale Schutterrasse. (Rechts davon ein Schneefeld.) Von hier zuerst einige Meter nach links, bis sich eine schmale Felsleiste nach oben zieht, dann mit Hilfe dieser Felsleiste über eine 60 m hohe, steile Plattenwand, und zwar zuerst 30 m hinauf zu einem kleinen Ruheplatz, dann entweder gerade hinauf auf ein Band, oder auf schmaler Leiste ohne Griff nach links etwas abwärts, mit einem Spreizschritt über eine Unterbrechung, nach rechts in eine Verschneidung und durch diese hinauf auf ein Band. Nun über dieses Band nach rechts und Quergang in eine Verschneidung, durch die man über eine Wandstufe abermals ein Band erreicht. Von ihm aus über einen kurzen Überhang an den Fuß eines gewaltigen,

schon von unten auffallenden Überhanges. Am Fuß dieses Überhanges ein 30 m langer Quergang nach links aufwärts an tritt- und griffarmer, dachartig gelagerter Plattenwand in die Fallinie des Gipfels (schwierigste Stelle). Nun rechts durch eine Rinne auf den N-Grat oder (bei gutem Schnee) über ein Schneefeld gerade zum Gipfel.

● **454 a** i) **Neue Nordostwand** (E. Hotter und Gef., 1973), III, stellenweise IV+, 2 st E. 1. Alleinbegehung P. Habeler, 1975. Prächtige Reibungskletterei.

E. an der Stelle, wo der Schnee (bzw. das Eis) am höchsten in die Wand hinaufreicht. Unschwierig gerade hoch zu einem kleinen Schneefeld (etwa 40 m). Quergang nach links über schwach gegliederten Fels, nach etwa 20 m zum Beginn eines nach rechts aufwärtsziehenden Risses. Diesen verfolgend (H) erreicht man nach einer Seillänge einen steilen Plattenaufschwung. Gerade weiter, schwach links haltend (H), zum Beginn einer Rißreihe, die zuerst bis kurz unterhalb des großen Überhanges verfolgt wird. Querung 30 m nach rechts, Überkletterung des Überhanges direkt (mehrere H). Unmittelbar in Gipfelfallinie zum höchsten Punkt.

● **455** j) **Südsüdostgrat von P. 3449 m** (Blattmann, Gerin, Jandosek, 1909), IV, teilweise V, 4 st E. A. A.

● **456** k) **Überschreitung Olperer—Fußstein,** mit Umgehung der schwierigen Türme, III, 2½—3 st.

Vom Gipfel auf dem Grat bis zum großen Turm. Noch vor diesem links auf der dem Unterschrammachkees zugekehrten Seite einem 1—1½ m breiten, schwach geneigten Schuttbande folgend, das sich ungefähr im selben Maße wie der Grat senkt, bis dorthin, wo gerade in der Höhe der zweite große Turm sichtbar wird. Hier verliert sich das Band in der Wand. Man klettert nun über mäßig steile Platten in derselben Richtung weiter, unter dem dritten Turm durch, an dessen S-Seite man in die tiefste Scharte quert. Die nächsten Zacken können wieder links in der Wand umgangen werden; schließlich aber auf den Grat und zum Gipfel des Fußsteins; s. R 445.

● **457** **Gefrorene-Wand-Spitzen,** 3286 m, 3270 m

Schön geformter, doppelgipfeliger Firndom, östl. über dem breiten Riepensattel aufragend. Von N gesehen stumpfer Firnkegel mit dunklem Felsaufbau, von dem das mächtige Gefrorene-Wand-Kees niederfließt.

Durch die Erbauung der Gletscherlifte (Hintertux — Spannagelhaus, 2 Sekt. Einsessellifte, Schlepplifte zum Riepensat-

tel und Gefrorne-Wand-Grat) ist dieser Berg zu einem Hauptanziehungspunkt des Gebirges geworden. Frühjahrs- und Sommerskilauf.
Die Aussicht ist sehr schön, nach W verdecken Olperer und Fußstein teilweise die Sicht. Ersteigung unschwierig und lohnend.
Der Erstersteiger der Nördl. Spitze ist nicht bekannt. Einer der frühesten Ersteiger war Dr. Bereiter, 1867. Vorgipfel der Südl. Spitze: Dr. A. Böhm und Dr. K. Diener, 1883. Südl. Spitze: M. und R. v. Frey, 1872.

a) **Vom Spannagelhaus,** I, 2—2½ st. Von der Hütte auf dem Weg zur Wildlahnerscharte über das Gefrorne-Wand-Kees empor bis etwa 2900 m (etwa 1½ st). Von hier nimmt man Richtung zu dem ausgeprägten, blockigen NW-Grat des N-Gipfels. Hinauf bis etwa 100 m unterhalb der Felsen und immer unter dem Grat durch in die oberste Firnmulde zwischen N- und S-Gipfel. Von hier unschwierig auf den Hauptgipfel. Auf den S-Gipfel mäßig schwierige Kletterei.
Von der Friesenberghütte, I, 3 st. Von der Hütte Abstieg zum Friesenbergsee, 2444 m, von hier nach Westen am Hang aufwärts, bis der Weg Olpererhütte — Friesenbergscharte erreicht ist. Nun weglos in westl. Richtung zum Friesenbergkees, das bei etwa 2850 m erreicht wird. Über den Ferner (geringe Spaltengefahr) auf die Nördl. und Südl. Gefrorene-Wand-Spitze.

● **458** b) **Vom Riepensattel,** I, ¾ st. Von der Olpererhütte oder der Geraer Hütte auf den Riepensattel und ostwärts über die Firnhänge empor auf den Sattel zwischen der Südl. und Nördl. Spitze. Nordwärts bzw. südwärts über Blockwerk und Schutt auf die beiden Gipfel.

● **459** c) **Südl. Gefrorene-Wand-Spitze** vom Riepensattel. II+, von der Olpererhütte 3 st. Vom Spannagelhaus 2½—3 st. Vom Sattel empor gegen den Fuß des Verbindungsgrates zwischen Südl. und Nördl. Spitze. Über die Randkluft empor auf die Grathöhe und südwärts zum Gipfel.

● **460** d) **Nordwestgrat** (Jul. Zimmermann, 1929), mäßig schwierig, II, 3 st. Vom Spannagelhaus auf dem Steig, der zum Riepenkees leitet, zunächst auf das Gefrorene-Wand-Kees. Zwischen NO- und NW-Grat der Nördl. Spitze zieht eine Gletschermulde herab, welche westl. von einer Schneide gegen das Gefrorene-Wand-Kees begrenzt wird. Über den steilen, zerrissenen Gletscher hinauf zu dem anfangs wenig ausgeprägten NW-Grat. Über den gutgestuften Felsgrat zum Gipfel.

● 461 e) **Nordostgrat** (L. Purtscheller, 1883), II, 2 st. Von der Friesenbergscharte ständig über den Grat (flache Firnschneide) an den letzten, felsigen Gratteil und über ihn zum Gipfel.

● 462 f) **Von Norden** (Loth. Fink, 1937), II+. Vom Spannagelhaus unter die Steilabbrüche. Aufstieg durch eine schmale Eisrinne in der Mitte zwischen den Abstürzen und der linken felsigen Begrenzungsrippe. Über eine niedrige Eiswand auf flachen Firn und über den NW-Grat auf den Hauptgipfel.

● 462a g) Nordwand des Vorbaues (Habeler, Kreidl, 1961), V+, 6 st. Die zwei unteren Wanddrittel bieten durchwegs Kletterei in festem Fels, das letzte Drittel ist brüchig und gefährlich. Wandhöhe 350 m. Ausgangspunkt Spannagelhaus. (Dort genaue Beschreibung der Führe.)

● 463 h) **Übergang zum Riffler,** II, 2½ st. Von der Nördl. Gefrorene-Wand-Spitze über Blockwerk hinab und über Firn an den Felsgrat. Über ihn — gelegentlich weicht man nach rechts in die südl. Flanke aus — und eine steile, manchmal vereiste Rinne in die Friesenbergscharte, 2904 m.
Von der Scharte nordostwärts über den zuerst flachen Rükken, dann über den Felsgrat empor zum Riffler.

● 464 **Hoher Riffler,** 3228 m

Ebenmäßiger Fels- und Firngipfel südöstl. über dem hintersten Tuxer Tal. Unter der felsigen W-Flanke ist das Schwarz-

Abb. 10 Gefrorene-Wand-Spitzen (vom Friesenberg-Haus).
Rechts Nordgipfel, 3286 m, links Südgipfel, 3270 m.
1 = Nordostflanke (II)

brunnerkees eingelagert. Von NO zieht das Federbettkees mit einem Firnrücken bis zum Gipfel des Rifflers empor. Gegen SO fällt eine Felsflanke steil zum kleinen Rifflerkees ab.

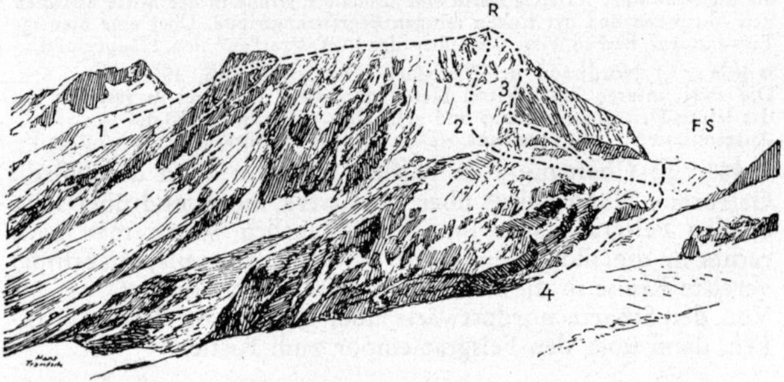

Abb. 11 Riffler von NW. R = Riffler, FS = Friesenbergscharte, 1 = R 469, 2 = R 467, 3 = R 465, 4 = R 294.

1. Ersteigung gelegentlich der Landesvermessung. 1. touristische Ersteigung: H. Weber mit G. Samer, 1875.

● **464** a) **Von Süden.** Bez. 2½—3 st. vom Friesenberghaus.

Von der Einsattelung nordöstl. des Friesenberghauses (P. 2648 m beim Petersköpfl) anfangs links des S-Grates in grasiger Flanke auf deutlichem Steig, später den Steinmännern folgend über ein kleines Firnfeld in Richtung auf einen Absatz im SW-Grat (180 m links vom Gipfel); über Blockhalden auf den SW-Grat und über ihn zum Gipfel. (Beschr. H. Papst).

● **465** a) **Südwestgrat,** I, 1—1½ st von der Friesenbergscharte. Vom Spannagelhaus bzw. von der Bergstation des Sesselliftes (2. Sektion) (oder der Olpererhütte) auf die Friesenbergscharte. Zuerst über Firn über den flachen Rücken nordostwärts an den felsigen Aufschwung. Über diesen auf den flachen Gipfel. Von der Friesenberghütte über den Südwestgrat, I, bez., 2½—3 st.
Von der Hütte Abstieg zum Friesenbergsee, von hier auf gutem Steig in nordwestl. Richtung zur Friesenbergscharte. Nun auf dem aussichtsreichen Südwestgrat zum Gipfel.

● **466** b) **Über das Schwarzbrunner- und Federbettkees,** I. Vom Spannagelhaus, 3—3½ st, auf dem Weg zur Friesenbergscharte empor bis unter den Firn des Gefrorne-Wand-Keeses. Hier nach links vom Steig ab und weglos die Geröll-

Abb. 12 Hoher Riffler (Tuxer Kamm) von SSW. 1 = R 465, 2 = R 468a.

und Schneehänge zum Schwarzbrunnerkees querend. Durch die Mulde des klüftereichen Schwarzbrunnerkeeses nordostwärts, dann nordwärts über Firn zwischen den Schrofen auf das Federbettkees. Nun im Bogen nach S über den mäßig ansteigenden Ferner empor zum Gipfel.

● 467 c) **Durch die Westflanke, I, 3—3½ st.** Nur für Geübte. Wie bei b) auf dem Schwarzbrunnerkees empor und an den Fuß der felsigen W-Flanke. Man ersteigt sie durch eine steile Geröllrinne, die unmittelbar zum Gipfel emporbringt.

● 468 d) **Von Osten.** Von der Rifflerhütte (zerstört) über das Federbettkees, 3—3½ st, unschwierige Gletscherwanderung. Von der Hütte zur großen Moräne des Federbettkeeses und auf einen in das Kees vorspringenden Felssporn. Über den zuerst steileren Gletscher oder (bei schlechtem Schnee) über den felsigen O-Rücken zum Gipfel.

● 468a e) **Von der Unteren Rifflerscharte, 2774 m, über den Ostgrat, II, 3 st.**

● 469 f) **Von der Oberen Rifflerscharte, 1 st.** (Von Hintertux zur Ob. Rifflerscharte, R 297, umgekehrter Weg.)
Von der breiten Scharte südwestwärts über eine spaltige Gletscherstufe empor, dann über den breiten Gletscherrücken ohne Schwierigkeiten südwärts zum Gipfel.

● 470 **Kleiner Riffler,** 2835 m, **Schönlahnerkopf,** 2707 m
Felsköpfe, in dem vom Hohen Riffler südostwärts streichenden, langen Felsgrat. Nordwestl. des Kleinen Rifflers ist die Untere Rifflerscharte eingeschnitten.

● 471 a) **Kleiner Riffler von der Rifflerhütte,** 2 st. Von der Hütte zum Rifflersee und westwärts über die steilen, schrofendurchsetzten Hänge und über Blockwerk empor in die Untere Rifflerscharte. Über den W-Grat auf den Kleinen Riffler.
Die Untere Rifflerscharte ist auch aus dem Wesendlekar (bis hierher Steig aus dem Zamser Grund) leicht über Schutt zu erreichen.

● 472 b) Der begrünte **Schönlahnerkopf** ist von der Rifflerhütte südwestwärts über Blockhänge leicht zu erreichen, 1½—2 st. Von W aus dem Wesendlekar über Rasen und Schutthänge leicht auf den Kopf.

c) **Petersköpfl,** 2677 m, I, ½ st. Kleiner Gipfel nordöstl. der Friesenberghütte. Von der Hütte nordöstl. auf Steig zu einem Sattel, 2648 m, nun südöstl. zum Gipfel.

● 473 **Griererkarspitze,** 2962 m; **Napfspitze,** 2900 m
Die Griererkarspitze ist ein stumpfer Felsberg nordöstl. über der Oberen Rifflerscharte, die Napfspitze ein kühnes Felshorn im Kamm zwischen Griererkarspitze und Realspitze. Von der Griererkarspitze zieht ein langer Felsgrat nordwestwärts gegen Hintertux hinab, der die Erhebung des Schmittenberges, 2729 m, trägt.
Die Griererkarspitze kann aus dem Bodenkar oder über den Grat von der Oberen Rifflerscharte her erstiegen werden.

● 474 **Realspitze,** 3038 m

Felsberg nördl. über dem Birglbergkar im Kamm aufragend. Lohnender Aussichtsberg. Schon früh von Einheimischen erstiegen. 1. touristische Ersteigung: L. Purtscheller, 1883.

● 475 a) **Südwestgrat,** I, von der Rifflerhütte 3 st. Von der Hütte nordwärts über die steilen Hänge des Birglbergkares empor und zu den geröllbedeckten Mulden südl. unter dem Kamm zwischen Real- und Napfspitz. Über ein kleines Schneefeld und über Schrofen empor an den Grat und über ihn zum Gipfel.

● 476 b) **Südöstlicher Seitengrat,** I, eine Stelle II. Von der Rifflerhütte 3—4 st.

Von der Hütte auf dem Weg zum Riffler bis zum Steinmann im Birglbergkar, hier rechts schräg durch die obere Mulde des Kares empor und über Geröll an den Beginn einer auffallenden, breiten Geröllrinne. Durch sie hinauf auf den SO-Grat.
Über den Grat, oder etwas rechts unter der Grathöhe, aufwärts bis zur Vereinigung mit dem Hauptkamm. Über eine kurze, steile Wandstufe nach links und über Blöcke auf den Hauptkamm und kurz über diesen zum Gipfelblock.

● 477 c) **Abstieg durch das Griererkar** ins Tuxer Tal, steil und weglos. 3—4 st.

● 478 d) **Übergang zum Roßkopf,** I, 3/4 st. Nordostwärts über den Grat zum P. 3017 m, hinter dem sich die Gratschneide auflöst. Das kleine Hauser Kees bleibt rechts unten liegen. Über Geröll und Blockwerk hinüber zum P. 2948 m, wo der Grat wieder beginnt. Nach NW streicht ein langer Grat im Bogen gegen das Tuxer Tal hinab, dem die **Röthschneide,** 2931 m, die **Stange,** 2760 m, und der **Höllenstein,** 2873 m, entragen.
Nun nordostwärts in hübscher Kletterei über die Gratschneide zum Roßkopf. (Links, nordwestl., unter dem Grat liegt das Höllensteinkees.)

● 479 Roßkopf, 2957 m

Felskopf im Kamm nordöstl. der Realspitze. Vom Gipfel zweigt nördl. ein Seitengrat ab, der die Erhebung des **Rauhkopfes,** 2866 m, trägt. Nördl. unter dem Hauptkamm liegt das kleine Höllensteinkees.
1. Ersteigung: L. Purtscheller, 1883 (M. DÖAV, 1884).

● 480 a) **Über den Südwestgrat von der Realspitze,** I, 1 st (s. R 478).

● 481 b) **Südostflanke,** mäßig schwierig (II). Von der Langen-Wand-Scharte (R 300) südwärts kurz hinab (kommt man von Roßhag, zweigt man unter der Scharte nach links ab) und westwärts unter dem Hauptkamm querend an die O-Flanke, über die man in mäßig schwieriger Kletterei den Gipfel erreicht.

● 482 Nestspitze, 2965 m

Kühner Felsgipfel im Hauptkamm, zwischen der Lange-Wand-Scharte (Hauser Nieder) und der Elsscharte (Nestnieder). Bei Delago: Langewandspitze.
Die kleine Erhebung unmittelbar westl. über der Lange-Wand-Scharte heißt **Hauser Spitze,** 2855 m. Von ihr streicht ein Rücken südostwärts hinab, die Sauwand.
Vom Gipfel der Nestspitze zieht ein mächtiger felsiger Zweiggrat nordwärts gegen das Tuxer Tal hinab, die **Lange Wand.**

1. Ersteigung bei der Landesaufnahme, 1. touristische Ersteigung: L. Purtscheller vom Roßkopf her, 1883.

● 483 a) **Ostgrat,** II, mühsam. Aus dem Tuxer Tal 6 st.
Auf die Elsscharte (R 301). Von der Scharte immer dem Grat folgend, westwärts empor in schöner Kletterei zum Gipfel.

● 484 b) **Südwestgrat,** von der Lange-Wand-Scharte, 1 st.
Aus dem Tuxer Tal oder von Roßhag in die Scharte. Ostwärts auf die erste Erhebung, die Hauser Spitze. Dann nordostwärts über den gut gangbaren Grat auf den Vorgipfel, 2952 m, und nordwärts zum Hauptgipfel.

● 485 **Hintere Grinbergspitze** (Kristallner), 2884 m; **Mittlere** (Turm), 2865 m; **Vordere,** 2765 m

Schön geformter, mächtiger Gebirgsstock, in den der Tuxer Kamm nach NO ausläuft. Der im S über Mayrhofen aufragende Stock ist das „Lachtesgebirge" in Peter Anichs Karte. Die am weitesten im SW aufragende Hintere Grinbergspitze entsendet einen zackigen Zweiggrat nach NO zur mittleren Spitze und einen längeren Gratrücken nach SO. Die Mittlere entsendet einen mächtigen Grat nach N, der den **Grinbergkopf,** 2683 m, das **Spitzeck,** 2646 m, und das **Lachtalspitzl,** 2259 m, trägt.
Von der Vord. Spitze streicht ein Ausläufer des Tuxer Kammes kurz ostwärts. Am Rücken dieses Ausläufers steht die Gamshütte, 1916 m. Schöne Aussicht, umfassende Tiefblicke.
1. Ersteigung gelegentlich der Landesvermessung, 1. touristische Ersteigung: Dr. Ferd. Löwl mit David Fankhauser, alle Erhebungen, 1877.

● 486 a) **Von der Gamshütte über den Ostgrat auf die Vordere und Mittlere Grinbergspitze,** I, 2—2½ st, 2½—3 st.
Von der Gamshütte führt ein Steig über den NO-Rücken bis in 2100 m Höhe. Von hier in unschwieriger Kletterei über den Blockgrat zur Vorderen und, am Grate weiter, etwas schwieriger südwestwärts zur Mittleren Grinbergspitze.

● 487 b) **Von Norden auf die Hintere Grinbergspitze,** weglos, II—. Von Lanersbach 6—7 st.
Wie auf dem Weg zur Langen-Wand-Scharte von Finkenberg empor zur Elsalm, 1866 m. Links haltend über die Weideböden hinüber und auf Steigspuren den östl. steilen Hang der Kitzwand empor in die Kitzscharte, 2196 m. Nun südwärts über Felsstufen steil in den Eingang des Äußeren Elskares. Über Schutt und Geröll in den Hintergrund des Kares und durch eine steile Schuttrinne gerade empor auf die Hintere Grinbergspitze. Man

kann auch von der Kitzscharte durch das kleine Schuttkar (die Gamsgrube) links hinaus und ostwärts über Schrofen auf den nördl. Zweiggrat emporsteigen und über ihn den P. 2865 erreichen (mühsam).

● 488 c) **Südwestgrat der Hinteren Grinbergspitze,** II+. Von der Elsscharte 1/2—3/4 st.
Übergang zur Mittleren Spitze 1/2 st.
Von der Elsscharte umgeht man den ersten Felskopf auf der Tuxer Seite über steile Schutthänge, steigt dann auf die Grathöhe des SW-Grates empor und erreicht über sie den Gipfel der Hinteren Grinbergspitze.
Nun über den zackigen Grat (einige Gratzacken können umgangen werden) nordostwärts und über ein Wandl (2 m) und leichteres Gelände auf die Mittlere Grinbergspitze.

● 489 Lachtalspitzl, 2259 m

Kleine Felspyramide im Zweiggrat, der von der Mittleren Grinbergspitze nordwärts hinabstreicht.

● 490 a) **Von Finkenberg** 3 st, auf dem Weg zur Lange-Wand-Scharte empor zur Elsalm. Nun ostwärts das Tal querend hinüber an den jenseitigen Talhang. Um den breiten Rücken der Kitzwand herum und auf Steigspuren in das Seekar. Aus der Mulde ostwärts hinauf auf die Lachtalscharte und ohne Schwierigkeit links (nordwärts) empor auf den Gipfel.

● 491 b) **Von Finkenberg über die Lachtalalm,** 3 st. Von Finkenberg nach Freithof und auf der Straße weiter bis hinter die Rosentalbrücke, wo von links der Lachtalbach herabkommt. Durch das Lachtal links im steilen Wald empor zur Lachtalalm. Rechts um den Rücken des Rauhkopfes herum in das Seekar und wie oben auf den Gipfel.

● 492 Saxalmwand, 2630 m

Felskuppe in dem vom Kraxentrager vom Hauptkamm westwärts abstreichenden Kamm. Gegen N steil abfallend. 1. Ersteigung anläßlich der Landesvermessung.
Von Innervals über das Niedervennjöchl, R 288, 2 1/2—3 st. Vom Jöchl wird ein Steilabbruch des NW-Grates zunächst nördl. umgangen. Dann über Grasböden auf dem breiten Gratrücken empor bis zu schuttbedeckten Platten. Über die Platten schräg nach rechts aufwärts zu steilen Grasböden. Über diese links haltend zurück an den Grat und zum Gipfel.

● 493 Ratinspitze, 2400 m; Silleskopfl, 2419 m; Vennspitze, 2390 m; Padauner Berg, 2228 m

Wenig ausgeprägte Gipfel im Grat zwischen Saxalmjoch (Niedervennjöchl) und Padauner Sattel. Auf der Valser Seite reichen die Grashänge bis zur

Grathöhe hinauf. Gegen das Vennatal jedoch stürzt der Kamm mit steilen Wandstufen ab. Vor Abstiegen auf diese (S-)Seite wird gewarnt.

● 494 a) *Von St. Jodok über das Ghs. Steckholzer am Padauner Sattel auf den Padauner Berg,* 2½ st, **auf die Vennspitze,** 2½—3 st.

Von St. Jodok zum Ghs. Steckholzer am Beginn des Padauner Sattels. Auf dem Weg empor zur Padauner Alm. Durch Rasenmulden und Hänge südwärts empor auf einen breiten Sattel. Rechts in wenigen Minuten auf den Padauner Berg. Links über den Grat zur Vennspitze (auf der Brennerkarte „Ziegergugel").

● 495 b) **Übergang zum Silleskopfl und zur Ratinspitze,** unschwierig (I). Vom Gratsattel unter der Vennspitze, 1½ st.

Vom Sattel dem Gratlauf ostwärts folgend über den Roßgrubenkofel, 2450 m, auf das Silleskopfl.

Vom Gipfel über steile, grasdurchsetzte Felsen hinab auf das Hochvennjöchl. Von dort auf die Ratinspitze, einen schroffen Felskopf, der mit senkrechter, roter Wand zum Niedervennjöchl (Saxalmjoch) abfällt.

Vom Hochvennjöchl gelangt man südwärts durch eine steile Schuttrinne und über Almhänge steil hinab in das Vennatal.

Steigt man nordwärts hinab, gelangt man über sehr steile Grashänge, stets oberhalb des rechts befindlichen Felsabsturzes bleibend, in die grüne Mulde nördl. des Saxalmjoches. Von hier absteigend hinab zur Bloderalm und nach Innervals.

● 496 Padauner Kogel, 2066 m

Grüne Kuppe, aus dem waldigen Bergstock östl. über dem Brennertal aufragend. Bequem zugänglicher Aussichtsberg.

● 497 a) **Von Gries a. Brenner,** 2½ st. Von der Ortschaft etwa 10 Min. auf der Straße gegen den Brenner talauf, dann links ab und auf Steig empor zum Bahnkörper. Jenseits des Durchlasses Wegteilung. Links ab und in großen Kehren den waldigen Hang empor auf freie Grashänge und nach rechts (SO) hinaus an den Grat. Über ihn ansteigend zum Gipfel.

● 498 b) **Von Padaun,** 1½ st. Schöner Übergang von Padaun nach Gries a. Brenner. Von St. Jodok zum Ghs. Steckholzer und über den Padauner Sattel zum letzten Bauernhof. Hier rechts auf Steig an den Waldhang und in Kehren ziemlich steil empor an den grasigen S-Rücken. Über den Grat wie bei a) zum Gipfel.

● 499 Kastenwand, 2533 m; Kahlwandspitze, 2544 m

Wenig ausgeprägte Erhebungen westl. der Felsscharte Steinernes Lamm. Beim Steinernen Lamm zweigt der Valser Kamm ab und zieht westwärts und südwestwärts gegen das Brennertal.

● 500 a) **Von der Geraer Hütte,** I, 1½ st, in die Scharte zum Steinernen Lamm. Nun westwärts über den O-Grat über felsige Stufen empor auf die Kastenwand.

● 501 b) Den flachen Gipfel der **Kahlwand** erreicht man, indem man vom Gipfel der Kastenwand kurz über den Grat westwärts steigt.

● 502 c) **Übergang zur Hagerspitze,** I, schöne Gratwanderung, 1 st. Von der Kahlwand hinab auf den nordwestwärts streichenden Gratrücken. In leichtem Auf und Ab, zuletzt ziemlich steil, auf die kühne Erhebung der Hagerspitze.

● 503 Hagerspitze, 2689 m

Schön geformter Felsberg, der mit mächtiger, dunkler Wand gegen das Wildlahnertal abstürzt. Umfassende Fernsicht.

Nach der Freytag-&-Berndt-Karte „Hohe Wart" genannt. 1. Ersteigung anläßlich der Landesvermessung.

Von der Hagerspitze streicht nach N ein kleiner Seitengrat ab, der die Erhebung des **Hohen Napfes,** 2247 m, trägt. Bei der Hagerspitze biegt der Valser Kamm mit einem scharfen Eck nach SW um.

● 504 a) **Gratüberschreitung über die Kastenwand,** I, 2½ st. Von der Geraer Hütte auf das Steinerne Lamm und auf die Kastenwand. Über den Grat auf die Hagerspitze (R 502).

● 505 b) **Von der Geraer Hütte,** 2½—3 st. Auf dem Hüttenweg zur Ochsenalm hinab; hier vom Steig nach rechts (N) ab, die weiten Grashänge querend, unter dem Felsabbruch der Kahlwand durch und über die Bergmähder schräg hinauf an den SO-Grat der Hagerspitze. Über ihn zum Gipfel.

● 506 c) **Von Außerschmirn über den Südwestgrat** (H. Delago, 1924), mühsam, 4 st. Von St. Jodok talein bis kurz vor das Whs. Jenewein in der Aue (1¼ st). Hier über den Bach zu den Höfen von Entwasser und auf Almweg zuerst östl., dann südl. durch den Wald auf die freien Weidehänge. (Die Almhütte Zirmaa bleibt links.) Auf Steigspuren südöstl. in das Innere Kar zwischen dem NW-Grat der Hagerspitze und einem, zwei Felstürme tragenden Seitengrat der Gampesspitze (der am N-Hang der Gampesspitze ansetzt). Aus dem Kar steil über Grashänge, Schutt und Schrofen auf den Grat südwestl. vom Gipfel, links von der tiefsten Scharte. Über den Grat zum Gipfel. (Felsstufen können in der S-Seite umgangen werden.)

● 507 Gampesspitze, 2625 m; Riepenspitze, 2539 m; Ottenspitze, 2172 m

Wenig ausgeprägte grüne Erhebungen im Kamm südwestl. der Hagerspitze.

● 508 a) **Von Außerschmirn auf die Gampesspitze,** 3—4 st. Wie auf dem Weg zur Hagerspitze auf die Almböden von Zirmaa. Hier rechts (westwärts) auf einem Steiglein in das Mittlere Kar und empor bis zum langen Schutthang. Dort links über steile Grashänge empor auf den nordwärts ziehenden Seitengrat, der südl. von zwei kühnen Türmen betreten wird. Nun südwärts auf die Gampesspitze.

● 509 b) **Gratübergang zur Hagerspitze,** I, ½ st. Von der Gampesspitze steil über Gras in die von einem Zacken geteilte Scharte hinab, jenseits wieder über Gras sehr steil auf der Grathöhe zum Gipfel.

Zur **Riepenspitze** ist der Übergang auf dem breiten, schuttbedeckten Grat leicht ausführbar. **Ottenspitze, Blentenstein** und **Brandköpfl** sind durch den Lorleswald, durch den von den ersten Höfen in Außerschmirn ein Ziehweg zu den Mähdern an der N-Seite dieser Erhebungen führt, sowie die darauffolgenden steileren Hänge zugänglich.

● 510 **Falscher Kaserer,** 3255 m

Kleiner Felskopf nördl. über der Wildlahnerscharte, am Beginn des Grates, der von der Wildlahnerscharte nordwärts gegen das Tuxer Joch streicht. Beliebter Skiberg.
Von der Wildlahnerscharte 15 Min.

● 511 **Großer Kaserer** (Haserer), 3266 m

Teilweise überfirnter Gipfel, zwischen Wildlahner- und Höllscharte aufragend. An der O-Seite reicht das Gefrorne-Wand-Kees bis fast zum Gipfel empor. Nach W fällt der Kaserer mit felsigem Abbruch zum Wildlahnerferner ab. Schöne Aussicht und umfassender Blick auf Olperer, Fußstein, Schrammacher, Gefrorene Wand. 1. Ersteigung gelegentlich der Landesvermessung, 1850. Beliebter Skiberg.

● 512 a) **Vom Spannaglhaus über den Nordwestgrat oder die nördliche Firnflanke,** Gletscherwanderung, 3 st.
Von der Hütte über das Gefrorene-Wand-Kees empor in die Höllscharte (R 293) und über den teilweise aperen NW-Grat über Geröll und Platten zum Gipfel.
Oder vor Erreichen der Höllscharte links über die steile Firnflanke gerade zum Gipfel aufwärts.

● 513 b) **Von der Geraer Hütte über die Wildlahnerscharte,** I, 3½—4 st. Von der Wildlahnerscharte, R 289, nordwärts über Firn und Schutt auf die Erhebung des Falschen Kaserers und kurz über den Grat zum Gipfel. Der Kopf des Falschen Kaserers kann in der O-Seite umgangen werden.

● 514 c) **Von der Geraer Hütte über die Höllscharte,** 4—4½ st, mühsam. Ä. A.

d) **Westflanke** (Karl Reich, Robert Laimböck, 1934). I, 3½ st von der Geraer Hütte.

Wie zur Wildlahnerscharte über den Moränenrücken. An seinem Ende in gleicher Richtung weiter auf den Wildlahnerferner. Nördl. des Gipfels zieht ein Rinnensystem zum Ferner. Etwas oberhalb der Rinnenmündung gerade hinauf bis unterhalb einer senkrechten Wandstufe ein breites Band links waagrecht in die breite Rinne nördl. des Gipfels führt; in ihr gerade zum Gipfel.

● 515 **Kleiner Kaserer,** 3090 m

Kleine Felspyramide nördl. der Höllscharte, die nach S, W und N mit steilen Flanken abfällt. 1. Ersteigung bei der Landesvermessung, 1. touristische Ersteigung: Hermann Delago, 1892.

● 516 a) **Südgrat,** II, 2½—3 st. Vom Spannagelhaus über das Gefrorene-Wand-Kees in die Höllscharte. Hierher auch von der Geraer Hütte (R 514). Der erste Grataufschwung besteht aus brüchigem Kalkgestein. Man hält sich etwas rechts der Gratkante, worauf man die zerhackte, brüchige Gratschneide erreicht, über die man zum Gipfel ansteigt.

● 517 b) **Von der Geraer Hütte über den W-Grat,** I, 2½ bis 3 st. Von der Hütte auf das Steinerne Lamm und wie bei R 514 unter den Steilabfall des W-Grates des Kleinen Kaserers. Der Steilabbruch des Grates wird in seinem westl. Teil durchstiegen. Über den langen W-Grat über Blockwerk und Geröll zum Gipfel.

● 518 c) **Westgrat, von Innerschmirn** 4 st, I.
Auf dem Weg durch das Wildlahnertal hinein in den innersten Talkessel, wo der Weg nach rechts hinaus steil zum Steinernen Lamm ansteigt. Hier links zum Bach hinab, und unter der letzten Talstufe über den Bach. An der jenseitigen Talseite über Rasenhänge (die untersten Felsausläufer des W-Grates bleiben rechts) durch eine Grasrinne sehr steil empor. Man hält sich immer gerade ostwärts empor, steigt dann nach rechts auf den Grat und hält sich immer an der Gratschneide über Blockwerk und Geröll aufwärts. Zuletzt weniger steil ohne Schwierigkeit auf den Gipfel.

● 519 d) **Nordostgrat,** I, vom Tuxer-Joch 3—3½ st. Vom Tuxer-Joch-Haus auf dem Steiglein südwärts empor auf die Erhebung der **Frauenwand,** 2537 m. Nun dem südwestwärts ziehenden Grat folgend in eine Senke hinab. Jenseits über den Rücken weiter südostwärts und auf eine Erhebung (P. 2905) im **Kaserergrat** (NO-Grat), der von hier in einem langen Rücken zur **Lärmstange,** 2684 m, hinabzieht. (Der Kaserergrat begrenzt das Gefrorene-Wand-Kees im NW.)

Dem mäßig ansteigenden Grat südwärts folgend, über einen Felskopf, zuletzt über Schutt und Blockwerk zum Gipfel.

● 520 e) **Nordflanke** (K. Baumgartner, J. Huber, F. Jiranek, 1921). Fels- und Eisfahrt, vom Whs. Kasern 4—6 st.

Vom Ghs. Kasern auf breitem Weg zunächst or. rechts, dann (bei 1700 m) links des Baches talein. Im Talgrund verliert sich der Weg. Man folgt dem Bach in die „Tote Grube" hinein, bis man in 2150 m auf den Weg Nr. 527 stößt. Diesem folgt man nach links bis auf den nächsten Absatz, wo er in 2380 m den Abfluß des Kaserer Ferners quert. Rechts steil hinauf dem Bach folgend zum Gletschervorfeld, über Schutt und Felsplatten rechts haltend zum Eisrand. Nun den fast spaltenlosen Gletscher immer gerade hinauf zum Gipfel. Die letzten 200 Höhenmeter ca. 45°. Oder man quert, weniger steil, in 2900 m hinüber nach rechts zum W-Grat. (Beschr. P. Seibert.)

● 521 Schöberspitzen, 2600 m, 2580 m

Felsige Erhebungen mit schroffem Gipfelaufbau aus Kalkgestein in dem vom Kleinen Kaserer nordwestwärts abstreichenden Kamm.
1. Ersteigung des höchsten Zackens: Julius Pock, Bernhard Tützscher, 1880 (M. DÖAV, 1881).

● 522 a) **Von Innerschmirn,** 3½ st, durch das Wildlahnertal bis unter die letzte Talstufe. Hier links hinab, über den Bach und am jenseitigen Talhang sehr steil über Grashänge empor, dann links hinaus auf die kleine Hochfläche mit den zwei Seen. Links nordwärts, kurz empor auf die Kleegrubenscharte, 2498 m, und nordwärts über grasdurchsetzte Schrofen auf beide Erhebungen.

● 523 b) **Von Kasern über den NO-Rücken, 3½ st.** Ä. A.

● 524 Frauenwand, 2537 m

Kleine Erhebung südl. des Tuxer Joches.

Vom Tuxer Joch südwärts auf dem Steig über die Böden an zwei kleinen Seeaugen vorbei auf die Frauenwand, ½ st.

II. Der Zillertaler Hauptkamm und seine Seitenkämme

a) Hauptkamm

● 525
Östlich der weiten Senke des Pfitscher Joches setzt der Zillertaler Hauptkamm an, der — etwas nordostw. gerichtet — als geschlossene, eisumgürtete Gipfelreihe hinüberzieht bis zum Hörndljoch, wo er erstmals auf etwa 2500 m absinkt, und den ersten unvergletscherten Übergang aufweist. Ausläufer des Hauptkamms reichen über Hundskehljoch, Heilig-Geist-Jöchl und Krimmler Tauern bis zur Birnlucke.

Abb. 13 Zillertaler Hauptkamm. Von links nach rechts: Gr. Möseler (1), Breitnock (2), Westl. Vorgipfel (3), Weißnitz (4), Hochfeiler (5), Hochferner (6), Hintere Weißspitze (7), Vordere Weißspitze (8), Hochsteller (9), Kleiner Hochsteller (10), F = Furtschäglhaus, N = Nöfes-Sattel. 1 = R 544, 2 = R 534.

Längs des Zillertaler Hauptkammes verläuft die Wasserscheide und (derzeit) die 1919 in St. Germain festgelegte Grenze zwischen Österreich und Italien.

Im Hauptkamm ragt der Hochfeiler auf, mit 3510 m der höchste Gipfel der Zillertaler Alpen; außerdem eine ganze Reihe der schönsten und bekanntesten Ostalpengipfel überhaupt — nennen wir nur die Hochfernerspitze, den Möseler, den Turnerkamp, den Schwarzenstein und den Großen Löffler.

An der Oberen Weißzintscharte setzen die südwestl. vorgelagerten Pfunderer Berge an den Hochfeilerstock-Hauptkamm an, im Mittel- und Ostteil jedoch fällt der Hauptkamm steil und ungegliedert, nur mit kurzen Zweiggraten ins Ahrntal gegen S ab.

Tief schneiden Quertäler von NW her in den Hauptkamm ein, die berühmten „Gründe" des Zillertales, über denen gipfelreiche Kämme aufragen. Beim Hochfeiler zweigt der Hochstellerkamm ab, beim Möseler der Greinerkamm, beim Schwarzenstein der sich gabelnde Mörchen-Igent-Kamm, beim Großen Löffler der Floitenkamm, bei der Wollbachspitze der Ahornkamm. Gleichlaufend mit den nördl. Seitenkämmen erheben sich östl. des Ahornkammes der Riblerkamm, der Magnerkamm und die Reichenspitzgruppe (mit ihren Ausläufern) über deren jeweils südlichste Gipfel die Wasserscheide weiterläuft zum kleinen Klockerkarstock, der an der Birnlucke die Verbindung der Zillertaler Alpen mit der Venedigergruppe herstellt.

● 526 Blauer Kofel, 2860 m

Aussichtspunkt hoch über der Verzweigung des Unterberg- und Oberbergtales. Sehr selten besucht.

Die Bezeichnung „Gamsstellenwandspitze" — bei H. Delago irrtümlich Gamsstettenwandspitze — würde auf den Blauen Kofel zutreffen, keineswegs aber auf den Filtuidenkopf, 3006 m, schon gar nicht auf einen P. 3122 m im Gratverlauf zur Vorderen Weißspitze, der in der neuen AV-Karte übrigens gar nicht aufscheint. Dies zur Klärung der durch unterschiedliche Benennung herbeigeführten Verwirrung.

● 527 **Vom Weg zur Wiener Hütte,** I, 2 st. Am Weg zur Hütte zu den Unterberghütten am Bichl über der Unterbergklamm und noch etwa 40 Min. weiter bis dorthin, wo der Weg fast eben durch den von einigen Runsen durchzogenen SW-Hang des Blauen Kofels hinzieht. Einige Minuten, ehe man einen schon von weitem auffallenden Graben erreicht, links über den steilen Rasenhang pfadlos empor bis unter den Felsaufsatz des NW-Grates des Berges. Unter diesen Schrofen durch gegen rechts unmittelbar zum Gipfel.

● 528 **Übergang von der Vorderen Weißspitze,** s. R 531.

● 529 **Filtuidenkopf,** 3006 m

Höchste Erhebung in der scharfen Gratschneide zwischen Blauem Kofel und Vorderer Weißspitze. Gegen NW stürzt eine mächtige Felswand gegen den Ferner „Unter Wandlen" ab. Steinmann von der Landesvermessung 1852.
1. touristische Ersteigung: J. Lachmann mit J. Holzer, 1895 (Mitt. AV 1896).

● 530 a) **Von der Wiener Hütte,** II, 2½ st, mühsam. Von der Hütte ein Stück bergauf, dann links über das schrofige, grasdurchsetzte Gelände und über Moränenwälle auf den untersten Weißkarferner. Über den Ferner weg an den Aufschwung des Berges und stets links haltend über die ungemein steilen Schrofenhänge aufwärts auf die Grathöhe und zum Gipfel.

● 531 b) **Übergang von der Vorderen Weißspitze** (Weg der Erstersteiger, 1895), III, 1 st. Über scharfe, brüchige Schneiden sehr ausgesetzt zum Filtuidenkopf, und weiter zur breiten Gipfelkuppe des Blauen Kofels.

● 532 **Vordere Weißspitze,** 3276 m

Von N gesehen doppelgipfelige Erhebung über dem westlichsten Lappen des Weißspitzenferners. Der Gipfel entsendet einen auffallenden Grat gegen NW, der die Fernermulde „Unter Wandlen" nördl. umschließt.
1. Ersteigung: J. Lachmann mit J. Holzer, 1895 (Mitt. AV 1896).

● 533 a) **Von der Wiener Hütte,** Eisfahrt, 2—3 st.

An die Rückseite der Hütte und geradewegs bergan über den breiten, ausgeprägten Rücken (Bez. Nr. 1), bis man nach etwa 30 Min. gut gegen links über Moränen auf den Weißkarferner hinüberqueren kann.
Über den Ferner in Richtung auf die vereiste, breite Steilrinne, die zur Einsattelung zwischen den beiden Weißspitzen emporzieht. Vom nordwestl. Gletscherrand über einen Firnhang an den Beginn der Rinne, die man nach etwa 100 m gegen links verläßt. Die brüchigen Felsen der linken Begrenzung leiten rasch in den Firnsattel zwischen den beiden Weißspitzen. Links über den Grat oder durch die Eiswand rechts davon zum Gipfelgrat.

● 534 b) **Von Norden über das westl. Oberbergkees** (W. Mayr, Willi Held, Toni Jenewein, 1930). Zeit der Erstbegeher 7 st.
E. in die N-Flanke der Vorderen Weißspitze in der Talsohle des Obergbertales, in Fallinie der Zunge des vom Gipfel herabziehenden Hängegletschers (Weißspitzenferner). Hierher in 1½ st vom Ghs. Stein im Pfitschtal. Der Aufstieg vollzieht sich zuerst über äußerst brüchige und sehr verwitterte glatte Felsen, immer am westl. Rande der glattgescheuerten Felsrinne, die vom Gletscher zur Talsohle herabzieht. Die stark überhängende Gletscherzunge wird rechts über ein steiles Eisfeld umgangen. Man erreicht so ein mäßig steiles Firnfeld. Zuerst links empor, dann gerade in Gipfelfallinie aufwärts (Gipfel sichtbar) zum unschwierig begehbaren Gletscherbruch. Ein Firnfeld führt zur Gipfelwand empor. E. in diese über eine gute Schneebrücke. Die Wand wird zur Gänze erstiegen und endet in einem leicht geschwungenen Sattel westl. des Gipfels. In östl. Richtung 50 m zum Gipfel.

● 535 c) **Übergang zur Hinteren Weißspitze,** Eisgrat, 1—2 st. Über den Firngrat und die Eisflanke hinab in den Sattel zwischen den beiden Gipfeln. Sodann über den manchmal felsdurchsetzten Grat hinauf zu dem Firngrat, der gegen rechts auf die Firnkuppe der Hinteren Weißspitze leitet.

● 536 **Hintere Weißspitze,** 3431 m

Schöne, flache Firnkuppe über dem Hängegletscher des Hochferners. Besonders zusammen mit der Hochfernerspitze empfehlenswert. Ausstieg aus dem geraden Nordanstieg über den Hängegletscher (Hochferner-N-Wand) auch auf die Weißspitze möglich. 1. touristische Ersteigung: J. Lachmann mit J. Holzer, 1895.

● 537 a) **Von der Wiener Hütte,** Eisfahrt, 2—3 st. Wie in R 533 in die Einsattelung zwischen Vorderer und Hinterer Weißspitze. Nun rechts über den manchmal felsdurchsetzten Grat auf den Firngrat und gegen rechts zum Gipfel.

● 538 b) **Übergang zur Hochfernerspitze,** Eisgrat, 30 Min. Stets über den Firnkamm auf den wenig höheren Nachbargipfel. (Im mittleren Gratteil treten in letzter Zeit Felsen zutage.)

● 538 a c) **Südwestrippe.**

● 538 b **Nordwandrinne** (E. Weirather, R. Alpögger, H. P. Eisendle, 1978). Kombinierte Tour, 1000 m Wandhöhe, im Eis bis 50° Neigung, im Fels bis IV +, 4—8 st. Zunächst durch eine Rinne (45—50°) im Eis empor, bis diese an einer Kante in der Plattenzone endet; nun durch die Platten (brüchig, IV +) 4 SL rechts von einem Pfeiler empor auf den Grat, über diesen auf die Gipfelkuppe. (Beschr. P. Eisendle).

● 538 c **Direkte Nordwand.** (1. Beg. wahrsch. W. Schauer, K. Pöll, E. Haid, 1963, Beschr. nach R. Leitner u. Gef., 1977. Lit. Bergwelt 6/81). Kombinierte Tour, Wandhöhe 900 m, 3 H belassen, ca. 6 st.

Zuerst wie bei der Hochferner-N-Wand über den unteren Hängegletscher bis in die Firnterrasse in knapp 3000 Meter, Durchschnittsneigung 40 Grad. Von hier ist der weitere Anstieg gut einzusehen: Man hält sich nach rechts auf die Eisrinne zu, die gerade zur Gipfelflanke zieht, über diese zum Gipfel. Diese Eisrinne ist links von den Seracs des Hochferners (klassische Hochferner-N-Wand) und rechts von den Felsen der Weißspitze flankiert. Die Eisrinne hat eine Höhe von etwa 250 m, Neigung etwa 50 Grad, Steilstufen bis 60 Grad und es können brüchige Felsen zutage kommen. In knapp 3300 Meter läuft sie in die breite Gipfelflanke aus (hier Ausweichmöglichkeit nach links in das flache oberste Firnbecken des Hochferners und auf dessen Gipfel). Weiter leicht rechtshaltend aufwärts, 50 Grad steil, rechts der Gipfelwächte vorbei auf die flache Gipfelhaube und über diese nach links zum nahen Gipfel.

Abstieg: Am besten nach SW über die steile Firnflanke (Vorsicht bei Nebel: Links Felsabbrüche) auf den Weißkarferner, den man bei etwa 3000 Meter Höhe erreicht. Hier überquert man den flachen Gletscherboden nach Süden, und stößt bald nach Verlassen des Gletschers auf den Normalweg zum Hochfeiler. Weiter Abstieg zur ehemaligen Wiener Hütte und auf dem Hüttenweg zur 3. Kehre, 2 bis 3 Stunden.

Hinweis: Diese Führe auf die Weißspitze ist stark eis- und steinschlaggefährdet. Die Sonne scheint gleich nach Sonnenaufgang in den oberen Wandteil, also früh einsteigen (links und rechts im Sinne des Auf- bzw. Abstiegs).

● 539 **Hochfernerspitze,** 3463 m

Flache Firnkuppe über den gewaltigen NW-Abstürzen ins Oberbergtal. Die Hängegletscher des Hochferners und des Grießferners zählen zu den schwersten Eisfahrten der gesamten Ostalpen. Durch beide Hängegletscher und über deren Begrenzungsgrate wurden in den letzten beiden Jahrzehnten stilreine Anstiege gefunden. Den Rang als zweithöchster Berg allerdings haben der Hochfernerspitze nach der Neuvermessung der Möseler bzw. der Olperer abgelaufen. Hervorragend ist die Rundsicht, vor allem Tuxer Kamm und Pfunderer Berge, sowie die Tiefblicke.

1. Ersteigung: Prof. R. Seyerlen mit Kirchler und Stabeler, 1878 (Lit.: AVZ 1879, S. 110).

● **540** a) **Von der Wiener Hütte,** 3 st. Gletschererfahrung notwendig. Empfehlenswert in Verbindung mit dem Hochfeiler.

Von der Wiener Hütte geradewegs bergan über den breiten, ausgeprägten Kamm (Bez. Nr. 1) bis zu seinem Kopf. Nun wenige Schritte rechts auf die eigenartige Felsschneide, die steil gegen den Gliderferner abbricht. Empor auf deren Köpfl. Nun links haltend über ein Schneefeld empor in die Einsattelung im WSW-Grat des Hochfeilers (etwa 3250 m). Hier etwas absteigend (Vorsicht auf die Randkluft) auf das obere Becken des Weißkarferners und eben hinüber gegen den Fußpunkt des O-Grates der Hochfernerspitze. Über einen steilen Firnhang in einen Gratsattel zur Linken eines Felskopfes. Der

Grat schwingt sich zunächst steil auf; man weicht in die SO-Flanke aus. Zuletzt über die scharfe Firnschneide fast eben zum höchsten Punkt.

● **541 Vom Furtschäglhaus über die „Röte"** (Ersteigungsgeschichte, s. Hochfeiler-Rötenanstieg, R 548), II, 7 st, Eiserfahrung erforderlich.

Vom Furtschäglhaus auf dem Hüttenweg hinab zur Sohle des Schlegeistales und talauswärts, bis man auf der ersten Brücke den Schlegeisbach überschreiten kann, 1 st. (Von der Dominikushütte hierher auf dem zum Furtschäglhaus führenden bez. Weg in derselben Zeit.) Nun am linken Ufer des Schlegeisbaches taleinwärts, bis rechts mit Buschwerk und Rasenflecken bestandene Hänge steil rechts in die Röte emporziehen. Man geht unter diesen weiter bis vor den zweiten, von rechts herabkommenden Bach. Hier zieht ein begrünter, gratartiger Rücken südwestwärts empor, der südl. von einer tiefen, felsigen Runse begrenzt ist. Über diesen Rücken steil hinauf, bis er in breitere Grashänge übergeht, durch die ein Bach herabkommt. Am linken Ufer des Baches noch einige Zeit über die Grashänge empor, dann auf der anderen Bachseite bis zu den letzten grünen Böden unter den Schutthalden des Hochstellers („In der Röte").

Nun links unter einer Felsstufe über Blockhalden auf den obersten, gut gangbaren Firnboden des Rötkeeses. Auf diesem südostwärts gegen den zackigen Felsgrat („Pfitschergrat"), der das Rötkees vom Schlegeiskees trennt. Für den Einstieg dient das nördl. Ende des Eisbruches hoch oben über der zerklüfteten Rötenwand als Richtpunkt; er erfolgt ein beträchtliches Stück vor dem genannten zackigen Grat. Über die Randkluft westwärts in die Felsen und durch eine Rinne etwa in die halbe Höhe der Rötenwand, dann nach rechts zu einer zweiten Rinne, die gequert wird. (Bis hierher Stein- und Eisfallgefahr.) Nun an der rechten Begrenzung der Rinne (nicht in dieser!) über brüchige Felsen gerade auf den Grießferner empor, auf dessen sanfte oberste Firnmulde man aussteigt. Über Firn in südl. Richtung auf den Firnsattel zwischen Hochferner und Hochfeiler. Den untersten Teil des O-Grates umgeht man südl. Sodann wie bei a) zum Gipfel.

● **542** c) **Von der Grießscharte.** (Im Abstieg: Prof. R. Seyerlen mit Kirchler und Stabeler, 1878: im Aufstieg: Berger, Hechenblaickner, 1901; Wegänderung: K. Berger, E. Franzelin, 1902.) Schwieriger Eis- und Felsanstieg, 3 st E. Aus dem Schlegeistal durch die Röte oder von Stein im

Pfitscher Tal durch das Oberbergtal zu der der Grießscharte südl. nächstfolgenden Scharte. (Zwischen beiden Scharten erhebt sich ein mit Grenzzeichen versehener Felskopf.) Nun südostwärts über die brüchige und steile Schneide schwierig auf die Höhe des Grates, der den Grießferner nördl. begrenzt (P. 3134), dann rechts durch die Eisbrüche des Gletschers und über eine hohe, sehr steile Firnwand zum N-Grat der Hochfernerspitze hinüber, der mit Steilwand zum Oberbergtal abbricht, und über dessen schmale, jäh ansteigende Firn- und Eisschneide in langwieriger Stufenarbeit zum Gipfel. Vom Pfitscher Joch aus kann man in neuester Zeit auf gut erhaltenen Militärwegen sehr schnell auf die Haupenhöhe gelangen. Von hier aus weiter zur Seescharte.

● 543 d) **Nordwand über den Grießferner** (Herbst, Hackl, Veiglhuber, August 1942; teilweise im Abstieg im Winter begangen von H. Pirchner, H. Tillmann, v. Zezschwitz, 1930). 900 m Wandhöhe. Zählt zu den eindrucksvollsten Eiskletttereien der Ostalpen, teilweise 50° Neigung.

Über den unteren flachen Teil des Grießferners empor an den Aufschwung, und nun je nach den Verhältnissen teils im Fels, teils im Eis (glattgeschliffene Abbrüche und steile Rinnen) empor. Durch den wildzerklüfteten Gletscherbruch im Sinn des Aufstiegs auf der rechten Seite haltend empor bis unter die Riesenspalte knapp unterhalb der großen Gletschermulde. In äußerst schwieriger Eiskletterei über dieses Hindernis hinweg und in das obere Becken des Grießferners. Von hier durch die 50° geneigte Firnwand (etwa 250 Höhenmeter) unmittelbar zum Gipfel empor.

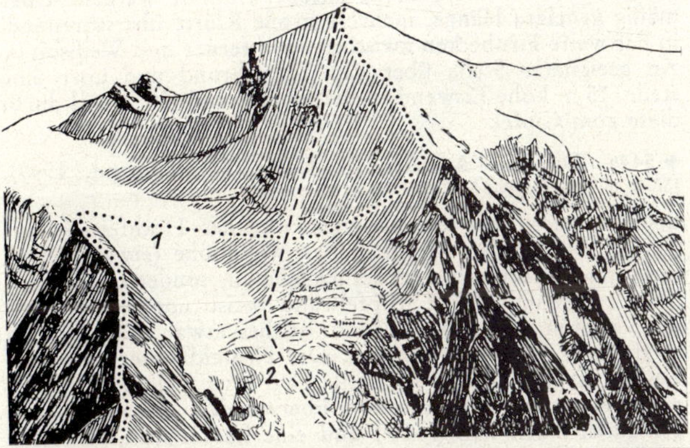

Abb. 14 Hochferner, Nordabstürze (Grießferner). 1 = R 542, 2 = R 543

● 544 e) **Nordwand über den Hochferner** (K. Baumgartner, W. Mayr, 1929; Lit.: ÖAZ 1930, S. 65). Großzügige Eisfahrt. Eiskletterei Neigung bis 60°. 5—8 st, E.

Der Hochferner entspringt dem Firnbecken zwischen Hochferner und Hinterer Weißspitze und stürzt in mehreren steilen Eiskaskaden ins Oberbergtal ab. Er wird in der Literatur vielfach als „Zweites Oberbergkees" bezeichnet. Aus dem Oberbergtal über die eingeschotterte Gletscherzunge in die Mitte des ersten Steilaufschwunges (50° geneigt). Ungefähr 250 m empor zu einer weniger steilen Zone. Über dieser bäumt sich der nun arg zerrissene Gletscher mit einer Neigung von 55 bis 60 ° auf. Nach Überwindung von weiteren 200 Höhenmetern erreicht man ein mäßig geneigtes Eisfeld, gerade unter dem steilsten Aufschwung und der Eisturm-Zone des Gletschers. In leichtem Zickzack durch die Eisbrüche und Eistürme empor (ständig wechselnde Verhältnisse). Die Neigung beträgt hier durchschnittlich 65 °. Man gelangt unter die gewaltige, hinter einer großen Kluft aufragende, und den ganzen Gletscher sperrende Eisbarriere, in 3150 m Höhe. Links und rechts über den Hängegletscher begrenzenden Felsen hängen riesige, vorgewölbte Eispolster, die bis hierher den ganzen Aufstieg durch Eisfall gefährden. Über die 20 m hohe, senkrechte Eiswand empor (mehrere Eishaken nötig). In blanken Sommern kann diese Stelle unüberwindlich werden. Über mäßig geneigte Hänge, mehrere große Klüfte überschreitend, in das weite Firnbecken zwischen Hochferner und Weißspitze. An geeigneter Stelle über den Bergschrund und über eine steile, 15 m hohe Eiswand in die Schlußwand (50 °) und durch diese zum Gipfel.

● 544a **Direkter Ausstieg** (E. Vanis, K. Baumann, 1949), IV—, stellenweise bis 70°, 4 st.

Beim Anstieg über die Originalroute des Hochferners auf der großen Firnterrasse in halber Wandhöhe (etwa 2950 m) nicht nach rechts zu den Seraks queren, sondern gerade in die Gipfelwand. Diese Gipfelwand weist unten einen oft sehr breiten Schrund auf und ist bei etwa 3200 m durch zwei kurze Felsriegel gesperrt. Das Firnfeld unter den Felsriegeln ist nur etwa 40° steil. Der erste Felsriegel wurde durch eine steile Eisrinne (60°) überwunden, der zweite Riegel durch einen Riß (—IV) und eine kurze, sehr steile Eispassage (70°).

Das Gipfeleisfeld ist etwa 50° steil und legt sich in den letzten drei Seillängen auf 45° zurück.
Objektive Gefahren geringer als bei R 544.

● 545 Hochfeiler, 3510 m

Der höchste Gipfel der Zillertaler Alpen. Von S und W gesehen ebenmäßig geformter Firnkegel, von N gesehen flache Schneide über der prallen, abschreckenden Hochfeiler-NO-Wand. Der Gipfel entsendet nach SW einen Zweiggrat, der die Wiener Hütte trägt und die zwei mächtigen Gletscherströme des Glider- und Weißkarferners trennt.

Vielgerühmte Rundsicht auf den Tuxer Kamm, Stubaier, Ötztaler und Ortlerberge im W (manchmal Bernina), auf die Nördl. Kalkalpen, auf Möseler und Turnerkamp, weiters zum Großglockner und Großvenediger im O, zur Rieserfernergruppe gerade gegenüber im S, und zu den Dolomiten, sowie eindrucksvoller Tiefblick auf die Eiswildnis des Schlegeiskeeses.
1. Ersteigung: Paul Grohmann mit Georg Samer (Josele) und Peter Fuchs am 24. Juli 1865 über den SW-Rücken aus dem Unterbergtal (Lit.: Jb. ÖAV II, S. 337).

● 546 a) **Von der Wiener Hütte über den Südwestgrat,** I, 3 st. (Wenn der Firngrat vereist ist, oftmals sehr schwierig.) An die Rückseite der Hütte und bergan über den breiten, ausgeprägten Kamm (Bez. Nr. 1) bis auf seinen Kopf. Nun wenige Schritte rechts auf die eigenartige Felsschneide, die steil gegen den Gliderferner abbricht. Empor auf deren Köpfl.

Nun links haltend über ein Firnfeld empor in die Einsattelung im SW-Grat des Hochfeilers. Der Grathöhe folgend gegen einen auffallend weißgefärbten Felskopf, dann hinüber auf den Steilaufschwung des Berges. Bei gutem Firn nimmt man die herrliche Schneide am besten gerade, sonst quert man gegen rechts in die schrofige S-Flanke.

● 547 b) **Von der Eisbruggjochhütte über den Gliderferner** (M. v. Dechy mit Joh. Pinggera, 1874, Mitt. AV 1875).
Schöne Gletscherwanderung, sehr lohnend. 4—5 st. Seit der Zerstörung der Wiener Hütte wird der Hochfeiler von Süden auf dieser Führe begangen.

Von der Eisbruggjochhütte links hinüber auf bez. Steig aufsteigen zur Unteren Weißzintscharte. Von dort überquert man, auf gleicher Höhe bleibend, den Gliderferner (teilw. Spalten!). Man quert unter den Ausläufern der ersten und

Abb. 15 Hochferner, Nordwand. 1 = R 543, 2 = R 544

der zweiten Felsschneide, die vom Hochfeilergrat gegen SW streichen, durch, hält sich aber vor der dritten Schneide rechts und steigt über den Firn steil an gegen den SW-Rükken, über den der Normalanstieg Wiener Hütte — Hochfeiler führt. Auf diesen trifft man knapp unterhalb der Höhe des WSW-Grates. Nun gemeinsam über diesen Grat zum Gipfel.

● **548** c) **Aus dem Schlegeistal über die Rötenwand** (im Abstieg: Dr. Viktor Hecht mit Jakob Maierhofer, 1875, Lit.: AVZ 1877, VIII, S. 257; im Aufstieg Dr. Ferdinand Löwl mit David Fankhauser, 1877, Lit.: Aus dem Zillertaler Hochgebirge, S. 396), II, Eiserfahrung erforderlich. Vom Furtschaglhaus 8—9 st.

Wie in R 541 vom Furtschaglhaus oder von der Dominikushütte durch die „Röte", über das Rötkees und durch die Rötenwand auf den obersten sanften Teil des Grießferners. Südwärts in die Einsattelung zwischen Hochfeiler und Hochfernerspitze. Von diesem Sattel geht man unter den Randklüften der Hochfeiler-W-Flanke fast eben über den Weißkarferner hinüber zur Einsattelung im SW-Grat des Gipfels. (Zuletzt kleiner Eishang und Randkluft.) Von hier wie bei a) zum Gipfel.

● 549 d) **Pfitscher Grat durch die Nordwestwand,** großzügige, kombinierte Eis- und Felstour, 9—10 st.

Vom Furtschäglhaus über den Bach und jenseits 4 Min. hinauf zu einer Wegverzweigung. (Der linke Weg führt zum Möseler.) Man folgt dem rechten Steig (zum Nöfessattel) südwärts durch die felsdurchsetzten Hänge auf das Schlegeiskees hinüber.

Über den unten meist aperen, zerklüfteten Gletscher stetig ansteigend (südostwärts) zunächst in Richtung auf die Mut-

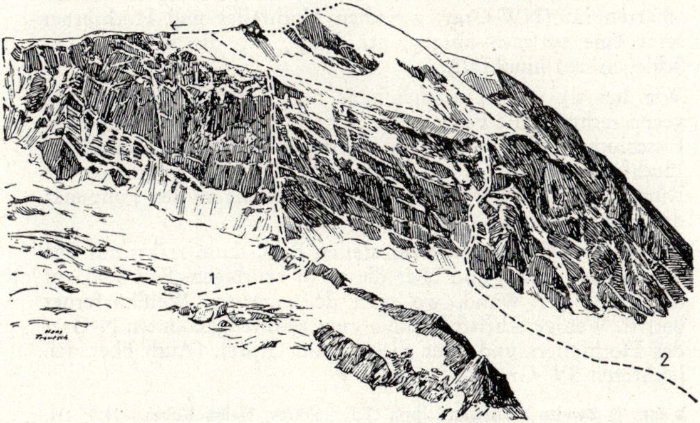

Abb. 16 Hochferner von Nordwesten. 1 = R 549, 2 = R 541

tenock empor, bis man über eine Art Rampe westwärts abbiegen kann und sich nun zwischen den Spaltenzonen durchfindet in Richtung auf den langen Felsgrat hin, der das Schlegeiskees im W abschließt.

Man hält auf eine Übergangsstelle in diesem Grat zu, etwas unterhalb des Punktes, wo dieser Grat an die Wand stößt. Eine schwach ausgeprägte Kante zieht als Fortsetzung des

Grates durch die Wand zum Firn des obersten Grießferners hinauf. An der steilen Kante in brüchigen Felsen, über kurze Stufen, Steilrinnen und Kamine auf die Firnfläche, von der man unschwierig an den Ansatz des steilen, oft wächtengesäumten N-Grates des Hochfeilers gelangt. Zum Gipfel über den Grat. (Auch über den leichteren SW-Grat.)

● 550 e) **Grüngrat** (L. Grün, E. Köhn, E. Stöhr mit Alfons Hörhager und Stephan Schneeberger, 1906; Schlußanstieg über den Hochfeiler-N-Grat: L. Grün, L. Treptow mit Alfons Hörhager und Mitterer, 1908), III—, Fels- und Eistour. Steinschlaggefährlich. Kürzester Anstieg vom Furtschäglhaus, 6—7 st.

Etwas rechts, nordwestl., der tiefsten Einsattelung im Grießschartengrat (NW-Grat) zwischen Hochfeiler und Hochferner setzt eine schwach ausgeprägte Rippe an, die steil auf das Schlegeiskees hinabfällt.

Wie bei d) vom Furtschäglhaus auf das Schlegeiskees und gegen rechts in die Fallinie der rechten der beiden Schnee- oder Eisschluchten, die vom Wächtensattel zwischen Hochfeiler und Hochferner gegen N abstürzen. Die rechte Begrenzung der Rinne ist der Grüngrat. Über eine Randkluft an den Fußpunkt des Grüngrates.

E. links des Grüngrates über steilen Firn, dann rechts auf den Grat selbst hinaus und über diesen in brüchigem Fels steil auf die Höhe der Wand, wo man den obersten Weißkarferner betritt. Wenige Schritte hinüber zum wächtengesäumten N-Grat des Hochfeilers und über diesen zum Gipfel. (Auch über den leichteren SW-Grat.)

● 551 f) **Zweite Nordwandrippe** (Ed. Lakatos, Helm. Kober, 1931), III. Vom Schlegeiskees 1¼ st; vom Furtschäglhaus 6 st.

Die erste Rippe ist der Lammergrat. Die zweite Rippe nimmt fast an der N-Grat-Scharte ihren Ausgang. Sie bildet die orogr. rechte Begrenzung der von der N-Grat-Scharte herabziehenden Schneeschlucht, deren linke der Grüngrat bildet. Über diese Rippe führt der Anstieg. Ä. A.

● 552 g) **Nordrinne** (F. Rondholz und Frau, 1928), schwierige Fels- und Eistour (III), 6—7 st.

Vom Furtschäglhaus auf R 549 über das Schlegeiskees bis zwischen den Grüngrat und den Lammergrat-Anstieg und bis unter die Fallinie der tiefsten Einsattelung im N-Grat des Hochfeilers. Von der tiefsten Einsattelung zieht eine Schlucht in gerader Fallinie zum Schlegeiskar, die einen guten Durchstieg ermöglicht. Nach Überschreiten der Randkluft steigt man über steilen Firn in der Schlucht gerade aufwärts, bis eine von einem Bach über-

Abb. 17 Hochfeiler, Nordwand. 1 = R 555, 2 = R 554, 3 = R 553, 4 = R 552, 5 = R 550, 6 = R 556.

flossene Wand den Weiterweg scheinbar gesperrt. Rechts des Baches über Wandstellen empor, immer in Richtung auf die tiefste Einsattlung zu. Nach Überwinden der Kletterstellen leichter gerade aufwärts in die Einsattlung. Nach Durchbrechen der Wächte über den N-Grat in etwa ¾ st zum Gipfel. Wegen leichten Zurechtfindens auch für Abstieg geeignet.

● 553 h) **Lammergrat** (Dr. E. G. Lammer im Abstieg, allein, 1884; Lit.: Mitt. AV 1884, S. 334), schwierige und gefährliche Eis- und Felsfahrt, 8—10 st.

Wie in d) vom Furtschaglhaus auf das Schlegeiskees empor. Der Lammergrat ist die rechte Begrenzung des felsigen Teiles der N-Wand. Aufwärts gegen die Randkluft. Diese wird überwunden, sodann gegen links eine steinschlaggefährdete Eiswand von 60° Neigung querend zu den Felsen des Lammergrates. (Rechts draußen setzt die zweite N-Wand-Rippe an.) Über brüchige Schrofen schwierig zu einer ausgeprägten ebenen Felsschneide empor, dann längs einer von Felsen begleiteten Firnschneide bis 30 m unter den N-Grat hinauf. Über eine Firnwand von 60° Neigung zum N-Grat und über diesen zum Gipfel.

● 554 i) **„Hochfeiler-Eiswand“ Nordwand** (Dr. Franz Dyck mit Hans Hörhager, 1887; ÖAZ 1890, S. 22. Wegänderung im oberen Teil: Dr. Kehl, Arno Kirschten, Dr. H. Knorr. 1921, Jb. AAVM 1921).

Eine der großartigsten und bekanntesten Eisfahrten in den Zillertaler Alpen. Höhe der Eiswand (Randkluft bis Gipfel) etwa 300 m. 60° Neigung. Für die Wand selbst wurden je nach den Verhältnissen 2 bis 10 st benötigt.

Wie bei d) vom Furtscháglhaus im Bogen durch das Schlegeiskees an die Felsen westl. unterhalb der Wand. Hier über die Randkluft. Man steigt dann entweder sofort unmittelbar durch die Eiswand an, oder hält sich zunächst in den brüchigen Felsen und in einer steilen Eisrinne, bis man nach links in die Firnwand selbst quert.

Durch die Eiswand gerade hinauf in Richtung gegen den Felsgipfel des Hochfeilers und über den kurzen Wächtengrat auf den höchsten Punkt.

● 555 j) **Mariner-Führe durch die Nordwand.** Etwas links der Eiswand. Hält sich an die erste Rippe östl. der Fallinie.

● 555 a **Ostgrat,** IV, III. Sehr empfehlenswerte Tour. Von der Scharte zwischen Hochfeiler und Weißzint ca. 7—8 st. Von der Eisbruggjoch-Hütte bis zur Scharte ca. 3 st.

Zugang: Von der Eisbruggjoch-Hütte (2545 m) folgt man dem Steig, der zum Weißzint (3371 m) führt bis zur Oberen Weißzintscharte (3201 m). Von dort geht man über den Gliderferner zur Scharte zwischen Weißzint (rechts) und Hochfeiler (links).

Führe: Von der Scharte klettert man über den Grat weiter, der nach links zum Hochfeiler führt. Schwierige Stellen werden in der linken Seite (Südseite) — manchmal etwas brüchig und im unteren Teil Querungen einiger kleiner Schnee- bzw. Eisfelder — umklettert, bis man ungefähr in der Mitte des Grates einen senkrechten Steilaufschwung erreicht, dessen untere Hälfte ziemlich griffarm ist; die obere Hälfte wird jedoch von breiten waag- und senkrechten Rissen durchzogen. Direkt am Fuße dieser Wand hält man sich nach rechts in die Nordseite, klettert ca. 3 m gerade hoch und dann wieder nach links zurück in die Wand. Der obere Teil wird teilweise gerade erklettert, teilweise links umgangen, bis man schließlich den letzten Felskopf erreicht. Zuletzt über Firngrat kurz zum Gipfel. (Beschr. Lechner).

● 556 k) **Übergang zum Hohen Weißzint** (E. Kendrick mit S. Fankhauser und Kederbacher, 1892; Lit.: Mitt. AV 1892, S. 247), III, Eisgrate, 4—5 st.

Vom Hochfeiler zuerst 10 Min. auf Schnee, dann über den Felsgrat, dessen Zacken teils überklettert, teils ohne größere Höhenverluste umgangen werden, in die tiefste Scharte vor der Weißzintschneide. Über die zahlreichen Zacken des plattigen, zerscharteten Grates weiter zum höchsten Punkt. (Der letzte Gratteil von der Scharte an kann über den Gliderferner umgangen werden.)

● 557 **Hoher Weißzint**, 3371 m, 3380 m

Höchster Punkt der langen, gezackten Schneide im Hintergrund des Gliderferners, am O-Ende dieses Grates über der Schlegeisscharte. Etwa 100 m südl. des Felsgipfels erhebt sich der etwas höhere Firngipfel des Hohen Weißzint (3380 m). (Er erscheint von der Napfspitze als weiße Pyramide, daher der Name Weißzint = Zahn.) Gipfelkreuz und Buch.

Die Verwirrung in der Benennung entstand dadurch, daß Begeher den P. 3356 m in dem gegen den Hochfeiler ziehenden Kamm „höchste Weißzintspitze" nannten, den Hohen Weißzint hingegen „Mittlere Weißzintspitze".

Vom Hohen Weißzint streicht ein Fels- und Firngrat südwärts zur Oberen Weißzintscharte, 3198 m, an welcher die Felsschneide des Niederen Weißzint ansetzt, also der Kreuzspitz- und Grubbachkamm der Pfunderer Berge.

1. Ersteigung: Erich Graf Künigl mit einem Bauern aus Lappach, 1871. (Lit.: Erschließung der Ostalpen, III, S. 635.)

● 558 **Von der Eisbruggjochhütte**, II, 3½ st. Derzeit üblicher Anstieg, die Wiener Hütte unbenützbar.

Von der Hütte nördl. an den großen Hang (Ww. bei der Wasserleitung), wo der Steig beginnt, der in einer Kehre, nach links ausholend, emporführt bis an den Beginn der östl. Seitenmoräne des Weißzintferners (rot-weiß bez.). Zuerst wenig ansteigend, dann steiler auf dem großblockigen Moränenrücken empor bis an sein Ende, wo man auf den Gletscher übertritt. Hier endet der Steig. Man hält sich nun über den mäßig geneigten Gletscher gerade gegen den Felsgrat des Weißzint. (Die Obere Weißzintscharte wird nicht betreten!) Man betritt den Grat erst unterhalb einer auffälligen quadratischen Felsplatte. Die direkte Überschreitung des aus Granitplatten aufgetürmten Grates ist mühsam; man kann auf die O-Seite ausweichen. Bevor der Grat in eine Firnschneide übergeht, wieder zurück an den Grat, jenseits kurz hinab und empor auf die Firnschneide. Einen Felsturm umgeht man auf der W-Seite, je nach Verhältnissen in Fels oder Schnee; sodann zurück auf die schöne Firnschneide, fast eben bis unter den Gipfel und über einen Schneehang zum höchsten Punkt.

● **559 Von der Chemnitzer Hütte** am Nöfesjoch, 5 st. Auf dem Höhenweg, der unter den Zungen der Nöfesferner durch ohne größere Höhenverluste zur Eisbrugghütte leitet, bis unter die Schutthalden des Weißzintferners. Weiter wie in R 558.

Abb. 18 Hohe Weißzint, Nordwand. 1 = R 561, 2 = R 563.

● **561** d) **Vom Furtschäglhaus über die Schlegeisscharte und den Ostgrat** (im Abstieg: Viktor Sieger, mit Stephan Kirchler, 1875; Lit.: Erschließung der Ostalpen III, S. 15), Gletscher-

fahrt, O-Grat schwierig u. Gr. (III—), bei Umgehung des Gratturmes, $1^1/_2$ st E.
Zur Schlegeisscharte vom Furtschäglhaus (R 304) 3 st.
Von der Scharte über den ausgeprägten O-Grat unter Umgehung des Gratturms im unteren Teil in der Südflanke in schöner Plattenkletterei unmittelbar zum Gipfel.

● **562** e) **Ostwand** (L. Grün und P. Stöhr mit Leo Huber, 1893). III, 2 st E.
Von der Schlegeisscharte südwärts an den Beginn der ausgeprägten Schneerinne (60 Grad Neigung). Durch diese Rinne aufwärts, bis man gegen rechts gut in die plattige SO-Wand der Hohen Weißzint einsteigen kann. Durch diese Wand entweder unmittelbar zum Felsgipfel der Hohen Weißzint oder gegen rechts auf den Ostgrat und über diesen zum Gipfel.

● **563** f) **Nordwand** (Fritz Kasparek, Josef Brunhuber, 1935, SÖGV 1935, Seite 2).

● **564** g) **Überschreitung der Hohen Weißzint** von der Oberen Weißzintscharte zur Scharte unter dem Hochfeiler (im Abstieg vom Hochfeiler: E. Kendrick mit S. Fankhauser und Kederbacher, 1892), III, ausgesetzte Gratkletterei, 3 st.
Von der Oberen Weißzintscharte dem ersten Grataufschwung rechts ausweichend, dann über den Blockgrat zum Felskopf. Gegen links auf Firn- und Felsschneiden zum höchsten Punkt und zum Felsgipfel der Hohen Weißzint, P. 3371 m. Der weitere Grat ist sehr zerrissen. Über plattige Schneiden, mit prächtigen Tiefblicken auf das Schlegeiskees, und zahlreiche Felstürme, die man manchmal in der S-Seite umgeht, in die Scharte vor dem Hochfeiler.

● 565 Niederer Weißzint, 3271 und 3264 m

Ausgeprägte Felsschneide zwischen Oberer und Unterer Weißzintscharte. der Gipfel steht eigentlich schon im südwestl. Zweigkamm; da er jedoch meist in Verbindung mit dem Hohen Weißzint erstiegen wird, behandeln wir ihn an dieser Stelle.

1. Ersteigung anläßlich der Landesvermessung 1857.
1. touristische Ersteigung: Franz Gilly, Adalbert Klaunzner mit Führer Holzer, 1891 (Lit. ÖTZ 1883, Nr. 7—11).

● **566** a) **Von der Eisbruggjochhütte,** I, 3 st.
Von der Hütte in nordwestl. Richtung auf dem Steig auf die Untere Weißzintscharte, 2928 m. Von hier über den schönen SW-Grat, manchmal in die linke Flanke ausweichend, zum Gipfel.

● **566a** b) **Südgrat,** II, Einstieg III—.
Man folgt dem Pfad zur unteren Scharte bis auf den ersten Blockbuckel. Der Einstieg befindet sich in der schon von weitem sichtbaren Verschneidung im ersten Grat-Aufschwung. Durch diese Verschneidung empor auf den Grat. Nun immer

über die Schneide des steilen Blockgrates zum Gipfel. Im Zuge der Überschreitung sehr empfehlenswert
(Beschreibung nach J. Schmitz von Blankenstein, 1964.)

● **567** c) **Von der Wiener Hütte,** I, 3 st. Wie in R 558 auf den Gliderferner. Von der Stelle, an der man den Ferner betritt, schräg rechts aufwärts zur Unteren Weißzintscharte, durch den kleinen Zacken in der Scharte kenntlich. Weiter wie in a).

● **568** d) **Nordgrat** (Heinrich Klier, Henriette Prochaska, Roman Kreutz, 1952), III—, 1 st E.
Von der Oberen Weißzintscharte (hierher R 558) unmittelbar an den Steilaufschwung des Grates. Über plattige, teilweise vereiste Stufen auf die Schneide empor. Einen zerspaltenen Zacken umgeht man schwierig (Riß, III—) in der W-Flanke. Über ein kleines Überhangl erreicht man wieder die Schneide. Über Wächtengratln und plattige Felsstücke auf den höchsten Punkt, von dem aus man über die Schneide auch zum S-Gipfel gelangt.

● **569** **Breitnock,** 3215 m

Trapezförmiger, felsiger Gipfel in der Südumrahmung des Schlegeiskeeses, östl. über der Schlegeisscharte. Der höchste Punkt wird von zwei kühn in die Luft ragenden Gneisplatten gebildet.
1. Ersteigung: Dr. Karl und Hugo Diener, Dr. Th. Zelinka, Dr. Ed. Suchanek, 1882 (Lit.: Erschließung der Ostalpen III, S. 17).

● **570** a) **Vom Furtschäglhaus,** I, 4 st, Gletscherwanderung. Wie in R 576 auf den Nöfessattel und den Muttenock.
Von diesem Vorgipfel hinab in die Scharte zwischen beiden Gipfeln. In anregender Blockkletterei auf den Breitnock.

b) **Von der Eisbruggjochhütte,** I, 3½ st.
Von der Eisbruggjochhütte den Höhensteig zur Nöfesjochhütte bis zur Abzweigung Nöfessattel (Tafel!). Von hier bis zum Gletscher bez., dann etwas rechtshaltend auf einen kleinen Felskopf, von dort links auf den Sattel (eingerammte Stange!), von dort links hinaus auf den Gipfel.

c) Unmittelbarer Anstieg von der Eisbruggjochhütte, 3 st, II. Sehr mühsam.
Man geht auf dem Höhenweg (wie zur Nöfesjochhütte) bis zur Lache, von dort links hoch durch Geröll in ein kleines

Abb. 19 Breitnock. 1 = R 570, 2 = R 574.

Kar, durchquert es bis zum Felsen, Aufstieg zum tiefsten Punkt im Grat zwischen Muttenock und Breitnock (mäßig schwierig, II). Von diesem Punkt entweder dem Grat entlang zum Gipfel oder auf der nordtirol. Seite hinunter und von dort Aufstieg auf den Gipfel.

● **571** d) **Von der Chemnitzer Hütte** am Nöfesjoch, unschwierig (I), 3½ st. Von der Hütte nordwestwärts (Steig) hinauf gegen die Zunge des Östl. Nöfesferners. Unter dieser durch und durch die Schuttmulde (hier zweigt links der Steig zur Eisbrugghütte ab) gegen den Westl. Nöfesferner hinan und zum Nöfessattel. Von dort wie in a) zum Gipfel.

● 572 e) **Südostgrat,** II, 1 st E. Vom Muttenockferner hinauf an den Fußpunkt des SO-Grates, der die breite, gegen den Muttenockferner abstürzende SO-Flanke westl. begrenzt. Über den kurzen, felsigen Grat und ein kleines Firnfeld auf die Grathöhe und gegen rechts (östl.) auf den höchsten Punkt.

● **573** f) **Südostwand** (im Abstieg: Oskar Schuster mit V. Volgger, 1892; Lit. ÖAZ. 1893). Ä. A.

● **574** g) **Nordwestgrat** (Bruno Streitmann, R. Skuhravy, 1930; Lit.: „Bergsteiger", 1. (IX.) Jahrg., 2. Bd., S. 483; dort fälschlich als „Muttenock-NW-Grat" als Folge der Unstimmigkeiten der alten österr. Spezialkarte 1:35 000). III—. Ä. A.

● 575 Muttenock, 3072 m

Kleiner Felskopf über dem Nöfessattel; nur in Verbindung mit dem Übergang über den Nöfessattel empfehlenswert. Wurde in der älteren Literatur mehrfach mit dem Breitnock verwechselt, weil der westl. Vorgipfel des Breitnocks als Gipfel angenommen wurde. 1. Ersteigung: wie Breitnock, R 569.

● 576 a) **Vom Furtschäglhaus,** Gletscherwanderung, Grat selbst I, 3½ st. Wie in R 305 vom Furtschäglhaus auf den Nöfessattel. In hübscher Felskletterei über den steil aufstrebenden N-Grat unmittelbar auf den Gipfel des Muttenocks.

● 577 b) **Von der Chemnitzer Hütte,** I, 3 st. Wie in R 571 auf den Nöfessattel und wie in a) zum Gipfel.

c) **Von der Eisbruggjochhütte,** I, 3 st. Wie in R 570a auf den Sattel, 3050 m, dann nach rechts über den Grat zum Gipfel.

● 578 **Großer Möseler,** 3478 m; **Kleiner Möseler,** 3405 m

Der zweithöchste Berg der Zillertaler Alpen. Der beherrschende Berg über den weiten Gletscherfeldern von Nöfes-, Schlegeis- und Waxeckkees. Von NW gesehen mächtiger Firndom über dem Furtschaglkees, von NO ebenmäßiger Felskegel mit kühnen Graten. In seinem S-Grat ragt südl. der Westl. Möselescharte der Möselekopf, 3390 m auf (auf alten Karten manchmal als Kleiner Möseler bez.); vom Möselekopf zieht ein langer Grat südwärts, der den **Westl. Möselenock,** 3070 m, trägt, und den Nöfesferner in zwei Mulden zerteilt (Östl. Nöfesferner, Westl. Nöfesferner).
Auch nach O entsendet der Möseler einen mächtigen Grat, der den **Kleinen Möseler,** 3405 m, trägt, und weiter zur Östl. Möselescharte, 3240 m, absinkt. Östlich davon erhebt sich der unbedeutende **Östl. Möselenock,** 3297 m, von dem sich dann der Kamm aufschwingt zur Roßruggspitze. Gegen NNW entsendet der Möseler den Greinerkamm.
Die Aussicht ist ungemein eindrucksvoll; nahe ragen der Hochfeiler und im O der Turnerkamp auf, fern im S sind die Dolomiten sichtbar; die Tiefblicke auf Schlegeis- und Waxeckkees sind außerordentlich fesselnd.
1. Ersteigung: Fox, Freshfield und Tuckett mit Fr. Devouassoud und Peter Michel, 1865, im Zuge einer Überschreitung von S nach NW (Lit.: F. F. Tuckett „Hochalpenstudien", II., S. 96).

● 579 a) **Von der Nöfesjochhütte,** Gletschertour, 3½—4 st. Von der Hütte hinab auf den Sattel und von dort auf gutem Steig (bez.), leicht ansteigend den langen Rücken querend, bis hinein auf den flachen Talgrund unter dem Östl. Nöfesferner (am Beginn der Mulde großer Steinmann). Über das weite Bachbett hinüber und auf den Gletscher. Nun am linken Rand des Ferners, vorbei an großen Gletscherschliffen, aufwärts. Man geht über den mäßig geneigten Gletscher in Richtung auf den bereits sichtbaren Gipfel unter den Felsen des S-Grates und des Möselekopfes durch in die oberste Firnmulde. (Vorsicht, stellenweise Spalten, besonders, wenn man sich gegen die Mitte der Gletscherhänge zu wendet!) Von hier ziemlich steil in die Einsattlung zwischen dem kleinen östlichen Vorgipfel und dem Hauptgipfel. Über Blockwerk und unschwierige Felsen zum Gipfel.

Der Große Möseler wird von der Südtiroler Seite sehr oft direkt vom Nöfes-Stausee aus, ohne den Umweg über die Hütte, erstiegen. Auch beim Abstieg kann man kürzer vom Ende des Gletschers zum Parkplatz am See absteigen.

Abb. 20 Großer Möseler von Nordwesten. NW = Nordwestgrat (Übergang von der Furtschäglspitze), 1 = Nordwestflanke, Mariner-Führe, 2 = R 582, 3 = R 580

● 580 b) **Vom Furtschäglhaus,** kürzester Anstieg von NW, 4 st.

Von der Hütte auf dem zum Schlegeiskees führenden Steig über den Bach, dann südl. der Seitenmoräne entlang zum Furtschäglkees. Auf diesem südostwärts gegen den aus dem Firnmantel des Großen Möseler zum Furtschäglkees absinkenden Felsrücken. Dort, wo die Felsen am weitesten in den Gletscher vorspringen, steht rechts ein einzelner kleiner Felskopf, hinter dem eine Rinne durch die Felsen emporzieht. Rechts von dieser Rinne in den Schrofen unschwierig südostwärts zu der Firnkuppe hinauf, von der man bald auf den weniger steilen obersten Teil des NW-Grates gelangt. Über diesen unschwierig auf den Gipfel.

● 581 c) **Von der Berliner Hütte** (Fr. Krischker, Dr. W. Fickeis mit dem Steinklauber Josele, 1877 (Lit.: Mitt. DÖAV 1878, S. 43), Gletscherfahrt, 6 st, Eiserfahrung erforderlich. Von der Berliner Hütte auf dem Weg zum Schönbichler Horn bis ins Garberkar. In diesem aufwärts bis der Weg rechts in die Felsen des Schönbichler Grates abbiegt. Vom obersten Moränenkopf tritt man gegen links auf die spaltendurchzogenen Firnfelder des Waxeckkeeses über. Man quert zunächst fast eben in eine auffallende, breite Firnmulde (südöstlich), von hier ab fast durchwegs in Richtung auf die Östl. Möselescharte. Gerade auf die Scharte empor. Nun rechts dem Kamm entlang aufwärts, wobei man anfangs die Felsen rechts umgeht. Den Grat noch ein Stück entlang, bis man über Felsen oder einen Steilhang auf den Nöfesferner absteigen kann. Nun unter den Felsen des Kleinen Möselers in das oberste Becken des Östl. Nöfesferners. Man erreicht von S her die Einsattelung östl. des Gipfels und über unschwierige, doch manchmal vereiste Felsen den Gipfel selbst.

● 581a d) **Von der Eisbruggjochhütte.** I, lohnend, 3—4 st. Man folgt dem Höhensteig zur Nöfesjochhütte bis zur Abzweigung Nöfessattel (Tafel!). Hier links ab und über Geröll und große Felsplatten empor auf den Gletscher. Man hält sich gegen den Südgrat, überquert auf halber Höhe den Grat hinüber gegen Kleinen Möseler, über Stein und Geröll zum Gipfel.

● 582 e) **Gerade Nordwestwand** (Herb. Raditschnig, Sigi Jungmair, Erich Krenmayr, Karl Blach, 1956). Neben Hochfeiler-N-Wand und Hochferner-N-Wand eine der steilsten Eisflanken in den Zillertalern. Über 60° Neigung. Eiskletterei großen Stils.

582a f) **Nordwestgrat** (L. Treptow, G. Niederwieser, 1895; Lit.: Mitt. AV 1896). III, Firngrate, 5 st. Sehr schöne Gratkletterei.

Von der Berliner Hütte über das Waxeckkees südwestwärts in die erste, vom Firn erreichte Einsattelung südl. der Furtschäglspitze. (Hierher auch von der Furtschäglspitze, indem man auf den Grat, Platten und kleine Gratzacken überkletternd, absteigt.) Ein Zacken wird erklettert; jenseits über eine steile und überhängende Platte hinab. Kurz darauf folgt ein Riß, der den Grat tief spaltet und mit einem weiten Schritt übersetzt wird. Nach Erkletterung eines kleinen Felszahnes erhebt sich ein mächtiger Turm, der erklettert (III) oder auf der Waxeckseite umgangen wird. Es folgen vier riffartige Felszacken, deren Überkletterung schwierig ist. Über den sägeartigen Grat weiter bis zu einer riesigen Felsnase, die den Grat, kurz bevor er sich steil aufschwingt, unterbricht. Man umgeht sie, indem man an der Plattenwand der Waxeckseite einen sehr ausgesetzten Quergang ausführt. Dann über den scharfen Grat steil in die Höhe und über aufgetürmte Platten zum Firngrat. Auf scharfer Schneeschneide, Neigung 45—50 Grad, zum nördl. Vorgipfel und teils über Fels, teils über Firn zum Hauptgipfel.

● 583 g) **„Firndreieck"-Nordwand von P. 3331 m** (Brüder Zsigmondy, Dr. A. Böhm, Worafka, 1879; Lit.: Mitt. DÖAV 1879, S. 174), auch „Schneedreieck" genannt. Neigung

Abb. 21 Großer Möseler vom Schönbichler Horn. 1 = R 584, 2 = R 583, 3 = R 582 a.

der Eiswand stellenweise 60°; durch die Ausaperung tritt brüchiger, abschüssiger Fels zutage.
Von der Berliner Hütte wie in c) an den Fuß der Wand. An geeigneter Stelle über die Randkluft, im allgemeinen ziemlich genau in Fallinie des Vorgipfels. In der Eiswand bei günstigen Fällen gerade zum Vorgipfel, P. 3331 m, sonst etwas leichter gegen links an den Waxeckgrat hinaus. Vom Vorgipfel wie in d) über den überfirnten Vorgipfel P. 3458 zum Gipfel.

● 584 h) **Waxeckgrat** (1. NO-Grat; linke Begrenzung des Firndreiecks, daher fälschlich manchmal selbst als Firndreieck bez.), III—, schöne, kombinierte Fels- und Eistour, 7 st.

● 585 i) **Mittelfelsgrat** (2. NO-Grat; L. Grün mit H. Hörhager, 1898), III+, 5 st E., schöne Kletterei.

Der Mittelfelsgrat fällt südl. von dem das Firndreieck begrenzenden Seitengrat zum Waxeckkees ab. Zwischen beiden Graten zieht eine Schneekehle ziemlich hoch in die Felsen. Wie in c) von der Berliner Hütte auf den Firnboden des Waxeckkeeses, dann unter dem das Firndreieck begrenzenden Felsgrat durch zum Mittelfelsgrat. Der Bergschrund wird leicht überschritten: von rechts her auf den Felsgrat, der dreimal länger ist als der Waxeckgrat und ihn an Schwierigkeit übertrifft. Über eine scharfe Schneide gelangt man schließlich an die eigentliche Möselerwand, in der die Kletterei leichter wird. Über die Wand erreicht man den überfirnten NW-Grat und über diesen den Gipfel.

● 586 j) **Nordostflanke des Hauptgipfels** (B. Löwenheim mit Hans Hörhager, 1886, Lit.: Mitt. AV 1886). III, Eis- und Felstour, steinschlaggefährdet.

Wie in c) von der Berliner Hütte auf das Waxeckkees und unter den NO-Graten durch zum hintersten Firnboden zwischen Gr. und Kl. Möseler. Vom Gipfel zieht eine auffallende Rinne auf diesen Firnboden nieder. Über eine Randkluft und einen Firnhang erreicht man die plattigen Felsen am unteren Ende der Rinne. Schwierig in die Rinne und durch diese empor auf den meist vereisten Fels des Ausstieges. Zuletzt über eine Eiszunge gerade zum Gipfel empor.

● 587 k) **Ostgrat (Überschreitung des Kleinen Möselers)** (H. Gruber u. Gef., 1897; Lit.: Mitt. DÖAV 1897), II, 3 st von der Östl. Möselescharte.

Von der Scharte wird ein unscheinbarer Firnhöcker überschritten (jenseits öfters ein kleiner Eistümpel), sodann ein sehr steiler Firnhang erstiegen, den eine kleine Eiswand krönt. Über eine scharfe, überwächtete Firnschneide zu einem Felsgrat, der bald plattig wird und einige Male rittlings genommen werden muß. Ein kleiner Gratturm wird ziemlich ausgesetzt überklettert. Mit großartigem Tiefblick nach N geht es nun zum Kleinen Möseler, P. 3405 m, von dem man auf der Nöfesseite des Grates, zuletzt über einen nach N überwächteten Firnhang, unschwierig auf den Hauptgipfel gelangt.

● 588 l) **Über die Westliche Möselescharte und den Südgrat,** Eisflanke 50° Neigung, Felsgrat, III+. Vom Furtschäglhaus 6 st. Wie in b) vom Furtschäglhaus zum Felseinstieg des Normalweges. Nun ostwärts hinauf in das oberste Firnbecken des Schlegeiskeeses. Über die Randkluft und ziemlich gerade auf die überfirnte Einsattelung zwischen Möselekopf und dem Hauptgipfel zuhalten. (Die Plattenschüsse links zum Grat wur-

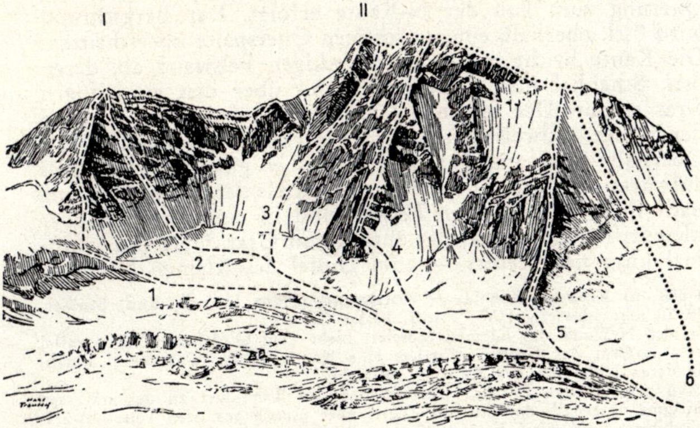

Abb. 22 Großer (II) und Kleiner (I) Möseler. 1 = R 591, 2 = R 593, 3 = R 586, 4 = R 585, 5 = R 584, 6 = R 583

den ebenfalls erklettert.) Über die steile Firnwand auf die Westl. Möselescharte. Über den S-Grat (Gegenrichtung von m) zum Gipfel.

● **589** m) **Übergang zum Möselekopf** (Olaf Hudemann, Th. Wetlesen, 1912; Lit.: XVIII. Jb. Bayerland), III, 1 st.
Vom Gipfel unschwierig südsüdwestwärts dem Grat folgend abwärts. Kurz vor dem ersten Abbruch in einem Kamin 3 m abwärts, dann Quergang zur Gratkante und mit Hilfe einiger Risse über den Abbruch hinab.
Im weiteren Gratverlauf ragt ein schräger Quader auf. Über seine Kante zum zweiten auffallendsten Abbruch; 12 m Abseilen. In anregender Kletterei, auch über Reitgratln, zum letzten Abbruch, der auf der Schlegeisseite mit Hilfe zweier Kamine leicht zu umgehen ist, in die Westl. Möselescharte. Über einen leichten Grat, z. T. überfirnt, auf den Möselekopf, P. 3362 m.

● **590** n) **Abstieg vom Möselekopf auf den Östlichen Nöfesferner.** Über den steilen Firn der O-Flanke oder über den N-Grat zurück zur Westl. Möselescharte und deren O-Abhang kann man leicht auf den Östl. Nöfesferner absteigen. Von dort zur Chemnitzer Hütte, Weg a), oder zur Östl. Möselescharte und zur Berliner Hütte, Weg c).

● **591** o) **Kleiner Möseler — Nordostkante** (Rud. Klose, Konst. Mach, 1935), IV, 3 st E.
Auf dem Normalweg zum Großen Möseler über das Waxeckkees, unter den Steilabstürzen des Berges südl. und südöstl. hinein bis auf etwa 3150 m Höhe, von wo aus eine

Querung zum Fuß der N-Kante erfolgt. Der Bergschrund wird östl. oberhalb einer mächtigen Querspalte überschritten. Die Kante bricht mit einer dreieckigen Felswand ab, deren östl. Schenkel man erklettert. Dann über den gutgriffigen Grat empor. Der folgende 60 m hohe Aufschwung wird an der Kante, teilweise knapp links davon überwunden (3 H.). Oberhalb einer angelehnten Platte über gut gangbaren Fels aufwärts. Zu Beginn des obersten Drittels der Kante Querung nach links auf schmalen Leisten und in einer Schleife über kleingriffige Platten wieder zurück zum Grat. Über ihn — einmal kurz nach rechts — zum Gipfel des Kleinen Möselers.

● 592 p) **Kleiner Möseler – Nordwand** (Franz Steindl, Rud. Stöcker, 1940), sehr schwierig (IV), 4 st E. Festes Gestein.
In der N-Wand des Kleinen Möselers zieht vom Gipfel ziemlich parallel zum N-Grat des Großen Möselers eine Kante in das Waxeckkees hinab, in deren Nähe sich der Aufstieg vollzieht.
Man gewinnt den E nach Überschreiten der Randkluft an der stärksten Biegung unterhalb der Scharte. Zuerst über plattig gestuften Fels, abwärts geschichtet, und mit Schnee durchsetzte Platten empor, dann leicht aufwärts und zu einem Schneefleck. Ein Überhang wird von rechts nach links überklettert (H.). Durch Risse eine 30 m hohe Platte empor (H.), dann nach rechts grifflos um eine Kante. Es folgt eine leichtere Seillänge. 20 m Quergang nach links, eine Verschneidung (H.) und eine schräge, graue Platte werden sehr schwierig überwunden. Zuletzt über einen Schneefleck, durch Risse und kleine Überhänge zum Gipfel.

● 593 Roßruggspitze, 3304 m

Gipfelpunkt des langen, nach N vorspringenden „Roßruggen", der die zwei mächtigen Gletscherbecken, Waxeckkees westl. und Hornkees östl., scheidet. Der auf den Roßruggen emporführende Steig stammt noch aus der Zeit, da hier Granate im großen gewonnen (gebrochen) wurden. 1. Ersteigung: Viktor Sieger mit Stephan Kirchler, 1877 (Lit.: Mitt. DÖAV 1878, S. 43).

● 594 a) **Von der Chemnitzer Hütte,** unschwierige Gletscherwanderung, 3 st.
Wie bei R 579 auf den Östl. Nöfesferner. Nun in leichtem Bogen gegen rechts unter dem Abfall des langen Turnerkamp-S-Grates durch nordwärts gegen die schon von weitem sichtbare Roßruggscharte hinan. Über den gut gangbaren O-Grat zum Gipfel.

● 595 b) **Von der Berliner Hütte über das Waxeckkees,** Gletscherwanderung, 5 st. (Vor allem im Zuge einer Turnerkamp-Überschreitung empfehlenswert.)

Wie bei R 581 von der Berliner Hütte auf das oberste Waxeckkees unter den Steilwänden des Kleinen Möselers. Nun hält man sich genau ostwärts ein gutes Stück unterhalb der Östl. Mösele-Scharte und unter den Randklüften des Östl. Möselenocks durch gegen den überfirnten W-Hang der Roßruggspitze. Über diesen gerade zum höchsten Punkt.

● **596** c) **Von der Berliner Hütte über die Roßruggscharte** (Dr. E. G. Lammer, 1884). Randkluft und Eishang unter der Scharte erfordern oft Eisarbeit.
Von der Berliner Hütte abwärts, den Abfluß des Hornkeeses auf einem Steg überschreitend (manchmal ist dieser Steg weggeschwemmt, dann ist die Überschreitung des Baches nur über den Steg beim Wh. Alpenrose möglich) und gleich jenseits des Baches südwärts auf dem schon sichtbaren Steig über den mit Blöcken besäten Hang hinauf.
Der Steig wendet sich allmählich der O-Seite des Roßruggens zu und führt dort hoch über dem Hornkees in Kehren an den Roßruggen. Bevor der Steig in die Felsen führt, geht man nun (seit der großen Ausaperung) links weglos über Blockwerk unterhalb des Steilaufschwunges des Roßruggens auf das Hornkees in Richtung Roßruggscharte.
Links hinauf über das Kees in den kleinen Firnkessel unter der Roßruggscharte. An geeigneter Stelle über die Randkluft und gegen links über den steilen Eishang gegen die lockeren Felsen, über die man die Scharte gewinnt. (Manchmal sind feste Seile angebracht; diese werden jedoch immer wieder vom Steinschlag beschädigt; Vorsicht!) Über den gut gangbaren O-Grat rasch zum Gipfel.

● **597** Dem unmittelbaren Anstieg in Fallinie der Scharte kann man ausweichen, indem man den Steilaufschwung in weitem Bogen nach rechts umgeht. Man überschreitet den Bergschrund etwa in Fallinie der Roßrugg-O-Wand und quert leicht ansteigend nach links zur Scharte hinüber.

● **598** e) **„Roßruggen"-Nordgrat** (Emil und Otto Zsigmondy, 1881), II, teilweise brüchig, 4—5 st.
Von der Berliner Hütte wie bei c) über den „Roßruggen" empor bis zur Firnunterbrechung im obersten Teil. Die tiefe Einschartung wird auf dem Firn umgangen. Südlich der Scharte erhebt sich der erste größere Gratturm. Durch eine brüchige Rinne auf den Grat südl. vom Turm. Zwei Gratköpfe werden überschritten, dann auf schmaler Firnschneide

Abb. 23 Turnerkamp (I), davor **Roßruggspitze** (II), mit Waxeck-Kees.
1 = R 598, 2 = R 610

(bei Vereisung besser rechts unten ober dem Felsabsturz zum Waxeckkees) zum schönen, steil ansteigenden letzten Felsgrat. In reizvoller Kletterei über hohe Blöcke und durch Risse, am besten stets auf der Schneide, zu einem kurzen Firngrat, über den man in wenigen Minuten auf den Gipfel gelangt.

● **599** f) **Nordostwand** (H. Delago, 1924), II—, brüchig, 1½ st E.
Aus dem südwestl. Winkel des Hornkeeses (hierher wie in c) von der Berliner Hütte oder in ungemein langwierigem aber großzügigem Eisanstieg über das ganze Hornkees, rechts haltend zum Eishang, der zum höchsten in die Felsen der Roßruggspitze hinaufzieht. Auf diesem rechts zu den Felsen, dann gerade empor. Über Platten (III—) schräg nach rechts, dann leichter über lockeren Fels gerade hinauf zum Nordgrat, der in Gipfelnähe erreicht wird.

● 600 g) **Nordwestflanke** (Rud. Klose, Konst. Mach, 1935), Eisfahrt. Von der Hütte 4—5 st. A. A.

● 601 Turnerkamp, 3418 m

Einer der formschönsten und aussichtsreichsten Gipfel des ganzen Gebirges. Ebenmäßige, helle Pyramide über der Eiswildnis des Hornkeeses, mit langen, schmalen Graten. Die Aussicht ist besonders auf die Rieserfernergruppe und die Dolomiten sehr eindrucksvoll; die Tiefblicke auf die mächtigen Eisströme des Zemmgrundes sind unvergeßlich. Der Turnerkamp erfordert auf allen Wegen Bergerfahrung und Ausdauer. Für Ungeübte auf alle Fälle Führer erforderlich.

Vom Turnerkamp zieht ein ausgeprägter Grat gegen S zum Nöfesjoch. Dieser Kamm trennt den Östl. Nöfesferner vom Trattenbachkees. Sein oberster Teil unter dem Turnerkamp-S-Grat wird „Sattelschneid" genannt; es folgen südl. der Innere **Sattelnock** (Schneenock), 3073 m, und der Äußere Sattelnock, 3026 m; hier fällt der Grat zur Pfaffenscharte, 2853 m, ab, um sich südl. zur Weißen Wand nochmals auf 2940 m zu erheben. Die S-Flanke der Weißen Wand sinkt zum Nöfesjoch, 2405 m, ab.

1. Ersteigung durch den Bauern Johann Kirchler aus Luttach in den sechziger Jahren, 1. touristische Ersteigung: W. H. Hudson, C. Taylor, R. Pendlebury mit Gabriel Spechtenhauser und dem Steinsucher Josele (Georg Samer), 1872. (Erschließung der Ostalpen, III, S. 38 und Nachträge S. 635.)

a) **Von der Nöfesjochhütte über die Südostflanke** (Harprecht, Seyerlen, 1874; Lit.: ZAV 1875), II—, kürzester Anstieg, 4 st. Hinab aufs Joch und auf dem Steig zum Östl. Nöfesferner im Bogen links um die Hänge der Weißen Wand hinauf zum „Großen Trog", einer auffallenden langen Rinne, die überschritten wird. Nun gerade über Moränen hinauf zur Gletscherzunge des Östl. Nöfesferners. Stets etwas rechts haltend gegen den überfirnten Teil der Sattelschneid. Wo diese an den steilen, felsigen S-Grat des Turnerkamps stößt, wechselt man ostwärts auf das Trattenbachkees hinüber. Nun nordwärts oberhalb der Randkluft unter die SO-Flanke des Berges. Unter den Felsen durch, bis man über Schnee die Rinne erreicht, die diese SO-Flanke durchzieht. Im brüchigen Fels der Rinne sehr steil entweder unmittelbar zum Gipfel, bei Vereisung im oberen Teil rechts aus der Rinne heraus und über die Felsen der rechten Begrenzung zum Gipfel.

● 603 b) **Von der Berliner Hütte über die Südwestflanke** (Weg Hudson u. Gef., 1872), II, 6—7 st. Schöne Bergfahrt. Von der Berliner Hütte wie bei R 596 zur Roßruggscharte; oder etwas leichter, aber weiter, wie bei R 581 zur Östl. Möselescharte. Von beiden Scharten erreicht man über den N-Rand des Östl. Nöfesferners die SW-Flanke des Berges. In Gipfelnähe setzt eine Rinne an, die unweit des Grates durch die ganze Flanke herabzieht auf den Firn. An geeigneter Stelle über die Randkluft und durch die oft vereiste Rinne (Ausweichmöglichkeiten im Fels der rechten Begrenzung) sehr steil zum Gipfel empor.

Schwieriger, aber kürzer als die Rinne der SO-Flanke.

● **603 A Abstieg durch die SW-Flanke.** Man steigt knapp links des NW-Grates durch eine steile, kurz unter dem Gipfel ansetzende Rinne auf das Eisfeld des Östl. Nöfesferners. Von hier quert man nach rechts in die Roßruggscharte (3229 m)

● **604** c) Man kann sowohl von der Chemnitzer Hütte aus den etwas schwierigeren Anstieg durch die SW-Flanke, als auch von der Berliner Hütte aus den etwas leichteren, aber weiteren Anstieg über die Sattelschneid und die SO-Flanke des Berges ausführen.

● 605 d) **Südgrat** (A. Baum, A. Dreger, 1905; Lit.: ÖAZ 1907, S. 145). IV—, eine Stelle V, 3 st E

Wie unter a) oder b) von der Berliner Hütte oder der Chemnitzer Hütte zur obersten Sattelschneid P. 3230, wo sie an den S-Grat anstößt.

Nun zunächst über Platten und Blöcke auf dem S-Grat zu einem schwierigen Riß, der, schief nach rechts und oben nach links gebogen, durch eine hohe Platte hinaufzieht. Ein Stück weiter oben folgt ein zweiter Riß, dann ausgesetzt und schwierig an der Gratkante durch Risse oder über Platten und hohe Blöcke zu einem Steinmann, etwa in halber Höhe des Grates. Hier beginnen die größten Schwierigkeiten. Über einen Hangelgrat (IV—) zur entscheidenden Stelle, einer etwa 15 m hohen Platte (IV—). Die Plattenwand wird anstrengend, am besten mit Vermeidung des untersten Stiftes, erklettert. Zunächst ein paar Meter gerade hinauf, dann nach links an winziger Ausbauchung zu der Felskante, an der eine kleine Einkerbung schlechten Stand für einen Fuß gewährt. Hinter der Kante zieht eine schmale Rinne herab, darin ist wieder Stand für einen Fuß zu finden. Nun ebenso schwierig nach rechts hinauf in die Mitte der Platte zu den beiden obersten Stiften. Mit Hilfe dieser fast senkrecht zu einem kleinen Absatz über der Platte. Es folgt wieder eine sehr schwierige Platte und ein mächtiger Felsblock. Das folgende Stück des Grates hat noch einige schwierige Stellen. Die erste ist ein Hangelgrat, die zweite ein überhängender Abbruch, von dessen Höhe man sich entweder nach der Gipfelseite zu abseilt oder nach rechts zwischen dem Felsen und einer schmalen, hochstehenden Platte hinunterstemmt. Die Platte ist mit Vorsicht zu benützen; sie wird nur durch daranliegende Blöcke in ihrer Lage erhalten. Es folgt der letzte Aufschwung zum Gipfel, an dem noch ein etwa 7 m hoher, durch eine Platte ziehender Riß zu bewältigen ist.

● **606** e) **Überschreitung von der Weißen Wand bis zur Sattelschneid.** II—, von der Chemnitzer Hütte bis zum Gipfel 6—8 st. Für geübte Geher ist die Überschreitung der gesamten Sattelschneid ein schönes Unternehmen; sehr aussichtsreich. Von der Hütte nordwärts auf Steigspuren über die S-Hänge hinauf gegen das Köpfl im SW-Grat der Weißen Wand, Gamslahnernock genannt. Nun stets auf der Grathöhe selbst in anregender Blockkletterei über die Weiße Wand in die Pfaffenscharte und über die Sattelnocken zur Sattelschneid. Wie in a), b) oder c) zum Gipfel.

Abb. 24 Turnerkamp (I), **Roßruggspitze** (II) und **Möseler** (III) von Osten. 1 = R 607, 2 = R 608, 3 = R 596, 4 = R 583.

● 607 f) **Ostgrat** (A. und E. Wagner mit Hans Hörhager, 1891. Lit.: ÖAZ 1892), III--, 3—4 st vom Trattenjoch. Schöne Gratkletterei, festes Gestein.

Wie in R 308 von der Berliner oder Chemnitzer Hütte zum Trattenjoch. Vom Joch weg über einen Felsbuckel in die nächste Scharte, die auch vom Hornkees unmittelbar durch eine Schneerinne zugänglich ist. Nun stets auf der Gratschneide selbst bis vor den Gipfelaufschwung. (Der Fels auf der Schneide ist schön, der in den Flanken, in die man nach Möglichkeit ausweicht, brüchig.)

Unter dem letzten Steilaufschwung Querung nach links in eine erdige, oft vereiste Rinne. Durch diese empor zum Gipfel. (Der letzte Aufschwung wurde auch gerade erklettert, V.)

● 608 g) **Nordwand** (Dr. Fritz Drasch, Dr. Jurek, 1886; Lit.: Mitt. DÖAV 1889, S. 113), IV+, 3—4 st, Wandhöhe 350 m. Wie unten bei h) unter die N-Abstürze des Gipfels.

Wo die Felsen der N-Wand am tiefsten in den Gletscher hinabstoßen, befindet sich der Einstieg. Über den glatten, sehr oft vereisten Plattenpanzer gegen die Gipfelrippe zu, wobei die

Führe h) gekreuzt wird. Weiter in Gipfelfallinie gerade empor zum Gipfel.

● 609 h) **Nordwestwand,** IV—, steinschlaggefährdet, 3 st E.
Von der Berliner Hütte am besten wie in R 596 über den Roßruggen in die oberste Firnmulde des Hornkeeses. Rechts und links vom Gipfel ziehen zwei flache Rinnen, getrennt durch eine schwach ausgeprägte Rippe bis etwa in die halbe Wandhöhe herab; links davon ein ungegliederter Plattenschuß. So muß sich die Durchsteigung in der westl. (rechten) Wandhälfte halten Der Bergschrund wird ungefähr in der Mitte zwischen Gipfelfallinie und Roßruggscharte überschritten. Links über den steilen Eishang empor und in gleicher Richtung mit dem NW-Grat über plattige Felsen aufwärts. Man quert eine etwa 6 m breite Rinne und gelangt so in die oben erwähnte westl. Gipfelrinne. Zuerst in dieser, dann über die Trennungsrippe hinweg in die östl. Gipfelrinne. In schöner Plattenkletterei durch diese empor gegen den O-Grat, der 5 Min. östl. des Gipfels erreicht wird.

● 610 i) **Nordwestgrat** (W. Kendrick mit S. Fankhauser und Kederbacher, 1892; Lit.: Mitt. DÖAV 1892), III. Von der Roßruggscharte 1½ st.
Von der Roßruggscharte zunächst unmittelbar auf dem Blockgrat aufwärts. Eine ausgesetzte Gratplatte wird rittlings genommen. Im oberen Gratteil wird man manchmal in den brüchigen Absturz der NW-Wand hinausgedrängt. Zuletzt wieder unmittelbar über die Schneide zum Gipfel.

● 611 **Fünfte Hornspitze,** 3146 m; **Vierte Hornspitze,** 3197 m

Zwei den Kamm wenig überragende Gipfel zwischen Trattenjoch und Mitterbachjoch. Die Fünfte Hornspitze entsendet einen ausgeprägten Kamm nach S (mit Innerer Grüner Platte, 2734 m; Äußerer Grüner Platte, 2802 m; Gelenknock, 2880 m, und Möselenock, 2706 m).

1. Ersteigung der Fünften Hornspitze: Josef und Karl Daimer mit Stefan Kirchler, 1875 (Z. d. DÖAV 1875).

1. Ersteigung der Vierten Hornspitze: Dr. Emil und Richard Zsigmondy, K. Diener, A. Eder, 1882.
30 Min. E.

● 612 a) **Vom Trattenjoch auf die Fünfte Hornspitze,** II, 30 Min. E.

Von der Berliner Hütte wie in R 308 auf das Trattenjoch. Vom Joch über den plattigen Grat in eine kleine Scharte unterhalb einer senkrechten Felsstufe. Auf ausgesetztem Band in die N-Wand und über einige abschüssige Platten in eine zum Gipfel leitende Rinne.

● 613 b) **Südwestwand der Fünften Hornspitze,** II, 1 st E.
Vom obersten Firnfeld des Trattenbachkeeses führt der Anstieg durch eine von zwei Wänden unterbrochene Rinne auf den S-Grat des Berges hinaus. Über diesen zum Gipfel.

● 614 c) **Übergang zur Vierten Hornspitze,** II, 1 st.
Der NO-Grat der Fünften Hornspitze weist Steilstufen auf, die in der SO-Flanke umgangen werden müssen. Man erreicht sodann eine überfirnte Einsattlung, 3073 m. Über einen wenig höheren Kopf im Sattel kann man, etwas links haltend, über den obersten Firn des Hornkeeses den Aufschwung der Vierten Hornspitze erreichen. Über den blockigen S-Grat zum Gipfel.

● 615 d) **Vierte Hornspitze vom Mitterbachjoch,** I, 30 Min. Wie in R 309 von der Berliner Hütte auf das überfirnte Mitterbachjoch. Von hier über den Blockgrat südwestwärts empor zum Gipfel.

● 616 e) **Vierte Hornspitze – Westgrat** (wahrscheinlich Rud. Radislowitsch, B. V. Havemann, 1935), I. Ausweichen in die S-Flanke möglich. 1½ st E.
Anfangs über den ebenen Blockgrat an den Steilaufschwung. Vor ihm in die südl. Gratflanke und über Platten empor, bis ein steiler Abbruch, der die S-Seite sperrt, zu einem Ausweichen in die N-Seite zwingt. Auf schmalem Band in die Wand hinaus und von seinem Ende mittels Abseilens auf ein zweites Band hinunter. Von diesem gerade aufwärts zum Gipfel.

● 617 Berliner Spitze (Dritte Hornspitze), 3253 m

Schneidiges, dunkles Felshorn über dem südöstl. Firnbecken des Hornkeeses. Nach NW streicht von der Berliner Spitze ein langer Felskamm bis zu der Erhebung, 2647 m, „Am Horn", über der Berliner Hütte. Dieser Kamm trennt das weite Becken des Hornkeeses von dem des Schwarzensteinkeeses. Die Berliner Spitze ist ein gern besuchter Aussichtsberg mit weiter Fernsicht vor allem nach dem Süden (Dolomiten), gegen Rieserferner und Hochgall.

1. Ersteigung: J. und K. Daimer mit Stefan Kirchler, 1874

● 618 a) **Von der Berliner Hütte über das Mitterbachjoch,** I, 4 st. Schöne Bergfahrt.
Von der Hütte wie in R 309 auf das Mitterbachjoch. Von hier nordöstl. über Firn gegen den aus großen Blöcken aufgebauten Gipfel, der durch eine Rinne erstiegen wird.

● 618 a **Westwandrinne** (Beschr. J. Strobl, G. Walter u. Gef., 1979). Reine Eistour, Höhe der Rinne ca. 200 m, maximal 50° Neigung. Übersicht: Vom Gipfel fällt zum oberen Hornkees eine breite Wand ab, die in der Mitte von einer seichten Rinne durchrissen wird. Route: Unschwierig über den meist verschütteten Bergschrund und zunehmend steiler die Rinne empor. Leicht rechts haltend in den engeren Teil der Rinne, wo bei schlechten Verhältnissen Felsen herauskommen können. Weiter gerade zum Vorgipfel.

● 619 b) **Nordwestgrat** (Dr. Böckelmann mit Hans Fiechtl, 1891; Lit.: Mitt. DÖAV 1896), II, 1 st E.

Von der Berliner Hütte am Weg zum Mitterbachjoch auf das Hornkees und auf dem Firn noch etwa eine halbe Stunde aufwärts, bis man links geradewegs zu einer Einschartung im NW-Grat ansteigen kann, in welche der Firn hinaufreicht. Ziemlich steil gerade in den schmalen Sattel hinauf. Von dort wird der untere Steilabfall des aus mächtigen Blöcken aufgebauten Gipfelgrates entweder unmittelbar erklettert oder rechts auf dem Firnhang umgangen und durch eine brüchige Rinne wieder der Grat erreicht, auf ihm zum Gipfel.

● **620** c) **Überschreitung der gesamten Hornschneide** (L. Treptow mit G. Niederwieser, 1895), IV (mehrere Stellen), ansonsten III, eine Abseilstelle. Von der Berliner Hütte 5—7 st.

Von der Berliner Hütte auf dem Weg zum Mitterbachjoch auf gutem Steig südöstl. empor bis unter den Steilabfall des „Hornes". Wo der Jochweg rechts unter den Felsen gegen das Hornkees hineinführt, zweigt links der AV-Steig ab, der in kleinen Kehren auf den Aussichtspunkt „Am Horn" emporführt, 2647 m. Die erste Gratstrecke ist leicht, dann folgen mehrere Abbrüche in eine Scharte. Eine von ihnen wird auf der Hornkeesseite mittels eines kleinen Risses umgangen. Ein ungangbarer Abbruch muß durch Abseilen an der Schwarzensteinkeesseite überwunden werden (sonst Kletterei äußerster Schwierigkeit!). Nun beständig auf dem scharfen Grat weiter, dessen Erhebungen zum Teil rittlings genommen werden müssen. Über einen schneidigen gelben Turm schließlich zu dem vom Firn des Hochkeeses berührten Sattel vor dem letzten Gipfelaufbau und weiter wie in b) zur Spitze.

● **621** d) **Vom Schwarzensteinkees** (W. Kendrick mit Simon Fankhauser und Kederbacher, 1892), II, 1 st E. Ä. A.

● **622** e) **Vorgipfel-Ostsporn** (L. Brankowsky, Rud. Matt, 1941). III, 1½ st. Ä. A.

● 623 Zweite Hornspitze, 3199 m; Erste Hornspitze, 3170 m

Zwei wenig auffallende Erhebungen über dem südwestlichen Winkel des Schwarzensteinkeeses. Die Erste Hornspitze entsendet wiederum einen langen Zweiggrat gegen SSO, in dem die Schwarzenbachköpfe und die Schafbretterspitzen aufragen.

1. Ersteigung der Zweiten Hornspitze: J. Fuchs mit Stabeler, 1885 (diese Seilschaft überschritt alle 5 Hornspitzen am selben Tag).

1. Ersteigung der Ersten Hornspitze: Josef und Karl Daimer mit Stefan Kirchler, 1874.

● 624 a) **Vom Schwarzenbachjoch auf die Erste Hornspitze,** I, 30 Min. E. Von der Berliner Hütte wie in R 310 zum Schwarzenbachjoch und unschwierig über den teilweise verfirnten NO-Grat auf den Gipfel.

● 625 b) **Übergang zur Zweiten Hornspitze,** II, 40 Min. Unmittelbar über den Blockgrat hinab in die Scharte und über den O-Grat auf die Zweite Hornspitze.

● 626 c) Auch die **Zweite Hornspitze** ist vom Firn des Schwarzensteinkeeses aus über Blockwerk unschwierig zu gewinnen.

● 627 d) **Übergang von der Zweiten Hornspitze zur Berliner Spitze,** II—, 40 Min.
Meist unmittelbar über den Grat. Ein Gratabbruch wird jedoch in der S-Seite umgangen. Sodann nordwestl. auf dem Grat weiter, wobei ein morscher Felszacken auf der Schwarzensteinseite zu umgehen ist. Nun entweder unmittelbar gegen den Gipfel hinan, oder hinüber zum Mitterbachjoch und über die SO-Seite auf die Berliner Spitze.

● 628 **Schwarzenstein,** 3368 m

Von N gesehen mächtiger Firnkamm, von dem in die Floite und in den Zemmgrund große Gletscher niederströmen. Nach S entsendet der Schwarzenstein den Trennungskamm zwischen Schwarzenbach und Rotbachtal, dem die Schwarzenbachspitze, die „Weißen Bretter" und die „Schwarzen Bretter", sowie der Zwilcher und noch eine ganze Reihe von begrünten Köpfen entragen. Der Schwarzenstein gehört zu den meistbesuchten Bergen der Gruppe, vor allem wegen seiner vielgerühmten Aussicht und der verhältnismäßig leichten Zugänge. Jedoch ist für Ungeübte für die Überschreitung des Schwarzensteinkeeses unbedingt ein Führer ratsam.
Die Fernsicht umfaßt vor allem im S die Dolomiten, Brenta, Adamellogruppe; im SW und W: Ortler, Bernina, Ötztaler und Stubaier Alpen; im N Wetterstein, Karwendel, Kaiser, Leoganger Steinberge, Dachstein. Auch die Nahblicke auf die umgebenden Zillertaler sind auf Grund der Mittellage des Gipfels sehr vielfältig.

1. Ersteigung gelegentlich der Landesaufnahme 1852 von S. Von der Zillertaler Seite aus: Dr. A. von Ruthner, Josef Daum, Ludwig von Barth mit dem Steinklauber Josele (Georg Samer), 1858.
Großes Vermessungszeichen und Grenzstein.

● 629 a) **Von der Berliner Hütte,** schöne Gletscherwanderung, 4—5 st.

Von der Hütte nordostwärts auf dem zum Schwarzsee führenden Weg empor, bis links zwei stärkere Bäche herunterkommen (Wegtafel). Rechts dem Wege folgend durch einen begrünten Kessel auf den Rücken des Saurüssels, einem vom Kleinen Mörchner herabziehenden Seitengrat, auf dem ein großer Steinmann steht. In Kehren auf den grünen Rücken, dann südl. abbiegend ins Mörchnerkar, durch dessen Blockhalden der bez. Steig zum nordöstl. Teil des Schwarzensteinkeeses führt. Nach Betreten des Gletschers auf einen schwarzen, auffallenden Felsen zu, unter diesem rechts durch, dann in seiner Nähe etwas steil ostwärts über den Firnhang hinauf. Sobald man ungefähr die Höhe des nun links befindlichen Felsens erreicht hat, wendet man sich wieder südostwärts und gelangt bald auf die Firnfläche zwischen Schwarzenstein und Großem Mörchner Schwarzensteinsattel, 3155 m. Nun fast eben (in der Reisezeit auf ausgetretenem Pfade) südwärts zum kurzen Schwarzenstein-NW-Grat, der über eine meist verschneite, unschwierige Randkluft erreicht wird. Weiter zu dem aus mächtigen Felsblöcken gebildeten Gipfel.

● 630 b) **Von der Greizer Hütte** (E. Richter, Max und Richard Frey, 1874), schöne Gletscherfahrt durch das zerrissene Floitenkees, 3½—4 st. Besonders spaltenreich, Gletschererfahrung notwendig.

Von der Hütte auf gut bez. AV-Steig südwärts hinauf zum Floitenkees. Der Übertritt auf den Gletscher erfolgt wegen der starken Ausaperung nun wesentlich höher als früher an einer mäßig geneigten schwarzen Eisflanke. (Früher benützte man eine auffallende Eisrinne. Durch Ausaperung ist aber der Einstieg in diese sehr schwierig geworden.) Hinauf bis zu flacherem Gelände, wo eine Querung entlang riesiger Querspalten nach rechts in die Firnmulde unter dem Tribbachsattel möglich wird. Das ist die Firnbucht zwischen den Felsen der Westl. Floitenspitze und den Felsen im Schwarzenstein-NNO-Grat. (Die Führe geht heute im unteren Teil etwa 500 m östl. der Punktierung der AV-Karte 1932.)

In dieser Firnbucht empor gegen den Tribbachsattel. Noch vor der Höhe des Sattels, dort, wo der Firn eben zu werden beginnt, rechts zu einem kurzen, schmalen Blockhang im rechtsseitigen Schneehang hinauf, der mit einem kurzen Bogen nach S über ziemlich steilen Firn erreicht wird. (Im Blockhang Grenzstein mit Stange und Blick auf die im südtirolischen Gebiet liegende Schwarzensteinhütte.) Nun westwärts einen niederen Firngrat überschreitend auf die Firnhochfläche über dem Schwarzensteinsattel und an deren südl. Rande in sanfter Steigung gegen den Blockgipfel des Schwarzensteins, der schließlich über den aperen Teil des NO-Grates erreicht wird.

● 631 c) **Von der Schwarzensteinhütte,** I, 1½ st.

Von der Hütte zunächst nordwärts über Schuttstreifen und Firnhalden. Man hält sich jedoch schon vor Erreichen des Tribbachsattels links auf das Felsköpfl zu, überschreitet den Firngrat und steigt über die mäßig geneigte Firnhochfläche (Spaltengefahr) südwärts gegen den aperen NO-Grat an, über den man den höchsten Punkt erreicht.

● 632 d) **Südwestgrat von P. 3336** (im NW-Grat des Gipfels: O. Langl, E. Plate, 1895, im Abstieg), IV—, 2 st Ä. A.

● 633 e) **Südwestwand** (R. Seyerlen mit Stefan Kirchler, 1878), III+, Eisrinne 60 Grad Neigung, von der Außenmoosalm im Schwarzenbachtal 5 st.
Von der Moosalm im Schwarzenbachtal (2½ st von Luttach) zum Schwarzenbachkees. Auf diesem an den beiden Gletscherbrüchen links vorbei zum oberen Firnbecken. In der SW-Wand des Schwarzensteins sind von hier drei Schneerinnen sichtbar. Über die Randkluft in die nördl., 370 m hohe, S-förmig gewundene Rinne und in ihr sehr steil (bis zu 60 Grad) hinauf zwischen die beiden höchsten Erhebungen des Gipfelgrates. Im aperen Zustande weist die Rinne glatte Platten auf, die größere Schwierigkeiten bieten dürften.

● 634 f) **Südsüdostgrat** (J. Blüthner mit Al. Niederwieser, 1893; Lit.: Festschrift S. Leipzig, 1894, S. 192), III—, von der verfallenen Daimerhütte aus 6—8 st.

Am Weg zur Schwarzensteinhütte in den Talgrund hinein bis zur verfallenen Daimerhütte, wo sich der Weg aus dem Graben rechts emporwendet auf den Hang. Von hier überschritten die Erstbegeher den Bach in westl. Richtung und stiegen über Schutt in die Einschartung „Zu Törla", 2704 m, an. Von hier über die lange und zersplitterte Gratschneide der Schwarzenbachspitze, 3254 m, in langwieriger Kletterarbeit zum Gipfel.

● 635 g) **Gerade Ostwand** (Karl Oberarzbacher, Vincenzo Guberti, 1933), III+, 250 m Wandhöhe, steinschlaggefährdet, 2¼ st.

Von der Schwarzensteinhütte in nordwestl. Richtung über das Rotbachkees (auf dem Normalweg zum Schwarzenstein) bis in Höhe 3150 m. Sodann südwestl. an den Fuß der Felsen der O-Wand. Über schlechte Felsen gerade empor, nach den ersten 50 m über eine von lockerem Erdreich und Eis bedeckte Zone und über Schneeschilder etwa 50 m empor. Durch einen steilen Kamin und über die Felsen weiter empor an den Beginn eines ziemlich hohen Kamins. Durch ihn empor an den Beginn eines zweiten Kamins, der ebenso durchstiegen wird. Zuletzt über guten, weniger geneigten Fels und einen Schneehang zum Gipfel.

● 636 Westliche Floitenspitze, 3194 m

Beherrschender Talschluß über der inneren Floite.
Von W gesehen sanfte Erhebung über dem Tribbachsattel (R 314). Entsendet einen zerrissenen Verbindungsgrat zur Östl. Floitenspitze. 1. Ersteigung: M. von Déchy mit Stefan Kirchler, 1876 (Lit.: Erschließung der Ostalpen, III).

● 637a a) **Von der Schwarzensteinhütte,** I, 1 st. Von der Hütte nordwärts auf den Tribbachsattel und wie in b) zum Gipfel.

● 638 b) **Von der Greizer Hütte,** Gletscherfahrt, 3 st. Wie in R 630 von der Greizer Hütte zum Tribbachsattel. Ostwärts über den Firnhang gegen den breiten SW-Grat hinauf. Sodann über Blockwerk zum Gipfel.

● 638a c) **Nordwand** (Robert Laimböck, Karl Raich, 1933), IV (eine Stelle IV+), 4—6 st E.
Die N-Wand der Westl. Floitenspitze beherrscht den Talabschluß der Floite. Sie wird in ihrer Mitte von einem schräg nach links ansteigenden Band durchzogen. Der Einstieg erfolgt in Fallinie unter dem rechten Ende des Bandes. Von der Randkluft, diese meist sehr schwierig, leitet ein Blockhang gerade hinauf zum Band (Kanzel, II). Nun links eine Verschneidung querend zu einer zweiten, höher gelegenen Kanzel mit Steinmann. 8 m abseilen auf eine Leiste, die sich nach etwa 30 m in einen großen Plattenschuß verliert. Über diesen (IV) zu einem Aufschwung, der mittels Steigbaum sehr ausgesetzt und grifflos überklettert wird (V) zu einer Kanzel. Nun in Fallinie über einen Blockhang, vor dem Ausstieg durch eine hochgestufte Steilrinne (III), unmittelbar zum Gipfel. Großzügige Eis- und Felsfahrt in festem Gestein.

● 638b d) **Südostwand** (Albert Höllrigl, Robert Laimböck, 1934), IV, 4 st E.
Von der Schwarzensteinhütte hinab aufs Tribbachkees. Einstieg etwa 100 m westl. der Gipfelfallinie in gut gestuftes Gestein. Nach dem ersten Wanddrittel Gesteinsschichtung nach unten geschichtet (IV). Gerade hinauf, bis die Gipfelwächte zum Ausweichen zwingt.

● 638c e) **Nordwestgrat** (Albert Höllrigl, Robert Laimböck, 1934), IV+. eine Stelle V—, 6 st E.
Der Fuß des NW-Grates ist ein wuchtiger Turm, 3026 m. Dieser Turm ist noch unerstiegen. Der Einstieg des begangenen NW-Grates beginnt in der Mitte der Schneerinne, die südl genannten Turmes zum Floitenkees leitet. Bis hierher von der Greizer Hütte über den Anstieg zum Tribbachsattel in $1^1/_2$ st. Vom Einstieg leitet ein Band steil nach rechts zur Kante des NW-Grates. Über diese Kante sehr griffarm in festem Gestein gerade hinauf, an einer Stelle Seilwurf notwendig, bis zum obersten plattigen Abbruch (IV)

Nun Querung nach rechts unter diesen Abbruch bis eine Rippe ungemein ausgesetzt die Rückkehr zum Grat vermittelt (V—). Nun ohne Schwierigkeit zum Gipfel. Schöne Plattenkletterei in festem Gestein.

● 639 c) **Tribbachkopf,** 3112 m.
Der Tribbachkopf ist die breite Erhebung im SW-Grat der Westl. Floitenspitze, unmittelbar über dem Tribbachsattel. Er ist von diesem aus über seinen mächtigen Firnhang in einer Viertelstunde leicht zu ersteigen.

● 640 Östliche Floitenspitze, 3154 m

Wilder Felsgipfel mit zerrissenen Gratschneiden, der zum Floitenkees und zum Tribbachkees mit dunklen Wänden abstürzt. 1. Ersteigung: O. Schuster mit H. Moser, 1893 (Lit.: ÖAZ 1894).

● 641 a) **Von der Greizer Hütte,** II, 4—5 st, südwärts auf dem Steig und wie in R 630 zu der langen Querung im Floitenkees. Hier scharf links in östl. Richtung abbiegend hinüber gegen die N-Wand der Östl. Floitenspitze. Westl. der vom Gipfel herabziehenden, in das Floitenkees vorspringenden Felsrippe, über den Bergschrund. (Rechts oben dient eine mit der Felsrippe gleichlaufende dunkle Wand als Merkzeichen.) Über den steilen Firnhang empor und über meist vereiste Felsen zum Grat, unmittelbar neben dem Gipfel.

● 642 b) **Von der Schwarzensteinhütte** (Igo Kaup mit Hans Huber, 1894), III—, 4 st, ostwärts ein Stück hinab auf das Tribbachkees und bis unter die SO-Flanke der Östl. Floitenspitze. Durch eine Schneerinne hinauf in ein allseits umschlossenes steiles Schutt- oder Firnfeld. Von diesem über steile Felsen auf den Gipfel.

● 643 c) **Von Süden,** III+, 2 st E. Ä. A.

● 644 d) **Nordostgrat** (L. Treptow mit G. Niederwieser, 1895, im Abstieg), III+, 1½ st E. Wie in R 315 von der Greizer Hütte zum Floitenjoch. Vom Joch quert man an der NW-Flanke des Grates bis unter die Scharte vor der Östl. Floitenspitze. Über die Randkluft und eine kurze Eiswand auf die Felsen, über welche man zur schmalen Scharte gelangt. Nun unmittelbar über den zersägten Grat zum Gipfel.

● 645 e) **Nordwestflanke** (Weg der Erstersteiger), III—, Wie in d) in die schmale Scharte vor dem Gipfel. Von der Scharte etwas rechts hinab auf Platten, auf diesen nach links zu einem Kamin mit eingeklemmtem Block; durch ihn hinab zu einem nach links ziehenden Plattenband, von welchem ein langer Quergang über Platten, Blöcke, Schutt und Schnee nach rechts bis in eine Schneerinne führt. Anfangs in ihr selbst empor, später meist das linke Gehänge benützend, in sehr hübscher Kletterei auf die Grathöhe. Fast durchwegs fester Fels. Über den Grat zum Gipfel.

● 646 f) **Übergang zur Westlichen Floitenspitze** (L. Treptow mit G. Niederwieser, 1895), IV—, 3 st. Ausgesetzt, aber sehr schön.

Vom Gipfel der Östl. Floitenspitze über Blöcke abwärts, an einer auffallenden, 8 m hohen Felssäule (das „Tribbachmanndl") vorbei und um den nächsten Turm links, um den folgenden rechts in brüchigem Fels leicht herum, dann sanft ansteigend zu einem schroffen Abbruche, dessen steile, völlig glatte Platte von einem nach rechts verlaufenden Riß durchzogen wird. In diesem Riß hinüber, dann in einem nach links (südostwärts) ziehenden ähnlichen Riß weiter auf einen scharfen an der Wand lehnenden Zacken. Von hier über eine glatte Platte etwa 6 m abseilend, in ein kleines Schartl (die Abseilstelle läßt sich auch auf der SO-Seite umgehen), von wo leichte Kletterei in die tiefste Scharte zwischen beiden Floitenspitzen bringt. Der nächste Turm wird überklettert oder man steigt über sehr schwierige Platten nach rechts ziemlich tief ab und gewinnt nach einigem Queren durch Schneerinnen und steile Blockkamine den Grat vor dem großen Steilaufschwung wieder. Auf einem sehr anstrengenden Reitgrat hart an den Abbruch, dann über einige an der Wand lehnende Platten an diesen selbst heran und mit sehr weiten, aber vorzüglichen Griffen auf die Kante. Auf ganz schmaler Leiste nach rechts in die Platten hinaus (sehr ausgesetzt) und rechts über einen wackeligen Block empor in einen Riß und auf weniger steile Platten zu gutem Sitz (IV). Nun auf der schmalen Schneide weiter über einen großen losen Block zu einer anstrengenden, sehr scharfen Reitstelle mit darauffolgendem 2 m hohen Abbruch, dann in der linken Flanke, später auf dem Grat über Blöcke unschwierig zum Gipfel der Westl. Floitenspitze.

● 647 **Tribbachspitze,** 3267 m

Erhebung im Löffler-S-Grat. Von der Tribbachspitze reicht der lange Zweiggrat gegen S, der Tribbachkees westl. und Frankbachkees östl. trennt. In diesem Kamm erhebt sich der aus riesigen Blöcken aufgetürmte Tribbachkeeskopf, in der AVK nicht benannt und kotiert.

1. Ersteigung: A. Weigelin mit Stefan Kirchler, 1874.

● 648 a) **Vom Oberen Floitenjoch,** 3179 m; Gletscherfahrt, vom Joch 20 Min.
Von der Greizer Hütte südwärts auf dem Weg zum Großen Löffler bis in die oberste Mulde des Floitenkeeses. Nun gegen rechts über Firn in die Einsattelung westl. der Tribbachspitze. Über den Blockgrat zum Gipfel.

● 649 b) **Tribbachkeeskopf,** P. 3122 der alten AV-Karte. Von der Schwarzensteinhütte (Dr. Attensamer mit Johann Auer, 1904), II, Gletscherfahrt, 3 st.
In wenigen Minuten hinab zum steilen Tribbachferner. Den zerborstenen Eismassen ausweichend und dadurch viel an Höhe verlierend, in östl. Richtung über den Gletscher bis unter die im NO-Winkel aus der Richtung des Floitenjoches herabkommenden Eisbrüche. Nun über Moränentrümmer zum oberen östl. Firn und über diesen sehr steil (verdeckte Spalten) hinauf an den Fuß der Felsmauer, die Tribbach- und Frankbachferner scheidet. In scharfer Blockkletterei auf die Grathöhe und nördl. zum höchsten Gratkopf.

● 650 c) **Übergang zur Tribbachspitze** (Dr. Attensamer, Joh. Auer, 1904), II, 1 st. Ä. A.

● 651 d) **Übergang zum Großen Löffler** (L. Treptow mit Georg Niederwieser, 1895), II, 1—1½ st. Stets über den ziemlich schroffen Grat zum Großen Löffler.

● 652 Großer Löffler, 3376 m

Schöne, eisgepanzerte Pyramide über dem Floitenkees, gegen die Stilluppe stürzt der Löffler mit steiler Plattenflucht ab. Von allen Seiten gesehen auffallend erhabene, freistehende Gipfelform. Prachtvoll sind die Tiefblicke in die Floite und in die Stilluppe sowie in das Ahrntal und Pustertal. Besonders schön die Aussicht auf die Rieserferner-Gruppe.
1. Ersteigung: M. V. Lipolt in Begleitung eines Gemsjägers aus Mayrhofen anläßlich der Landesvermessung um 1850.

● 653 a) **Von der Greizer Hütte** (Weg der Erstersteiger), Gletscherfahrt, 3—4 st.
Von der Hütte folgt man etwa 10 Min. dem Weg südwärts zum Floitenkees. Nun links ab auf eine alte Seitenmoräne zu, von deren Kopf man meist auf den Firn übertritt. Nun südostwärts hinauf in das oberste Becken des Floitenkeeses, das südl. des Großen Löfflers eingebettet liegt. Man hält sich bis knapp unter die Grathöhe empor, tritt aber vor ihrem Erreichen links auf die Blockhalden der SSW-Flanke über. Über diese Blöcke zum Gipfel.
Der gerade Weg (bez.) führt unmittelbar von der Greizer Hütte in südöstl. Richtung über einen Blockrücken ins obere Floitenkees.

● 654 b) **Von der Schwarzensteinhütte,** Gang über zerklüftete Gletscher, 4 st.

Von der Hütte nordwärts zum Tribbachsattel, und rechts haltend abwärts unter dem NW-Grat der Westl. Floitenspitze durch, dem Bruch rechts ausweichend, und nun unter den NW-Abstürzen der Floitenspitzen gegen das Floitenjoch zu. Man berührt dieses jedoch nicht, sondern steigt geradeaus über den auffallenden Firnbuckel aufwärts gegen das Obere Floitenjoch, etwas absteigend links unter den Jöchern und der Tribbachspitze durch an den Blockhang des Großen Löfflers. Über diesen zum Gipfel.

● **655** c) Länger und gefährlicher ist der Anstieg über das Tribbachkees gegen die Scharte im S-Grat der Tribbachspitze (R 650).
Übergang zum Großen Lörfler (R 651).
Nur beim unmittelbaren Anstieg von St. Johann in Ahrn lohnend.

● **656** d) **Südostwand** (R. Seyerlen mit Stefan Kirchler, 1879), I, von der Frankbachalm 4—5 st.

Beim Whs. Bruggenwirt (St. Johann im Ahrn) von der Straße links ab und auf gutem Weg über Maieregg und Reicheck hinauf zum Hochlärcher. Bei der Wegverzweigung am Waldrand geht man links aufwärts, nach wenigen Min. wiederum Wegverzweigung; diesmal hält man sich rechts in den Graben zum Galetschköpfl hinein. Oberhalb des Köpfls wieder rechts; nun fast eben hinein zu den Wiesen der Frankbachalm (Platterhütte, Heulager). Auf dem Almweg nordwärts in den Talhintergrund, bis der Steig links über die Grashänge emporführt auf die Schuttböden. Auf Steigspuren aufwärts, bis man an einen auffallenden Moränenkamm trifft. Über diesen aufwärts, bis man gegen rechts auf den obersten zahmen Teil des Frankbachkeeses übertreten kann. Unmittelbar an den Absturz der SO-Wand Über die Randkluft in eine Schneeschlucht, die sich steil durch die Wand emporwindet, bis fast unter die Gipfelwächte. Durch diese Rinne empor; sie verengt sich zuletzt zu einem 10 m hohen, engen Kamin, der durch eine vorspringende Deckplatte fast abgeschlossen ist. Durch den Kamin und über die Wächte zum Gipfel.

● **657** e) **Südostpfeiler** (Giov. De Monte, Alf. Leiter, 1942), IV, 3 st E.
Vom obersten Frankbachtal (R 656) auf dem Steig gegen das Frankbachjoch empor, über eine Moräne auf das Frankbachkees. Nordwestl. über den Gletscher gerade an den Einstieg empor. Über die zuerst runde und glatte Kante 80 m aufwärts, dann 50 m über Platten. Nun über die Felsen leichter, mit Überschreiten einiger schwieriger Stellen, weiter zu Stellen mit quarzartigem Gestein. Nun über vereiste und schneebedeckte Felsen unangenehm weiter, zuletzt leichter zum Gipfel.

● 658 f) **Ostnordostgrat** (Dr. W. Pfeilschmid mit K. Außerhofer, 1911; Lit.: Mitt. AV, 1911), IV—, 5 st von der Kasseler Hütte.

Wie in R 316 zum Frankbachjoch. Von dort zu einem kleinen Grataufschwung, auf den man mit Hilfe eines Risses gelangt. Es folgt ein überhängender Gratturm, der auf der Stillupper Seite umgangen wird. Weiter auf dem Grat unschwierig zu einem hohen, links leicht umgehbaren Abbruch. Dann auf

Abb. 25 Großer und Kleiner Löffler, Nordostwand. 1 = R 332, 2 = R 658, 3 = R 659

dem Grat weiter bis zu einigen kleinen Zacken, denen man links ausweicht, worauf der Grat bei einer kleinen Felsnische wieder erreicht wird. Nun zwei Türmen entgegen, die entweder in der NW-Flanke umgangen oder (schwieriger, aber kürzer) überklettert werden. Hierauf gelangt man in eine enge Scharte. Von dort etwa 30 m auf dem Grat weiter, dann wieder in eine Scharte hinab, jenseits rechts in die NW-Flanke und entweder über steile, ausgesetzte Felsen zum Grat empor und auf ihm zum Gipfel oder (leichter, aber bedeutend länger) in der Wand zum unteren Ende einer steilen Rinne querend, in dieser an der rechten Seite empor zu einer seichten Scharte, wenige Meter unterhalb des Gipfels.

● 659 g) Nordostwand (Viktor Sieger mit Stefan Kirchler, 1879), III+, steile Eisrinnen, vom Löfflerkees 4—5 st. Steinschlaggefährdet.

Von der Kasseler Hütte auf dem Höhenweg zur Lapenscharte im weiten Bogen durch die hinterste Stilluppe bis unter das Löfflerkees. Aufwärts zur Randkluft unter der Rinne, die gerade von der Spitze des Großen Löfflers herunterzieht. Überschreitung der Randkluft. Nun über die gürtelförmig am Fuße der NO-Wand hinziehende, sehr steile Eisfläche hinauf in die Rinne. In ihr blankes Eis oder plattiger Fels; einzelne Steilstufen werden schwierig im Fels umgangen. Schließlich von links her wieder in die Hauptrinne, die man nun in der Mitte der Wand, dort, wo sie sich zu einer ziemlich breiten, seichten Mulde erweitert, betritt. Hierauf etwas leichter über Eis oder plattige Felsen in der Rinne geradewegs zum Gipfel.

● **660** h) **Westgrat** (Hochtourist 566), III. Kletterei in brüchigem Gestein.

● **660a** i) **Nordwestflanke** (Dr. K. Diener und Gef., 1883); Neuer Weg: Fritz Priendl, H. Hammerschmidt, 1929), III, Eisrinnen, 2 st E.
Die mächtige Eisrinne, die früher zum Aufstieg benützt wurde, ist jetzt meist eisfrei, und etwa 120 m über der Randkluft, wo durch einen Plattengürtel gesperrt, unbegehbar. Ebenso steinschlaggefährdet.
Man benützt besser die rechte Begrenzungsrippe (westl.) der Rinne bis dorthin, wo sie in die Gipfelwand übergeht. Durch kleinere Rinnen (steinschlaggefährdet) zum N-Grat des Großen Löfflers, etwa 300 m nördl. des Gipfels.
(Einen anderen Weg gingen im Abstieg: O. Sickenberg, K. Haberl, 1925; Jb. AV-Sektion Wien, 1925, S. 60).

● 661 Kleiner Löffler, 3224 m

Schroffe Erhebung in dem schneidigen Grat, der vom Großen Löffler nach N in die Löfflerscharte abfällt. An der Löfflerscharte, 2932 m, setzt der Floitenkamm an.

1. Ersteigung: Oskar Schuster mit O. H. Moser, 1893; Lit.: ÖAZ 1893.

● 662 a) **Von der Greizer Hütte,** zerklüfteter Gletscher, Kletterei, III—, 4 st.
Von der Hütte über Gras- und Schutthänge wie in R 653 auf das Floitenkees empor. Zwischen den W-Graten der beiden Löfflerspitzen ist eine Firnmulde eingebettet, in die man in der Nähe ihres N-Randes, hinaufsteigt. Über die Randkluft, an die W-Flanke des Verbindungsgrates der beiden Löffler. Plattige Felsen und Schneerinnen leiten in die Gratscharte südl. des turmartigen Gipfelbaues des Kleinen Löfflers empor. Durch einen steilen Kamin auf den Gipfel.

● 663 b) **Nordgrat** (M. Bertl, H. Jarer, O. Slavik, 1922), IV—, 2—3 st E.

Von der Greizer Hütte wenige Minuten taleinwärts, dann vom Wege links ab und über Moränen und Schutt, zuletzt über Firn in die Löfflerscharte (die Scharte ist auch von der Kasseler Hütte über das Löfflerkees zugänglich).

Von der Scharte über die glatten Platten des Grates aufwärts bis zu einem überhängenden ungangbaren Aufschwung. Von hier nach rechts durch einen überhängenden Riß etwas absteigend zu einer rinnenartigen, unten mit großen abgesprengten Blöcken erfüllten Wandverschneidung. Durch diese empor bis zu einem Überhang (IV). Hier nach rechts über eine Platte zu einem losgesprengten Block und rechts ansteigend durch einen kurzen Kamin zum Grat empor. Rechts der Kante über Platten aufwärts und dann auf dem Grate empor. Ein glatter, spitzer Gratzacken wird nach links auf schmalem Bande und dann durch einen Kamin umgangen. Hierauf über den Grat in schöner Kletterei zum Gipfel des Kleinen Löfflers.

● 664 c) **Westgrat** (oberster Teil im Abstieg: die Erstersteiger, 1893; vollständige Begehung: Helm. Kober, Ed. Lakatos, 1932), III, 3 st E.
Von der Greizer Hütte zum Fußpunkt des Grates. Von S her auf den Grat und über ihn empor. Ein Aufschwung wird auf der S-Seite auf einem breiter werdenden Kriechband überwunden. Kurzes, flaches Gratstück, dann versperrt ein Turm den Weiterweg. Von einem 6 m höher gelegenen Standplatz stemmt man durch einen Riß rückwärts empor, quert auf einer Quarzader nach rechts und durch einen gebogenen Riß über den abschließenden Überhang empor. Auf dem plattigen Grat weiter zu einer 7 m hohen Abseilstelle mit gutem Abseilzacken. Über den Grat zu einem Abbruch. Auf der N-Seite durch eine Rinne empor zu ausgesetztem Standplatz; dann sofort wieder rechts empor zu einem Geröllfleck. Durch eine senkrechte Verschneidung empor, Querung nach rechts zur Kante und durch einen Riß aufwärts auf die Höhe des Abbruches. Nun über den Grat bzw. in der S-Seite weiter, über einen Aufschwung gerade aufwärts. Zuletzt über den N-Grat zum Gipfel.

● 665 d) **Übergang zum Großen Löffler** (L. Treptow mit Führer Volgger, 1897, im Abstieg), III+, 2 st.
Vom Gipfel rechts 50 m abwärts und waagrecht über Geröll in die Scharte zwischen Kleinem und Großem Löffler. Sodann auf dem Türme und Zacken tragenden Grate oder rechts davon empor, schließlich über eine scharfe Firnschneide zum Gipfel des Großen Löfflers.

● 666 **Keilbachspitze,** 3093 m

Gezackter, dunkler Felsgipfel über drei langen Graten.
In dem gegen WNW zum Frankbachjoch streichenden Grat ragt der Felskopf der „Sonntaggabel" auf; der S-Grat trägt den Obwasserer sowie die Hohe Wand und die Schlechte Wand. Im NO-Grat ragen zwei fast gleich hohe, flache Pyramiden auf, die seit der Erbauung der Kasseler Hütte so benannte Kasseler Spitze (P. 2957 m) und die Grüne Wand, P. 2946 m.
1. Ersteigung: Karl und Josef Jaimer, Th. Harprecht mit Stefan Kirchler, 1875. Winterbegehung s. R 672.

● 667 a) **Von der Kasseler Hütte über das Frankbachjoch,** I, 3 st.
Von der Kasseler Hütte auf dem Höhenweg zur Lapenscharte in weitem Bogen durch das Eiskar bis in Fallinie der

Einsattelung des Frankbachjoches, R 316. Westlich vom Joch zieht ein Felsrücken herunter. Knapp links unter dem Felsrücken südwärts hinauf in das kleine Firnbecken, sodann rechts auf den Trennungsrücken empor und nun teils über diesen, teils über den Firn, der vom Löfflerkees heraufreicht, ziemlich steil auf den Hauptkamm.

Nun ostwärts auf dem Hauptkamm zur tiefsten Einsattelung. Nun hält man sich auf dem obersten Firnrand des Frankbachkeeses immer unterhalb des Kammes, bis man über die blokkige SW-Flanke den Gipfel leicht ersteigen kann.

Vom Mittelteil des Westl. Stilluppkeeses führt eine steile, gut gangbare Rinne zum Fuß des NW-Grates der Keilbachspitze, Scharte 3039 m, durch die man gut auf das oberste Frankbachkees aussteigen kann.

● 668 b) **Von Süden,** I. Von der Platterhütte 4 st.

Wie in R 656 von St. Johann im Ahrn zur Platterhütte. Über die Böden der Frankbachalm auf dem Steig nordwärts, dann links auf dem Hang auf Steigspuren hinauf zum Frankbachkees und (ohne das Frankbachjoch zu berühren) an den letzten Teil des NO-Grates der Keilbachspitze. Über diesen zum Gipfel.

● 669 c) **Nordflanke** (L. Magyar, L. Aichberger, H. Püchler, 1923), II, 4 st.

Von der Kasseler Hütte auf dem Höhenweg zur Lapenscharte westwärts bis etwa in Fallinie der Keilbachspitze. Nun über einen kurzen Moränenrücken und plattigen Fels hinauf gegen den Mittelteil des Westl. Stilluppkeeses. Über den steilen, zerklüfteten Ferner gerade empor zum Gipfelaufbau. Über die steilen Gipfelfelsen unmittelbar auf die Spitze.

● 670 d) **Nordostgrat** (K. Baumgartner, A. Pinamonti, 1927; Jb. Karwendler 1927).

● 671 e) **Ostwand** (S. Walcher, E. Mayer, J. und D. Karafiat, 1947; private Mitteilung).

● 672 f) **Nordwestgrat** (Willi Mayr, Kuno Baumgartner, Peter Aschenbrenner, Winter 1929).

Vom Frankbachjoch östl. über das Frankbachkees und zuletzt über den NW-Grat zum Gipfel.

Aus der Scharte 3039 m neben dem Keilbachturm durch die N-Flanke hinab aufs Stilluppkees.

● 673 Kasseler Spitze, 2957 m

Bei der Erbauung der Kasseler Hütte so benannte Felspyramide im Grat zwischen Keilbachspitze und Grüner Wand.

Von der Kasseler Spitze streicht ein kurzer Grat gegen NNW, der das stark geschwundene Westl. Stilluppkees in einen Ost- und Mittelteil zerlegt.

● 673 a) **Ostflanke vom Keilbachjoch, II, 2 st.**

● 674 b) **Nordnordwestgrat** (P. Bauer, R. Eberl, L. Sager, W. Schmidkunz, H. Zallinger, 1926), V—.

Von der Kasseler Hütte über das Stilluppkees und über Schrofen und Schnee auf die erste Erhebung des N-Grates der Kasseler Spitze. Über den Grat empor und hinab in einen Sattel, der den letzten Grataufschwung vom Gipfelaufbau trennt. Nun gerade empor, dann schräg rechts aufwärts, bis man auf der W-Seite in die Gipfelfallinie gelangt. Kurzer, steigender Quergang links zu einer Rampe. Über sie empor und zum höchsten Punkt.

● 675 c) **Übergang von der Grünen Wand** (H. Wieser, A. Pinamonti, 1926), III, 1½—2½ st.

Von der Grünen Wand klettert man in die tiefste Einsattelung zwischen Grüner Wand und Kasseler Spitze hinab und aus ihr gerade aufwärts zum Gipfel.

● 675a d) **Nordostgrat,** IV, 2 st.

● 675b e) **Übergang zur Keilbachspitze,** IV, 2 st.

● 676 **Grüne Wand,** 2946 m

Breite Erhebung über dem Keilbachjoch. Von der Stilluppe her gesehen hübsche Felspyramide im Talschluß.

● 677 a) **Vom Keilbachjoch über den Ostgrat,** I, vom Joch 30 Min.

Wie in R 317 auf das Keilbachjoch. Nun über den Grat unmittelbar auf den Gipfel. Lohnender als Führe b).

● 677a b) **Nordostflanke,** I.

Wenn man von der Kasseler Hütte kommt (R 317), kann man noch vor Erreichen der Jochhöhe westwärts über die Schutt- und Schneehänge gegen den höchsten Punkt der Grünen Wand ansteigen.

● 678 b) **Südwand** (J. Kappler, Dr. O. Zimmeter, 1927), II, ¾ st E.

In ihrem unteren Ende wird die S-Wand in Gipfelfallinie durch eine breite Schlucht gespalten. Zu ihrem Beginn gelangt man vom Stilluppkees durch eine der beiden Scharten im Grat westl. des Keilbachjoches Durch die Schlucht 3 Seillängen empor auf eine begrünte Rippe. Nun nicht rechts auf die Schutterrasse, sondern gleich links über einen mannshohen Überhang in eine Steilrinne und unter einem schwarzen Block durch zu einem Sicherungsplatz. Halblinks empor auf die Gratkante, die sich bald zurücklegt, und über Geschröf und Blockwerk zum Gipfel.

● 678a c) **Nordgrat** (Hermann Wieser, A. Pinamonti, 1926, im Abstieg).

Abb. 26 **Hochsteller,** Westflanke, R 695

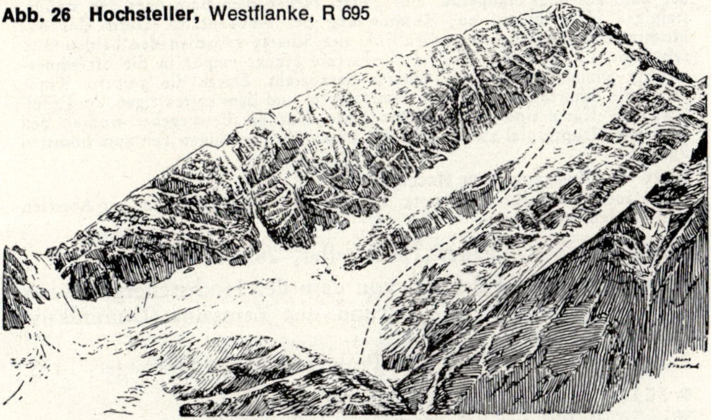

Vom Pfitscherjochhaus führen einige gut instand gehaltene Militärwege zur Haupenhöhe, R 694. Weiter wie dort.

● **695** d) **Westflanke,** III—, 2 st E. Von der Eckalm im obersten Zamser Tal führen zwei Wege nordostwärts ins Haupental hinein. Über Schutt und Felsstufen an den Abfall der Westflanke. Die Felsen sind im untersten Teil steil und plattig. Dann gerade zum Gipfel empor.

● 696 **Rotbachlspitze,** 2895 m

Lohnender Aussichtspunkt. Breite Pyramide mit ziegelroten Felsabbrüchen, in dem von der Haupenhöhe im S-Grat des Hochstellers zum Pfitscher Joch streichenden Zweigkamm.

● **697** a) **Vom Pfitscher Joch,** 1½—2 st.
Vom Pfitscher Joch (bis hierher Fahrstraße), 2250 m, ostwärts über Grasböden empor auf den mächtigen Rücken, der direkt zur Rotbachlspitze emporzieht. Auf gut gangbarem Steig, zuerst links des Rückens, dann über ihn über Blockwerk empor. Zuletzt links des jetzt scharfen Grates über den erdigen Hang empor zum Gipfel.

● **698** b) **Von der Haupentalscharte,** I, 1½ st. A. A.

● 699 **Kälberlahnerspitze,** 2929 m

Schroffer Doppelgipfel nordwestl. vom Hochsteller.
1. Ersteigung: L. Grün mit H. Hörhager, 1898; Lit.: ÖAZ 1899. Bei Delago Bärenjochwandspitze genannt.

● 700 a) Von der Dominikushütte, II, 3½—4 st.
Auf dem bez. Weg zum Pfitscher Joch in das Zamser Tal, bis von links her

der Bach aus dem Haupental einmündet. Neben dem Bach über den steilen, steinigen Hang hinauf zur Ausmündung des Haupentales. Durch das öde Hochtal einwärts bis etwa in Fallinie der Scharte zwischen den beiden Gipfelzacken. Links über steile, felsdurchsetzte Hänge empor in die oft schneeerfüllte Rinne, die aus der Scharte herabzieht. Durch die gestufte Rinne bis in die Scharte zwischen dem Hauptgipfel und dem turmartigen Vorgipfel. (Laut AV-Karte sind beide 2929 m hoch. Nur die Erstbegeher wußten den einen als Hauptgipfel zu bezeichnen.) Links über brüchigen Fels zum höchsten Punkt.

● 701 b) **Übergang zum Hochsteller,** III, 3 st.
Zerrissener Grat, sehr langwierig. Ein Abbruch kann dabei nur mit Abseilen überwunden werden.

● 702 Kleiner Hochsteller, 2858 m

Doppelgipfeliger Felskopf, von dem der Hochstellergrat über das Zamser Eck zum Talgrund der Zamsalm (Dominikushütte) abfällt.

1. Ersteigung: L. Grün und Frau, mit Franz Hörhager, 1898.

● 703 a) **Von der Dominikushütte,** II, 4 st.
Wie in R 700 ins Haupental, jedoch gleich links empor zu dem dem Gipfel westl. vorgelagerten Schuttfeld. Von hier über grasdurchsetzte Schrofen auf den NW-Grat. Dort in hübscher Kletterei zum etwas niedrigeren N-Gipfel (Steinmann).

● 704 b) Der **Übergang zum Hauptgipfel** (Vermessungszeichen) bietet keine Schwierigkeiten.

● 705 c) **Übergang zur Kälberlahnerspitze,** III+, 2—3 st.
Man hält sich meist auf dem Grat, ein scharfer Felszahn vor dem Gipfel und die zerrissene Gipfelschneide bieten die größten Schwierigkeiten.

● 706 d) **Von der Dominikushütte über das Zamser Eck** (L. Grün, L. Treptow mit Hans Hörhager), II, 4—5 st.
Über den langen, anfangs bewaldeten Rücken südwärts empor, dann auf blockübersäten Rasenhängen zu den Felsen des Zamser Ecks, dessen höchster Zacken, 2266 m, erklettert werden kann. In hübscher Gratkletterei über den anfangs ziemlich zersägten Grat auf einen steil ansteigenden Blockkamm, der sich mit kurzer Steilstufe zum Kleinen Hochsteller aufschwingt.

c) Der Greinerkamm

● 707
Am Großen Möseler löst sich der Greinerkamm vom Hauptkamm und zieht über Furtschäglspitze, Schönbichler Horn und Talggenköpfe zum Großen Greiner, einem der schönsten

Felsberge der Zillertaler. Der Greinerkamm ist einer der schroffsten Zillertaler Kämme; in den Karen der N-Seite finden wir kleine Gletscher. Das feste Gestein der Grate und Flanken bietet den Bergsteigern eine Reihe von schönen Fahrten. Furtschäglhaus, Berliner Hütte und Dominikushütte bieten ungemein günstige Stützpunkte.

In einem nach NO offenen Bogen zieht der Kamm vom Großen Greiner zum Kleinen Greiner und über den Spiegelkamp zum Spitzeckkopf, von wo er ziemlich unvermittelt zum Breitlahner abfällt.

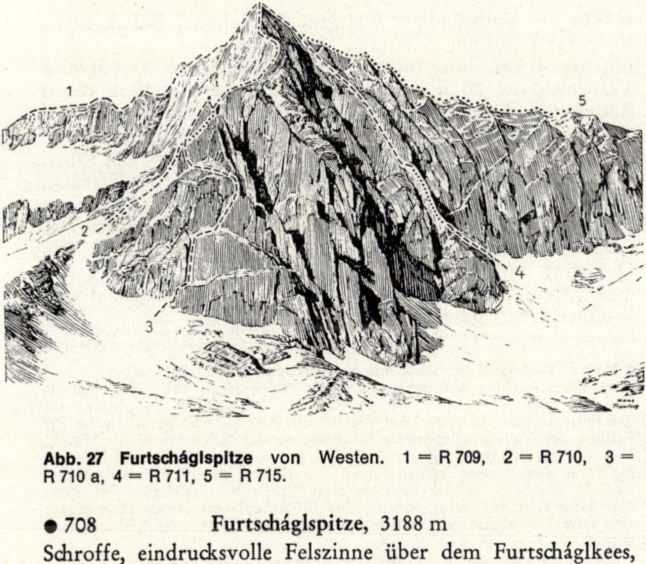

Abb. 27 Furtschäglspitze von Westen. 1 = R 709, 2 = R 710, 3 = R 710 a, 4 = R 711, 5 = R 715.

● 708 Furtschäglspitze, 3188 m

Schroffe, eindrucksvolle Felszinne über dem Furtschäglkees, von allen Seiten nur auf Kletterwegen erreichbar.

1. Ersteigung: C. Benzien, H. Meynow mit Hans Hörhager, 1887.

● 709 a) **Von der Schönbichler Scharte** (Oskar Schuster mit V. Volgger, 1892, ÖAZ 1893), II, 1—1½ st E.

Vom Furtschäglhaus wie in R 717 oder von der Berliner Hütte wie in R 718 auf die Schönbichler Scharte, bez. Auf der Waxeckseite des Grates oder über die zerrissene Gratschneide selbst zum Gipfel.

● 710 b) **Westgrat** (Weg der Erstersteiger; Lit.: Mitt. AV 1887), III+, 4 st. Schöne Gratkletterei.
Vom Furtschäglhaus auf dem bez. Weg zum Schönbichler Horn etwa 1 st empor, dann rechts über Schutthalden und Moränen in die zweite auffallende Scharte des W-Grates. Über dessen plattige und blockige Schneiden und Türme zum Gipfel.

● 710a c) **Vollständiger Westgrat** (L. Huber, J. Bohm, 1950), V—, 3 st E. Schöne Kletterei, fester Fels.
Einstieg etwas links (nördl.) der Gipfelfallinie. Durch eine Verschneidung 20 m empor zur ersten Rampe. 10 m rechts (südwärts) zu einer weiteren Verschneidung. Durch diese auf die zweite Rampe. Über Geröll zu einer weiteren Verschneidung, die in ein Schartl an der S-Kante der Pfeilerwand führt. Über gutgriffige Platten (IV) ausgesetzt zur dritten Terrasse. 30 m Quergang zur N-Kante der Pfeilerwand. Durch einen 50-m-Riß (V—) bis wenige Meter unter den Pfeilergipfel. Der erste Überhang wird überklettert, unter dem zweiten 5 m Quergang nach links. Der Riß führt auf eine Schulter; von dieser wenige Meter zur Scharte zwischen Pfeilergipfel und W-Grat. Über diesen zum Gipfel.
(Wegänderung: H. Engländer, P. Bayer-Bayersburg, 1951.)

● 711 d) **Südwand** (v. Srbik mit A. Hörhager, 1911), III+, 5 st.
Vom Furtschäglhaus auf dem zum Schönbichler Horn führenden Weg so weit, bis man ohne Höhenverlust unter dem Fuß der Furtschäglspitze auf das Furtschäglkees kommt. Über dieses aufwärts, bis man gerade unter der Fallinie des Gipfels steht (zweite Einbuchtung des Gletschers in die Wand). Von hier nordwestwärts über plattige Felsstufen in eine Rinne und bald aus ihr durch einen kurzen, steilen Kamin links hinauf zu einem Felsvorsprung. Von da über eine in der Richtung des Gipfels hinaufziehende Felsrippe, die schöne Kletterei bietet, sodann über Blöcke auf eine etwas rechts gerade vom Gipfel herabziehende Felsrippe und auf ihr in reizvoller Kletterei zum Gipfel.

● 712 e) **Südwand – neuer Weg** (Kurt Nitsche, Alfr. Glanzl, Herb. Burggasser, 1928), III—, 2 st E.
Vom Furtschäglhaus auf das Furtschäglkees und empor bis in Gipfelfallinie (E. des alten S-Wand-Weges). An geeigneter Stelle über die Randkluft und nordwestl. über Platten empor zu einer senkrechten, hohen Wandstufe. An ihrem Fuß Querung eben nach links zum Beginn einer kurzen Rinne, in ihr 6 m empor (brüchig) zu Stand. Auf einem Band schräg links empor auf eine Felsstufe. Einige Meter schräg rechts aufwärts, dann links

zum Beginn eines Risses. In ihm etwa 20 m empor, dann aus ihm rechts heraus über eine steile Platte. In der folgenden schluchtartigen Rinne aufwärts bis in Höhe eines auffallenden gelben Turmes des W-Grates. Hier verzweigt sich die Schlucht; in ihrem rechten Ast 20 m hinauf, dann rechts schräg empor auf einen Blockgrat. Über Blockwerk in 15 Min. zum bereits sichtbaren Gipfel.

● **713** f) **Ostwand** (G. v. Saar, im Abstieg), II, 3 st. Vom Gipfel weg hält man sich knapp rechts (östl.) unter der nach N absinkenden Gratschneide; auf schmalen Rasenbändern quert man so einen großen Teil der O-Wand bis zu einem riesigen, auffallenden Abbruch in dieser Wand, hart vor dem Ende des N-Grates. Am südl. Rande dieses Abbruches abwärts kletternd, gelingt es, schon weit unten über einige steile Felsstufen den unteren, muldenförmigen, weniger geneigten Teil des Abbruches zu gewinnen. Von hier über einige Plattenstellen (II) zum Waxeckkees hinunter.

● **714** g) **Westwand** (im Abstieg), III—, 1 st. Von der Spitze über den N-Grat bis hinter den zweiten Gratturm, dann über die Westwand hinab. Zuerst über ein 10 m hohes glattes Wandstück mit freiem Abseilen auf ein schmales Band; auf diesem kurze Zeit nach links bis zu einem kurzen Kamin; durch diesen hinab und über Platten in eine schneegefüllte Rinne, die auf das Schneefeld ober dem Furtschäglhaus führt.

● **714 a** **Neue Westwand** (D. Seiferl, P. Lehrach, 1980) V + und V (2 SL, sonst leichter. Wandhöhe 200 m, Zeit der Erstbeg. 2 st. 3 H verwendet, nicht belassen, Klemmkeile günstig. Lit. Alpinismus 12/80.

Zugang: Man verfolgt vom Furtschäglhaus den Weg zum Schönbichler Horn bis unter die Westwand, wo man einen auffallenden, dunklen Riß sieht. Über Geröll und Blöcke empor zum Einstieg knapp links des Risses; 1 st vom Furtschäglhaus.

Führe: 1. SL: 45 m durch Rißverschneidung empor zu Stand (III, dann IV). 2. SL: Über plattige Schrofen empor in Richtung auf zwei auffallende Verschneidungen, Stand im Grund der linken (45 m, II). 3. SL: In der Verschneidung empor zu Stand (40 m, V). 4. SL: 25 m in der Verschneidung weiter und nach weiteren 10 Metern zu Stand (V und V +). 5. SL: Über plattigen Fels 45 m zu Stand unter markanter Rißverschneidung (II). 6. SL: Durch die Verschneidung empor unter kleines Dach, 5 m nach links und an Rissen weiter in eine Scharte (IV und V—, dann III). Von hier über den Westgrat weiter zum Gipfel oder über die Route abseilen.

● **715** h) **Übergang zum Großen Möseler** (L. Treptow mit Jörgl Stabeler, 1895; Lit.: Mitt. AV 1896), III +, 3 st. Vom Gipfel über den plattigen Grat abkletternd, wobei kleine Gratzacken überklettert werden. Von der Einsattlung südl. der Furtschäglspitze wie in R 582a) auf den Großen Möseler.

● 716 **Schönbichler Horn,** 3133 m

Schönes Felshorn über dem Furtschäglkar. Einer der meistbesuchten Gipfel der Zillertaler Alpen. Durch AV-Steige von der Furtschäglseite wie auch von der Berliner Hütte aus leicht zugänglich gemacht.

1. Ersteigung bei der Landesvermessung 1853.

● **717** a) **Vom Furtschäglhaus,** bez. AV-Weg, lohnend, 2½ st.
Vom Furtschäglhaus auf dem bez. Berliner Weg über die Hänge des Furtschäglkares ostwärts empor, dann auf einem schwach ausgeprägten begrünten Rücken, zur Rechten das Furtschäglkees, gegen den vom Kamm herabziehenden oberen Rücken, an desen westl. Ende ein großer Steinmann steht. Der Steig führt über einen erdigen Hang von S her zum Steinmann hinauf und zieht nun über den schmalen felsigen Rücken in die Höhe bis unter

die Felsen des Schönbichler Horns. Den Felsen rechts entlang, dann durch eine erdige Rinne in die schmale Scharte südl. vom Schönbichler Horn. Von der Scharte auf sicherem, aus Plattentafeln erbautem Steig in wenigen Minuten auf den Gipfel.

Abb. 28 Großer Möseler (I), **Furtschäglspitze** (II) und **Schönbichler Horn** (III) von der Berliner Hütte. S = Schönbichler Scharte, W = Waxeck-Kees; 1 = R 718, 2 = R 718, Zugang vom Gh. Alpenrose.

● 718 b) **Von der Berliner Hütte,** bez. AV-Weg (rot-gelb), sehr lohnend, 3—4 st.
Von der Hütte südwärts hinab auf den alten Gletscherboden (Platten mit schönen Gletscherschliffen) und auf einem Steg über den Abfluß des Hornkeeses. Gleich jenseits der Brücke rechts ab. (Der Weg links führt zum Roßruggen hinauf.) Rechts aufwärts an einer verfallenen Hütte vorbei und über einen Graben auf den östl. Moränenrücken des Waxeckkeeses. Über den Rücken ein kurzes Stück empor, dann über das alte, jetzt ausgeaperte Gletscherbett hinüber auf die westl. Seitenmoräne, wo der Weg vom Whs. Alpenrose heraufführt. In mehreren Kehren durch den begrünten Kessel des Garberkares südwestwärts hinauf, dann unter den felsigen Hängen des Schönbichler Grates entlang, schließlich rechts hinüber und gerade hinauf zum Schönbichler Grat mit dem Krähenfuß (2587 m). Der Weg leitet nun auf der Höhe des Grates meist über bequem gelegte Platten weiter bis an die Flanke des Schönbichler Horns. Der „Eisgrat", den dieses letzte Stück des Schönbichler Grates früher bildete, ist infolge der Ausaperung verschwunden. Durch die splitterigen und erdigen Felsen der Flanke leitet der Weg steil, jedoch durch Drahtseile gesichert, auf die Schönbichler Scharte und über den S-Grat in wenigen Minuten auf den Gipfel.

● 719 c) **Übergang zu den Talggenköpfen** (C. Benzien, Noster mit Hans Hörhager, 1885), II, 2 st. Über morsche Platten mäßig steil längs des Grates in die Scharte nördl. des Schönbichler Horns. Der folgende nicht unbedeutende Felskopf wird überklettert oder in der W-Flanke umgangen und in 1½ st die nächste Scharte erreicht. Von da über den Grat auf einen Felskopf (Südlichster Talggenkopf), der überklettert wird, dann unschwer zur nächsten Erhebung, dem Südlichen oder Kleinen Talggenkopf (3124 m) und in ½ st auf den Nördlichen oder Großen Talggenkopf.

Talggenköpfe, höchster 3176 m

Unter diesem Namen werden die Gratköpfe zwischen Schönbichler Horn und Reischbergscharte (am SO-Fuß des Großen Greiners) zusammengefaßt. Die Aussicht ist sehr umfassend. Diese Gegend war sehr reich an Mineralien; die Hauptfundstellen des Steinklauber Josele.
1. touristische Ersteigung: L. Purtscheller.

● 721 a) **Vom Furtschäglhaus auf den Südlichen Talggenkopf,** teilweise, II, 3 st.
Auf dem Weg zum Schönbichler Horn etwa 1½ st empor, dann nördl. über Schutt und über Firnreste, zuletzt über die stark verwitterten Felsen in die tiefe Scharte, unmittelbar südl. vom Kleinen Talggenkopf. Über den steilgestuften Grat auf den Gipfel.

● 722 b) **Südwestgrat,** II, 3 st. Wie in a) empor auf die Firnreste, aber gleich gegen links an den SW-Grat hinüber, über den man in hübscher Kletterei den Gipfel erreicht.

● 723 c) **Übergang zum Nördlichen Talggenkopf;** 30 Min. Die Überschreitung vollzieht sich unmittelbar auf dem aus lose übereinandergetürmten Gneisblöcken gebildeten Grat.

● 724 d) **Abstieg über die Ostflanke** (L. Grün, Sydow, 1898).

● 725 e) **Übergang zum Großen Greiner,** II, 2 st. Ä. A.

● 726 f) **Abstieg zum Furtschäglhaus,** II, 2 st. Vom Nördl. Talggenkopf hinab zur Reischbergscharte. Ein kleiner Gratturm wird im S, der folgende Abbruch in der N-Seite umgangen. Aus der Scharte entweder rechts unter einem morschen Zacken vorbei und wieder auf den Grat, oder links zum Mitterbachjoch. Oder: Südwestwärts durch eine steile, oft vereiste Schlucht in das Reischbergkar hinab und auf dem Greinersteig zum Furtschäglhaus.

● 727 Großer Greiner, 3199 m

Schön geformter, dunkler Gipfelbau über dem Zemmgrund. Neben schönen Anstiegen lockten die Mineralien viele Bergsteiger in seinen Bann. Überdies ist der Große Greiner ein hervorragender Aussichtsberg, der infolge seiner vorgeschobenen Lage gleich günstige Einblicke in den Tuxer Kamm und in den Zillertaler Hauptkamm gewährt.

1. Ersteigung: K. und E. Zöppritz mit Georg Samer, 1873; Lit.: ZDÖAV 1874.

● 728 a) **Vom Furtschäglhaus** (Dr. K. Diener mit Daniel Cologna, 1883; ZAV 1884), II—, 4 st. Steigspuren.
Von der Hütte auf dem zum Schönbichler Horn führenden bez. Weg etwa 10 Min. empor, oberhalb der zweiten großen Kehre zweigt bei einer aufgestellten Steinplatte links ein schwaches Steiglein ab, das in kleinen Kehren über den Hang emporführt zum Furtschäglkopf, P. 2604; aus der kleinen Scharte zwischen ihm und dem Talggenkopf-SW-Grat in das Reischbergkar. Dieses wird in Richtung auf die tiefste Einsattelung im W-Grat des Großen Greiners gequert. Der Einstieg ist bez. Über Schrofen zuerst gerade aufwärts, dann etwas nach links halten, bis man zuletzt, immer schräg rechts ansteigend, durch eine Schuttrinne die Scharte erreicht. Die Bezeichnung führt nun stets über den ausgesetzten Grat weiter; festes Gestein bis zum Gipfel, hübsche Kletterei.

● 729 b) **Von der Berliner Hütte,** II, 5 st, hinab zum Whs. Alpenrose. Dort über den Zemmbach, zur Waxeggalm hinüber und auf dem Wiesenboden nordwestl. gegen eine kleine, steinige Mulde. Rechts davon rauscht ein Bach über Platten herab. In der Mulde auf Viehsteig in 10 Min. zu einem kleinen Sattel empor (jenseits starker Zirbenbaum). Der früher bez. Steig ist fast vollständig zugewachsen und man muß das „Roßkar“

(s. AV-Karte) nahezu weglos erreichen. Man hält sich zunächst westwärts gegen eine große Felsplatte und noch vor dieser über einen Grasbuckel links (südwärts) auf einen grünen Boden mit Schafhag. Dort in der bisherigen Richtung noch einige Minuten gerade hinauf, dann am steinigen Grashang schief rechts hinüber und über einen kurzen Rücken zu kleinem, begrüntem Sattel. Vom Sattel über sumpfige Böden ein wenig absteigend in das große Kar unter dem Schönbichler und Greinerkees; man quert die Schutthänge gegen den nördl. der zwei kurzen schmalen Grasrücken unter dem Greinerkees; Steigspuren. Über den Grasrücken empor, und unter den Felsen, über denen das Greinerkees endet, rechts hinüber und westwärts ziemlich steil über erdige Hänge und felsdurchsetzte Grashänge schief hinauf. Schließlich links von einer kaminartigen gestuften Rinne zum ersten (unteren) Schneesattel in dem vom Vorgipfel (P. 3133) gegen O absinkenden Zweiggrat. Man überschreitet den Sattel in südwestl. Richtung gegen die Rinne in den Felsen des Zweiggrates (ein großer roter Farbfleck bezeichnet die Stelle). Jetzt in der Rinne kurze Zeit empor, dann links über lockere Schrofen auf den Grat und zum zweiten (oberen) Schneesattel. Über diesen zum letzten Aufschwung des Seitengrates, den man, der Bezeichnung folgend, über Schrofen und durch Rinnen ersteigt, worauf man den SO-Grat des Großen Greiners betritt und auf den Vorgipfel gelangt. Das folgende Stück des Greinergrates bis zum Hauptgipfel erfordert Schwindelfreiheit; die scharfe Schneide krönen schlanke, steile Türme, die teils überklettert, teils umgangen werden. Das Gestein gewährt überall verläßlichen Halt und ist durchsetzt von den schönsten Strahlsteinnadeln. In reizvoller Kletterei erreicht man den Gipfel.

(Bei günstigen Schneeverhältnissen kann man auch unmittelbar zur Reischbergscharte ansteigen, von der man in unschwieriger Kletterei über den Hauptgrat auf den Vorgipfel gelangt. Etwas kürzer als b.)

● 730 c) **Südwand** (C. Benzien, Noster mit Hans Hörhager, 1885), III+, 2 st E. E. in Gipfelfallinie. Über die Felsen (z. T. geröllbedeckt) steil gerade empor. Dann über Platten an den Beginn eines tiefen Risses, der schräg aufwärtszieht und sich weiter oben mit einer breiten Schuttrinne verbindet, die nahe dem Hauptgipfel ausmündet. Durch den Riß empor in einen 30 m hohen Kamin, der durchklettert wird oder links etwas leichter umgangen werden kann. Nun kurz empor zum Gipfel.

● 731 d) **Gerade Südwand,** IV, 2 st. Der Durchstieg führt durchwegs in Gipfelfallinie gerade durch die S-Wand empor. Die Gipfelwand wird unmittelbar erklettert.

Abb. 29 Großer Greiner, Nordflanke. 1 = R 733, 2 = R 732, G = Nordanstieg zur Greinerscharte

● **732** e) **Nordwand** (Richard Wolf mit Wechselberger, 1885), II, 3 st E. Vom Breitlahner durch den Zemmgrund talein bis zur Bockhütte, nahe unter dem Talschluß. Hier rechts auf Steigspuren den westl. Talhang steil durch schütteren Wald und über Rasenhänge empor in das Greinerkar. Über Geröll empor auf das westl. Greinerkarkees. Über den Firn und die unschwierige Randkluft empor an die Felsen der N-Wand. Der Aufstieg in dieser erfolgt durch eine der an der W-Seite des N-Grates eingeschnittenen Rinnen. Man steigt gegen den W-Grat hinauf, der in der Nähe des Gipfels erreicht wird.

● **733** f) **Nordostgrat** (Friedl und Hans Pfeifer, 1921; teilweise im Abstieg: Dr. E. Suchanek mit Stabeler, 1883), IV, 3 st E.
Vom Furtschäglhaus über das Schönbichler und Greinerkees oder von der Berliner Hütte auf dem gewöhnlichen Greinerweg zum unteren Schneesattel in dem vom Greiner-Vorgipfel nach O abzweigenden Seitengrate (R 729). Jenseits durch eine Rinne hinab bis zum Beginn des Grates unmittelbar gegenüber der Grawandhütte. Der Grat schwingt sich steil auf und bildet höher oben einen Kopf. Von ihm weg weniger steil, aber in ziemlich brüchigem Fels weiter über mehrere große Gratstufen auf den SO-Grat, der zum Gipfel leitet.

● **734** g) **Nordostwand** im Abstieg (L. Grün mit Hans Hörhager, 1894), IV—, 3—4 st. Ä. A

● **735** h) **Südostgrat** von der Reischbergscharte; steile Eisrinnen, 2½ st E. Vom Furtschäglhaus ins Reischbergkar wie in a). Durch eine steile, oft vereiste Schlucht auf die Scharte und über den Grat zum Gipfel. (Die Scharte ist auch wie in b) erwähnt, von der Berliner Hütte zu erreichen.)

● 736 **Kleiner Greiner,** 2958 m

Schroffes Felstrapez nordwestl. des Großen Greiners. Erstersteiger unbekannt; zweite Ersteigung: Brüder Wagner mit Hans Hörhager, 1891.

● 737 a) **Von der Dominikushütte,** I, 4 st. Im Schlegeistal bis zur Brücke über den Bach. Am jenseitigen Ufer führt der Weg ein Stück talaus zur Hörberger Alm; auf diesem trifft man den aus dem Scheibenkar herunterkommenden Bach. Über die steilen Grashänge neben diesem Bach empor ins Scheibenkar (früher manchmal mit dem Wechselkar verwechselt). Aus dem Kar links auf den SW-Grat des Berges empor und über diesen in leichter Kletterei zum Gipfel.

● 738 b) **Vom Furtschäglhaus,** I, 3 st, wie in R 728 hinauf in das Reischbergkar. Am NW-Rand des Kares absteigend und um den begrünten Rücken in der Fortsetzung des Greiner-W-Grates in das Scheibenkar. Wie in a) zum Gipfel.

● 739 c) **Vom Breitlahner,** II, 5 st. Wie in R 732 in das Greinerkar. Aus diesem erreicht man gegen rechts den NO-Grat des Kleinen Greiners über steile Gras- und Schrofenhänge. Man folgt dem Grat bis vor einen Steilaufschwung, nun in der O-Flanke durch brüchige Rinnen und über steile Grasflecken aufwärts an den zersägten Gipfelgrat. Seine Zacken werden überklettert oder in der O-Flanke umgangen.

● 740 d) **Übergang zum Großen Greiner** (Brüder Wagner mit Hans Hörhager, 1891), III—, 3 st. Vom Gipfel zuerst am Grat selber, wobei einzelne Felszähne rechts umgangen werden, über brüchigen Fels steil in die Greinerscharte hinab. Über einen steilen Plattenhang zum Verbindungspunkt NW-Grat—SW-Grat. Über den Grat weiter zum Gipfel.

● 741 **Greinermauer,** 2885 m

Felskuppe in der scharfen Schneide nordwestl. des Kleinen Greiners.

● 742 a) **Vom Breitlahner,** I, wenig lohnend, 4 st. Vom Breitlahner in den Zemmgrund bis auf Höhe der Schwemmalm, jedoch schon vorher (Steg bei der Klausenalm) über den Bach. Über die steilen Hänge hinauf ins Breite Kar, von dessen Hintergrund man in die Einsattelung zwischen dem Gipfel und einem Vorgipfel (über den NO-Hang) gelangt. Über den Grat zum Gipfel.

● 743 b) **Südwestflanke,** II, 1 st E.

Wie in R 737 zur Hörberger Alm und nordostwärts hinauf in das Schrofenkar. Aus dem Kar über den steilen, grasdurchsetzten SW-Hang auf die Greinermauer.

● 744 c) **Übergang zum Kleinen Greiner,** II, 2 st.

Stets über den Grat bis zu dem Abbruch in die tiefste Einschartung. Dieser muß entweder in der NO-Seite umgangen werden, oder besser, man überwindet den Abbruch durch Abseilen

● 745 Spiegelkamp, höchster Punkt 2875 m

Von diesem Punkt wendet sich der Greinerkamm genau nordwärts und zieht mit schmaler Schneide hinaus zum Spitzeckkopf, 2619 m, zum doppelgipfeligen Zwiselkopf, 2586 m, und fällt dann über den Spiegelkopf zum Breitlahner ab. 1. Ersteigung: L. Grün, L. Treptow mit H. Hörhager.

● 746 a) **Von der Dominikushütte,** II, 3½ st. Von der Hütte südostwärts empor ins Steinkar. Aus dem innersten Winkel des Kares links durch eine brüchige Rinne bis kurz unter die Scharte nördl. des Gipfels. Dort rechts über schuttbedeckte, plattige Felsen in die kleine Mulde nördl. unter dem Gipfel. Nun rechts auf den W-Grat und über ihn ziemlich steil über grasdurchsetzten Fels zum Gipfel.

● 747 b) **Von der Dominikushütte auf die nördlichen Ausläufer,** I, 4 st. Kurz talaus und über die Brücke rechts zur Ruzalm. Von der Alm führt ein Steig durch den Wald empor an die unteren Ausgänge der beiden Spiegelkare. Aus diesen Karen können die einzelnen Erhebungen durch Geröllrinnen erstiegen werden.

● 748 c) **Vom Breitlahner** wenige Schritte hinein in den Zemmgrund und auf einer Brücke über den Zemmbach. Man folgt den Steigspuren ein Stück durch den Wald empor. Über den Rücken zum Spiegelkopf und weiter über Gras und Schrofen zu den nördlichen Ausläufern des Greinerkammes.

● 749 d) **Überschreitung** vom Spiegelkopf zum Kleinen Greiner (L. Grün, L. Treptow mit Hans Hörhager), III—, sehr langwierig.

d) Der Mörchen- und Igentkamm

● 750

Beim Schwarzenstein zieht vom Hauptkamm gegen NNW ein Zweigkamm, der über die beiden Mörchner, Zsigmondy- und Tiefenkarspitze hinauszieht zum Gaulkopf über der Talweitung von Ginzling.

Bei der Zsigmondyspitze (Feldkopf) zweigt von diesem geraden Kammverlauf westl. ein Seitenast ab, der über den Ochsner in einem gegen NO offenen Bogen zu den Igentspitzen und den Kellerspitzen hinausführt. Der Nordteil des Mörchenkammes bildet zusammen mit dem Igentast ein Hufeisen, das die Gunggl umschließt.

Die NO-Abstürze des Mörchenkammes gegen die Floite gehören zum Eindrucksvollsten der ganzen Zillertaler; hier finden sich auch die großzügigsten und schwersten Felsanstiege der Gruppe.

Als Stützpunkte kommen in Frage Berliner und Greizer Hütte sowie die Whs. Alpenrose, Grawand, Breitlahner und Steinbock und Jagdhaus Maxhütte, 1460 m, in der Gunggl (private Jagdhütte, die Bergsteigern Unterkunft und Verpflegung gewährt; Erkundigung in Ginzling ratsam.)

● 751 Großer Mörchner, 3283 m

Steiler Felskegel über Schwarzenstein- und Floitenkees; gegen NO mächtige Wandabstürze in die Floite. Viel besuchter, leicht erreichbarer Aussichtsberg.

1. Ersteigung: Prof. P. K. Thurwieser mit G. Lechner, V. Hotter und A. Wechselberger, 1846; Lit.: Erschließung der Ostalpen III, Seite 52.

● 752 a) **Von der Berliner Hütte,** I, 4 st.

Wie in R 629 auf den Schwarzensteinsattel, der weiten Firnhochfläche (Spalten) zwischen Schwarzenstein und Gr. Mörchner. Vom Sattel nordwärts über die breite Schneekuppe in den kleinen Firnsattel am Fußpunkt des SO-Grates. Über den aperen, breiten Gratrücken auf Steigspuren zum Gipfel.

Abb. 30 Kleiner (I) und **Großer Mörchner** (III) mit **Mörchenschneid** (II), S = Schwarzensteinsattel. 1 = R 766, 2 = R 753

● 753 b) **Westgrat** (Kurt Endell, J. Königsberger, 1913; ÖAZ 1913), II+, 1½—2 st E. Schöne Kletterei.

Von der Berliner Hütte auf dem Weg zum Schwarzensteinsattel hinauf bis zur untersten Stufe des Saurüssels. Nun über Moränen und die Firnfelder des Mörchnerkeeses hinauf an den Fußpunkt des W-Grates.

Der erste steile Gratabsatz wird links (nördl.) umgangen. Oberhalb ersteigt man wieder die Grathöhe selbst. Von nun an auf dem Grat weiter. Ein Kamin bietet schöne Kletterei (II). Bei einem ungefähr 10 m hohen, senkrechten Absatz quert man etwa 30 m rechts in die plattige S-Wand (H.) und erreicht dann in ausgesetzter Kletterei über steile Platten wieder den Grat. Nun an der N-Seite unterhalb des Grates einige Seillängen aufwärts und über einen gutgriffigen Überhang zum Grat zurück, dann leicht zum Gipfel.

● **754** c) **Nordwestwand** (R. Gerin und Gef. 1907, ÖAZ, 1908), IV—, 2½ st E.

Von der Mörchenschneidscharte (hierher R 759 oder 757) über ein steiles Schneefeld bis ganz an die Platten, deren Schwierigkeiten von den Verhältnissen abhängen. Zuerst nach rechts zu einem meterhohen Überhang, dann nach links im spitzen Winkel unterhalb der Stufe, bis diese ein Emporklettern gestattet. Über die nun folgenden ganz grifflosen, steilen Platten rechts aufwärts (IV—), dann wieder gefährlich waagrecht nach links zur Floitenseite zurück. Hierauf gerade aufwärts an den aufliegenden Blöcken und auf einem schmalen, mit Schutt bedeckten leistenartigen Gesimse nach rechts und über die steilen Platten auf den Gipfel.

● **755** d) **Nordostgrat,** Grün-Grat (L. Grün mit Hans Hörhager, 1889), IV—, 4 st E. Ungemein brüchig.

Vom Mörchner fallen zwei steile Grate gegen NO ab. Der nördliche, im oberen Teil gegen NNO streichende, ist der Grüngrat; der südliche gegen ONO streichende, der Draschgrat.

Der plattige 20 m hohe Grataufschwung wird links umgangen. Sonst stets am Grat.

● **756** e) **Nordostgrat,** Draschgrat (hier verunglückte Dr. Fritz Drasch beim Versuch der Erstersteigung tödlich; Fr. Callmann mit Alois Tipotsch, am selben Tage, 1896), IV, 6—8 st E. 800 m Höhe. Ungemein brüchig.

Von der Greizer Hütte auf dem Weg zum Floitenkees aufwärts. Wo der Weg in den Gletscher mündet, wird dieser nach rechts gequert und jenseits links eines Felskopfes steil über den Gletscher emporgestiegen. Weiter rechts über Spaltengewirr empor zum untersten ungangbaren Gratabbruch. Dieser wird rechts umgangen, um über eine steile Schutthalde an Höhe zu gewinnen. Das links befindliche Eisfeld links querend, erreicht man über eine gelbe Blockhalde den Grat. Nun auf diesem teilweise schwer empor, ungangbare Stellen werden rechts umgangen, bis zu einem gelben, senkrechten und ungangbaren Grataufschwung. Von hier links an der Schneide querend, dann etwas absteigend, erreicht man eine im unteren Teile glatte und brüchige Rinne. Durch dieselbe 30 m empor bis zu einem Überhang und über diesen schwierig aufwärts auf eine kleine Terrasse (Steinmann). Nun nach rechts in einem senkrechten, 3—4 m hohen Riß, der mittels Steigbaum bewältigt wird, empor. Man gelangt so auf eine Schutterrasse. Nun etwas links gerade aufwärts und durch gelbe, erdige, sehr brüchige überhängende Risse gefährlich ansteigend, erreicht man, links haltend, festeres dunkles Gestein. Über dieses wird, links haltend, durch glatte und schwierige Risse der Grat (Steinmann) gewonnen. Nun im Verhältnis zu den vorhergegangenen Schwierigkeiten leichter über den Grat weiter, bis knapp unter die Gipfelschneide. Hierauf nach rechts über ein schmales und abschüssiges Band in eine brüchige Rinne, die geradeaus auf den Gipfel leitet.

Abb. 31 Großer Mörchner (I) und **Mörchenschneid (**II) von der Greizer Hütte. 1 = R 756, 2 = R 755.

● 757 f) **Mörchenschneidscharte** aus der Floite (Dr. E. G. Lammer, Paula Lammer), steile, steinschlaggefährdete Eisrinne, mit ausgeaperten, glatten Plattenunterbrechungen. (Die Mörchenschneidscharte ist die durch einen Felszacken geteilte Einschartung zwischen Gr. Mörchner und Mörchenschneid.) Nicht ratsam.

● 758 Mörchenschneidspitze, 3230 m

Wildzerrissene Felsschneide zwischen Großem und Kleinem Mörchner.

1. Ersteigung: A. Wagner mit Hans Stabeler, 1892 (ÖAZ 1892).

a) **Von der Berliner Hütte, IV—, 4 st.**

Auf dem Weg zum Schwarzensteinsattel hinauf zum Saurüssel und in das Mörchenkar. Über Schutt und Firn heran an den Fuß der W-Wand. Nördlich vom Gipfel ziehen zwei gleichlaufende, fast senkrechte Rinnen herab. Durch die rechte auf den Grat (eine Stelle IV—). Nun auf der Schneide mit mehrmaligem Ausweichen in die O-Flanke auf die in eine scharfe Spitze auslaufende Gipfelplatte.

● 759 b) **Südostgrat** (L. Treptow mit Georg Niederwieser, 1895), III—, 3 st E.
Vom Mörchenkar über Firn hinauf in die Mörchenschneidscharte, links vom Großen Mörchner. Über den unteren Teil des SO-Grates unschwierig zu gelben Platten, die sich auf dem Grat teils neben-, teils übereinander senkrecht auftürmen. Durch einen engen Spalt, gebildet von zwei hintereinander aufragenden Platten, schwierig hinauf, dann kurzer, aber sehr schwieriger Quergang nach rechts (Floitenseite) herum. Nun durch einen Riß und über Blöcke zum S-Punkt der Mörchenschneid und in luftiger Gratkletterei über Türme und Zacken zur höchsten Erhebung, einem mächtigen Felsblock, dessen Erkletterung ein flacher Spalt mit guten Griffen erleichtert.

● 760 e) **Wegänderung SO-Grat** (L. Brankowsky und Gef. 1943), III.
Von der Mörchenschneidscharte über Bänder und Schrofen gegen die Plattenverschneidung, die 80 m links oben sichtbar ist. Durch eine kurze Rinne aufwärts unter die Verschneidung und eine abdrängende Rampe rechts hoch zu abgesprengten Blöcken. Nun nach links auf eine abstehende Platte und über die griffige, senkrechte Wandstelle aufwärts. Über den Grat weiter zum Gipfel.

● 761 d) **Nordost-Flanke** (Albin Rössel, 1920), IV, 4 st E. Ä. A.

● 762 e) **Übergang zum Kleinen Mörchner** (L. Treptow mit H. Niederwieser, 1895; Mitt. AV 1896), III+, schöne Kletterei, 3 st.
Der Grat senkt sich allmählich bis zu einer Scharte, von der eine Rinne westl. hinabzieht. Über brüchige Gratzacken auf der Schneide wieder empor und über glatte Platten und brüchige Gratstellen zum höchsten Turm zwischen Mörchenschneidspitze und Kleinem Mörchner. Das nun folgende sehr ausgesetzte Gratstück wird teils rittlings, teils hangelnd bezwungen, der nächste Turm sehr schwierig überklettert. Ein Gratzacken bietet noch Schwierigkeiten, dann folgt der letzte viereckige Turm, von dem man über unschwierigen Fels auf den Kleinen Mörchner gelangt.

● 763 f) *Übergang zum Großen Mörchner* (Überschreitung der gesamten Mörchenschneid von der Südlichen Mörchenscharte über Kleinen und Großen Mörchner: A. Blattmann, J. Jandesek, R. Gerin, 1907). IV+.
Diese Gratüberschreitung gehört zu den großzügigsten Felsklettereien in den Zillertaler Alpen.

● 764 Kleiner Mörchner, 3197 m

Nordwestlicher Eckpunkt des zerrissenen Felskastells der Mörchenschneide. 1. Ersteigung durch Einheimische 1874.

● 765 a) **Von der Berliner Hütte,** I, 4 st.
Von der Hütte ostwärts auf dem Weg empor. Wo sich dieser rechts auf den Saurüssel hinauswendet, gerade empor und über ungemein steile, grasdurchsetzte Aufschwünge hinauf auf den oberen Schuttboden. Aus diesem gegen rechts auf den W-Grat des Kleinen Mörchners. Höher oben trifft man

einen kleinen Gletschersee. Stets über die Grathöhe oder etwas links davon über schuttbedeckte Felsen zum Gipfel.

● 766 b) **Von der Südl. Mörchenscharte,** I, 1 st.

Die Südl. Mörchenscharte ist sowohl von der Berliner Hütte als auch aus der hintersten Floite erreichbar.

Stets auf dem Grat über zwei Steilstufen auf die schuttbedeckten Felsen unter dem Gipfel und unschwierig auf diesen empor.

● 767 e) **Nordwand** (Hans Fiechtl, Frau M. Schätzel, 1921), III, eine Stelle V—, 2½ st E.

Von der Berliner Hütte über die Südliche Mörchenscharte in die kleine Gletschermulde, aus der sich die N-Wand aufbaut. Aus der Mulde zieht ein breiter Schneestreifen in die Wand hinauf, der die Richtung für den weiteren Anstieg zeigt. An geeigneter Stelle über die Randkluft und auf den Resten des großteils abgeschmolzenen Schneestreifens bzw. über loses Material und steile, schuttbedeckte Platten zum großen Schneefeld in der Wandmitte. Über dieses oder an seinem Rand entlang zu seinem höchsten Punkt. Von dort links aufwärts durch eine steile Rinne auf ein vereistes Plattenband, das man nach links verfolgt, bis links eine Gratschulter sichtbar wird. Nun nicht zur Schulter hinaus, sondern über eine Felsrampe halbrechts hinauf, zum Schluß etwas rechts abwärts hangelnd in eine glatte Verschneidung. Dort besonders schwierig mit Untergriff, Oberkörper ganz zurückgelegt, durch die Verschneidung hinauf. (Am Anfang der Verschneidung ein Sicherungshaken.) Auf dem Bande darüber nach links und nun auf beliebigem Wege, möglichst links haltend, mit größter Vorsicht in dem brüchigen Gestein unschwierig auf die Grathöhe und südl. in ein paar Min. zum Gipfel.

● 768 **Roßköpfe,** höchster 3031 m

Schöner, vielgezackter Felskamm zwischen Mörchenscharte und Feldscharte, auch Roßkarspitzen genannt.

1. Ersteigung: Dr. Witlaczil, 1890; Mitt. AV 1890.

● 769 a) **Von der Berliner Hütte,** I, 3½ st, auf dem Weg empor zum Schwarzsee und weiter in die Feldscharte, 2909 m, am Fuß des S-Grates der Zsigmondyspitze. Aus der Scharte durch die W-Flanke des N-Grates von P. 3028. Von hier über die Gratschneide weiter, zunächst einen Zacken rechts auf schmalem Band umgehend, dann mehrere überkletternd. Über Platten und Schrofengelände ostwärts auf den höchsten Punkt.

● 770 b) **Südwestgrat von P. 3028 – Nordwestgipfel** (R. Hösch, J. Vlastnik, 1936), II, 1 st E.

Vom Weg Berliner Hütte — Feldscharte sieht man oberhalb des Schwarzsees einen Grat mit stumpfwinkelig sich verschneidenden Begrenzungsflächen. Dieser Grat zieht von dem Nordwestl. Roßkopf herab, der hier aus dem Gratzug der Roßköpfe am auffallendsten hervortritt. An seinem Fuß auffallende schwarze Wände, die links von einer gelben Platte begrenzt sind. Am Eissee oberhalb des Schwarzsees südl. vorbei und über Schutt und Schnee zum Fuß des Grates. 25 Min. vom Weg.

Unmittelbar links des Grates schneidet eine Schlucht ein, die an ihrer linken Seite von wasserüberrieselten Platten begrenzt wird. Über eine kleingriffige Wandstufe in der Mitte in die Schlucht hinein und in ihr über steiles Geröll mühsam empor in einen Winkel. Rechts über schräge Platten zum Grat und auf ihm über Blöcke empor, bis durch eine schmale Felsgasse links die höhere Gratkante erreicht werden kann. Aus dieser auffallenden Scharte über Geröll eben nach links, bis man nach rechts die Höhe des Grates gewinnen kann. Auf dem nun breiten Grat über Platten, dann über große Blöcke bis an den Gipfelaufbau (Einmündung des Weges vom NW-Grat von der Feldscharte her). Rechts um ihn herum und links empor in eine auffallende Einsattelung. Aus ihr eine Seillänge über den Grat zum höchsten Punkt.

● **771** c) **Überschreitung Hauptgipfel – Südostgipfel** (Rob. Hösch, J. Vlastnik, 1936), III—, 2 st.

Vom Gipfel eine Seillänge Querung nach W zurück, bis man auf Bändern wieder in die Gratfortsetzung queren kann. Hinab auf ein ebenes Gratstück und eben weiter zu einem Gratkopf, westl. um ihn und auf die nächste Gratstufe, den „Nordwestlichen Roßkopf".
Auf gleichem Weg zurück, unterhalb des senkrechten Abbruches über Trümmer etwas absteigend rechts herum, bis man unter die folgende Scharte hineinqueren kann. Durch eine kurze Rinne in sie, und sofort auf einem Blockband nach W, bis es möglich ist, unmittelbar über die Gratschneide die Erhebung südl. der Scharte zu ersteigen, 2968 m. Jenseits über Felsköpfe hinab bis zu Rasenflecken. Hier westl. in der Flanke mehrere Zacken umgehend und in die nächste schmale Scharte empor. Ein Gratzacken wird auf der Floitenseite auf Leisten umgangen; durch eine Rinne auf den Grat zurück. Einen weiteren Gratturm westl. umgehend, über mehrere Erhebungen und auf dem breiteren Grat zum Südöstlichen Roßkopf, 2961 m.
Westl. an geeigneter Stelle über steile Rasenbänder in eine Einmuldung hinunter und über Trümmer und Rasen in gleicher Richtung hinab, bis man links querend auf eine breitere Stelle des Grates gelangt. Unschwierig hinab zur Nördlichen Mörchenscharte.

● **772** d) **Nordostwand des Roßkopf-Hauptgipfels** (Karl Silveri, Ernst Schmid, 1948), V+, 6 st E., 450 m Wandhöhe. Vom Whs. Steinbock in der Floite durch das Sonntagskar (Sonntagsfeld), 4 st, von der Berliner Hütte über die Feldscharte, 3½ st (Abstieg durch die steile Feldschartenrinne zum Wandfuß im Sommer wegen Altschnee unangenehm und zeitraubend) an den Wandfuß.

In Gipfelfallinie zieht unter ungangbaren, dachziegelartig geschuppten Platten eine Schlucht empor, die an Überhängen endet. Den oberen Wandteil durchfurcht eine schnee-erfüllte Parallelschlucht (Steilrinne), die auf einen Vorsprung leitet. Darüber ragt die ungangbar scheinende Gipfelwand auf, die unter dem Gipfelgrat auf breiter Front überhängend abschließt und durchklettert werden muß. Zur Linken der zuerst erwähnten Schlucht erst über dunklen Granit in eine Nebenschlucht, welche bald bei einem langen senkrechten Riß verlassen wird. Im Riß etwa 50 m aufwärts und rechts über einen Spalt zur

Kante, oberhalb eines schon vom Einstieg aus sichtbaren Quarzfleckens. Über Platten (H.) rechts aufwärts zur nahen Hauptschlucht und zu ihrem überhängenden Abschluß, welcher durch einen kurzen, verborgenen Kamin unschwierig verlassen wird. Meist gerade emporkletternd, gelangt man nach einer schwierigen Platte auf leichterem Fels zur Wandmitte und über ein Band rechts aufwärts zur schnee-erfüllten Steilrinne, die den Weiterweg vermittelt. Erst am griffarmen, glatten Rand der Rinne, schließlich über einen Überhang zum Vorsprung, dem letzten guten Standplatz der Wand. Nun oberhalb des Bandes zur Linken über eine seichte, glatte Verschneidung besonders schwierig bis zum letzten Haken. Hier — etwa 5 m unter dem Grat — Seilzugquergang links aufwärts (V+) auf ein Band und gerade empor zum Ausstieg, etwa 100 m südöstl. des Gipfels.

● **773** e) **Nordostgrat des Südöstlichen Roßkopfes** (Kuno Baumgartner, P. Aschenbrenner, 1931), IV, 5 st. Grathöhe 600 m. Schöne, landschaftlich großartige Tour. E. 150 m oberhalb des eigentlichen Beginnes der Kante; über grasdurchsetzte Platten nördl. des Grates bis in die Scharte, die vor unten gut sichtbar ist.

Aus der Scharte ostseitig über gestuften, von Graspolstern bewachsenen Fels 60 m empor, dann wieder rechts zur Kante. Eine Seillänge gerade hoch, dann neben der Kante und in einer plattigen Verschneidung aufwärts (H.). Über leichten Fels zum großen, brüchigen Gratturm, 30 m nach rechts haltend über gestuften steilen Fels, dann in einem moosigen Riß (H.) hinauf, ein paar Meter nach rechts über glatten Überhang zur rechten Verschneidung und weiter bis zum messerscharfen Grat. Dieser wird rechts umgangen, eine Seillänge empor, leicht zum Grat zurück und gerade weiter, bis man nach rechts quert; über Blockwerk zu einem plattigen Überhang und aufwärts zum Grat. Der Gipfelaufschwung wird unmittelbar erklettert (H.).

● **773 a** f) **Südostwand des Südgipfels** (Ander und Franz Hörtnagl, 1968), V, Einstieg ca. 100 m rechts (nördl. des Punktes, wo der Schnee am weitesten hinaufreicht, an einem schwach ausgeprägten Pfeiler, unterhalb einer großen, weithin sichtbaren Verschneidung. Über den Pfeiler und anschließend durch die Verschneidung aufwärts. Letztere wird bald nach links (gut griffige Wand) verlassen. Weiter über

Platten gerade empor bis zu dem in der Wandmitte beginnenden Trichter. Hier setzt eine nach links aufwärtsziehende (Rampe) Verschneidung an, welche bis zu ihrem oberen Ende — ein kleiner Felskopf — in der Verschneidung bzw. links derselben erstiegen wird. Nun wie in R 772 zum Gipfel.

● 774 Zsigmondyspitze (Feldkopf), 3087 m

Kühnes, hellgefärbtes Felshorn über Feldscharte und Melkerscharte, das mit gewaltigen NO-Wänden in die Floite abstürzt. Die Zsigmondyspitze ist der bekannteste Kletterberg der Zillertaler Alpen, auf den zahlreiche Anstiege aller Schwierigkeitsgrade ausgeführt wurden.
(In der AV-Karte 1932 und 1958 ist fälschlich eine Einschartung südl. des P. 2977 m, zwischen den „Roßköpfen" als Feldscharte bezeichnet.)
Schöne Rundsicht auf die Zillertaler Berge und eindrucksvolle Tiefblicke in die Floite und in die Gunggl.
1. Ersteigung: Emil und Otto Zsigmondy, 1879, bis zu welchem Jahr der Berg als vollkommen unbesteigbar galt. Der Berg wurde nach dem 1885 an der Meije tödlich verunglückten Dr. Emil Zsigmondy benannt.
(Lit.: ÖAZ 1886; E. Zsigmondy, Im Hochgebirge, S. 58 ff.)

● 775 a) **Von der Berliner Hütte,** II, 1 st E. Schöne Kletterei.
(Dieser Anstieg setzt sich aus einer Reihe von Durchstiegen zusammen: Dr. August Böhm, 1880, im Abstieg; unterer Teil: A. Katzer mit Stefan Kirchler, 1882; oberer Teil: Dr. K. Diener mit Hans Stabeler, 1881, vom SW-Grat herüber.)
Von der Berliner Hütte zunächst nordwärts am Hang ein paar Kehren empor, dann auf gutem Steig in nordöstl. Richtung empor zum landschaftlich ungemein schönen Schwarzsee. An diesem rechts vorbei und, der roten Bez. folgend, über den erdigen Hang empor zum kleinen oberen See am Beginn des großen Schneefeldes unter Melkerscharte und Zsigmondyspitze. Auf dem Schneefeld rechts hinauf gegen die Feldscharte, die im Grate südöstl. des Felsbaues der Zsigmondyspitze eingeschnitten ist, 2½ st. Noch unter der Scharte umgeht man den ersten Abbruch im SO-Grat auf Steigspuren in einer Schleife nach links, biegt dann rechts zum Grat hinüber und steigt auf diesem ein kurzes Stück empor, bis er schwieriger wird. Hier wendet man sich auf einem breiten Bande wieder nach links und durch die erste Rinne zum Grat zurück, verfolgt diesen ein

kurzes Stück fast eben und betritt dann ein breites Trümmerband, das horizontal, zuletzt etwas abwärts, ganz nach links über eine Platte führt, dort ein Knie macht und schief nach rechts zu einer Scharte im SO-Grat leitet. Nun wieder auf dem Grat empor zu einem flachen Kamin, der durchklettert wird, dann folgt eine kurze, ausgesetzte Querstelle, der sogenannte Floitentritt, worauf man rechts zum Gipfel gelangt, 1 st.

● 776 b) **Südsüdostgrat** (Hans Fiechtl, Hans Hotter, 1911), III und IV—, eine Stelle V—, interessanter als der Normalanstieg, in großen Teilen gemeinsam mit diesem. Kantenhöhe 200 m, 1—2 st.
Einstieg: Direkt in der Feldscharte.
Die Führe: Unmittelbar am Grat zu einem etwa 45 m hohen Aufschwung. Von rechts nach links über die turmartige Kante hinauf (H, V—), dann nach rechts zu kleinem Stand direkt an der Kante. Nun über feinen Riß gutgriffig hinauf, am Ende einen Überhang überkletternd (V—, H) zum Kopf des Aufschwungs. Nun immer direkt am Grat weiter zum Zusammentreffen mit R 775 (III).

● 777 c) **Gerade Südwand** (oberer Teil: L. Treptow, 1891; L. Sager, W. Schmidkunz, H. v. Zallinger, 1926), III+, 1 st E. Die rechte Hälfte des unteren Wandteiles wird durch einen mächtigen, dunklen Vorbau gebildet, dessen linke Begrenzung in Gipfelfallinie liegt und mit der Wand eine Verschneidung bildet.
Durch diese Verschneidung empor, bis man die Höhe des Wandpfeilers erreicht hat (teilweise brüchig). Über Platten in Gipfelfallinie aufwärts (der gewöhnliche S-Wand-Anstieg macht hier eine Schleife). Auf dem üblichen Weg rechts (rechten Ast der Schleife) kurz empor bis unter einen Überhang. Über ihn empor (H.) unter die Gipfelwand am Fuß einer Verschneidung. Links von ihr empor (H.) zum Gipfel.

● 778 d) **Südwestkante** (Hans Fiechtl, Michael Kröll, 1911). IV und V—, A 0. Interessanter Anstieg, vielleicht der schönste von der Berliner Hütte aus auf den Feldkopf. Kantenhöhe 200 m, 1—1½ st. vom E.
Einstieg: Aus der Melkerscharte über brüchige Platten zum Grat.
Die Führe: Über leichte, brüchige Felsen unter einen glatten Aufschwung. Nach rechts in einen glattwandigen Verschneidungskamin, durch ihn empor (IV, A 0, 2 H) und über den

abschließenden Überhang in flaches Gelände. Über den Grat weiter zum stark überhängenden Gipfelaufschwung. Entweder direkt über die überhängende Wand (viele Haken, A 0) oder (schöner) nach rechts um die Kante und durch glatte und abdrängende Risse (V—, A 0, einige Haken) auf das waagrechte Gratstück, das zum höchsten Punkt leitet.

● 779 e) **Westwand** (Weg der Ersteersteiger), II—, steinschlaggefährdet, 2½ st.

Von der Melkerscharte auf die Gungglseite hinab und über den steilen Firn rechts hinüber unter die Felsen der W-Flanke. Aus der Scharte zwischen dem Gipfel und einem mächtigen Felszacken zieht die Zsigmondy-Rinne durch die Wand herab. E. an der linken Seite des Kamins, in den die Rinne nach unten ausläuft, Quergang nach rechts in die Rinne (II). Durch diese empor zu einem Loch im Grat. Durch das Loch auf die Floitenseite und zu einem ausgesetzten Band. Eine steile Platte wird mit Hilfe eines Risses überwunden; sodann in kurzer Zeit auf den Gipfel.

● 780 f) **Westwand**, neuer Weg; etwas leichter als e), 2—3 st. Man folgt tiefer unter dem E. des Zsigmondyweges einem schief aufwärts steigenden Band. Hoch oben in der Wand wendet man sich rechts und gelangt so über Schutt und Platten zum obenerwähnten Loch im Grate. Weiter wie bei e).

● 781 g) **Nordwestgrat**, „Lammergrat" (Guido Lammer, Oskar Schuster, 1891, im Abstieg; H. Pauksch mit Hans Fiechtl und G. Hauser, 1909), IV+, 3 st E. Schöne Kletterei, festes Gestein.

Von der Berliner Hütte über die Melkerscharte oder unmittelbar aus der hintersten Gunggl empor in die Sammerscharte, 2690 m, der ausgeprägten Einschartung am tiefsten Punkt des NW-Grates. Von der Scharte über plattige Stufen zum ersten großen Abbruch. Nun entweder geradewegs auf den angelehnten Pfeiler und sehr anstrengend einige Meter weiter gerade hinauf, oder vor dem Abbruch 20 m in der W-Wand absteigen, dann durch Risse (IV+) gefährlich auf einen Standplatz über dem Abbruch. Der weitere Anstieg vollzieht sich stets auf der Grathöhe, wobei die Türme durchwegs ausgesetzt überklettert werden.

● 782 h) **Empfehlenswerter Zugang zum NW-Grat von der Melkerscharte.** Nun wenige Meter von der Scharte zum Firn absteigen, dann ohne Höhenverlust hinüber zum Zsigmondyeinstieg, bei dem ein Band beginnt, das schräg nach links aufwärts bis zum NW-Grat leitet (mit unschwieriger Unterbrechung). Man erreicht den Grat etwa 100 Höhenmeter über der Sammerscharte, dort, wo die Kletterei in festem Fels beginnt.

Von der Melkerscharte 45 Min. Der Grat muß wegen des Steinschlags vor Eintritt der Sonne in die Wand erreicht werden.

● 783 i) **Nordostwand** (Hans Fiechtl, Hans Hotter, 1910), V, 6—9 st E. Steinschlaggefährlich. Großzügiger Durchstieg. Vom Ghs. Steinbock wie in k) beschrieben ins Bichlerkar und zum Fuß der NO-Wand. (Hierher auch von der Berliner Hütte über die Feldscharte.)

Vom Wandfuß ziehen zwei Schneerinnen in die Flanke empor. Man verfolgt die links gelegene bis zum Ende, oder — in schneefreien Jahren — eine Bandreihe in den Felsen links, bis man wieder auf den linken Ast der Rinne trifft, und überschreitet diesen in der Richtung gegen einen seichten Kamin, der an der rechten Flanke einer vorspringenden Felsnase beginnt. Dieser etwa 100 m hohe Kamin bietet fast nur Wandkletterei und endet am Fuße senkrechter Wandstufen mit engen Rissen. Etwas unterhalb (Steindaube) über ein schlechtes Band, hinter einem großen abgesprengten Block durch, ungefähr 15 m nach links und nun in ziemlich gerader Richtung (anfangs eine Verschneidung benützend) über die außerordentlich steile und glatte Plattenwand, die eine dachartige Schichtenbildung zeigt. Erst hinter einem großen abgesprengten Block empor, dann durch eine Wandstelle mittels eines Risses zur Linken empor und auf ein steiles Schneefeld, das man von unten nicht wahrnimmt. Über das Schneefeld gerade hinauf und mittels Steigbaum in eine seichte Steilrinne, später über Platten (einmal Seilwurf nötig) bis zu einem gewaltigen Überhang, der von tief rechts unten heraufkommt und links oben am Grat endigt. Nun an der linken Kante einer senkrechten Platte etwas hinauf (an der Außenseite der abgesprengten Platte H.), Pendler auf eine lose vorstehende kleine Platte und mit einer Zugstemme in den mit Geröll ausgefüllten Riß hinter der Platte hinauf. Nun kriechend nach rechts vorn, wo zwei gewaltige Blöcke aufgelagert sind und waagrecht in die Luft hinausragen (unter einem der Blöcke ein Mauerhaken eingetrieben); 2 m rechts davon kommt eine Lücke, dann folgt wieder ein Block, während unterhalb der erwähnten Lücke ebenfalls ein schlanker Block wohl 4 m waagrecht in die Luft starrt. Mit Seilzug und Spreizschritt ausgesetzt hinüber auf den letztgenannten Block, hinein in die Lücke, dann mit einem Klimmzug und stemmend auf leichteren Fels. Über Felsen und Schnee hinauf auf den in die Floite ziehenden Grat. Über diesen in schöner, luftiger Kletterei, später durch eine Rinne, auf die oberste Scharte im NW-Grat und über den Grat in wenigen Minuten zum Gipfel.

● **784** j) **Ostnordostgrat** „Feldkopf-Kante" (Hans Fiechtl, Hans Hotter, 1911), V— (2 Seill.), IV+, 5 st E. Großartige Bergfahrt in festem Gestein.

Rechts der Feldschartenrinne baut sich die Feldkopfkante 600 m hoch in mehreren Aufschwüngen zum Gipfel empor.

Zugang: Man erreicht den Einstieg entweder aus der Floite (aa) oder von der Berliner Hütte über die Feldscharte. Beide Zustiege sind langwierig und erfordern Bergerfahrung.

aa) Dürftiges Lager bei der Bockach-Alm, 10 Min. talein von Wh. Steinbock. Hier (oder schon draußen beim Steinbock) über den Floitenbach. Von der Höhe Bockach 500 m talein bis zur Bachrunst, die den Hang von Ausgang der Bichlerkarklamm bis zum Floitenbach durchreißt. Durch diese Runst bis in die Klamm empor, wo nach links ein Jagdsteig ansetzt. Dieser führt steil (Holzleiten) empor zu einer Jagdhütte (500 m hoch über der Floite). Man muß nun achten, daß man den schwach ausgeprägten Steig erkennt, der vom gerade emporführenden Jagdsteig bald nach links abzweigt, und die große Mulde unterhalb des Bichlerkars quert, etwa entlang der Höhenlinie 2000. Zuletzt steiler bergan.

Die nächste Möglichkeit zur Querung erst wieder auf etwa 2150 m. Am Schluß leicht fallend.

Man erreicht den südlichen Begrenzungsrücken bei einem großen Steinmann.

Von hier fast eben durch steile Grashänge hinein in die nächste Mulde (Sonntagsfeld) und über Blockwerk und Reisen steil empor an den Fuß der Floitenabstürze des Feldkopfes bzw. an den Beginn der Feldschartenrinne.

Der Durchstieg: Von der Floite kommend geht man am untersten, breiten Grataufschwung links vorbei. Durch eine breite, später schmaler werdende Schuttrinne, gelangt man auf einen schwach ausgeprägten Sattel (links ein Schrofenköpfl, auf das man auch von Süden aus der unteren Feldschartenrinne her queren kann).

Hier steigt man nun rechts in die Felsen und gelangt in anregender Kletterei (Spuren, Biwakplatz) an den ersten Steilaufschwung (I—II).
40 m an der Gratkante hinauf zu Stand (H). Quergang 25 m nach rechts in die große Verschneidung rechts hinter der Kante und 10 m empor zu Stand. In der Verschneidung 80 m (mehrere Überhänge, H) empor, zuletzt Spreizschritt nach links an die Kante und über leichteres Gelände an den Fuß der anfallenden, dreieckigen Felsnase.
Nun drei Varianten:

a) Weg der Erstersteiger: Vom Grasplatz ein Stück gerade hinaus, dann, eine schiefe Wandfalte benützend, links aufwärts bis zu einer Ecke und einige Meter über die glatte, fast senkrechte Wand nach links in eine Plattenverschneidung (V—, H).

b) Weg Fiechtl-Rhomberg: Querung auf schmalem Rasenband 25 m nach links in eine Steilrinne und durch diese 20 m in die Plattenverschneidung (V—, H).
Nun gemeinsam: Aus der Verschneidung nach wenigen Metern links haltend empor und über eine glatte Wandstelle (H) hinauf. Weiter links haltend in einer Rasenrinne und durch diese auf die Grathöhe zurück.

c) Direkter Durchstieg durch die Felsnase (G. Hörhager, H. Fankhauser) V, drei Seillängen, ausgesetzt, schöne Kletterei: Auf dem Weg der Erstbegeher noch ein Stück gerade empor bis zur schiefen Wandfalte. Hier nicht nach links, sondern gerade weiter in gutgriffigem Fels über eine steile Plattenwand direkt unter die Nase zu einer abgesprengten Platte. Guter Sicherungsplatz. Jetzt waagrecht nach rechts, sehr glatt zur Kante. Um die Kante herum und gleich dahinter gerade empor zurück zum Grat.
Weiter gemeinsam direkt über den scharfen Grat (IV), bis er sich in der Wand verliert. Durch Rinnen und Risse rechts haltend zur Scharte im NW-Grat und über diesen nach links zum Gipfel.
Vom Ende der Kante kann man auch links haltend zu einer Rißreihe gelangen, durch diese gerade hinauf zum Gipfel.

● **785** k) **Aus der Floite in die Feldscharte und auf der Floitenseite zum Gipfel** (L. Purtscheller, 1883), IV—, 5—6 st.

Vom Whs. Steinbock in der Floite etwa 15 Min. talein, bis ein Steg auf die andere Talseite hinüberführt. Auf einem alten Jagdsteig durch die Bichlerkarklamm hinauf auf die Böden des Bichlerkares, von wo man über einige Rücken nach links auf das Sonntagsfeld gelangt. Über das Sonntagsfeld westl. gegen die Felsen der Zsigmondyspitze hinauf und unter diesen nach links in die von der Feldscharte herabziehende Rinne. Diese ist seit Jahren im Hochsommer völlig aper und kann über Geröll leicht begangen werden. Im Frühsommer zieht ein etwa 50 ° geneigter Schneehang zur Scharte hinauf. Aus der Feldscharte über den SO-Grat mäßig schwierig bis zum Abbruch, unter diesem in die Felsen der Floitenseite und dort auf gut gangbarem Schuttbande bis zu einer vom Gipfel herabziehenden Kaminreihe. Nun durch den ersten Kamin in festem Gestein empor, dann folgt ein ungemein enger Kamin mit zwei großen, lockeren Blöcken. In ihm empor, worauf einige leichtere Kamine zum Gipfel führen.

● 786 Tiefenkarspitze, 2699 m

Nördlich der Sammerscharte folgt der schneidige Felsturm des Sammerschartenkopfes, P. 2730 m. Darauf zieht ein langes waagrechtes Gratstück hinüber zur Tiefenkarspitze, 2699 m. Dieser Gipfel entsendet einen auffallenden Grat gegen O in die Floite.
Tiefenkarspitze und Sammerschartenkopf wurden erst im Jahre 1926 von S. Egger als erstem Touristen erstiegen. Der S-Grat wurde von K. Hegspiel und Plangger, der N-Grat von R. Braun und L. Müller 1939 begangen.

● 787 Kellerkopf, 2720 m

Nördlich der breiten Senken hinter der Tiefenkarspitze steigt der Grat zum Kellerkopf an (in der älteren Literatur „Kellerspitze"), der wieder durch eine plattige Felsschneide mit dem fast gleich hohen Lappenkopf verbunden ist. 1. touristische Ersteigung: Hermann Delago, Paul Lublasser, 1924.

● 788 a) **Aus der Gunggl über den Westgrat** (Weg der Erstersteiger), II, 3½ st.
Bis in den Talgrund der Gunggl und über die Steilstufe empor auf die Gungglplatte (Weg zur Melkerscharte). Aus der Blockmulde links (nordöstl.) über Rasenhänge (Steinmanndln) ins Plattenkar, das an der N-Seite von dem steil abfallenden W-Grat abgeschlossen ist. Auf schmaler, sehr ausgesetzter Leiste mitten durch den Absturz auf die Höhe des W-Grates und über die plattige Schneide in schöner Kletterei bis unter den obersten Steilaufschwung. Dort links in eine grasige Rinne, durch die man in ein schmales Schartl im Hauptgrat gelangt. Über diesen nordwärts zum Gipfel.

● 789 b) **Südostgrat,** II, 3½ st.
Wie in a) in das Plattenkar. Ostwärts empor zu einer begrünten Rinne, die von der ersten tiefen Scharte im Hauptgrat herabzieht. Durch die Rinne auf den Grat. (Die tiefste Einsattelung bleibt rechts liegen.) In schöner Platten-

kletterei über den Grat zum Gipfel, wobei man ein paarmal rechts ausweichen muß.

● 790 c) **Nordgrat** (Dr. E. Raitmayr, F. Niedermoser, 1925), II+, 3½ st von dem Jagdhaus in der Gunggl. Ä. A.

● 791 d) **Südgrat und Westflanke** (Abstieg: Raitmayr und Niedermoser, 1925), 30 Min., I.
Über den S-Grat hinab in die erste Scharte. Durch eine lehmige, grasige Rinne in der W-Seite ungefähr 100 m hinab, dann quert man nördl. über Platten und Grasbänder zur begrünten Steilrippe, die zum Aufstieg diente.

● 792 e) **Aus der Floite** (S. Egger, 1926), I, 3—4 st vom Whs. Steinbock.
Vom Whs. Steinbock talein bis hinter die Bockachalm. Auf einem Steg über den Bach und auf einem Jagdsteig zuerst durch die Bichlerklamm, dann gegen links ausweichend empor, zuletzt nordwestl. über die Hänge in das Tote Kar (Tiefe Kar). Dieses querend bis zum Fuß der SO-Flanke und über diese zum Gipfel.

● 793 Lappenkopf, 2712 m

Schroffer, plattiger Felskopf im Gratverlauf nördl. des Kellerkopfes.

● 794 a) **Südgrat** (Franz Niedermoser, Erich Raitmayr, 1925), II, 3½ st aus der Gunggl.
Wie in R 788 aus der Gunggl in die tiefste Scharte zwischen Lappenkopf und Kellerkopf. Aus ihr zuerst unschwierig über die fast waagrechte Gratmauer nördl. in ein Schartl. Aus ihm und über den Grat weiter zum Grataufschwung. Immer an der Gratkante, ein sperrender Block wird östl. umgangen, in schöner ausgesetzter Kletterei zum Gipfel.

● 795 b) **Aus der Floite** (S. Egger, 1926), III—, von der Sulzenalm 3½ st.
Vom Jagdhaus auf der Sulzenalm im Floitengrund auf dem Jagdsteig empor ins Friderichkar, dann südl. die Hänge querend um den Rücken des Friderichs herum ins Streimerkar und weglos querend ins Kellerkar. Westlich empor, über eine Felsrippe in die O-Flanke. Über steile Platten in die Scharte südl. des Gipfels, 2655 m. Über den scharfen S-Grat zum Gipfel.

● 796 c) **Westgrat** (Abstieg, Niedermoser, Raitmayr, 1925), ½ st, II.
Vom Gipfel über den W-Grat hinab zur ersten Gratstufe. Von ihr auf waagrechtem Grasband unter die Gipfelwand. Auf Rasenstreifen steigt man längs des W-Grates so lange ab, bis man 100—150 m unter der tiefsten Scharte zwischen beiden Gipfeln einige Plattenrinnen nach S querend, wieder den Grasrücken des Anstieges (R 788) erreicht.

● 797 d) **Nordwestgrat,** von der Streimerscharte, IV—, 1 st E. Ä. A.

● 798 Friderich, 2634 m; Lappin, 2582 m

Wenig ausgeprägte Erhebungen nördl. der Streimerscharte. 1. touristische Ersteigung: Dr. K. Diener, 1882.

● 799 **Aus der Gunggl,** I, mühsam, 3—4 st. Vom Jagdhaus in der Gunggl 30 Min. taleinwärts, dann links ostwärts über den steilen Hang pfadlos empor zum Breiteck, einem begrünten Vorsprung am S-Ende des Rauhen Kares. Aus dem Kar über plattige, grasdurchsetzte Schrofen gerade empor in die flache Einsattelung zwischen den beiden Gipfeln. Von hier südwärts über den Grat zum Friderich, nordwärts unschwierig zur Lappinspitze.

● 800 **Gaulkopf,** 2411 m

Letzte Erhebung des Mörchenkammes über dem Talgrund von Ginzling.
1. touristische Ersteigung: Ferd. Löwl, 1876; Lit.: „Aus dem Zillertaler Hochgebirge", S. 132 ff.

● 801 a) **Aus der Gunggl,** I, 2 st. Wenige Schritte innerhalb der Gungglalm zweigt vom Talweg links ein Steiglein ab, das ostwärts durch lichten Wald steil emporführt in die Weideböden des Inneren Gaulkares. Hier verliert es sich allmählich; über steile Matten und steinige Hänge erreicht man ostwärts ansteigend den Gipfel.

● 802 b) **Aus der Floite,** I, 3 st. Vom Jagdhaus Sulzenalm in der Floite dem Jagdsteig folgend empor in das Friderichkar. Links führt der Steig zur Streimerscharte; rechts führt er ebenfalls fast waagrecht hinüber ins Roßkar. Über mehrere trennende Gratrippen hinüber ins Kleine Roßkar und über sehr steile Rasenhänge zu einem schmalen, steil abfallenden, begrünten Rücken, der geradewegs zum Gipfel emporführt.

● 803 c) **Von Ginzling,** I, 4 st.
Vom Talweg in die Floite zweigt etwa 15 Min. oberhalb von Ginzling zur Rechten beim sog. Floiteck ein Jagdsteig ab, der in vielen kleinen Kehren emporführt ins Kleine Roßkar. Von dort wie in b) zum Gipfel.

● 804 d) **Übergang zum Friderich,** I, 2 st.

Igentkamm, westlicher Zweig des Mörchenkammes.

● 805 **Rotkopf,** 2986 m

Breiter Felsstock im Gratverlauf von der Melkerscharte zum Ochsner. Die Erhebung P. 2899 zwischen Rotkopf und Melkerscharte wird **Plattenkopf** oder auch Melkerschartenspitze genannt. Der gezackte Gipfelstock des Rotkopfes heißt Krone. Nördlich ist das Östl. Ochsnerkees eingelagert.

1. Ersteigung: Ludwig Purtscheller, 1883.

● 806 a) **Von der Berliner Hütte,** I, 3½ st; hübsche Kletterei. Von der Berliner Hütte nordostwärts empor zum Schwarzsee. Über Matten zur mächtigen, in die Felsen des Rotkopfes hinaufziehenden Schutthalde. (Im Blockgewirr rechts hübscher See.) Über diese nordwärts hinauf, dann über Schrofen in eine schmale Schuttrinne, die ziemlich steil zum S-Fuß der Krone führt, oder schon vorher von der großen Schutthalde rechts hinüber zu einem breiten, mit auffallend gelben Blökken bedeckten Absatz im S-Grat und über dessen steile, rotgefärbte Felsstufen unter die Krone, deren höchster Zacken am besten vom Schartl zwischen erstem (östl.) und zweitem Zacken erklettert wird.

● 807 b) **Von der Melkerscharte** (Weg des Erstbegehers; Überschreitung des Plattenkopfes), II, 1—2 st.
Von der Scharte in leichter Kletterei stets über den Grat auf den Plattenkopf.
Weiter über den Grat gegen den Rotkopf zu bis auf eine breite, schuttbedeckte Schulter. Nun entweder durch eine steile, brüchige Rinne in der NO-Flanke oder durch eine Steilrinne in der SO-Flanke an den Ansatz der Krone. In kurzer Kletterei auf den höchsten Gipfelzacken.

● 808 c) **Übergang zum Ochsner** (H. Meynow mit Hans Hörhager, 1887, in der Gegenrichtung), I, 1 st. Brüchiger Grat.
Vom Gipfelzacken ostwärts abkletternd auf das Band südl. der Krone. Unter der Krone durch und westwärts hinauf in die Scharte. Hierher kann man auch mit Abseilhilfe und schwieriger Kletterei unmittelbar vom Gipfel absteigen. Über den brüchigen Grat westwärts ohne weitere Schwierigkeiten zum Ochsner.

● 809 Ochsner, 3108 m

Schön geformter Felsbau über der Berliner Hütte, die höchste Erhebung des Igentkammes. Vielbesuchter Aussichtsberg.
1. bekanntgewordene Besteigung: Starr, Marshall mit den Führern Falkner und Kröll, 1880.

● 810 a) **Von der Berliner Hütte,** I, 3½ st.
Auf dem plattenbelegten Weg zum Schwarzsee empor (Mineralienfundort), bis in einer Rinne rechts der Weg zum Schwarzensteinsattel abzweigt. Hier vor den Rinnsalen links über den Hang aufwärts zu den Blockhalden unter den Felsen des Ochsners, in welchen eine breite Schuttrinne hoch hinaufstreicht. In dieser Rinne aufwärts bis zur Gabelung, dann im rechten Ast etwa 40 m weiter bis unter die Felsen. Nun rechts über Geröll und durch eine kurze Steilrinne auf den breiten Absatz südöstl. unter dem Gipfel. Von hier in anregender Kletterei über eine rotgefärbte Felsrippe auf den obersten Schutthang und gegen rechts zum Gipfel.

● **811** b) **Nordwestflanke aus der Gunggl** (Karl Reich, Robert Laimböck, 1933), I, 5 st vom Jagdhaus Maxhütte.
In den Talgrund der Gunggl über die Steilstufe empor auf die Gungglplatte, dem Weg rechts, westwärts über einen Bach folgend und vor dem zweiten Bach vom Weg ab über Moränenschutt gerade hinauf, südwärts zur Zunge des Westl. Ochsnerkeeses. Über dieses zu seinem höchsten Punkt. Über die Randkluft und über steiles Eis in die Rinne der Gipfelfallinie. — Da die NW-Wand sehr brüchig ist, ist es besser, rechts der Rinne gerade hinauf zum Gipfel zu steigen. Kürzester Weg aus der Gunggl, sehr lohnend.

● **812** c) **Südwestgrat** (L. Grün, L. Treptow, 1891; Überkletterung des Kirchls). III, 3½ st.
Von der Berliner Hütte geradewegs über die Schafweiden nördl. steil und pfadlos zum Ansatz des SW-Grates. Über dessen anfangs breiten Rücken hinauf bis zum Kirchl, einem freistehenden, kühngeformten Felszacken, der durch einen grasdurchsetzten Kamin von rechts her schwierig erklettert wird. Aus der Scharte zwischen Kirchl und dem nun mit steilen Platten ansteigenden SW-Grat zuerst über Fels, dann durch eine blocküberdachte Rinne zum zweiten Plattenabsturz hinauf. Hier rechts auf schmaler Leiste zu schuttbedeckter Terrasse; links wieder zum Grat und auf ihm in schöner Kletterei in festem, rotgefärbtem Gestein auf einen scharfen Zacken, von dem man westseitig auf schmalem Bande in die Scharte vor dem obersten Gipfelaufbau absteigt. Von der Scharte rechts durch einen kurzen Kamin auf den plattigen Buckel, der sich an die Gipfelwand lehnt, unter dieser auf Bändern links zu einer Gratrippe hinüber, über die man in festem Gestein den Gipfel ersteigt.

● **813** d) **Westwand** (Eugen und Franz Malcher, 1902), II, 1½ st E.
Über die steilen Schafweiden nördl. der Berliner Hütte empor; unter dem Ansatz des SW-Grates links herum in das Ochsnerkar und entlang des Gratabfalles hinauf in den obersten Karboden. Von den Firnfeldern unter der W-Wand durch die mittlere der drei auffallenden Rinnen. Zunächst über Platten, dann in brüchigem Geschröf der Rinne bis zu ihrer Ausmündung im obersten Teil des W-Grates. Über diesen in wenigen Minuten zum Gipfel.

● **814** e) **Westgrat** (Benzien, Noster mit Führer Hörhager, 1886), I, kurze Kletterei, 4 st von der Berliner Hütte. Ä. A.

● **814a** f) **Nordgrat** (Weg Starr-Marshall), III—. Von Ginzling 7 st. Ä. A.

● 815 Hennsteigenspitze, 3000 m

Breite Kuppe mit zackigem Gipfelaufsatz, von der gegen SW der lange Hennsteigenkamp gegen den Zemmgrund hinabstreicht. 1. Ersteigung: Ferd. Kilger, 1882.

● **816** a) **Von der Berliner Hütte,** I, 4 st. Wie in R 812 empor ins Ochsnerkar und aus dessen nördl. Winkel über plattige Schrofen auf den Hauptgrat. Über diesen westwärts zum Gipfel. Leichte Kletterei.

● **817** b) **Hennsteigenkamp** (Südwestgrat), II, 4 st. Vom Whs. Grawand nordostwärts über sehr steile Grashänge gegen den Hennsteigenkamp in der Nähe seines Ansatzpunktes beim Steinkarkopf, 2090 m. Nun in anregender Kletterei über den Grat aufwärts, wobei einige scharfe Felszähne auf Grasbändern rechts umgangen werden. Vom obersten schuttbedeckten Teil des Grates unschwierig zum Gipfelzacken, der von O her erklettert wird.

● **818** c) **Südwestgrat** (R. K. Bebounek, 1932; Nachr. der Sektion Wiener Lehrer 1932, S. 6, 38)

● **819** d) **Übergang zum Ochsner** (R. K. Bebounek, 1932), II, 3 st.

● 820 Großer Igent, 2916 m

Freistehender Felsberg mit schöner Aussicht und prachtvollen Tiefblicken in die Gunggl, den Zemmgrund und ins Igentkar. Hier gabelt sich der Igentkamm noch einmal, nordwärts streicht die Gungglschneid, nordwestwärts der letzte Kammteil über den Kleinen Igent zum Steinmannl; die beiden Kämme umschließen hufeisenförmig das einsame Igentkar. — Die Schreibweise „Ingent" der früheren Karten und Führer ist noch vielfach verbreitet.

1. touristische Ersteigung: Oberst Karl v. Sonklar, 1865.

● 821 a) **Von Roßhag,** I, mühsam, 5 st, über den Zemmbach. Nun hält man sich sofort links und steigt an einer Almhütte vorbei den trümmerbedeckten Kühlahner hinan, der sich vom Saume des Fichtenwaldes herabsenkt, betritt dann den Wald und steigt auf schlechtem Almweg steil empor. Nach 10 Min. ist ein kleiner Bach zu überschreiten, dann am rechten Ufer ohne Weg aufwärts, endlich beginnt der wieder erkennbare Steig; er führt um eine Ecke und zieht nach Überschreitung des eigentlichen Igentbaches eine Strecke eben fort. Von dort an ist er bis hinauf ins Igentkar bequem zu begehen. Nach Verlassen des Waldes zum Mittelleger, dann über Matten und durch Gesträuch zum Hochleger. Nun über den trümmerbedeckten Karboden und eine Stufe südl. zu dem kleinen Igentkees. Von hier zwei Wege: a) In südwestl. Richtung auf den W-Grat, der in einer Scharte zwischen Kleinem und Großem Igent erreicht wird, dann längs der mäßig ansteigenden Schneide ohne Schwierigkeiten zur Spitze; b) kürzer, aber beschwerlicher: Vom Igentkees südwärts gerade empor an die steilen Felsen des NO-Grates, der weiterhin die zakkige Gungglschneide bildet, und zwar in eine Scharte unmittelbar nordöstl. der Igentspitze und über den kurzen, gestuften Grat auf den Gipfel.

● 822 b) **Aus der Gunggl,** I, vom Jagdhaus in der Gunggl 4 st. In den Talgrund der Gunggl und über die Steilstufe empor auf die Gungglplatte, eine breite Schutterrasse. Westwärts auf gutem Jagdsteig hinüber zu den Steilhängen unter dem Großen Igent. Hinauf ins Gungglkar und weiter über steile Geröllhänge zu einem kleinen Firnfeld (jetzt oft ausgeapert) über Firn oder Schutt zur Igentkarscharte im NO-Grat des Gipfels. Von hier ohne Schwierigkeiten zum Gipfel.

● 823 c) **Übergang zur Hennsteigenspitze** (H. Stieve mit Hans Fiechtl, 1910; ÖAZ, 1911), IV—, 5—7 st, schöne Gratkletterei.

Vom Großen Igent zuerst lange in mäßig schwieriger Kletterei über den trümmerbedeckten Grat, bis er in steilem Abbruch zu seiner tiefsten Scharte abfällt. Man gelangt durch dreimaliges Abseilen (10, 12 und 18 m) in die

Scharte. Der nun folgende Gratzacken wird leicht überklettert; der nächste leicht erstiegen. Von seinem Gipfel abermals 15 m abseilen in die rechte Bergflanke. Dadurch gelangt man auf eine schiefe Platte, von der aus man die nächste Scharte erreichen kann. Der nun folgende Turm wird in seiner linken Seite über äußerst brüchiges Gestein erstiegen, die nächsten drei Grattürme werden überklettert (IV—). Über einen mächtigen eingeklemmten Block gelangt man nun zu einem 6 m hohen Abbruch, der mit Hilfe eines schmalen Risses an seiner rechten Seite erstiegen wird, IV. Nun über leichte Schrofen zum Gipfel.

● 824 Kleiner Igent, 2840 m

Felskopf im NW-Grat des Großen Igent; von einer Erhebung etwas westl. des Gipfels zieht der bisher nordwestl. verlaufende Grat genau nach N weiter zur Erhebung „Beim Steinmannl", P. 2538.

● 825 a) **Von Roßhag,** I, 5 st. Nur zusammen mit dem Großen Igent lohnend.

● 826 Wie in R 821 in die Scharte zwischen Großem und Kleinem Igent. Von hier rechts über den Grat in leichter Blockkletterei zum Gipfel.

● 827 b) **Vom Breitlahner,** I, 4 st, sehr mühsam. Ä. A.

● 828 c) **Übergang zum Großen Igent,** I, 1 st. Stets über die Gratschneide in schöner Blockkletterei zum Gipfel des Großen Igent.

● 829 Gungglschneid

N-Grat des Großen Igent, der von der Igentkarscharte über die **Kellerspitzen** (Nördl., 2600 m) zum **Trenkner,** 2392 m, und zum **Bretterkopf,** 2308 m, hinauszieht, von dem der Kamm mit breitem, bewaldetem Rücken in das Zemmtal abfällt.

Überschreitung der Gungglschneid vom Bretterkopf zum Großen Igent (Dr. Erich Raitmayr, F. Niedermoser, 1925), III—, 5—6 st.

Vom Jagdhaus in der Gunggl über den nördl. davon gelegenen Graslahner auf gutem Heusteig empor und ober der Waldgrenze im Bogen nach S ins Igentkar. Über die freien Hänge auf seinen östl. Begrenzungsrücken und steil empor auf den begrünten **Bretterkopf,** 2308 m, 2½ st.

Vom Bretterkopf über rasendurchsetzten Blockgrat südl. zum Gipfel des **Trenkners,** 2392 m, ½ st.

Vom schroffen Gipfel südwärts über den Grat hinab bis zu einem Abbruch, der östl. umgangen wird. Wieder auf den Grat und in die tiefste Scharte. Über das folgende zersägte Gratstück, oder leichter, es knapp unter der Gratschneide (östl.) umgehend und zurück auf den Grat. Nun dem Kammverlauf folgend (einige schwierige Stellen können in der O-Seite umgangen werden) über eine waagrechte scharfe Schneide in eine Einsattelung. Aus ihr, über einen Trümmerhang wieder auf den aus großen Blöcken gebildeten Grat und kurz empor auf den höchsten Punkt der beiden **Kellerspitzen.** Hinab in die Igentscharte und aus ihr südwestl. empor auf den **Großen Igent.** (Schwierige Stellen werden in der O-Seite umgangen.) 3 st.

e) Der Floitenkamm

● 830

An der Löfflerscharte löst sich der lange, vielgipfelige Floitenkamm vom Hauptkamm und streicht in nordnordwestlicher Richtung geschlossen hinaus bis zum Dristner, der in den Talgrund von Mayrhofen hinabblickt.

Der Floitenkamm ist ausgezeichnet durch eine Reihe schwieriger Kletterberge, wenngleich seine Erhebungen die Dreitausendmetergrenze nur noch im S-Teil erreichen. „Im Floitenkamm haben sich in Tirol die Steinböcke am längsten gehalten; das ist die Gegend, die Peter Anich in seiner Karte mit den Worten bezeichnet: „Hier haben die Steinböcke ihren Stand und Wechsel." (Delago)

Auch heute noch ist der Floitenkamm ein einsames Bergland; neben den AV-Wegen von der Greizer Hütte zur Kasseler Hütte bzw. zur Berliner Hütte erschließen lediglich Jagdsteige die sonst schwer zugänglichen Hochkare beiderseits des Kammes.

● 831 **Greizer Spitze,** 3007 m

Hellgefärbte, kleine Pyramide in der Mitte des wildzerrissenen Lapengrates.

● 832 **Von der Greizer Hütte,** II, 2 st, durch das Kar Grießfeld gerade empor an den Fußpunkt des W-Grates und über diesen in anregender Kletterei zum Gipfel.

● 833 b) **Überschreitung des Zackengrates zum P. 3052 m** und zur Löfflerscharte, III—, 2 st. In festem Fels über den SO-Grat steil hinab in eine schmale Scharte und jenseits über den Steilgrat auf eine ausgeprägte Graterhebung. Nun stets über den Zackengrat (III—) weiter, bis man leichter in die tiefste Scharte absteigen kann. Von hier wieder über den Grat unmittelbar hinauf auf die höchste Erhebung im Gratverlauf. Von dort unschwierig hinab in die Löfflerscharte.

● 834 **Lapenspitze,** 2992 m

Schöner Felskegel südöstl. der Lapenscharte. Auffallender Steilabfall zum Lapenkees. 1. Ersteigung: Ida und Franz Juraschek mit Simon Frankhauser, 1894.

● 835 a) **Von der Greizer Hütte,** III—, 3 st. Auf dem Steig von der Hütte empor zur Lapenscharte. Von hier südostwärts über plattige Felsen dem NW-Grate folgend zum Vorgipfel. Von hier entweder in die Scharte abseilen und in leichter

Kletterei zum Gipfel. Der Vorgipfel kann aber auch in den Felsen der Stilluppflanke (meist vereist) umgangen werden, worauf man in die Scharte und zum Gipfel gelangt.

● 836 b) **Nordostgrat** (Albert Höllrigl, Robert Laimböck, 1934), II, 1½ st v. E. Lohnend in Verbindung mit dem Höhenweg Greizer Hütte — Kasseler Hütte.
Vom Höhenweg auf der Stillupper Seite bevor er sich unter die Südabstürze des Gigalitzturmes wendet ab und südl. zum NO-Grat. E. nördl. oberhalb des senkrechten Gratfußes im Winkel der ersten schluchtartigen Verschneidung. Von hier über Platten zum Grat. Über diesen (Blöcke und Platten) im mittleren Teil links haltend, anregend zum Gipfel. — Als Abstieg kann man vom Gipfel rechts, nordwärts, unterhalb des NW-Grates in eine Schneerinne absteigen und nach links ohne Höhenverlust zur Lapenscharte gelangen.

● 836 a c) **Westgrat** (E. Übel, Paul Waitz, 1903).

● 837 d) **Übergang zur Greizer Spitze,** III+, 3—4 st.
Man bleibt stets auf dem mit zahlreichen Zacken und Türmen gekrönten Grat, wobei zwei Türme besonders ausgesetzt überklettert werden müssen.

● 838 **Gigalitzturm,** 2978 m

Kühnes Felshorn im SO-Grat des Gigalitz. Bietet mehrere schwierige Kletterfahrten. 1. Ersteigung: Dr. G. E. Lammer, 1884.

● 839 a) **Von der Greizer Hütte,** IV—, 3 st, empor auf dem Weg bis nahe unter die Lapenscharte. Hier links hinüber zu einem Band in der W-Wand des Gigalitzturmes. Man folgt dem Band etwa 40 m, sodann schief nach rechts empor zu einem kleinen Felsköpfl am Grat. Über eine 15 m hohe, kleingriffige Platte empor (IV—), sodann auf einem Band einige Meter nach rechts. Nun hält man sich stets auf dem Grat über Platten etwa 40 m hinauf zu einer auffallenden Gratstufe. Über Platten und Stufen weiter zum Gipfel.

● 840 b) **Gerader Südostgrat,** IV, 1 st E. Auch unmittelbar von der Lapenscharte aus über den steilen SO-Grat wurde der Gigalitzturm bereits mehrfach erklettert.

● 841 **Übergang zum Gigalitz.** Ohne Abseilen, III, 1 st. Vom Gigalitzturm sehr steil 15 m nordwärts hinab in die Scharte. (Dieser Abbruch wird am besten mit Abseilhilfe überwunden.) Der Grat von der Scharte zum Gigalitz bietet keine besonderen Schwierigkeiten mehr.

● 842 Gigalitz, 3002 m

Von O gesehen schönes Felstrapez. Besuchenswerter Gipfel (von der Greizer Hütte) mit prächtiger Rundschau auf die Berge der Floite und der Stilluppe. 1. touristische Ersteigung: Dr. G. E. Lammer, 1884.

● 843 a) **Von der Greizer Hütte,** I, 3 st, auf bez. Weg in die geröllerfüllte Mulde unter der Lapenscharte. In der Mulde empor bis etwa 150 m unter die Scharte, wo ein großer Stein die Stelle bezeichnet, an der man den Grat verläßt.
Nun zunächst zu einer nach SW streichenden Felsrippe, die das Grießfeld nördl. begrenzt. Über einige Rasenbänder und Felsleisten wird diese Rippe erstiegen, worauf man auf ihrem Rücken zu einer kleinen Terrasse gelangt. Dort auf den gut gangbaren SW-Hang übergehend zum Gipfelkamm und über diesen zum höchsten Punkt.

● 344 b) **Nordostgrat** („Lapenriegel" auf den Gigalitzturm), (L. Aichberger, L. Magyar, H. Püchler, 1923), IV—, 2 st E.
Vom Grüne-Wand-Haus (Daxachalm) im Stilluppgrunde in $1^1/_2$ st ins Lapenkar. Nach rechts auf den NO-Grat, und zwar betritt manihn in einer auffallenden Felsscharte, von der ein glatter, erdiger Kamin herunterzieht, oder man steigt auch auf einen tieferen, leicht zu erreichenden Grassattel und überklettert dann den nicht zu steilen, grasigen Grat bis zum Schartl. Steil und schwierig über grasdurchsetzten Fels auf ein langes, wenig geneigtes Gratstück, das man, sich stets auf der Schneide haltend, begeht und das immer schneidiger und ausgesetzter wird, schließlich dann in einem kühnen Felsturm vor dem Gipfelaufschwung endet. Nach seiner schwierigen Ersteigung kommt man auf ein ebenes Schuttfeld. Weiter über den steilen Plattengrat, dann auf einen Felsturm (IV—) und über den gezackten Grat nach rechts zum Gipfel.

● 845 c) **Nordwestgrat** im Abstieg, III—, 2—3 st. A. A.

● 845 a d) **Ostgrat** (S. Walcher, E. Mayer, 1947). Beschreibung in ÖAZ 1951/84.

● 846 Kreuzspitze, 2896 m

Wenig ausgeprägter Gipfel in der Mitte der Kuppenreihe Gigalitz—Birbergscharte. Selten besucht.

● 847 **Aus der Stilluppe,** I, 4 st. Vom Grüne-Wand-Haus kurz taleinwärts zur Daxachalm, dort über die Stilluppe und auf dem guten Steig in Kehren empor bis oberhalb des Steilaufschwunges. Bei einer Rechtskehre zweigt rechts ein schwaches Steiglein ab, das in Richtung auf den Lapenriegel hinausführt.
Weglos um den Querriegel herum ins Birbergkar. Aus dem Kar durch eine steile Schutt- und Schneerinne empor in die knapp südl. des Gipfels eingeschnittene Scharte, 2852 m. Über den kurzen SO-Grat zum Gipfel.

● 848 Birbergspitze, 2847 m

Schöner, begrünter Felskegel nördl. der V-förmigen Birbergscharte.

● 849 a) **Vom Stillupphaus,** I, 4 st, mühsam.
Vom Stillupphaus hinab zur Stilluppe und auf einem Steg über den Bach.

Der Almsteig führt im Zickzack durch die schmale Klamm empor zur Rebenzaunalm und in das obere Rebenzaunkar. Aus dem südl. Winkel des Kares links durch eine Schuttmulde über Firnreste und Schrofen auf den Gipfel.

● 850 b) **Ostgrat** (Paul Bauer, 1926), II. Von der oberen Rebenzaunalm links haltend auf einem Steig aufwärts und in das linke der beiden von der Alm sichtbaren Kare empor. Aus dem Kar an den Beginn des Grates. Immer auf der Gratschneide empor zum Gipfel.

● 851 c) **Aus der Floite** (Sepp Egger, 1926), I, mühsam, 3½ st vom Whs. Steinbock. A. A.

● 852 Zaunköpfe, höchster 2772 m

Schroffe Felszacken nordwestl. der Birbergspitze.

1. Ersteigung: L. Aichberger, Madyar, H. Püchler, 1923 (Der Bergsteiger, 1923).

● 853 a) **Mittlerer Zaunkopf vom Stillupphaus, III, 5 st.** Wie in R 849 hinauf ins Rebenzaunkar. Das oberste Rebenzaunkar wird in seinem südl. Teil durch eine Rippe geschieden, über die sich der Anstieg vollzieht. Zuerst eine Rinne, dann durch eine auffallend glatte Verschneidung auf den ersten breiten Schuttabsatz (hierher kommt man auch über steile Schrofen durch Queren unter den Wänden). Nun gegen die überhängende Wand zu und über das eine Schneeschlucht begrenzende Gratl und einen grünen Sattel. Wenige Schritte nach links, dann durch eine grasige Rinne immer aufwärts auf ein Schartl. Nun über den kurzen Grat steil zur Spitze.

● 854 b) **Nördlicher Zaunkopf,** III, vom Mittelgipfel 1½ st. Vom Mittleren Zaunkopf in das bei Anstieg a) erwähnte Schartl, von dem aus ein kleiner Turm leicht überstiegen wird. Drüben in schöner Rinnen- und zum Teil Plattenkletterei über eine Stufe zu dem Schartl, von dem aus der Grat ein gutes Stück eben fort geht. Die folgenden Türme und Blöcke werden überstiegen. Ganz heran an den Gipfelaufbau des Nördl. Zaunkopfes. Zuerst über schwierige Wandstufen zum gelbbrüchigen, fast senkrechten Aufschwung. Nun mit Hilfe einer Ritze schwierig empor und etwas links weiter auf die Grathöhe. In kurzer Zeit zum Gipfel.

● 855 c) **Übergang zum Südlichen Zaunkopf,** II, 15 Min. Der Gipfel wird in einer Viertelstunde vom Mittleren Zaunkopf her erreicht. Über den einige mäßig schwierige Stellen bietenden Grat kommt man in eine schmale Scharte, aus der man über die Plattenschneide zum Gipfelblock des Südlichen Zaunkopfes ansteigt.

Toifler, 2727 m

Plattiger Felskegel. Südöstlicher Nachbargipfel der Drei Könige, auf der AVK ohne Namen.

1. Ersteigung: Wahrscheinlich A. Katzer mit Stefan Kirchler, 1880, der den Toifler mit den Drei Königen verwechselte.

● 856 a) **Aus der Floite** (Dr. O. Kazda, H. Delago, 1924), II, 4 st.

Vom Whs. Steinbock einem Jagdsteig folgend ostwärts durch eine Schlucht mit sehr steilen Rasenhängen ins Südl. Bleiarzkar. Im obersten Karboden, etwa 30 Min. unter der Bleiarzscharte, fallen ausgeprägte Plattenlagen auf. Hier vom Steig rechts ab und durch die Blockhalden südwärts hinüber zu einem kleinen Sattel in dem von den Drei Königen herabstreichenden Seitengrat. Schräg rechts (ostwärts) über steinige Grashänge hinauf in die Scharte zwischen dem S-Grat der Drei Könige und dem Toifler. Von hier über den NNW-Grat in schöner Kletterei zum Gipfel.

● 857 b) **Nordostwand** (E. Schmid, Chrisolde Pervouleskoi, 1947), IV+, 4 st E.

Der Toifler fällt gegen NO mit ungegliederter Plattenwand ins Rebenzaunkar ab. E. in der Fallinie des Gipfels, bei der kleinen, schneerfüllten Schlucht, die von schwarzen, überhängenden Platten überdacht wird.

Durch die Schlucht und deren Rißfortsetzung zu einem Standplatz. Nun in Wandkletterei nach einer Seillänge zu einem Standhaken. Über eine glatte Wandstelle nach links und unter Benützung des schon vom Zaunkar sichtbaren, südwärts ziehenden Bandes weiter. Am Ende des 30-m-Querganges guter Sicherungsplatz bei einer kleinen plattigen Verschneidung. Sehr schwierig über sie hinweg, das erwähnte Band nur mehr kurz bis unter einen Quarzflecken verfolgend. Über den Quarzfleck empor zu einem Plattenriß. Quergang nach links über eine glatte Kante zu leichterem Fels. Unter Benützung einer längeren Verschneidung etwa 2 Seillängen empor bis in Höhe eines abgesprengten, spitzen Felsblockes zur Rechten. Quergang über den Block und zu einem begrünten Standplatz. Nach links in eine Steilrinne, die auf einen Vorsprung leitet. Hier führt ein steiles, 100 m langes Band zur Schlußwand. (Von der Bandunterbrechung ein paar Meter hinabsteigend!) Die senkrechte Schlußwand wird ausgesetzt über ein Felsband und einen abgesprengten Quarzblock hinweg rechts aufwärts überklettert und endet nach einem Überhang bei einem Schartl 50 m nördl. des Gipfels.

● 858 c) **Aus dem Toiflerkar** (Südflanke), (W. Weigand mit Heinrich Moser, 1895), schwierige Kletterei.

● 859 **Abstiegsmöglichkeiten:** Über den plattigen N-Grat hinab in die Toiflerscharte und auf der Floitenseite durch eine Rinne und begrünte Schrofen hinab, bis man über einen Sattel die Abbrüche der 3 Könige umgehen kann. Über Blockwerk und breite, glatte Rinnen nordwärts zur Zaunscharte (Bleiarzscharte) empor. Von hier durch das Rebenzaunkar hinab in die

Stilluppe oder westwärts zum Whs. Steinbock in der Floite.
Oder von der Toiflerscharte auf den 3. König und wie dort durch die NO-Wand hinab.

● 860 Drei Könige

Schroffe, dreiteilige Zackengruppe auf hohem Felssockel zwischen Toifler und Floitenturm.

Südgipfel, 2686 m

1. Ersteigung: Willy Mayr, Kuno Baumgartner, 1926.
Bei der in der ÖAZ 1882, S. 213, erwähnten Erstersteigung von August Katzer dürfte es sich um die Ersteigung des südl. aufragenden Toiflers, P. 2727 der AVK, handeln.

● 861 a) **Südgrat** (Weg der Erstersteiger), III, 15 Min. aus der Scharte. Wie R 865 vom Ghs. Steinbock empor ins Bleiarzkar. Über die erwähnte Einsattelung hinweg, sodann über schrofige Hänge in die Scharte zwischen S-Gipfel und Toifler. (Diese Scharte, die Toiflerscharte, ist aus dem Rebenzaunkar nicht zu erreichen.) Über den S-Grat in schöner, luftiger Kletterei in plattigem, festem Gestein zum Gipfel.

● 862 b) **Egger-Weg** (Sepp Egger, 1926), V, 3—4 st.
Vom Whs. Steinbock wie R 865 empor ins Bleiarzkar. Durch eine steile Plattenrinne in die südl. des Hauptzackens liegende Scharte. Hinüber auf die Stillupper Seite und an der O-Wand auf einem steilen, ausgesetztem Rasenband zu einem Schartl am Fuße des Mittelzackens. Auf einem ebenen Band in die N-Wand, die 350 m fast senkrecht ins Bleiarzkar abbricht. Vom Band weg über eine Wandausbauchung in die Verschneidung von Haupt- und Mittelzacken und in ihr teilweise besonders schwierig zur Grathöhe Über den obersten Abbruch des Zackens zum Gipfel.

● 863 c) **Ostgrat** (E. Schmid, Dr. S. Moser, 1946), III+, Schlußwand, V—, 2½—3 st E.
Der O-Grat wird durch eine im Frühsommer meist schneeerfüllte Schlucht erreicht, die in Gipfelfallinie des Mittleren Königs in das Rebenzaunkar mündet.
E. beim Schartl am Schluchtausgang. Über den schiefen, brüchigen Riß in heikler Kletterei eine Seillänge luftig links empor, dann leicht über begrünte Schrofen stets links des Grates hinauf. Über ein kleines Dachl nach rechts in eine kleine Scharte unter der Gipfelwand und zum Ende des O-Grates. Die prächtige 30 m hohe Schlußwand wird von links nach rechts durchklettert. Ausstieg beim Schartl, wenige Meter nördl. des Gipfels.

Mittelgipfel, 2675 m

1. Ersteigung: Willy Mayr, Kuno Baumgartner, 1926.

● 864 a) **Westgrat** (Weg der Erstersteiger), IV, teilweise V, 3 st E.

Vom Whs. Steinbock in der Floite auf schwachen Steigspuren an der orogr. rechten Seite der Bleiarzklamm hinauf in das einsame Bleiarzkar. Sodann wird das Bleiarzkar südwärts in Richtung auf eine Einsattelung in dem von den Drei Königen herabziehenden Seitengrat zu gequert. Über Blockwerk und steile Grashänge aufwärts zum Beginn des eigentlichen W-Grates des Mittelgipfels.

Der W-Grat bricht mit einem etwa 30 m hohen Überhang ab, der von der Stirnseite her wie eine Nadel aussieht. Oberhalb dieses Überhanges befindet sich im Grat eine kleine waagrechte Plattform, in deren Fallinie man einsteigt.

Über senkrechte Platten gerade aufwärts zu der erwähnten Plattform (etwa 36 m). Von nun an ständig an der Gratschneide. Zunächst über dachziegelartig geschichtete Platten 30 m empor und 30 m über einen Aufschwung zu Stand. Über mäßig geneigte Gratstücke und Felsen gerade empor. Im letzten Drittel eine auffällige, von einem Riß gespaltene Graterhebung. Von hier zieht ein schmales Grasband auf- und absteigend zur Scharte zwischen Mittelgipfel und S-Gipfel. Auf ihm kann man den Aufstieg verkürzen und den schwierigsten Teil des W-Grates vermeiden.

Der letzte Teil des Grates leitet mit plattigen Steilstufen gerade empor zum Gipfel.

● **865** b) **Nordwestwand** (Gerhard Hörhager, Willi Noichl, Wilhelm Kröll, 1967), IV, erste und letzte Seillänge V. 2 st E. 300 m Wandhöhe.

Vom Steinbockhaus in der Floite über das Bockeck (Jagdsteig), in das Bleiarzkar zum Fuß der Nordwestwand des nördlichen und mittleren Königs.

E. in der Fallinie des höchsten Zackens des mittleren Königs Rechts von großen Überhängen ist ein kleiner Kopf vorgelagert. Leicht über plattigen Fels von links nach rechts auf diesen Kopf. Nun zieht eine glatte Plattenverschneidung leicht links in die Wand hinauf. Dieser Verschneidung folgt man bis zu ihrer engsten Stelle (Bohrhaken). Von hier nun Seilquerung nach links, ca. 4 m, in eine andere Verschneidung, die man bis zu einem Quarzköpfl durchklettert. Über dieses hinweg in grasdurchsetztem Fels zu gutem Stand. 2 H. Bis hierher 50 m.

Nun alle 40 m Standhaken: Weiter über einen kurzen Plattenübergang in leichterem Fels in eine steile Plattenrinne, die auf einen Rasenfleck führt. Von diesem Rasenfleck immer

in Fallinie der gut sichtbaren Scharte, links des Gipfels aufwärts, über gut griffige Platten wieder in eine Verschneidung, die in die genannte Scharte hinaufleitet. Nun weiter wie bei der Überschreitung, R 868.
(Weg der Erstbegeher: 30 m unterhalb der Scharte führt ein Band nach rechts um die Kante. Diesem Band folgt man zuerst waagrecht, dann rechts aufwärts bis in Fallinie des Gipfels. Nun über die steile Gipfelwand gerade empor. 2 H.)

● 866 c) **Abstieg in die Scharte zwischen Mittel- und Südgipfel** (Weg der Erstersteiger, 1926), 40 m Seil und 40 m Reepschnur empfehlenswert. Abklettern bis zur geräumigen Plattform kurz unter dem Gipfel. Abseilhaken. 40 m abseilen gegen die Scharte zu über senkrechte Plattenwände. Man erreicht so den zweiten Abseilhaken und fährt von diesem unmittelbar in die Scharte hinab.
Der weitere Abstieg durch die Rinne gegen W ist im obersten Teil durch Vereisung oft beträchtlich erschwert.

● 867 *Nordgipfel,* 2650 m

1. Ersteigung: Willi Mayr, Kuno Baumgartner, 1925.
a) *Von der Bleiarzscharte über den Nordnordwestgrat* (Weg der Erstersteiger), V.
Von der Rebenzaunalm zur Bleiarzscharte. Aus ihr über den fast waagrechten Grat südwärts — den ersten Gratturm umgeht man am besten an der NO-Seite auf schmalen, grasigen Plattenbändern — bis zu einem kleinen Schartl. Von hier schwingt sich der Grat mit einer plattigen Wandstelle bis zum eigentlichen Gipfelaufbau hinauf. Über diese Wandstelle empor, dann nach rechts um ein Eck und in fallendem Quergang zu einer Plattenverschneidung in der NW-Flanke. (Hierher auch gerade aus dem Bleiarzkar über steile, grasdurchsetzte Platten.) In dieser Verschneidung aufwärts bis zu einem Überhang (H.). Mittels Steigbaum über ihn hinweg und nach einigen Metern in ein kleines Gratschartl. Über den nun sehr scharfen Grat zum Gipfelsteinmann.

868 b) **Vollständige Überschreitung der 3 Könige von Nord nach Süd** (Ernst Schmid, Dr. Simon Moser, 1946). Die Überkletterung zählt zu den schönsten Gratklettereien der Zillertaler.
Von der Bleiarzscharte zum Südgipfel 3½—4 st, IV, stellenweise V—.
Auf dem Normalweg von der Bleiarzscharte über den NNW-Grat und die Verschneidung auf der Floitenseite zum Gipfel des Nördl. Königs. Die folgenden vier Zacken (Königskrone) werden frei überklettert. Der erste von den folgenden zwei

großen Zacken des Mittelgipfels wird über Platten und eine kurze Verschneidung mit Überhang auf der Floitenseite erstiegen. Von der Stilluppseite her zum zweiten Zacken, der bei einem schmalen Schartl erreicht wird. Quergang 2 m nach rechts, um eine senkrechte Kante auf der Floitenseite (hinter der Kante H.), in eine kurze Verschneidung und rechts des Grates auf den Mittelgipfel (Gipfelstange). Abstieg mittels Abseilens durch eine Verschneidung auf der Stilluppseite zur Scharte nördl. des S-Gipfels.

Ostwärts auf ein Rasenband hinab und auf ihm zur Scharte am O-Gratende des S-Gipfels. Nun wie beim Weg auf den O-Grat von links nach rechts durch die steile Schlußwand (2 H.) zum Schartl wenige Meter nördl. des S-Gipfels.

● 869 c) **Abstiegswege:** Vom S-Gipfel über den kurzen SO-Grat in die Scharte (Toiflerscharte) hinab und auf der Floitenseite durch eine Rinne und begrünte Schrofen soweit hinab, bis man über einen Sattel die Abbrüche der Drei Könige leicht umgehen kann. Nun über Blockwerk und durch eine breite, glattgewaschene Rinne nordwärts zur Bleiarzscharte (Zaunscharte) empor. (Am Fuß der Wände des N-Gipfels, unweit der Stelle, wo man über eine Steilrinne unmittelbar zur Scharte ansteigt, eine Quelle.)

Von hier Abstieg nach W durch das Bleiarzkar zum Whs. Steinbock in der Floite, oder ostwärts hinab durch das Rebenzaunkar zum Stillupphaus.

● 870 **Floitenturm,** 2805 m

Mächtiger Gipfel mit trapezförmigem Gipfelaufbau. Der ausgeprägte O-Grat zieht hinunter zum Zwieseleck, 2103 m. Schon im 17. Jahrhundert bekannt als Lieblingsaufenthalt der Steinböcke. 1. touristische Ersteigung: Dr. Karl Diener mit Führer Stabeler, 1881.

● 871 a) **Aus der Floite,** I, 4 st. Vom Ghs. Steinbock wie in R 856 durch die Schlucht empor in das Südl. Bleiarzkar.

Vom Karboden biegt man links (nördl.) ab in Richtung auf einen felsigen, vom Floitenturm südwärts herabziehenden Zweiggrat zu. Über steile, felsdurchsetzte Rasenhänge auf die Höhe des Zweiggrates, in dessen Nordflanke man hierauf zum Gipfel ansteigt.

● 872 b) **Südgrat** (L. Aichberger, L. Magyar, H. Büchner, 1923), V—, von der Bleiarzscharte 3 st.

Von der Scharte in wechselnder Schwierigkeit immer über den Grat zu einem Turm, den man westl. umgeht. Vom folgenden Schartl durch einen schmalen Spalt und darauf von rechts her auf den Grat. Auf diesem weiter, bis er senkrecht in eine schroffe Scharte abbricht. Nun durch die O-Flanke in sie und drüben auf derselben Seite aus der Scharte heraus und auf den

Grat. Über einige plattige Absätze und den sich etwas zurücklegenden Grat gegen den Eckpunkt, von dem sich ein schneidiger Zackengrat in leichtem Bogen nach rechts gegen den abweisenden Gipfelaufbau hinzieht. Über die Türme an ihn heran. Der knapp neben dem überhängenden O-Abbruch gelegene Riß bildet den Weiterweg. Gefährlich über die brüchigen Felsen auf eine kleine Kanzel, von der man zum Hauptstock über den tiefeingerissenen Spalt hinüberspreizt. Brüchige Felsen leiten steil zum Gipfel empor.

● 873 c) **Südwestflanke** (Sepp Egger, 1927), IV, vom Ghs. Steinbock, 3½ st, auf dem Jagdsteig ins Bleiarzkar und an der Sonnwand unschwierig aber steil empor zu der am Fuß des letzten Aufschwunges des S-Grates eingeschnittenen, breiten Scharte. Über den Grat weiter, durch einen Kamin empor und über unangenehme lose Platten zu einer Kanzel, von der man über einen tiefen Spalt zum Hauptgrat hinüberspreizt (siehe b). Über ein kurzes, ausgesetztes Gratstück zum Gipfel.

● 874 d) **Westgrat** (L. Sager, 1926). Man erreicht den Fußpunkt des W-Grates und Jagdhaus Sulzenalm in der Floite auf gutem Jagdsteig vom Äußeren Bleiarzkar her. (Weitere Beschreibung fehlt.)

● 875 e) **Nordostwand** (Josef Kröll und Gef., 1924).

● 876 f) **Kleiner Floitenturm,** Ostgrat (Paul Bauer, L. Sager, W. Schmidkunz, Dr. H. v. Zallinger, 1926), III—.
Von der Rebenzaunalm auf den begrünten, dachartigen Ausläufer des O-Grates. Über den scharfen Grat ein Stück empor, dann links der Schneide zu dem ausgeprägten Gipfel.

● 877 Schliererspitze, 2688 m; Roflspitze, 2712 m Blaser, 2695 m

Zersägte, den Grat wenig überragende Erhebungen zwischen Floitenturm und Dristner, mit steilen Abstürzen gegen die Stilluppe. 1. touristische Ersteigung des Blasers: Dr. O. Kazda, 1924.

● 878 a) **Schliererspitze,** I, 4 st. Vom Ghs. Steinbock in der Floite auf dem Jagdsteig empor in das Bleiarzkar. Vor Erreichen des oberen Karbodens über Rasenhänge nordwärts hinüber in das Äußere Bleiarzkar. Hier herauf kann man auch vom Jagdhaus Sulzenalm durch die Blaserklamm gelangen. Über grasdurchsetzte Steilhänge auf den von der Schliererspitze südwestwärts streichenden Seitengrat; diesen aufwärts, bis man gegen rechts auf den Hauptgrat gelangen kann. Von S her ohne Schwierigkeiten auf den Gipfel.

● 879 b) **Roflspitze,** III—, von Ginzling 5 st. Von Ginzling etwa 30 Min. in die Floite, bis am jenseitigen Ufer die Dristenbachalm sichtbar wird. Über den Steg hinüber und auf schwachem Steiglein steil empor zur Weißen Wand. Hier folgt man dem Steig nicht länger nach links, sondern hält sich pfadlos rechts hinauf in das Grünkarl. Aus diesem führt der Jagdsteig hinauf auf die Höhe des SW-Grates. Über diesen in schwieriger Plattenkletterei zum N-Gipfel und zum höheren S-Gipfel.

● 880 c) **Aus der Floite** 5 st. Ä. A.

● 881 d) **Blaser,** II, 4 st. Von Ginzling (gleich beim Ghs. Neu-Ginzling) auf einem Steig ostwärts (nicht dem im Tal bleibenden Steig folgen) zum

Floitenschlag empor und im Zickzack hinauf zum Jagdhaus Wandeck auf aussichtsreichem Rücken.
Dem ostwärts (rechts) ins Wandeckkar hineinziehenden Jagdsteig folgend ins hinterste Wandeckkar, sodann um einen Querriegel waagrecht hinüber ins Brandlkar. Der Steig führt weiter hinüber bis an den vom Blaser nach SW streichenden Kamm. Eine steile Rinne führt dann empor auf die Grathöhe südöstl. des Blasers. Auf Bändern und durch Rinnen erreicht man den höchsten Punkt.

● 881a e) **Bockkar-Nordwand** (A. Aschenwald, H. Hotter, 1973), stellenweise IV+, Wandhöhe 400 m.
Erreichbar vom Stilluptal. 200 m vor der Staumauer westw. über den Eberllahner empor auf den Jägersteig (siehe AVK), über diesen hinauf, vorbei an der Ligeedlalm (zerfallenes Gebäude) und weiter zur Waldgrenze (1840 m). Von dort ist die hohe Plattenwand gut sichtbar. Dann durch das Bockkarl bis zum Einstieg (3 st).
Vom Einstieg zuerst Querung 40 m nach links über ein brüchiges und grasdurchsetztes Band (Stand, H). Von dort über eine brüchige Rißverschneidung 25 m gerade empor zu gutem Standplatz (H). Eleganter Quergang nach rechts (4 m), hinein in einen Riß und zu diesem empor zu Stand. Halb rechts weiter in Reibungskletterei in eine glatte Verschneidung, über diese empor bis zu einem Überhang (H). Von dort links empor über eine brüchige Kante und nun weiter auf ein Grasband, auf diesem 50 m aufwärts (H). Dann gerade empor über eine glatte Platte (großer roter Bonghaken) und anstrengend weiter zu einem Haken, der für den Seilquergang verwendet wurde. Quergang 20 m nach rechts zu Stand. Nun zwei sehr schwierige Seillängen in einer kleinen glatten Verschneidung empor (H) auf ein Grasband. Von dort eine brüchige Seillänge hinauf, dann in einen überhängenden Rißkamin luftig empor (H) zu Stand. Von dort eine anstrengende Seillänge empor zum NW-Grat, bis hierher 4½ st, weiter zum Gipfel des Blasers. (Die geschlagenen Haken wurden in der Wand hinterlassen.)

● 882 **Dristner** (Tristner), 2765 m

Vom Zillertal aus gesehen eine düstere, stumpfe Pyramide, von W ein ebenmäßig geformter, begrünter Kegel. Mächtiger Steinmann. Altbekannter Aussichtsberg; schöne Tiefblicke und aufschlußreiche Rundblicke auf die umgebenden Zillertaler Berge. Auch Jaunspitze genannt.
1. touristische Ersteigung: Bergrat M. V. Lipold, 1843.

● 883 a) **Von Ginzling, I, 4 st, sehr lohnend.** Wie in R 881 vom Ghs. Neu-Ginzling auf gutem Weg über den Floitenschlag zum Jagdhaus Wandeck. Vom Jagdhaus gerade über den nordöstl. emporziehenden begrünten Grat, der kurz vor dem Gipfel in eine Felsschneide übergeht. Über diese, manchmal in die Floitenseite ausweichend, zum Gipfel. (Bei Nässe erfordern die steilen Grashänge große Vorsicht.)

● 884 b) **Aus der Stilluppe, I, 4 st.** Vom Ghs. Lacknerbrunn taleinwärts zur Kolbenstuben (Aste), etwa 15 Min. Noch etwa 5 Min. taleinwärts; hier führt rechts (etwas südl.

des Grabens) ein Jagdsteig zur verfallenen Ligeedlalm empor. Oberhalb dieser leitet nordwärts ein beinahe zugewachsener Jagdsteig ins Ligeedlkar hinüber. Aus diesem erreicht man den vom Gipfel gegen NO streichenden Kamm. Über den grasbewachsenen Grat empor, zuletzt etwas gegen rechts zum Gipfel.

● 885 c) **Nordgrat,** II, von Mayrhofen 6 st.

Vom Dorf zum Weiler Haus und hinüber zu den Schmelzhütten. Über die Brücke (Stilluppe), bald dahinter vom Fahrweg links ab und über den langen Rücken südwärts empor zu den Höfen Unterharpfner und Oberharpfner und zum Harpfnereck, 2037 m. Weiter auf das Dristeneck, 2315 m, und über den langen Rücken. Zuletzt schärft sich dieser zu einem Grat zu, der beiderseits steil abfällt. Nach Umgehung einiger Zacken zum Gipfel.

f) Der Ahornkamm

● 886

Zwischen der Stilluppe und dem Vorderen Zillergrund, fortgesetzt durch den Sundergrund, ragen die acht wuchtigen Gipfel des Ahornkammes auf.

Ist die Ahornspitze einer der schönsten Aussichtsberge des Gebirges, so zählen Mugler, Wilhelmer und Grundschartner zu den eigenwilligsten Köpfen. Von der Ahornspitze zum Grundschartner verläuft der Kamm ungefähr südostwärts, dort wendet er sich fast genau gegen Süden.

Mugler-NW-Kante und Grundschartner-N-Grat zählen zu den klassischen Kletterfahrten der Zillertaler Alpen.

1. Überschreitung des Ahornkammes von der Edelhütte zur Grundscharte: Heinrich Klier, 1953, im Alleingang.

● 887 **Ahornspitze,** 2976 m

Schöne, hoch über Mayrhofen aufragende Berggestalt. Bekannter Aussichtsberg mit umfassender Rundsicht auf die Nördlichen Kalkalpen vom Wetterstein bis zur Übergossenen Alm, auf die umliegenden Zillertaler Kämme und zu den Stubaiern und Ötztalern im Westen.

1. touristische Ersteigung: Prof. P. K. Thurwieser, Hilfspriester M. Seisl, Vikar J. Weinhold, Lehrer J. Thaler, unter Führung des Senners Eberharter, und Träger Kreidl (Erschließung der Ostalpen III, S. 78).

Kreuz und Gipfelbuch auf dem etwas niedrigeren N-Gipfel, ebenso Signal. Am Hauptgipfel (S-Gipfel) großer Steinmann. Durch die Ahornbahn ist der Anstieg wesentlich verkürzt.

● **888** a) **Von der Edelhütte** (Weg der Erstersteiger), bez. Weganlage, im obersten Teil Trittsicherheit erforderlich, 2 st. Von der Hütte auf gut erhaltenem Steig durch die Grasböden und Geröllhalden des Föllenbergkares zum felsigen Steilaufschwung des Gipfels. Im Zickzack dem Steiglein nach, durch die Blockflanke in die Scharte zwischen N- und Hauptgipfel. Von hier wenige Schritte zum N- bzw. Hauptgipfel. Bei starker Schneelage weicht man aus dem Föllenbergkar nach rechts auf den letzten Teil der Popbergschneide aus; über den steilen Grat zum Hauptgipfel.

● **889** b) **Nordgrat** (E. Raitmayr, K. Wildauer, 1923), II+, von der Edelhütte 3—4 st.
Von der Hütte nördl. auf dem zum Glatzer (P. 2254 m der AV-Karte) führenden Steig über den nordwestl. Kamm der Ahornspitze hinweg ins Steinkarl. Aus dem Kar kann man unschwierig im Bogen gegen links zum Dutten, 2441 m, ansteigen. Man hält sich aber besser mehr gegen rechts empor in die Einsattlung südl. des Dutten, 2495 m. Von hier erreicht man über eine grasdurchsetzte Steilflanke den nördl. vorgebauten Gratkopf des N-Grates. Über den scharf ausgeprägten Grat in anregender Kletterei zum N-Gipfel.

● **890** c) **Von Häusling über den Trenkner,** 2662 m, I, 6 st, mühsam und wenig lohnend.
Bei den letzten Höfen von Häusling auf dem Steg über den Ziller und dem kühn angelegten Almsteig im Zickzack neben den Fällen des Bodenbachs empor, und hinein zur Bodenalpe, 1671 m. Man verfolgt den Steig am orogr. linken Ufer des Bodenbaches weiter bis in den Talschluß. Dort (die „Trögler" der AV-Karte) macht er eine Wendung von fast 180° und steigt mit vielen Stufen zum Oberleger im Lahnkar an. Rechts haltend empor auf den nordwärts vorgeschobenen Kopf des Trenkners. oder gleich geradeaus hinauf in die Einsattelung des Bodner Nieders. Nun über den südwestl. emporziehenden Kamm bis P. 2925 m, dem Vereinigungspunkt mit dem Verbindungsgrat Ahornspitze — Popbergspitze. Einige kleine Felsstöcke werden links umgangen. Über P. 2943 (großer Steinmann) in eine Senke und über den blockigen Grat zum Gipfel.

● **891** d) **Von W über die Popbergschneide,** I, mühsam, aus der Stilluppe 6 st.
Vom Whs. Wasserfall in der Stilluppe 15 Min. taleinwärts zur Freihausaste. Von hier führt ein guter Almsteig links ungemein steil in zahlreichen kleinen Kehren empor zur Popbergalpe. Auf schwachem Steig weiter zum Popbergstall, nun gegen links über steile Grasflanken empor auf die vom Gipfel westwärts streichende Schneide (Popbergschneid). Der vorgeschobene Kopf, „Toreckenkopf", 2472 m, kann leicht erstiegen werden. Über die Popberg-

schneide ohne Schwierigkeiten an den Gipfelaufschwung der Ahornspitze heran und über den blockigen SW-Grat zum Gipfel.

● 891 a e) Südwestgrat (aus dem Popbergkar), bez. I; bei Schneelage besser den Normalweg benützen.

892 f) **Übergang zur Popbergspitze,** III—, für den Alleingänger 2½ st, großzügige Gratwanderung. (Beschreibung nach Heinrich Klier, im Alleingang 1953.) Von der Ahornspitze über den blockigen Grat hinab in die erste Senke. Leicht ansteigend zu P. 2943 (großer Steinmann); einige kleine Felsstöcke rechts umgehend zu P. 2925. Hier wendet sich der Grat südwärts. Über die gutgestufte, quergeschichtete Schneide hinab zum Ansatz eines wildgezackten weißen Gratstücks (Spreizschritte, Reitgratln, III—). Dieses bricht am Ende etwa 15 m senkrecht in die Popbergscharte, 2713 m, ab. (Eine Umgehung in der Popbergkarseite ist möglich, aber schwierig und zeitraubend.) Man seilt sich in die Scharte ab. Von ihr baut sich der N-Grat der Popbergspitze in mehreren plattigen Aufschwüngen zum Gipfel auf. Beschreibung siehe R 894 b.

Popbergspitze, 2889 m

Schöne Felspyramide, im SO über dem weiten Popbergkar aufragend. Der höchste Punkt ist nördl. vorgeschoben. Steinmann. 1. Ersteigung: 1852 von Einheimischen im Zuge der Landesvermessung.

● 893 a) **Von der Bodenalpe über die Ostflanke,** I, 3½ st. Bei den letzten Höfen von Häusling über den Ziller und dem kühn angelegten Almsteig folgend zur Bodenalpe, 2 st. Nun den Steigen folgend hinein in den innersten Bodengrund. Von hier gegen SW empor in das Kar zwischen Popbergspitze und Wilhelmer (Roßkartal). Über wildes Blockwerk heran an den Steilaufschwung des Gipfels und über die blockige, Trittsicherheit erfordernde O-Flanke auf die Popbergspitze.

● 894 b) **Nordgrat** (Richard Wolff mit einheimischen Führern, 1889. Beschreibung des geraden N-Grates nach H. Klier, 1953), III+, 1—2 st. Schöne Kletterei.
Der Grat baut sich in mehreren plattigen Aufschwüngen aus der Popbergscharte (hierher R 892) auf. Die Platten erfordern Gewandtheit (Reibungskletterei) und Wegfindergabe. Vor einer zerrissenen Felsnadel wird man in die östl. Flanke gedrängt (3 m Abstieg durch eine überhängende Verschneidung [IV], abseilen ratsam). Sodann wieder ständig auf der Schneide in das letzte Schartl vor dem Gipfel. Dem Plattenschuß weicht

man in die westl. Flanke aus. Etwa 6 m rechts des Schartls bieten die Platten eine schwache Stelle. Hier empor, weiter durch eine Rinne auf die Grathöhe zurück. Über diese zum Gipfel.

● **895** c) **Südwestgrat,** „Krummschnabelschneid" (H. Püchler, L. Magyar, L. Aichberger, 1923), III, 3—4 st E.
Wie in R 891 aus der Stilluppe zur Popbergalm.
Von der Karhütte, dem obersten Almhüttchen der Popbergalm, auf den Grat empor, den man knapp oberhalb eines auffallenden Turmes betritt. Dem ausgesetzten Grat folgt man bis zu einem auffallenden gelben Aufschwung. Hier nach links in die Nordflanke (IV) und über steile Block- und Grashänge wieder auf den Grat. Nun hält man sich stets unmittelbar auf der Schneide. Sie endet mit einem schroffen Turm. Über moosige Absätze in einen schuttbedeckten Sattel hinab (III). Über den mächtigen Trümmergrat an den steilen Gipfelaufschwung heran, der wiederum festeres Gestein bietet. Zuerst unmittelbar auf den Grat, dann 2 m rechts der Schneide durch eine überhängende Verschneidung (IV+) empor und wieder auf die Schneide. Über diese mit zwei Seillängen zum Gipfel.

● **896** d) **Aus dem Hasenkar durch die Südwestflanke,** II, aus der Stilluppe 6 st.
Vom Stillupphaus 10 Min. talaus bis zur Steineraste. Hier zweigt vom Sträßlein rechts ein Steig ab. Über den Hasenkarbach, dann durch Wald auf eine Blöße, bei der ein anderes Steiglein vom Tal herauf einmündet. Nun in steilen Kehren auf dem nördl. Talhang empor, schließlich wieder zum Bach, den man überschreitet. Steil hinauf zu den Hütten und Mauern der Hasenkaralpe, 1760 m. Der Steig führt nun geradewegs hinauf in das steile Hasenkar; bald verläßt er Wald und Krummholz. Über Grashänge, später Blockwerk, erreicht man den Fuß der SW-Flanke der Popbergspitze. Eine auffallende, breite Geröllrinne zieht durch die linke Wandhälfte steil gegen rechts auf den Hauptgrat zu. Durch diese Rinne, zuletzt über das schneidige Gratl auf den Gipfel.

● **897** e) **Südwestwand** (Peter Aschenbrenner, Paul Aschenbrenner, Herb. Kogler, 1930), 3 st E., Wandhöhe 300 m, III.
Vom Stillupphaus durch das Hasenkar und über Geröll empor an den Fuß der SW-Wand und an den Beginn einer Rinne (je nach Verhältnis Schnee- oder Geröll und Plattenrinne) in Gipfelfallinie. Hier E.
Man durchsteigt die Rinne leicht bis zu ihrem Ende, quert 20 m nördl. hinein und klettert über große Platten rechts aufwärts zu einer Rampe. Von ihr weg und links etwa 70 m empor zu einer breiten, kesselartigen Rinne.
Von hier in der Verschneidung zum Gipfel.

● 899 g) **Übergang zum Wilhelmer** (Beschreibung nach H. Klier, im Alleingang 1953), II, 2 st.
Durch die blockige O-Flanke des Berges steigt man unschwierig auf das wilde Trümmerfeld hinab. Der erste Teil des Verbindungsgrates ist wild zerschartet; zwischen den drei Scharten bauen sich zwei schneidige Plattengratln auf, die man besser in der Bodenalmflanke auf Platten umgeht. Von der dritten Scharte an folgt man dem großblockigen Grat, vorbei an zwei wunderlichen Grattürmen. Sodann schwingt sich der

Grat steiler auf. E. über eine Platte, die mittels einer Leiste von rechts nach links (versteckter Riß) erklettert wird (II). Sodann über den grobblockigen Grat bis an einen Steilaufschwung, den man gegen links erklettert. Sodann über Blockwerk zum Gipfel.

● 900 **Wilhelmer, 2938 m**

Mächtiger, selten besuchter Felskegel, der gegen W in steilen Plattenwänden abstürzt.
1. Ersteigung: Bruno Löwenheim mit Hans Hörhager, 1886.

● 901 a) **Aus dem Hasenkar** (Weg der Erstersteiger, 1886), II, vom Stillupphaus 6 st.
Wie in R 896 aus der Stilluppe hinauf ins Hasenkar. Wo sich die Steigspuren im Geröll verlieren, hält man sich östl. empor zu den Felsen des Wilhelmers. Am besten folgt man der Nofertenschneide, dem langen vom Wilhelmer gegen die Stilluppe hinabstreichenden Kamm. Durch eine Geröllrinne rechts hinauf unter die steile S-Flanke, die ins Nofertenkar abfällt. Unter der Gipfelwand durch Rinnen und Bänder rechts hinaus gegen den Hauptgrat. Über diesen in mäßig schwieriger Kletterei zum Gipfel.

● 902 b) **Nordwestgrat** (Beschreibung nach H. Klier, 1953), II, von der Bodenalpe 3½—4 st.
Wie in R 893 von Häusling über die Bodenalpe in den innersten Bodengrund. Rechts empor in den geschlossenen Karkessel des Roßkartales und geradewegs, zuletzt etwas links haltend über Schnee und durch eine Rinne in die Scharte vor dem Aufschwung des NW-Grates. E. bei einer Platte, die mittels einer Leiste von rechts nach links (versteckter Riß) erklettert wird (II). Sodann über den grobblockigen Grat bis an einen Steilaufschwung, der an seiner linken Seite erklettert wird. Sodann über Blockwerk zum Gipfel. (Die Scharte am Gratansatz kann auch aus dem Hasenkar erreicht werden.)

● 903 c) **Nordostgrat** (Richard Wolf mit Einheimischen, 1889), III, aus dem Bodengrund 4 st.
Wie in b) an den Beginn des Roßkartales. Nun aber nicht durch das Geröll weiter, sondern links empor gegen den zerrissenen Grat. Über den teilweise begrünten Grat empor. Es folgt ein langes, flacheres Gratstück, dem man bis auf den nördl. Vorkopf, P. 2871, folgt. Dabei wird der erste überhängende Aufschwung besser in der Flanke umgangen. Über die Zackenreihe hinab in die Scharte vor dem Wilhelmer. Auf Gamswechseln etwas links des Grates, zuletzt auf diesem zum Westgipfel

● 904 d) **Westrippe** (K. Baumgartner, Willi Mayr, 1928), IV, 2½ st E. 350 m Höhe. Schönster Anstieg auf den Wilhelmer.
Aus dem Stillupptal auf Steigspuren ins Hasenkar empor. Die ins Hasenkar abstürzenden Plattenwände des Wilhelmers

werden von einer an der Gipfelnase entspringenden Rippe in eine WNW- und eine SW-Wand getrennt. Diese Rippe, die bei einem der Wand vorgelagerten Felssporn mit einer 20 m hohen Platte absetzt, vermittelt den Anstieg. Von W (links) über Platten und steile, grasige Schrofen auf die Rippe oberhalb des Abbruches. Über die steilen, manchmal grasdurchsetzten Platten der Rippe gerade aufwärts, wobei man schwierigen Stellen rechts oder links ausweichen kann. Ungefähr in halber Höhe ist eine sehr steile, glatte Plattenkante, die rechts (südl.) über steile Platten zum Schartl oberhalb des Aufschwunges umgangen wird. Über die steiler werdenden Platten gerade empor in Richtung auf eine westwärts senkrecht abbrechende Plattentafel, die am Gipfel endet.
Ein ungefähr 40 m hoher Plattenschuß (man kann auch vorher über abschüssige Bänder zum NW-Grat queren) wird bis zur Mitte erklettert, dann schwieriger Quergang unter abdrängenden Felsen nach rechts und wieder gerade aufwärts zum Beginn der erwähnten Plattentafel. Links, westl. der Tafel über Blockwerk zum Gipfel.

● 905 e) **Übergang zum Mugler** (Beschreibung nach H. Klier, 1953), III, die Mugler-NW-Kante, V, 2½—3½ st.
Vom Wilhelmer-W-Gipfel folgt man zunächst dem Gratverlauf, bis man in die S-Flanke gedrängt wird. Eine Reihe parallel verlaufender, schwach ausgeprägter Gamswechsel leiten in die erste Gratscharte hinab. Die Überkletterung der folgenden Zackenreihe ist sehr zeitraubend und schwierig (III). Man kann aber auch von der Scharte waagrecht gegen links in die N-Flanke hinausqueren gegen den NO-Grat. Von dort leicht fallend durch eine steile, felsdurchsetzte Grasflanke, stets rechts haltend zum Hauptgrat zurück. (Hierbei darf man sich nicht zu tief hinuntertreiben lassen.) Über den Hauptgrat klettert man ab (III), bis er ungangbar in die tiefste Scharte abbricht. 10 m abseilen; Haken sehr tief geschlagen. Dabei spreizt man sich südl. hinab auf eine rillige Rampe. Dieser nach klettert man weiter ab bis unmittelbar über die Scharte. Über ein 5 m hohes, senkrechtes, aber gutgriffiges Wandl in die Scharte hinab.
Der erste riesige Gneisturm ist noch nicht überklettert worden. Man umgeht ihn über wildes, wackeliges Blockwerk in der N-Flanke und ersteigt hinter ihm die Grathöhe. Sodann quert man auf Bändern durch die S-Flanke der folgenden Zacken; ein Abbruch zwingt jedoch, durch eine Steilrinne (Verschnei-

dung) in die Scharte vor dem höchsten letzten Zacken emporzusteigen. Waagrecht durch dessen N-Flanke, dann durch eine blockige Verschneidung hinab in die breite Scharte vor dem eindrucksvollen Steilaufschwung der NW-Kante des Muglers. Über die Kante wie in R 908 zum Gipfel.

● 906 Mugler, 2955 m

Eigenförmiger Felskegel (von NO gesehen trapezförmig), der mit eindrucksvollen, teilweise unerstiegenen Plattenfluchten gegen NW und NO abstürzt. Sehr selten besucht. Die senkrechte NW-Kante zählt zu den schwierigsten und schönsten Klettereien des ganzen Kammes.
Erstersteigung im Zuge der Landesvermessung 1852 durch Einheimische.

● 907 **a) Vom Stillupphaus** (Weg der Erstersteiger), I, 6 st, etwa 20 Min. taleinwärts bis zur Birbergaste gleich nach Überschreiten des vom Maderegglkar herabkommenden Baches. Bei der Alm zweigt links ein Steig ab, der zuerst über den Weideboden, dann durch Wald in vielen Kehren hinaufführt in den oberen Madereggigraben, wo der Steig den Bach übersetzt. Hier zweigt rechts (im Graben bleibend) ein Steiglein ab, das zur Madereggialm emporführt; links (nordwärts) hinaus führt der Steig zur Nofertensalm, unter den Steilabsätzen des Hennsteigenkamps durch, zuletzt fast eben zu den Almhütten.
Zum Gipfelaufschwung des Muglers kann man nun auf drei Arten gelangen. Entweder über die Nofertensalpe durch das Nofertenskar oder über die Madereggialpe, 1769 m, und durch das weite Maderegglkar. Aus beiden Karen kann man auf die Nofertensmauer, eine Einsattelung im Trennungskamm (Hennsteigenkamp), 2217 m, oder auch in die kaum ausgeprägte Einsattelung am Fußpunkt eines vom Mugler gegen SW ziehenden Grates, 2413 m, ansteigen. Der geübte Geher wird den mühsamen Weg durch die Kare den steileren und etwas Trittsicherheit erfordernden, aber auch abwechslungsreicheren Gang über den Trennungskamm vorziehen.
Vom oberen Madereggigraben dem Steig zur Nofertensalm folgend, bis man unschwierig über den Rücken ansteigen kann (Steigspuren). Über den langgestreckten Kamm bis zu den Felsen des Muglers.
Von der oberen breiten Schutterrasse im S-Abfall des Muglers zieht ein scharfer Felsgrat herab, unter dem man links in ein

kleines Kar steigt. Im Kar über Trümmerhalden und Schnee empor, dann rechts über unschwierige Schrofen auf die obere breite Schutterrasse. Von dort zu den Felsen hinauf, in denen man von rechts her auf breite zum Gipfel hinüberführende Bänder gelangt. Schließlich nördl. über den Grat mit unschwieriger Blockkletterei zum Gipfel.

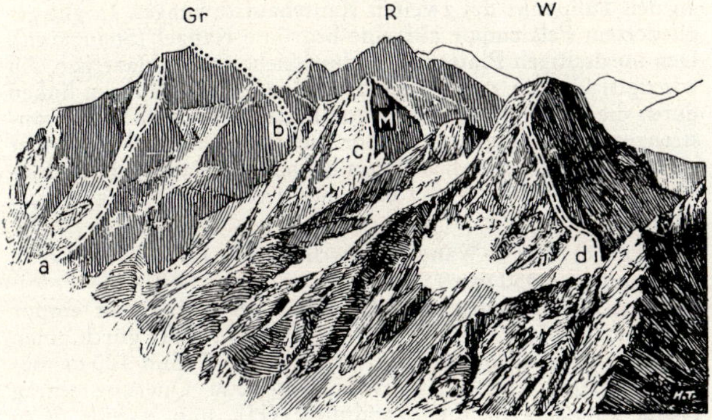

Abb. 32 Vorderer Ahornkamm. Gr = Grundschartner, R = Roßwandspitze, M = Mugler, W = Wilhelmer
a = R 916, b = R 918, c = R 908, d = R 903.

● **908** b) **Nordwestkante** (P. Aschenbrenner, K. Baumgartner, 1928; 1. Begehung im Alleingang: H. Klier, 1953), V, 2 st E. Fesselnde Kletterei in bestem Gestein.

Wege zum Einstieg:

Vom Wilhelmer siehe R 905.

Aus der Stilluppe durch das Nofertenskar siehe a).

Von Häusling durch den Bodengrund und das Roßkar, zuletzt durch eine steile Eis- und Schuttrinne.

Von der Scharte an den senkrechten Aufschwung. Ein kurzes Kaminstück bringt auf ein plattiges, abschüssiges Band. Auf diesem nach rechts zum Ansatz einer Hangelleiste, die nach links in den senkrechten Riß leitet. Durch diesen gerade empor (die riesige angelehnte Gneistafel zur Rechten wird nicht berührt) bis in Höhe der angelehnten Tafel, dann links der schma-

len Leiste folgend hinaus an die Kante. Zugstemme auf einen kleinen Standplatz.
Von hier nach rechts an den Beginn eines Parallelrisses. Zuerst verwendet man beide Risse, dann durch den linken (V) auf eine Leiste. Nun durch den flachen Riß mit Reibung auf den ersten Kantenabsatz. Dem folgenden brüchigen Gratstück weicht man nach rechts aus. Zuerst rechts, dann wieder links an den Fußpunkt des zweiten Kantenaufschwunges. In gut gegliedertem Fels empor auf eine begrünte Kanzel (Steinmann). Den nordseitigen Plattenschuß durchziehen zwei Haarrisse. An winzigen Griffen zuerst im rechten 3 m empor, dann im linken durch die immer steiler werdende Platte in freier Kletterei anstrengend und ausgesetzt empor auf ein Grasplatzl (V). (Der im oberen Teil des linken Risses befindliche Haken ist nur hineingesteckt. Vorsicht!) Von hier über den steilen Blockgrat zum Gipfel.

● 908 a c) **WNW-Wand** (A. Aschenwald, H. Hotter, 1973), V, Wandhöhe 350 m.
Einstieg in der Fallinie des Gipfels. Zuerst senkrecht empor zu äußerst brüchigem Fels (einige H), leicht links durch einen Kamin empor zu Stand (H), durch diesen Kamin 100 m mäßig schwierig empor (H), von dort 40 m Querung schräg rechts aufwärts in die Wandmitte (H), nun wieder 20 m rechts aufwärts zu einem Standplatz. Dann 10 m gerade empor in einem leicht überhängenden Rißkamin (H), danach leicht rechts zu Stand (H). Zunächst rechts einer Verschneidung hinauf über eine fast senkrechte Kante, mit Hilfe ihrer Parallelrisse (H) zu einem Überhang, über diesen hinauf zu luftigem Stand (H). Von dort über ein brüchiges Rißsystem (schlechte Haken) 40 m senkrecht empor zu einem Moosplatz. Von dort schräg links 50 m hinauf zu Stand (H), gerade empor auf eine Kante, dann über diese empor zu losen Blöcken und weiter zum Gipfel. (Viele Haken wurden in der Wand hinterlassen.)

● 909 d) **Übergang zur Grundscharte**, 2965 m, I, 2 st. (Touristisch bedeutsam bei Zeitmangel anstelle der Gratüberschreitung.)
Vom Gipfel südwärts über Blockwerk hinab. Zwei kleinen Abbrüchen weicht man aus, oder klettert durch ausgeprägte Einrisse (II) auf die Schuttbänder ab. Am Fuß der Felsen hält man sich gleich links (östl.) und gelangt so an das obere Ende einer weißen, brüchigen Blockrinne, die südwärts ins Maderegglkar hinabführt. (Wer zu tief gestiegen ist, kann auch auf einem ausgesetzten Gamswechsel in die halbe Höhe der Rinne hineinqueren, II.)
Von der Ausmündung der Rinne ins Kar gleich östl. ums Eck (10 m unterhalb Biwakmöglichkeit). Nun südöstl. durch das gut gangbare Blockkar

(teilweise Plattenflächen) unter den eindrucksvollen SW-Abstürzen des Grundschartners hinüber in Fallinie der Grundscharte, wobei man sich unter den die schmale Geröllreise nördl. begrenzenden Sporn halten muß. Durch das Geröll mühsam auf die Scharte, R 338.

● 910 e) **Übergang zum Grundschartner** (P. Bauer 1926), II.
Vom Hauptgipfel des Muglers südöstl. auf scharfem Grat, der steil in das Bodenkar abfällt, hinab, dann wieder auf eine Graterhebung empor. Von ihr hinab in eine Scharte. Von hier über einen Geröllhang gegen den Grundschartner aufwärts und auf einen Vorkopf. Über den wenig ausgeprägten Grat zum Gipfel des Grundschartners.
(Der südöstlichste Vorkopf des Muglers kann einige Meter unterhalb auf der Bodenkarseite umgangen werden.)

● 911 **Grundschartner,** 3064 m

Von N gesehen eine der eindrucksvollsten Gipfelformen der Zillertaler. Breite Felspyramide mit steilem, eisgepanzertem N-Absturz, durch den die kühne, schmale Schneide des Mittergrates (mittlerer N-Grat) und — die zwei Hängegletscher flankierend — links und rechts je ein kurzer Grat ziehen. Diese Schneide zählt zu den großzügigsten Felsfahrten des Gebirges.
Besonders schöne Aussicht auf die Reichenspitzgruppe und die Berge des Dristner- und Floitenkammes. Gipfelsignal.
1. Ersteigung: Jäger Pöllsteiner, aus der Stilluppe über die Grundscharte.
1. touristische Ersteigung: Dr. Ferdinand Löwl mit Jäger Bliem, 1877, aus dem Sundergrund.

● 912 a) **Vom Gasthaus In der Au,** I, 5—5½ st.
Vom Ghs. In der Au gleich südl. über den Zillerbach und auf dem guten Fahrweg, an der Aualm und den Jagdhäusern vorbei zum Taleingang des Sundergrundes. Stets dem Wege folgend durch das einsame Hochtal hinein, an mehreren romantischen Almen vorbei, wobei man sich stets auf der orogr. rechten Talseite hält (östl. des Baches). Nach etwa 1 st weitet sich das Tal, am gegenüberliegenden Bachufer wird die Kainzenalpe, 1555 m, sichtbar. Ein Steg bringt uns über den Bach. Gleich hinter den Hütten beginnt am Hang ein Steig, der durch Krummholz steil emporführt zum Ausgang des unteren Kainzenkares. An der gegenüberliegenden Bachseite der in den Hang gebaute Kainzen-Hochleger. Man überschreitet den Bach und hält sich auf Steigspuren über dem stark eingeschotterten

Weideboden kareinwärts. In der Nähe der großen Kainzenkar-Fälle (einer drohenden plattigen Steilwand, die fast das ganze untere Kar umschließt, mit mehreren prachtvollen Wasserfällen. Achtung beim Abstieg) wendet man sich entschieden links (südwärts) und überquert die verschiedenen Rinnsale und Schuttkegel. Hier trifft man wiederum auf den kleinen Steig, der zunächst etwas karauswärts, dann steil emporführt zu einem Latschengürtel und über einen Rücken auf die Höhe des weiten oberen Kainzenkares. Hier hält man sich nun rechts, überschreitet die Bachrunsen der Gletscherabflüsse und steigt ziemlich weit rechts über eine aufgespitzte Seitenmoräne des alten Gletschers empor auf die Firnfelder, die vom nördlichsten Lappen des Kainzenkarkeeses noch übrig geblieben sind.
Nun kann man sich genau auf die erste Scharte südl. des signalgekrönten Gipfels zuhalten. (Die Grundscharte liegt etwas tiefer und weiter links.)
Die im Hochsommer apere, brüchige Steilrinne, durch die man die Scharte erreicht, kann mitunter vereist sein und erfordert dann Bergerfahrung. Von der Scharte gegen rechts über den blockigen Grat zum Gipfel.

● **913** b) **Von der Kasseler Hütte.** Bergerfahrung und Ausdauer erforderlich. 6 st.
Wie in R 334 zur Maderegglalm und wie in c) zum Gipfel.

● **913 a** c) **Aus der Stilluppe über die Grundscharte,** I, mühsam, 6 st, teilweise bez.
Wie in R 907 vom Stillupphaus zur Maderegglalpe. Von dort der roten Bezeichnung folgend in nordöstl. Richtung empor über die spärlichen Weidehänge des weiten Madereggkares. Die Grundscharte ist gekennzeichnet durch eine lange schmale Schuttgasse, die von ihr ins Kar herabzieht. Über Blockhalden zum Fußpunkt dieser Rinne und mühsam durch das rieslige Geröll empor auf die Höhe der Scharte. Über ein Schneefeld quert man nun auf der N-Seite unter dem S-Grat durch in Fallinie der höchsten Scharte im S-Grat. Wie in a) zum Gipfel. (Schwierigkeiten im Schlußteil hängen von den Eisverhältnissen ab.)

● **914** d) **Südgrat,** II+, von der Grundscharte 1 st.
Der teils blockige, teils aber auch plattige und schwieriger gangbare S-Grat führt über zwei auffallende Felsköpfe in die Scharte südl. des Gipfels. Von dort wie in a) in wenigen Minuten zum Gipfel.

● **915** e) **Südwestgrat des Südgipfels,** 3031 m (Peter Aschenbrenner, H. Lucke, A. Schiestl, 1930), IV, 4 st E., Grathöhe 300 m.
E. am Beginn des scharfen, geschweiften Grates (vom Stillupphaus bis hierher 4 st).
Über den Grat empor bis zu den obersten, waagrecht ziehenden Grasbändern. Von hier auf einem Band etwa 30 m nach rechts. Nun über einen Felswulst aufwärts auf eine Rampe (schwierigste Stelle). Immer ungefähr 10 bis 12 m unter dem Grat ansteigend bis zu einer Steilrinne, durch diese

unmittelbar empor zum S-Gipfel (3 st). Leicht weiter über den S-Grat in 1 st zum Punkt.

● **916 Nordkante** (Mittergrat) (Peter Aschenbrenner, Willy Mayr, 1928) **V—** (5 SL), **A0** (1 Passage), sonst meist IV, selten leichter. Ca. 20 SL. Vertikale Kantenhöhe 600 m. Notwendige H stecken. 5—7 st. E.

Eine der schönsten und längsten Kantenklettereien in den Zillertalern. Großteils fester Fels. Landschaftlich großartige, lohnende Felsfahrt.

Zustieg: Von der Bodenalpe (R 231) am orogr. linken Bachufer einwärts. Man hält sich nicht auf die direkt vom Mittergrat herunterziehende Rinne zu, sondern auf die rechts (westl.) eingerissene. Man steigt durch diese an, bis sie sich nach einer Engstelle in das obere weite Kar öffnet. Nun steigt man nach links hinaus und quert auf den waagrechten, zerrissenen Kantenteil über dem tiefsten Abbruch. Nun über die Kante; hinter einem auffallend senkrecht gespaltenen Block seilt man sich an. E. (2—2½ st.)

Da der Aufstieg durch die Rinne seit großen Felsstürzen (1980) sehr steinschlaggefährdet ist, steigt man neuerdings aus dem östl. (links im Sinne des Aufstiegs) eingelagerten Kar gegen den Grat an.

Route: 20 m stets an der scharfen Gratkante; über einen Zacken 4 m in ein Schartl abklettern (IV). Weiter 2 SL am Grat bis unter den ersten Steilaufschwung. Man folgt den schmalen Rissen knapp links der Kante (60 m, V—) und gelangt zu Standplatz etwas rechts unten dem senkrechten Grataufschwung.

Man steigt von rechts nach links gegen die Kante (H), quert wieder kurz nach rechts, dann über eine glatte Wandstelle empor und nach links in die kleine Verschneidung, die auf den Absatz emporführt (V—/A0, mehrere H).

Weiter 2 SL leichter am Grat bis in ein Schartl mit einem großen angelehnten Block, unter dem nächsten glatten, schmalen Kantenaufschwung. Zunächst 30 m gerade empor (IV) zu Stand auf einer kleinen Felsschuppe. Weiter in einem Riß etwas links der Kante (V—, mehrere H) in anstrengender Kletterei 1 SL empor.

Weiter am Grat. Der nächste Kantenaufschwung kann in äußerst brüchigem Gelände rechts (nordwestl.) umgangen werden (IV); zunächst über eine schräg emporziehende Rampe, dann gerade über gefährliche Blöcke auf den Grat zurück.

Der Anstieg direkt am Grat ist V (1 H).

Weiter stets am Grat in schöner Kletterei mehrere SL empor (ein auffallender Zacken wird rechts umgangen,) bis an den steilen, plattigen Aufbau des Schlußgrates. Von hier quert man 40 m ziemlich waagrecht (eine Stelle IV+) zu Standplatz unter auffallend gebogenen abgesprengten Gneistafeln. Vom Stand (H) zunächst etwa 15 m gerade empor, dann nach rechts hinaus auf leichteres Gelände (V—, mehrere H). 1 SL gerade empor (III) und weiter über Blockwerk auf den Gipfelgrat. Zum Hauptgipfel steigt man am einfachsten rechts unterhalb des scharfen Gipfelgrates an.

Gerader Ausstieg (A. Fluch und Gef.): Vom Beginn des 40-m-Quergangs knappe 2 Seillängen den Rissen etwas rechts der Kante folgend bis zu einem abdrängenden Block, der direkt überklettert wird. Weiter dem Grat folgend zum Gipfel. (IV und V—).

Abstieg: Vom Hauptgipfel über gestuftes Gelände (II) nach S kurz hinab in die erste Scharte.

Nun über Firn bzw. Schutt ostw. stets unter dem O-Grat des Grundschartner entlang ca. 300 Höhenmeter hinab, bis die Felsen nur mehr wenige m über dem Kar aufragen; der Grat zieht fast waagrecht weiter und bildet mehrere Scharten. Am besten steigt man gleich durch die erste (II) auf die Nordseite. Nun je nach Verhältnissen über gestuften Fels, Firn bzw. Eis sehr steil hinab (zuletzt Randkluft!) auf das Ebene Kees. Dieser Abstieg ist bei ungünstigen Verhältnissen (Eis) manchmal nicht durchführbar. Man muß dann nach O über die Kainzenalm in den Sundergrund absteigen (viel länger, aber problemlos).

● 917 g) **NO-Wand** (Th. Kraft, S. Spöck, 1962), V, 4—5 st.
Man überquert den vorgelagerten Gletscher von rechts nach links aufwärts. Einstieg in den Fels dort, wo die Wand einen Winkel bildet. Über die markante, rechts hinaufziehende Einstiegsrampe 30 m empor zu Schneefleck. Rechts haltend zu einem Rinnensystem und in diesem 80 m hinauf. Nun rechts in einer von unten nicht sichtbaren kaminartigen Rinne empor. Von ihrem Ende über Schuttbänder 60 m nach rechts hinauf. Dann 25 m gerade empor zu einem kleinen Geröllplatz unter auffallenden Dächern. Nun in schönem Fels Quergang nach rechts (H.) in eine seichte, rechts hinaufziehende Rinne. Von ihrem Ende 15 m nach rechts zu Stand. Nun gerade hinauf in eine kleine Verschneidung, von ihrem Ende (H.) Quergang nach links und über leichteres Gelände auf ein Köpfl. Nun 6 m gerade empor auf ein überdachtes Band. Von dessen linkem Ende Quergang 5 m nach links, bis eine Rampe 10 m

rechts hinauf zu Stand leitet. Nun teils mit Hakenhilfe 20 m nach links auf ein Band. Hier beginnt ein 20 m hoher Riß, über ihn zu Stand (H.). Nun 4 m weiter links über eine plattige Rinne 15 m empor und 3 m Querung nach links auf leichteres Gelände. Rechts haltend in zwei Seillängen zum Gipfel.
Nachbemerkung: Von einem Durchstiegsversuch 1959 stecken 50 m rechts des Einstiegs Kraft-Spöck mehrere Haken in der Wand. Dieser Versuch endete nach 2 Seillängen.

● 917 a h) **Nordwestgrat** (K. Baumgartner, F. Jiranek, H. Hönlinger, 1926, Jb. Karw. 26), II, $1^1/_2$ st E.
Von der Maderegglalm durch das Maderegglkar empor in die tiefste Einsenkung des Grates zwischen Mugler und Grundschartner, 2827 m Hier Einstieg. Auf dem Grat empor zu einem Grataufschwung Einige Felszacken werden in der W-Seite umgangen; dann in eine tiefe Einschartung des Grates. Nun schwingt sich der Grat steil empor; ein Gratturm wird über seine Kante gerade überklettert. Die Fortsetzung des Grats weist keine besonderen Schwierigkeiten mehr auf.
Zugang von der Bodenalm (F. Gaisböck, H. Lauer, A. Pensch, Dr. Schmidegg, 1926), 4—5 st von der Bodenalm.
Von der Bodenalm in den Talhintergrund und durch die rechte Lawinenrinne zum Bodenkarkees (Mitterkees). Über den Ferner und über lose Blöcke in die auffallende tiefe Scharte im NW-Grat, P. 2827 m.

● 918 *i)* **Ostgrat** (Albert Höllrigl, Robert Laimböck, 1933), II, 5 st, sehr lohnend.
Von der Bodenalm talein und bald weglos über Moränenschutt zur Kainzenkarscharte, 2721m, die mit einer plattigen, von Schneebändern durchzogenen Mauer steil ins Bodental abfällt. E. etwas rechts der Fallinie. Über Bänder und plattige Stufen links haltend steil in die Scharte empor, II.
Der erste, von unten unbegehbar aussehende Aufschwung des O-Grates ist an der N-Seite zu umgehen. Der weitere Grat ist blockig bis zu einem Turm vor dem Vorgipfel. Der Turm wird durch einen Riß (II) erstiegen. Von hier aus unschwierig auf den Gipfel.

● 919 k) **Südwand** (R. K. Behounek, F. Wustinger, 1932; Nachr. der Wiener Lehrer 1932).

● 920 Die Gfaller

Der von der Kainzenkarscharte im NO-Grat des Grundschartners nordwärts gegen den Zillergrund hinausziehende Trennungskamm zwischen Bodengrund und Zillergrund—Sundergrund.
Von S nach N: **Mullner,** 2800 m (in seinem O-Grat das **Grünkarleck,** 2453 m) — **Innere Gfallschneide** mit den P 2807 und 2812 m, schuttbedeckte Kuppe — Bodner Schartl, 2685 m, schwieriger Übergang vom Rachkar in den Bodengrund — **Äußere Gfallschneid** mit den P. 2703, 2730, 2738, 2754 m, wilde, zersägte Schneide nördl des Bodenschartls (vom P. 2754 m zieht ostwärts die Rachkarlschneid mit der **Stange,** 2633 m).
Weiter nordwärts: **Rappenkanzel,** 2565 m — **Totenkarlkragen,** 2424 m — **Bärlahnerkopf,** 2144 m (der Eckpunkt des Kammes über Häusling).
1. touristische Begehung: Hermann Delago, 1924.

● 921 a) **Vom Gasthaus in der Au auf die Innere Gfallschneide,** I, $4^1/_2$ st.
Vom Ghs. westl. hinüber zum bewaldeten, von Wandstufen unterbrochenen Berghang, durch den ein bequemer Pirschsteig in Kehren auf die steilen Grashänge westl. hoch über dem Sundergrund führt. Auf den Grashängen

den nunmehr kaum erkennbaren Steigspuren südwestl. weiter folgend, gelangt man, immer mäßig ansteigend, an einem Heustadel vorbei, zur Rachhüttenalpe (2123 m), 2 st. (Hierher auch, etwas weiter und nicht bequemer, von der Unteren Rachhüttenalm im Sundergrund auf schlechtem Almsteig.) Von dort auf mit Steigdauben bez. Viehsteig südwestl. in das obere Rachkar, aus dem man links über steile Blockhalden und Schneefelder auf den gegen den Sundergrund abfallenden Seitengrat ansteigt. Auf und neben diesem westl. zum Gipfel.

● 922 b) **Vom Gasthaus in der Au auf die Äußere Gfallschneide,** I, 3½ st, Trittsicherheit erforderlich.
Wie in a) empor zur Rachhüttenalpe, 2117 m (Quelle). Von der Alm über grüne Böden in den nordwestl. Winkel des Rachkares. Von hier über ungemein steile, felsdurchsetzte Rasenhänge unmittelbar zum Gipfel empor.

● 923 c) Auch der **Mullner,** das **Grünkarleck** und die **Stange,** 2633 m, sind aus dem Rachkar über steile, felsdurchsetzte Hänge ersteiglich.

● 924 Roßwandspitze, 3158 m

Die höchste Erhebung in dem langen, zersägten Grat, der vom Grundschartner südwärts zur Vorderen Stangenspitze zieht.
Die Überschreitung dieses Grates bietet schöne Kletterei. P. Bauer benennt hier einen „Spitzen Turm", einen „Breiten Turm" sowie den P. 3051 „Maderegglspitze".

1. Ersteigung anläßlich der Landesvermessung 1852 durch Einheimische.
Vom südl. Vorgipfel, P. 3112 m, zieht eine lange Gratschneide, die „Roßwand", westw. hinab gegen die Stilluppe; sie trennt Maderegglkar — Weißkar (nördl.) von dem weiten Sonntagskar (südl.), in welchem die Kasseler Hütte liegt. Die Roßwandspitze, früher einer der einsamsten Berge des Gebirges, wird seit der Erbauung der Kasseler Hütte öfter erstiegen.

● 925 a) **Von der Kasseler Hütte,** I, eine Stelle II, 3½—4 st.
Von der Hütte ostwärts ein Stück dem Pfad folgend, dann im Bogen nach links weglos durch das weite Sonntagskar. Oberhalb der felsigen Rinnen des Sonntagskarbaches gegen den vom Roßwandspitze-Vorgipfel (3112 m) nach Westen abstreichenden Grat. Dieser Grat wird über Grasbänder und Schrofen bei etwa 2700 m Höhe überschritten (II). Jenseits schräg rechts kurzer Abstieg und nun mühsam über Blockhalden in nordöstl. Richtung zu einem Schneefeld und steiler durch eine mit losem Gestein erfüllte Rinne zur Scharte 3093 zwischen der Roßwandspitze und ihrem südl. Vorgipfel. Über den blockigen S-Grat, einige Male in die W-Flanke ausweichend, zum Gipfel.

● 925 a b) Auch über den SO-Grat von P. 3112 und den S-Grat kann man den Gipfel von der Kasseler Hütte erreichen.

● 926 c) **Aus der Stilluppe,** I, mühsam, 5—6 st. Ä. A.

● 927 d) **Aus der Stilluppe durch die Weißkarklamm,** I, Steige zugewachsen und schwer zu finden, 4—5 st.
Vom Stillupphaus in 20 Min zur Birbergaste. Noch 10 Min. taleinwärts, bis man den aus dem Weißkar kommenden Bach überschreitet.
Gleich jenseits des Baches setzt am Hang ein Steiglein an, das in zahlreichen kleinen Kehren durch den Wald rechts der Weißkarklamm emporführt zur Weißkaralpe (verfallen).
Von der Alm weiter gerade empor, sodann gegen links in den Graben, und weiter links haltend aufwärts, bis man den vom nahen Weißkarjöchl, 2119 m, herüberleitenden schwachen Steig trifft. Man folgt dem Steig gegen rechts; wo er zu fallen beginnt, hält man sich rechts aufwärts gegen die Felsen der „Roßwand". Wie in a) weiter zum Gipfel.

● 928 e) **Ostwand** (R. K. Behounek, F. Wustinger, 1932; Nachr. der Wiener Lehrer, 1933, F. 2, S. 11).

● 929 f) **Westgrat** (Sepp Walcher, E. Mayer, 1947).

● 930 g) Nordgrat von der Grundscharte — Breiter Turm und Maderegglspitze (P. Bauer, 1926), III—.
Im Grat, der vom Grundschartner südl. gegen die Roßwandspitze zieht, erheben sich nächst dem Grundschartner zwei auffallende Türme. Der eine ist spitz und nach S überhängend, der andere breit.
Weiter südl. im Grat erhebt sich eine selbständige Spitze, P. 3051 m (AVK), genannt Maderegglspitze, da sie den Hintergrund des Maderegglkares beherrscht.
Den Gipfel des Breiten Turmes erreicht man durch eine Rinne, die etwa 20 m südw. einer zwischen beiden Türmen herabkommenden Rinne durch die W-Wand des Breiten Turmes zieht. Sie führt wenige Meter südl. des höchsten Punktes des Turmes auf den Grat. Auf dem gut gangbaren Grat südw. in eine Scharte. Über den Grat weiter, kleine Türme können umgangen werden, und über einen Aufschwung auf die Maderegglspitze.
In schwieriger Kletterei hinab und in die tiefste Scharte zwischen Roßwand und Maderegglspitze. Über den N-Grat der Roßwandspitze empor auf den höchsten Punkt.

● 931 h) **Übergang von der Vorderen Stangenspitze** (H. Wieser, A. Pinamonti, 1926) siehe unter Vordere Stangenspitze.

● 932 Vordere Stangenspitze, 3120 m

Von N und NO gesehen markante Felsschaufel, deren scharfe Grate steil aus den Gletschern des Sundergrundes aufstreben. Von W (Kasseler Hütte) gesehen der wuchtige hellgraue Blockgipfel über dem Sonntagskar. Der Gipfel entsendet eine auffallende Gratschneide gegen den Sundergrund (ostwärts). Seit der Erbauung der Kasseler Hütte gerne besuchter Aussichtsberg. 1. Ersteigung: Eduard Wagner mit Heinrich Moser, 1893.

● 933 a) **Von der Kasseler Hütte,** I, 3 st.

Von der Hütte nordostwärts auf dem Steig neben den Rohrleitungen empor ins Sonntagskar. Man steigt durch die weiten Blockfelder empor gegen den Gratrücken, der von der Vorderen Stangenspitze genau gegen W streicht. Man erreicht diesen Gratrücken am besten dort, wo er an die steile Westflanke des Gipfelaufschwunges anstößt. (Zuletzt Firnfelder.) Durch die Gipfelwand im Zickzack (loses Blockwerk, mitunter auch Firn) zum Gipfelgrat, den man wenige Meter nördl. des höchsten Punktes betritt. (Manchmal quert man auch schon etwas tiefer gegen den Nordgrat hinaus.)

● **934** c) **Südostflanke** (Vom Ghs. In der Au), I, 5—6 st. Eiserfahrung notwendig.

Vom Ghs. In der Au wie in R 912 hinein in den unberührten Sundergrund. Die Kainzenalpe bleibt rechts (am orogr. linken Ufer) liegen. Man folgt dem schwächer werdenden Weg talein zur Mitterhüttenalpe, 1714 m. Gleich hinter der Alm auf einem Steg über den Sunderbach und über die steilen Hänge oder auf Steigspuren durch die letzte Rinne südl. von dem Sturzbach, der gegenüber der Mitterhüttenalm mündet, empor in die Schafleite und, etwa der Höhenlinie 2300 m folgend, südwärts über die Grasböden in das Grasleitenkar.

(NB.: Beim Abstieg aus dem Grasleitenkar in den Sundergrund muß man *nicht* versuchen, gerade in Richtung Schönhüttenalm durchzukommen. Die Rinnen brechen alle unten ungangbar ab. Man hält sich vielmehr möglichst hoch, etwa 2300 bis 2400 m, und quert eben in nördl. Richtung in die Schafleite hinaus. Durch die letzte Rinne südl. von dem Sturzbach, der gegenüber der Mitterhüttenalpe mündet, auf Steigspuren hinab in den Sundergrund.)

Nun empor gegen die nördl. Seitenmoräne des Grasleitenkeeses und über diese aufwärts auf den Nordteil des beträchtlich zurückgegangenen Keeses. Man hält sich stets in der Nähe des vom Gipfel ostwärts streichenden Grates. Zuletzt über steile Firnhänge, dann über Schrofen und gutgriffige Platten unmittelbar zum Gipfel empor. (Man muß sich hüten, zu weit nach N auszuweichen, wo der Fels durch einen kürzlich erfolgten Bergsturz äußerst brüchig ist und große Steinschlaggefahr herrscht.)

● **935** d) **Südgrat und Überschreitung des Stangenturmes** (Helm. Kober, Ed. Lakalos, 1932), III, 1 st von der Scharte. Brüchiges Gestein.

Von der Scharte 3049 m auf dem Grat bis zum Turmansatz. 5 m oberhalb guter Sicherungsplatz. Von hier nach links, dann rechts empor über den Überhang und über kleingriffigen Fels Querung nach rechts zur S-Kante des Turmes. Über die Kante empor zum Turmgipfel. Leicht zum Hauptgipfel.

● 936 e) **Nordostflanke** (K. Baumgartner, A. Pinamonti, 1927).

Aus dem Sundergrund über das Schafleitenkees (spaltenreich).

● 937 f) **Überschreitung zur Hinteren Stangenspitze** (K. Amort, E. Raitmayr, 1922; Jb. AAKI 1919 ff., S. 122), II, 2 st.

(Beschreibung nach Hans Siehndel, 1959.) Von der Vorderen Stangenspitze Abstieg durch die W-Flanke und Querung zur Scharte, 3049 m, hinter dem Stangenturm. Von hier an hält man sich am besten stets am Grat, lediglich der letzte brüchige Zacken vor dem Firngipfel wird rechts (westl.) umgangen. Fesselnde Kletterei. Man steigt dann durch die 50° geneigte Firnflanke zum Schneegipfel der Hinteren Stangenspitze an.

● 938 h) **Überschreitung zur Roßwandspitze** (H. Wieser, A. Pinamonti, 1926), II, stellenweise III, 4—5 st.

Von der Vorderen Stangenspitze über den blockigen N-Grat in die Scharte P. 3057. Es folgen 3 bizarre Gratzacken. Westlich querend in die Scharte zwischen 2. und 3. Zacken und über die luftige Schneide in schöner Kletterei bis P. 3065. Über Blockwerk in die Scharte P. 2949. Gegenanstieg über scherbigen Gneisschutt. Unter einem Steilaufschwung auf morschem Band westwärts und über die Blockflanke zurück auf den Grat, der ohne Schwierigkeiten zu einem Steilabsturz in eine Geröllschlucht führt. Der 60 m hohe Abbruch wird direkt in die Scharte abgeklettert. Aus der Scharte auf Bändern gegen W leicht absteigend erreicht man die Flanke, die zurück auf den Grat leitet (P. 3009). Leichter weiter zum Fuß des SO-Grates des Roßwandvorgipfels, der mit einem auffallenden, nach O überhängenden Felskopf beginnt. Direkt über die Kante knapp unter den Felskopf und westl. unterhalb in die dahinter liegende Scharte. Von dort führt ein Grasband in die W-Flanke, das man absteigend verfolgt, bis man eine dem Grasband parallel verlaufende Gliederung gewinnen kann, die auf den Grat oberhalb eines Gratfensters zurückleitet. Unschwierig weiter über den Vorgipfel P. 3112 zum Hauptgipfel.

● 939 **Hintere Stangenspitze,** 3227 m

Eindrucksvolle doppelgipflige Berggestalt über dem Stangenjoch, bei dem der Ahornkamm an den Hauptkamm anstößt. Von der nordwestl. vorgebauten Firnkuppe streicht ein langer Grat westwärts hinab gegen den Stilluppgrund.
Dieser Grat trägt die Eurer Köpfe sowie den Aussichtsgupf der Kasseler Hütte, das Eurer Mannl, 2276 m. Auch die Kasseler Hütte selbst steht am Fußpunkt dieses Grates. Von

NW gesehen verleiht der mächtig abstürzende Firnwulst dem Gipfel ein eigenes Gepräge.

1. Ersteigung: Eduard und August Wagner mit Franz Wechselberger, 1891 (Mitt. DÖAV 1891, S. 219).

● 940 a) **Von der Kasseler Hütte** (Weg der Erstersteiger), I, teilweise bez. und Steig, 3—3½ st.
Von der Kasseler Hütte auf dem zur Lapenscharte führenden Höhenweg südostwärts gegen das Östl. Stilluppkees hinein. Nach etwa 10 Min. zweigt links ein Steig ab, der in zahlreichen kleinen Kehren emporführt zu einem kleinen See in einer sandigen Mulde (Gletscherrückgang) des Östl. Stilluppkeeses. Man betritt dieses aber nicht, sondern hält sich links empor, zuletzt über ein Firnfeld (stets in Richtung auf den überfirnten NW-Gipfel der Stangenspitze) und durch eine steile Schneerinne auf den Firngipfel. Leicht fallend über den Firngrat weiter, sodann über mehrere felsige Vorköpfe auf den Hauptgipfel. (Bei guten Verhältnissen kann man vom ersten Firnfeld — sich leicht rechts haltend — über eine Unterbrechungsstelle auf ein zweites aussteigen. Über dieses gerade empor an den Steilaufschwung des Gipfels [loses Blockwerk] und zum höchsten Punkt.)

● 941 b) **Ostgrat und Südostgrat** (O. Schuster, Fr. Kostner, 1906), IV, 4 st E., vom Ghs. In der Au 7—8 st. Schöne Bergfahrt.
Von dem vom Stangenjoch, 3058 m, zum Gipfel emporführenden SO-Grat zweigt bei P. 3179 m beinahe in rechtem Winkel ein scharfer Felsgrat ab, der gegen O zum Sundergrund abstürzt. Über diesen Grat und den Rest des südöstl. gerichteten Hauptgrates vollzieht sich der Aufstieg. Die Bezeichnung „Südgrat" ist unzutreffend.
Wie in R 934 von der Au in den Sundergrund zur Mitterhüttenalpe. Weiter auf der orogr. rechten Talseite auf dem Steiglein hinein in den innersten Talgrund (Schönhüttenalpe, verfallen) und empor gegen die nördl. Seitenmoräne des Mittellappens des Grasleitenkeeses. Über diesen ausgeprägten Moränenkamm empor gegen den Fußpunkt des O-Grates, den man, fast ohne Firn zu berühren, erreichen kann.
Unmittelbar über den plattigen Grat empor; den schwierigsten Stellen kann man in den Flanken ausweichen. Man erreicht so den Hauptgrat. Die Zacken des Hauptgrates überkletternd empor zum Gipfel.

● 942 c) **Nordwestflanke** (L. Magyar, L. Aichberger, H. Püchler, 1923; ZAV 1924, S. 240). Schöne Eisfahrt, teilweise 50° Neigung, durch die Ausaperung mancherorts gefährlich. Von der Kasseler Hütte 3—4 st.
Von der Hütte nordostwärts empor ins Sonntagskar und über Blockwerk an den Aufschwung der Firnflanke in Richtung auf den Eisbruch. Zuerst weniger steil, sodann bäumt sich die Flanke auf und man hält sich etwas links, um nicht zu nahe an den Wächtengrat zu kommen. Von hier ohne weitere Schwierigkeiten auf den Firngipfel und über den Hauptgrat zum Gipfel.

● 943 d) **Nordostwand,** III, 1—2 st E. Vom Ghs. In der Au 6 st, steinschlaggefährlich. Zugang wie R 934.

● 944 e) **Übergang zur Wollbachspitze** im Hauptkamm (L. Magyar, L. Aichberger, H. Püchler, 1923; ZAV 1924, S. 240), III+, 2—3 st.
Vom Gipfel über den SO-Grat hinab bis in die Einschartung vor dem auffallenden Punkt 3179 m. Da der Grat von dort ungemein steil ins Stangenjoch abstürzt, steigt man aus der Scharte durch die Flanken brüchiger Grattürme gegen den Firn ab. An geeigneter Stelle über den Bergschrund und die Randkluft und zum Stangenjoch, 3058 m. Jenseits zuerst über Firn, sodann über den steilen, schrofigen N-Grat zum Gipfel der Wollbachspitze.

g) Der Riblerkamm

● 945
Zwischen dem Sundergrund (westl.) und dem Hundskehlgrund (östl.) ragt ein Bergstock, der sogenannte Riblerkamm, empor, der mehr durch Geschlossenheit als durch schöne Gipfelformen ins Auge fällt. Die Scharten und Jöcher liegen durchwegs nur wenig unter Gipfelhöhe.
Diese Tatsachen und der Umstand, daß Übergänge, Weganlagen und Hütten vollständig fehlen, machen den Riblerkamm zum einsamsten Bergstock des ganzen Gebirges.
Neben den vier benannten Gipfeln finden sich auch eine Reihe von unbenannten: P. 2977 nördl. des Hohen Riblers, P. 2978 und P. 3005 nördl. der Hohen Warte, P. 3095 südl. der Hohen Warte, mit dem zusammen dieser Berg eine Trapezform bildet, sowie den völlig freistehenden P. 3102 zwischen den Scharten 2993 m und 3033 m.
Die Napfspitze und ihre Seitenberge bilden ein unauslösliches Stück des Riblerkammes; die weiten Jöcher haben hier den Hauptkamm völlig aufgelöst; es besteht kein Grund, dem Bergsteiger die Übersicht durch eine theoretische Gliederung zu erschweren, die er in der Natur nicht wiederfinden kann.

● 946 **Hohe Gaulschneide,** 2824 m

Begrünte Gratschneide. Nördlichster Berg des Riblerkammes, hoch über dem Zillergrund aufragend.

1. touristische Ersteigung: Dr. R. Werner mit Alois Tipotsch, 1895 (Mitt. AV 1896, S. 169).

● 947 a) **Nordflanke,** I, 4 st. Vom Whs. In der Au über den Zillerbach und zu den Jagdhäusern. Hier vom Weg in den Sundergrund links ab und auf schwachem Steig südostwärts steil durch Wald empor zur Mitter Gaulalm, 1678 m. Von hier genau südl. empor im Zickzack zur Gaulkarhütte, 1951 m. Weiter über steinige Grasböden hinauf ins Gaulkar. Aus der Mitte des Kares über Blockhänge in die obere Trümmermulde und aus dieser über felsiges Gelände zum Gipfel.

● 948 b) **Aus dem Sundergrund,** III—, 5 st. Ä. A.

● 949 c) **Nordostgrat** (R. Braun, H. Plangger, 1929), IV, 2½ st. Von der Gaulkarhütte zu P. 2423, einem Schartl am Beginn des langen Grates, der vom nördl. Vorkopf des Hohen Riblers nordostwärts hinabzieht und das Gaulkar im O begrenzt. Über die fast waagrechte Gratschneide zu einem steilen Aufschwung. Über glatte Platten steil empor zu einem Gratkopf. Über die folgenden Gratzacken, immer am Grat bleibend über P. 2751 zum Gipfelaufbau. Sehr schwierig über brüchige Felsen direkt zum Gipfel.

● 950 d) **Südgrat,** Abstieg (R. Braun, H. Plangger, 1929), 1 st. Vom Gipfel den ersten steileren Gratabbruch über gutgestuften Fels bis zum ersten Turm hinab; über ihn und auf der Gratschneide hinab zum tiefsten Punkt zwischen Hoher Gaulschneide und Hohem Ribler.

● 951 **Hoher Ribler,** 2974 m

Breite Felspyramide im Hintergrund des Marchkares. Der nördl. aufragende unbenannte Punkt 2977 m wurde mehrfach mit dem eigentlichen Hohen Ribler verwechselt.

1. Ersteigung: Dr. R. Werner mit Alois Tipotsch, 1895 (Mitt. AV 1896, S. 169).

● 952 a) **Über die Westflanke** (Weg der Erstersteiger), I, 5 st. Vom Whs. In der Au wie in R 948 in den Sundergrund zur Kainzenalpe und ins Ödenbergkar empor. Nun hält man sich an den Fußpunkt des W-Grates, der von P. 2977 m (im Kammverlauf zwischen Hohem Ribler und Hoher Gaulschneide) herabzieht ins Ödenbergkar. Die N-Seite dieses Kammes ist begrünt und unschwierig zu begehen. So erreicht man den Hauptgrat und südwärts über diesen den Gipfel.

● 953 b) Angeblich ist auch der unmittelbare **Westgrat** des Hohen Riblers unschwierig, im oberen Teil an einer Stelle mäßig schwierig (II) zu begehen.

• 954 c) **Nordostwand** (Rob. Huttig, Ruth v. d. Decken, 1929), III. Von der Mitterhütte im Hundskehlgrund 10 Min. talaus, über den Steg auf das andere Bachufer. Durch den Wandgürtel der Flanke vermittelt eine versteckte Schlucht den Durchstieg. (Die rechts gelegene der hier sichtbar werdenden Schlucht.) Bis unter die Schlucht auf einem Steig, dann durch sie, zuerst rechts, dann links haltend über steile Schrofen empor zur Schluchthöhe. Über den hier ansetzenden, grünen Rücken in den Fernerrest in Richtung auf das Tiefe Kar empor, dann rechts über Schuttfelder und den Fernerrest in Richtung auf die vom Hohen Ribler herabziehende O-Kante, die unmittelbar in den Gletscher abbricht. Man quert bis unterhalb der gelben Abbrüche und über sie empor, bis die O-Kante ungangbar wird. Fallender Quergang nach rechts in die eigentliche O-Wand.
Nun in einer großen, von der Gipfelwand herabziehenden Verschneidung empor; wo sie ungangbar wird, Querung nach rechts in die Wand aufwärts. Diese 300 m Anstieg sind sehr brüchig. Man verläßt die Verschneidung 30 m unterhalb des großen dachartigen Überhanges mit einem fallenden Quergang nach rechts bis zu einem erdigen Riß. Spreizschritt in den Riß (H.) und in ihm mühsam empor in ein Schartl. Durch Risse über Platten empor auf den scharfen Grat 5 m unterhalb des Gipfels.

• 955 d) **Nordostgrat** (R. Braun, H. Plangger, 1929), III, 1½ st.
Vom tiefsten Punkt zwischen Hoher Gaulschneide und Hohem Ribler den ersten Gratturm gerade erkletternd und etwas absteigend in eine kleine Scharte. Nun auf- und absteigend über die folgenden kleineren Gratzacken fast waagrecht zum Gipfelaufbau. Über lose Blöcke, fast immer am Grat bleibend, zum Gipfel.

• 956 e) **Südostgrat.** Abstieg (R. Braun, H. Plangger, 1929), III+, 1½ st.
Über ein fast waagrechtes Gratstück zum ersten Abbruch. Zuerst über gutgestufte Felsen hinab bis zu einer Wandstelle, die dann überhängend in eine Scharte abbricht. An der rechten, westl. Seite des Überhanges führt eine schmale Leiste (IV) bis etwa 2 m oberhalb der Scharte, die den tiefsten Punkt zwischen Hohem Ribler und dem folgenden unbenannten Gipfel bildet.

• 957 P. 2978 m, unbenannter Gipfel zwischen Hohem Ribler und Hoher Warte

a) **Nordwestgrat** (1. Ersteigung vom Hohen Ribler: R. Braun, H. Plangger, 1929), IV—V, 3 st E.
Vom tiefsten Punkt südl. des Hohen Riblers den hier ansetzenden steilen Grat über brüchige Felsen und Blöcke gerade empor zu P. 2929. Nun zuerst etwas absteigend über eine kleine Wandstufe zu einer schmalen Gratschneide. Auf ihr in luftiger Kletterei, bis sie abbricht. Vom Abbruch absteigend auf eine hohle Platte und unter ihr zu Stand. Den folgenden sehr steilen Abbruch seilt man sich hinab (10 m) zu einer Gratschneide. Über das Reitgratl bis zu einem Gratzacken. Über ihn zu einem Geröllfleck und über lose Blöcke leicht zum Gipfel.

• 958 b) **Westgrat** („Hahnenkamp") im Abstieg (R. Braun, H. Plangger, 1929), I, 1 st.
Zuerst über Geröll, dann über rasendurchsetzte Felsen bis zum steilen Abbruch, der direkt ins Tal zieht. Über diesen Abbruch über rasendurchsetzte Felsen, dann über steile Rasenhänge zum Ende des W-Grates.

• 959 Hohe Warte, 3097 m

Von W gesehen hoch hinauf schuttbedeckte Spitze, mit fast gleichhohem Zwillingsgipfel (P. 3095) südl. im Kammverlauf. Von N gesehen steil aufragende Gratschneide.

1. touristische Ersteigung: Dr. R. Werner, Alois Tipotsch, 1895 (Mitt. DÖAV 1896).

● 960 a) **Über die Westflanke** (Weg der Erstersteiger), I, vom Whs. In der Au 5—6 st.
Vom Whs. In der Au auf dem Almweg in den Sundergrund, vorbei an der Kainzenalpe und der Mitterhüttenalm. Nach etwa 2 st erreicht man den Boden der ehemaligen Schönhüttenalpe (verfallen). Hier links (ostwärts) über steile, felsdurchsetzte Grashänge empor ins Schönhüttenkar, in dessen Hintergrund die Hohe Warte aufragt. Man hält sich gegen den Nordteil des Kares, das im N von einer auffallenden Gratschneide („Hahnenkamp") abgeschlossen wird. Hier zieht eine Schuttzunge hoch empor in die NW-Flanke des Berges. Wo diese an Schnee oder Felsen stößt, rechts (südwärts) über gutgestufte Schutterrassen unmittelbar auf den Gipfel.

● 961 b) **Übergang vom Zwillingsgipfel P. 3095 m zur Hohen Warte,** II, vom Whs. In der Au 6 st.
Wie in a) hinein zur Schönhüttenalpe. Noch ein Stück weiter in den hinten zerschrundeten Talgrund. Dort wenden sich die Steigspuren entschieden links empor an den östl. Talhang. Nach Überwindung einer Steilstufe führen die Steigspuren wieder südwärts. Der Bergsteiger zweigt hier jedoch links ab und steigt in nordöstl. Richtung empor ins Roßkar. Über gut gangbare Felsen auf den auffallenden P. 3095 und von diesem in anregender Kletterei stets auf der Gratschneide nordwärts zur Hohen Warte. (Für den Übergang werden 1—1½ st benötigt.)

● 962 c) **Ostgrat** (Martha und Fritz Kolb, 1933; Lit.: „Naturfreund" 1933. S. 188), III+, 3 st E. Ä. A.

● 963 d) **Abstieg über das Firnfeld im Norden** (die Obigen), I, 1 st.
Über das steile Firnfeld im NNO hinab in das Grünkarl und zu den Mitterhütten.

● 964 Napfspitze, 3143 m

Auch „Dreiecketer", der südlichste Gipfel des Riblerkammes, von allen Seiten leicht ersteiglich. 1. Ersteigung: R. Seyerlen mit Stefan Kirchler, 1880 (Mitt. AV 1880).

● 965 a) **Aus dem Sundergrund,** I, vom Ghs. In der Au, 5 st.
Wie in R 319 durch den Sundergrund am Weg zum Hörndljoch bis über die obere, mäßig hohe Terrasse. Hier ostwärts pfadlos über weite Trümmerfelder aufwärts gegen den felsigen Aufschwung der Napfspitze. Schuttgassen zwischen den Felsen leiten auf die obersten steilen Blockflächen des Gipfels, der über steile, aber gutgeschichtete Felsen erreicht wird.

● 966 b) **Aus dem Hundskehlgrund,** Gletscheranstieg, II, von Bärenbad 5 st.

Vom Whs. Bärenbad in den Hundskehlgrund (R 321) bis zum ersten See im Talhintergrund. Hier vom Jochweg rechts ab und südwestwärts über die Steilstufe empor auf das Grießbachjochkees. Über den immer steiler werdenden Firn aufwärts an den Beginn des felsigen Gipfelhanges und zum Gipfel.

● **967** c) **Von St. Jakob im Ahrntal,** II, 6 st.
Von St. Jakob taleinwärts bis zum Grießbauer und durch das Walchertal gegen das Mitterjoch empor. Vom Quellgrund des Tales ostwärts empor gegen den schroffen S-Grat der Napfspitze. Über den ziemlich zerrissenen Grat auf den Gipfel.

● **968** d) **Von St. Peter,** I, 6 st. Ä. A.

● **969** e) **Nordwestgrat** (F. Gaisböck, H. Lauer, A. Pensch, Dr. Schmidegg, 1926) im Abstieg, III+, 3 st.
Vom Gipfel in abwechslungsreicher Kletterei in eine überfirnte Scharte und zu einem Felskopf; über den Grat weiter, bis er in einer Platte abbricht. In der W-Flanke absteigend, dann wieder auf den Grat, der sofort nach O verlassen wird. Das folgende Gratstück kann über der Randkluft umgangen werden. Dann auf eine Graterhebung (Steinmann) und in eine breite Scharte hinab. Über die Absätze des folgenden Felskopfes schwierig hinab.

● **970** f) **Ostwand.** (Ein vorliegender Bericht R. Huttigs über eine Begehung der Napfspitze-O-Wand kann sich nicht auf diesen Gipfel beziehen.)

● 971 Wagnerschneidspitze, 2897 m; Löffelspitze, 3009 m

Felsige Erhebungen in dem von der Napfspitze in das Hundskehljoch reichenden O-Grat. Die Wagnerschneidspitze entsendet einen mächtigen Zweiggrat nach S, der die Grießbachalm von der Grubbachalm (östl.) trennt.
1. Ersteigung gelegentlich der Landesvermessung 1852.

● 972 Die Gipfel sind vom Hundskehljoch (R 321) über den O-Grat, der in seinem Oberteil in eine verwitterte Felsschneide übergeht, unschwierig zu gewinnen, 1½ st.

h) Der Magnerkamm

● 973
Der Magnerkamm ist der östliche Nachbar des Riblerkammes, diesem gleichend in der Länge und Richtung, ihn jedoch überragend an Gipfelhöhe und Wildheit der Gipfelformen. Der Magnerkamm baut sich über dem Hundskehlgrund (westl.) und dem Zillergründl (östl.) auf. Sein südlichster Gipfel, der Rauhkofel, setzt zwischen Hundskehljoch und Heilig-Geist-Jöchl den Hauptkamm fort.
Die Kleinspitze und der Rauhkofel sind zwei der formenschönsten Gipfel der ganzen Zillertaler Alpen. Die Berge des Magnerkammes werden selten besucht, wenngleich die Weganlagen auf den Großen Magner und die Wegverbindung

Plauener Hütte — Heilig-Geist-Jöchl den Magnerkamm dem Bergsteiger etwas näherbringen.

● 974 **Kleiner Magner,** 2589 m

Steile Berggestalt über dem Zillergrund bei Bärenbad. Von Jägern seit früher Zeit erstiegen.
1. touristische Ersteigung: Dr. R. Werner mit Alois Tipotsch, 1895 (Mitt. DÖAV 1895).

● 975 a) **Aus dem Hundskehlgrund** (Weg der Erstersteiger), I, von Bärenbad 4 st.
Vom Whs. Bärenbad zunächst noch am orogr. rechten Zillerufer ein kurzes Stück talein (nicht den Weg zur Plauener Hütte, sondern unten am Bach), dann über den Ziller und zur Sulzenalpe, 1499 m, am Eingang des Hundskehlgrundes. Nun auf dem Almweg etwa 30 Minuten taleinwärts, sodann links empor über ungemein steile Hänge. Man hält sich auf den vom Kleinen Magner südwestl. herabziehenden Seitengrat zu. Links gegen einen auffallenden Quarzblock zu, bei dem man den Seitengrat betritt. Über diesen zum Gipfel.

● 976 b) **Aus dem Zillergründl,** II, 4 st. Von der Zillerhüttenalm (oder absteigend von der Plauener Hütte) auf Stegen über die stärksten Arme des Zillerbaches an den jenseitigen Talhang. Dem Bächlein, das aus dem Magnerschattseitkar herabkommt, folgend auf einem kleinen Schafsteig auf die Karböden empor. Hier hält man sich bald rechts und steigt in südwestl. Richtung gegen den Felsaufschwung des Kleinen Magners an. Durch Kamine und Rinnen entweder unmittelbar zum Gipfel; oder in die Einschartung östl. davon und über den Grat zum Gipfel.

● 977 **Großer Magner** (auch Mager), 2874 m

Runder Felskopf über dem Magnerkar, der einen Zweiggrat nach NO entsendet; durch das Magner-Schneekar und die Scharte 2800 vom südl. aufragenden „Nördl. Magnerkarkopf" getrennt, mit dem der Gipfel in der älteren Literatur manchmal verwechselt wurde. Wir nennen die Scharte „Magnerscharte".
Durch die Weganlagen aus dem Hundskehlgrund und aus dem Zillergründl leichter zugänglich gemacht; guter Rundblick auf die umgebenden Kämme, vor allem die Reichenspitzgruppe. 1. touristische Ersteigung: Dr. R. Werner mit S. Fankhauser, 1890 (Mitt. DÖAV 1890).

● 978 a) **Aus dem Zillergründl, I, 5 st, AV-Steig.**
Von der Kuchlmoosalm, 1779 m (hierher in 2 Min. vom Weg zur Plauener Hütte, R 237) auf einem Steig über den Ziller und jenseits empor an den Beginn des schon von wei-

tem sichtbaren AV-Steiges, der in zahllosen Kehren durch die steilen, felsdurchsetzten Hänge emporführt in das enge Magner-Schneekar, wo der Steig schwächer wird. Über den ausgeprägten Moränenkamm aufwärts an das kleine Firnfeld und über dieses in die Magnerscharte, 2800 m. Von hier an die S-Flanke des Berges und über steile, grasige Schrofenhänge in der Nähe des SO-Grates unmittelbar zum Gipfel.

● 979 b) **Aus dem Hundskehlgrund,** I, 5—7 st

Vom Whs. Bärenbad im Zillergrund wie bei R 975 zur Sulzenalpe am Eingang des Hundskehlgrundes. Nun etwa 1 st durch das wildromantische Tal einwärts, bis sich links die Hölzllahnerklamm öffnet. Auf Steigspuren in wenigen Minuten an den Ausgang der Klamm empor. Der AV-Steig ist im Bereich der Almweiden stark verwachsen. Er führt in zahllosen kleinen Kehren empor ins Mitterhüttenkar am Fuß des Großen Magners. (Im Kar ist der Steig größtenteils gut erhalten.)

Auf Höhe 2500 m endet der Steig. Aus dem N-Eck des Kares weglos durch schrofiges Gelände empor und gegen rechts hinauf zur Magnerscharte, wo er mit dem Steig aus dem Zillergründl zusammentrifft. Man geht nicht ganz bis zur Scharte, sondern steigt zuvor durch die steilen Schrofenhänge zum Gipfel an.

● 980

Magnerkarköpfe

Nördlicher, 2877 m; Südlicher, 2893 m

Schroffe Felsköpfe südl. der Magnerscharte. Die Verwirrung in der Literatur (Annahme eines „Mittl. Magnerkarkopfes“) beruhte auf Verwechslungen mit dem Großen Magner. Die AVK 1934 schaffte hier endgültig Klarheit. 1. Ersteigung Nördl.: Dr. R. Werner mit Simon Fankhauser, 1890 (Mitt. AV 1890); Südl.: Dr. H. Kees, Dr. H. Netsch, 1922 (ÖAZ 1924).

● 981 a) **Aus dem Zillergrund auf den Nordgipfel,** I, 5 st.

Wie in R 978 auf die Magnerscharte. Man kann sich auch gleich links halten und bei guter Firnlage die höhere Einschartung unmittelbar am Gipfelaufschwung erreichen. Von hier über den Grat zum Gipfel.

● 982 b) **Übergang vom Nordgipfel zum Südgipfel,** I, 1 st.

Wie in a) auf den Nördl. Magnerkarkopf. Von hier in anregender Kletterei stets am Grat hinüber zum S-Gipfel.

● 983 c) **Südlicher Magnerkarkopf – Ostgrat** (Dr. H. Kees, Dr. H. Netsch, 1922), IV—, aus dem Zillergründl 6 st. Wie in R 978 vom Zillergründl auf die Höhe der Magnerkare empor. Südwärts erreicht man durchquerend unter dem O-Grat des N-Gipfels den Fußpunkt des vom S-Gipfel herunterstreichenden O-Grates. Zunächst an der Plattenkante des O-Grates, sodann an der SO-Seite des Grates unschwierig empor, schließlich auf dem Grat selbst weiter, der bald zum Reitgrat wird. Nach Überkletterung eines sehr schwierigen brüchigen Überhanges wieder leichter, aber steiler an den Gipfelbau. Dort in steiler Rinne empor, dann rechts in die Nachbarrinne und durch eine kaminartige Schlucht mit sperrendem gelblichem Klotz sehr schwierig hinauf. Es folgt ein etwa 15 m hoher schwieriger Riß zwischen Gipfelwand und einem losgesprengten Plattenstück, worauf man über ein steiles Wandl auf den Gipfel gelangt.

● 984 Kleinspitze, 3170 m

Schöne, schroffe Berggestalt über langgestreckten Graten. Die Steilflanken des Berges (gegen N Firnflanke, mittlerweile stark ausgeapert) blieben bisher noch unberührt. Gipfelzeichen.

1. Ersteigung: Dr. R. Werner mit Simon Fankhauser, 1890 (Mitt. DÖAV 1890).

● 985 a) **Aus dem Hundskehlgrund** (Weg der Erstersteiger), I, von Bärenbad 5—6 st. Lohnende Bergfahrt. Vom Ghs. Bärenbad südl. in den Hundskehlgrund und so lange taleinwärts, bis man den SW-Grat der Kleinspitze zur Linken hat. Dort sehr steil hinauf ins Roßkar und zum Fuß des SW-Grates. Unter dem Grat südl. durch in das Schafkar und über Felstrümmer zum großen Schneefeld an der S-Seite der Kleinspitze, über das man zu den niedrigen, in Trümmer aufgelösten Gipfelfelsen ansteigt. In unschwieriger Blockkletterei zum Gipfel.

● 986 b) **Nordostgrat** (Dr. H. Kees, E. Raitmayr, 1923; ÖAZ 1924), III, aus dem Zillergründl etwa 6 st.
Wie in R 978 von der Kuchelmoosalm im Zillergründl empor in die Magnerkare. Ehe man jedoch ins Magner-Schneekar eintritt, unter den O-Graten der Magnerkarköpfe südwärts durch gegen den auffallenden NO-Grat der Kleinspitze. Man hält sich gegen jenen Punkt, wo er sich zum eigentlichen Grat zusammenschnürt. In anregender Kletterei (II) bis zu einem Zacken des N-Grates und von dort durch eine erdige Steilrinne zur Scharte nördl. des großen dreieckigen Plattenschusses auf dem N-Grat. Der Plattenschuß wird an seiner östl. Kante in einer Art Steilrinne schwierig überwunden. Nun immer am Grat über die drei Gipfel zum Signal.

● 987 c) **Übergang zum Rauhkogel** (Trier, Schlemmer, 1921). Übergang Rauhkofel — Kleinspitze, schöne Gratkletterei in festem Fels, III+, 4—5 st.

Vom Rauhkofel-Gipfel über dessen Nordgrat mäßig schwierig (II) hinab in die erste Scharte, weiter über zahlreiche Grattürme und Platten, die z. T. überklettert oder ost- bzw. westseitig schwierig umgangen werden (ausgesetzt, III, einige Stellen III+) bis zum Fuß des steilen Südgrates der Kleinspitze (3½ st).
Weiter in herrlicher Kletterei (III+), meist etwas unterhalb der Grathöhe in der Kleinspitze-Westflanke haltend, über steile Wandstufen und Rißreihen zum südlichen Vorgipfel, weiter unschwierig zum Hauptgipfel.

● 988 Rauhkofel, 3252 m

Außergewöhnlich schöne Felspyramide mit langen Graten und mit eindrucksvollem Absturz gegen N. Von der Reichenspitze her gesehen erinnert der Gipfel an das Walliser Weißhorn.
Durch seine vorgeschobene Stellung am S-Ende des Magnerkammes ist der Rauhkofel der beste Aussichtsberg im östl. Teil der Zillertaler. Der Blick auf die Berge der Reichenspitzgruppe und der Westl. Venedigergruppe sowie Zillertaler, Rieserferner und sogar Dolomiten wurde mehrfach gerühmt.
1. Ersteigung: 1853 durch zwei Prettauer Bauern vom Hundskehljoch her.

● 989 a) **Aus dem Hundskehlgrund,** I, vom Ghs. Bärenbad 6 st. Mühsam.
Vom Ghs. Bärenbad südwärts in den Hundskehlgrund bis zum obersten See (R 321). Von dort ostwärts über Blockhalden, den Felsabbrüchen ausweichend, empor in das Trümmerkar südl. unter dem Gipfel. Über Schutt und Schrofenhänge auf den Gipfel.

● 990 b) **Von der Neugersdorfer Hütte,** AV-Steig verfallen, 4½ st.
Von der Hütte westl. in der Fortsetzung des Lausitzer Höhenwegs über zahlreiche Querrippen und Rinnen bis an den vom Rauhkofel herabziehenden S-Grat. Über diesen (Blockwerk und Schrofen) führt der Steig zum Gipfel.

● 991 *c)* **Von Prettau im Ahrn,** I, 5—6 st. Landschaftlich sehr schön.
Von Prettau auf dem Almweg durch den Wald steil hinauf zur Waldneralm. Weiter nordwestl. über Moosböden und Rasenhänge in die Mulde, in der der landschaftlich viel gerühmte Waldner See liegt. Von hier in nordwestl. Richtung über Schafweiden zum alten Lausitzer Höhenweg und auf ihm ostwärts an den S-Grat des Rauhkofels. Wie in b) zum Gipfel.

● 992 *d)* **Ostgrat** (G. und Dr. W. Hannemann, Marg. Biesenbach, mit J. Eberl, 1922), III, von der Plauener Hütte 7 st. Schöne Kletterei.
Vom Talboden des Zillergründls über Schutt und Geröll zum Marchsteinjöchl, 2769 m, halben Wegs zwischen Heilig-Geist-Jöchl und Rauhkofel. Zuerst unschwierig über Blöcke, dann durch einen kurzen, aber anstrengenden nordostseitigen Kamin wieder auf den Grat und unschwierig

weiter bis zu seinem Steilauschwung. Dann längere Zeit dicht am Grat in der S-Flanke und über eine auffallende, weiße Quarzader auf denselben zurück. Nun rechts nahe am Grat über sehr brüchiges Gestein einige Meter aufwärts und in Blockkletterei zum Gipfel. Kurz vor demselben ein Block, zu dem eine schiefe Platte führt. Dieser Block muß, falls man nicht vorzieht, durch ein Loch zu kriechen, welches ebenfalls die Fortsetzung des letzten Gratstückes ermöglicht, durch Klimmzug überwunden werden.

● 993 e) **Purtscheller-Weg** (NW-Flanke — SW-Flanke; Ludwig Purtscheller, 1893). Großzügige kombinierte Eis- und Felsfahrt. 5—7 st.

Vom Weg zur Plauener Hütte rechts ab zur Kuchelmoosalm und weiter zur Hohenaualm im Zillergründl. 15 Min. taleinwärts, dann über den Bach und bei einem Wasserfall über den sehr steilen Berghang auf die dem Rauhkofelkees vorgelagerte

Abb. 33 Magnerkamm von der Reichenspitze. R = Rauhkofel, Kl. = Kleinspitze; a und b = R 992, c = R 993, d = R 986

Stufe. Von hier auf den Gletscher und etwas links haltend gegen einen von der O-Schulter des Rauhkofels herabziehenden Felssporn. Nun südwestl. zu einer Eisrinne, die vom Gletscher bis in eine schmale Scharte im NW-Grat des Rauhkofels zieht. Der Bergschrund bereitet manchmal beträchtliche Schwierigkeiten; die Eisrinne ist steinschlaggefährdet. Man erreicht die Grathöhe, hält sich von dort in die SW-Flanke und steigt durch diese leicht zum Gipfel empor.

● 994 frei für Ergänzungen

III. Die Reichenspitzgruppe und die Östlichen Zillerkämme

Im NO-Teil der Zillertaler Alpen, umrahmt von Zillergrund, Krimmler Achental und Gerlostal im N, erheben sich die Reichenspitzgruppe und die Östlichen Zillerkämme, von den Kennern mit Recht gerühmt als ein Bergraum von hoher landschaftlicher Schönheit. Man denke nur an die Krimmler Wasserfälle, das Wildgerlostal und den Zillergrund, oder die einmaligen Bergformen des Spatens, der Schwarzköpfe, der Reichenspitze und der Wildgerlosspitze.

Ebenso aber ist die Reichenspitzgruppe ein Dorado der Urgesteinskletterer, die hier rund um die Plauener Hütte und um die Richterhütte Kletterfahrten aller Schwierigkeitsgrade finden.

Die Reichenspitze wurzelt an der Wasserscheide des Alpenhauptkammes zwischen Heilig-Geist-Jöchl und Krimmler Tauern. Vom Dreiecker verläuft der Kamm nordwärts über eine Reihe von eindrucksvollen Berggestalten bis zur Reichenspitze, mit 3303 m der höchste und schönste Berg der Gruppe. (Halben Weges zweigt bei der Zillerschartenspitze nordöstl. der Windbachkamm ab.) Bei der Reichenspitze löst sich nun der Stamm in mehrere Äste auf, die sich weiter gabeln.

Für die Berge nördl. des Zillergrundes vom Aukarkopf bis zur Gerlossteinwand empfiehlt sich der in dieser Auflage neu eingeführte Begriff „Östliche Zillerkämme".

Wir unterscheiden also:

den eigentlichen *Reichenspitzkamm;*

den *Gerloskamm* (höchste Erhebung: Wildkarspitze, 3076 m), der in zuerst nordöstl., dann nördl. Richtung streicht;

den *Schönachkamm* (höchste Erhebung Schneekarspitze, 3205 m), der nördl. streicht;

den *Wimmerkamm* (höchste Erhebung: Zillerkopf, 2997 m), der nordwestl. streicht;

den *Schwarzachkamm* (höchste Erhebung: Rotkopf, 2820 m), ebenfalls nordwestl.,

und schließlich den *Zillerkamm,* der vom Höhenbergnieder westl. hinauszieht und die nördl. Umrahmung des Zillergrundes bildet.

Abb. 34 Durlasboden mit Reichenspitzgruppe. In der Mitte der Gabler, rechts davon Reichenspitze, Hahnenkamm und Wildgerlosspitze. Links die Wildkarspitze. Foto Höfler

Bergsteigerisch haben die Äste keine sonderliche Bedeutung. Es sind meist begrünte Höhenzüge, die in manchem bereits an die nördl. Nachbarn in den Kitzbüheler Alpen erinnern.

Hauptstützpunkte bilden die Plauener Hütte, die Zittauer Hütte und die Richterhütte; ferner kommen in Frage das

Krimmler-Tauern-Haus, Whs. Bärenbad im Zillergrund und das Whs. In der Au.

Für die nordwestl. Ausläufer: Gerlossteinhütte, Brandberg-Kolm-Haus, Whs. Häusling.

Für die nordöstl. Ausläufer: Whs. Schönanger, Whs. Filzstein und die Häuser der Gerlosplatte.

An diesen Abschnitt angehängt wird der im äußersten SO unseres Gebirges aufragende Klockerkarstock.

a) Der Reichenspitzkamm

● 995 **Schientalkopf,** 2774 m

Aussichtspunkt der Neugersdorfer Hütte. Prachtvoller Blick auf die Venediger-Gruppe.

● 996 a) **Von der Neugersdorfer Hütte,** I, 1 st, lohnend. Von der Hütte auf die Paßhöhe des Krimmler Tauern. Über ein Köpfl in einen zweiten Sattel und westwärts über den Kamm (Steigspuren) zum Gipfel.

● 997 b) **Auch vom „Kessel"-Weg** (R 344) ist der Schientalkopf unschwierig in 50 Min. zu erreichen.

● 998 **Dreiecker,** 2892 m

Flache Pyramide zwischen Schientaljöchl und Heilig-Geist-Jöchl.
Mit diesem Berg stößt die Reichenspitzgruppe an die Wasserscheide. (Wird auch Feldspitze und Windbachspitze genannt.)

1. Ersteigung gelegentlich der Landesvermessung 1852.

1. touristische Ersteigung: Dr. Fritz Koegel mit Franz Hofer, 1895.

● 999 a) **Von der Plauener Hütte,** I, 4 st, lohnend.

Von der Hütte am Weg zum Heilig-Geist-Jöchl etwa $1^1/_2$ st bis zu einer kleinen Karmulde (Beim Seewl) etwa 30 Min. unterhalb des Jöchls. Noch ein kurzes Stück über den rechten Begrenzungsrücken der Mulde aufwärts, dann entschieden links empor gegen den bereits sichtbaren Gipfel. Über Schutt und Firnreste an die W-Flanke des Berges. Die gut gegliederten Felsen leiten unmittelbar zum Gipfel.

● 1000 b) **Von der Neugersdorfer Hütte,** I, 2 st.

Auf dem Lausitzer Weg um die Querriegel der Schientalschneid herum in das Schiental, das westl. von der Geiereggschneid umschlossen wird. Über diesen fast nördl. verlaufenden Kamm auf Steigspuren empor auf ein Köpfl, dann links hinab in einen Schuttsattel und über den SW-Grat auf den Dreiecker.

Auch der unmittelbare Anstieg auf den Schuttsattel durch die Schientalmulde wird manchmal ausgeführt; weniger lohnend.

● 1001 c) **Ostgrat,** II—, 1 st E Ä. A.

● 1002 d) Den langen **Nordwestgrat** mit allen Erhebungen (P. 2858, 2881, 2873, 2874) überschritten Rudl Braun und E. Tischler 1940.

Keeskarkopf, 2917 m

Schroffer Felsgipfel über dem Zillergründl. Aus dem Windbachtal gesehen weniger eindrucksvoll.

1. Ersteigung: Dr. Fritz Koegel mit Franz Hofer, 1895.

● 1003 a) **Südostgrat und Südflanke** (Weg der Erstersteiger), II, von der Plauener Hütte 4 st.

Auf dem zum Heilig-Geist-Jöchl führenden Weg ins Keeskar bis zu dem kurzen, vom Keeskarkopf westl. streichenden Gratast. Unmittelbar unter seinem Steilabbruch durch an die S-Seite des Berges und über ein wüstes Trümmerfeld empor gegen die Scharte südl. des Berges in dem zum Dreiecker laufenden Grat. Über Steilhänge und durch Geröllrinnen wird die höhere Einsattelung der Doppelscharte gewonnen, von der man in der Wand der Zillerseite zum Gipfelturm gelangt. (Am Ansatz zu diesem eine Stelle mit ausgesetztem Tritt um eine Felskante herum.) Nun steil über Platten und durch Kamine zur Spitze des Keeskarkopfes.

● 1004 b) Der Einstieg an der Scharte im SO-Grat ist auch aus dem Windbachtal (Kesselweg, Richterhütte) über das Kesselkees zu erreichen.

● 1005 c) **Südwand,** mäßig schwierig (II), von der Plauener Hütte 4 st. Der bei a) erwähnte, westl. ziehende Gratast bildet mit dem Hauptkamme eine nach S gerichtete Wand, über die der Keeskarkopf auf kürzestem Wege erreichbar ist. Nur am Beginn sind einige plattige Stellen mit spärlichen Griffen, dann geht es über gut gestuften Fels, weiter über einen sanft geneigten, rasigen Absatz und zuletzt über Blöcke unschwierig zum Gipfel.

● 1006 d) **Abstieg nach Nordwesten,** teilweise schwierig u. Gr. (III—), 1½ st.

Vom Gipfel ein paar Schritte auf dem nach N ziehenden Grat, dann an der Stelle hinunter, wo W- und N-Grat in einem flachen Winkel sich schneiden. Eine schmale, abwärtsführende Felsleiste vermittelt den Übergang vom Grate zu dem tieferen Wandteil. In diesem ein schwieriger, glatter Kamin, weiter unten eine glatte Platte, dann leichter ins Seekar.

● 1007 e) Den **Südostgrat** und den Verbindungsgrat zum Dreiecker sowie den gesamten **Nordgrat** (von der Zillerplattenscharte) begingen R. Braun und E. Tischler 1940

Zillerplattenspitze, 3147 m

Eindrucksvolle Pyramide über der Zillerplattenscharte. Lohnenswerter Gipfel mit prächtigem Ausblick auf Dreiherrenspitze und Großvenediger.
1. Ersteigung: Dr. Fritz Koegel mit Franz Hofer, 1895.

● 1008 a) **Von der Plauener Hütte,** I, 3½ st, lohnend.
Wie in R 342 auf die Zillerplattenscharte. Von der Scharte nach links (N). Der erste Grataufschwung kann auch links umgangen werden. Man hält sich dann in eine deutlich ausgeprägte Scharte, von der aus über Schrofen und gutgestuften Fels (Quarzader) der Gipfel erreicht wird.

● 1009 b) **Westgrat,** II, von der Plauener Hütte 4 st.
Von der Hütte auf dem Weg zum Heilig-Geist-Jöchl um den ersten Querriegel herum ins weite Hohenaukar. Man sieht hier bereits den langen, in halber Höhe unterbrochenen W-Grat, den die Zillerplattenspitze aussendet.
Man hält sich nun links empor über Schutt gegen diese Unterbrechungsstelle. Über brüchige Schrofen auf die Grathöhe, sodann über den mäßig steilen, von großen Blöcken gebildeten Rücken unmittelbar zum Gipfel.

● 1010 c) **Südostgrat,** II, 1½ st E. Vom Kesselweg (Richterhütte), auf den der ausgeprägte SO-Grat absetzt, führt ein Weg zur Zillerplattenscharte, von dem man über steile Platten auf den SO-Grat (Aschbichlschneide) ansteigt. Über den steilen, plattigen Grat unmittelbar zum Gipfel.

● 1011 d) **Übergang von der Zillerschartenspitze** (Eugen, Franz und Fritz Malcher, 1906; Mitt. Akad. Sekt. Wien 1907), Der zersägte Verbindungsgrat zur Zillerschartenspitze bietet ungemein luftige, reizvolle Kletterei.
Von der Zillerschartenspitze über den scharfen Grat waagrecht, bis der Grat sich zu einer Scharte senkt. Hinunter über einen kleinen Gratturm auf den 2. Gratturm fast in der ursprünglichen Grathöhe. Hinunter bis vor einen 2½ m breiten, senkrechten Spalt. Nun rechts schwierig hinab, schließlich unter einem Überhang plattig in die Rinne und vor der Scharte rechts hinauf auf den Grat. Über einen morschen Gratzacken zum nächsten kleinen Turm. Zuerst über ein senkrechtes Wandl, dann rechts von dem senkrechten Abbruch sehr schwierig in die Scharte. Über den scharfen Grat auf den vorletzten großen Turm. Weiter bis zum senkrechten Absturz, dann rechts die

Platten hinab und auf einer schwierigen, schmalen Felsleiste mit überhängendem Vorbau waagrecht in die Scharte und über den letzten Turm auf die Zillerplattenspitze.

● 1012 **Zillerschartenspitze,** 3130 m

Formschöner Gipfel mit ausgeprägten Schneiden, der der südl. aufragenden Zillerplattenspitze ähnlich ist. Nach NO entsendet die Zillerschartenspitze einen langen Zweiggrat ins Windbachtal, der die unter 6. zusammengefaßten Gipfel trägt (Windbachgrat).

1. Ersteigung: Dr. Viktor Hecht mit Stefan Kirchler, 1877 (ZAV 1878).

● 1013 a) **Von der Richterhütte,** I, 4 st, lohnend.

Von der Hütte über die alte Moräne südwärts empor gegen den O-Rand des Keeskarkeeses. Über den Gletscher nahe unter dem Windbachgrat aufwärts, bis man diesen Grat unschwierig übersteigen kann. Jenseits über das Seekarkees aufwärts gegen die brüchigen Felsen der O-Flanke des Berges und über diese zum Gipfel.

● 1014 b) Bei Blankeis oder für Bergsteiger ohne Gletschererfahrung ist der kleine Umweg über die **Westl. Windbachscharte** empfehlenswerter. Man folgt dem Weg zur Zillerplattenscharte (bzw. Krimmler Tauern) südostwärts empor auf die Scharte, jenseits leicht absteigend, dann eben bis in Fallinie der Zillerschartenspitze. Nun wie a) zum Gipfel. II und I, 4 st.

● 1015 c) **Nordwestgrat** (E. Platz, L. Prohaska, 1899; VII. Jb. d. AAKI, S. 112), III, von der Richterhütte 4 st.

Von der Richterhütte auf das Keeskarkees und unter den Plattenwänden des Zillerschartenkopfes hin bis unter die NO-Abstürze der Zillerschartenspitze. Nach Übersteigung des Bergschrundes in eine südl. schräg hinanziehende Rinne und in dieser aufwärts, bis sie ungangbar wird. Von dort erklettert man den im letzten Stücke sehr ausgesetzten NW-Grat, der zum Gipfel führt. — Den gesamten NW-Grat und weiter bis zu den Nadelspitzen und zur Zillerscharte begingen Eugen und Franz Malcher 1905 (III).

● 1016 d) **Von der Plauener Hütte** (Westflanke — Südgrat), III, 2 st E., wie in R 1009 ins Hohenaukar. Etwas früher als dort links ab und über das kleine Hohenaukees an die W-Abstürze des S-Grates der Zillerschartenspitze. Über die brüchigen Wände steigt man gerade zum Hauptgrat an. Über den nach beiden Seiten schroff abstürzenden Grat zum Gipfel.

● 1017 e) **Nordostwand** (H. Burggasser, A. Glanzl, 1929; Lit.: Nachr. S. Austria 1929), III, 1½ st E. Wandhöhe 150 m. Dem Reinbachtale zeigt sich die Wand in schöner, regelmäßiger Dreiecksform. Von der Richterhütte verfolgt man drei Minuten den Gamsschartenweg und betritt das Keeskarkees an der Stelle, wo es dem Weg am nächsten kommt. Nun den steilen Gletscher hinauf, sich am besten stets links den Gratfelsen zu haltend, um so den gewaltigen Klüften und mehrfachen Bergschründen auszuweichen. Auf diese Weise erreicht man bald etwas links von der Fallinie des Gipfels die Randkluft. Nach deren Überschreitung gelangt man von rechts nach links aufwärts sofort in schwieriges, aber festes, lichtgraues Gestein. Nach ungefähr 15 m biegt eine schwierige Querung aus einer Verschneidung nach links um eine stumpfe Kante. Es folgt nun ein langes Queren steil nach rechts über viele Rinnen, die zum O-Grat streichen. Der graue Plattenschuß, der die ganze Wand durchzieht, bietet hierbei große Schwierigkeiten. Nunmehr in der Fallinie aufwärts bis unter die große Verschneidung. Jetzt entweder schwierig nach links hinaus zum O-Grat, einige Meter vom Steinmann (oder in der großen Verschneidung gerade zum Steinmann; V +). Der höchste Punkt liegt etwa 50 m vom Steinmann entfernt als Turmspitze im S-Grat.

● 1018 **Windbachgrat:**

Windbachtalkopf, 2844 m; **Windbachkarkopf,** 2765 m; **Windtalkopf,** 2633 m; **Graukarkopf,** 2663 m; **Gamsbichlegg,** 2644 m

Von der Richterhütte leicht erreichbare Aussichtspunkte in dem von der Zillerschartenspitze nordöstl. streichenden Zweiggrat. Als Übergang ist vor allem die Westl. Windbachscharte, 2693 m, von Bedeutung. Auch die Hohe Scharte, 2718 m, und die Östl. Windbachscharte, 2495 m (zwischen Windbachkarkopf und Windtalkopf) ermöglichen leichte, aber pfadlose Übergänge.

● 1019 a) **Windbachtalkopf,** Weganlage, von der Richterhütte 1½ st.

Von der Hütte auf dem zur Westl. Windbachscharte führenden Steig aufwärts, bis etwa 100 m unterhalb der Schartenhöhe ein Steiglein links abzweigt, das unmittelbar durch die NW-Flanke auf den Kopf emporführt.

● 1020 b) **Windbachtalkopf-Nordwand** (K. Wanetschek, E. Peter, 1931; Lit.: Nachr. S. Austria, 1932), III, von der Richterhütte 2½ st, brüchig.

Dem von der Richterhütte zur Westl. Windbachscharte führenden Steig etwa 10 Min. folgend. Dann quert man auf den Rücken der Seitenmoräne des Keeskares. Über sie bis zu dem von der N-Wand herabziehenden Firnhang und über ihn bis zum Fuß der Wand.

E. (Randkluft) vermittelt eine 10 m hohe Platte, die jedoch weiter links in leichterem, aber sehr brüchigem Fels umgangen werden kann. Empor auf eine Schuttstufe und über sie zu einer Wandstufe. Von dieser in brüchigem Fels empor, halbrechts durch eine kurze Rinne zu einem Band, das scharf links zu einem schwach ausgeprägten Riß verfolgt wird. Durch diesen und über anschließende Schrofen zu weißen, steil aufgerichteten, aber gutgriffigen Platten. Einige Seillängen über sie empor in leichtes Gelände. Dann über rasendurchsetzte Wandstellen und Blöcke zum Gipfel.

● 1021 c) **Übergang zum Windbachkarkopf,** I, 1 st, lohnend. Ä. A.

● 1022 d) **Windbachkarkopf von der Richterhütte,** I, 2 st. Man hält sich von der Richterhütte pfadlos ostwärts empor, quert unter dem NW-Grat des Windbachtalkopfes durch an den felsigen W-Hang des Karkopfes und ersteigt über diesen den Gipfel. Trittsicherheit erforderlich.

● 1023 e) **Übergang** zu den drei Gipfeln im nordöstl. Ausläufer, I, 1—2 st.

● 1024 Zillerschartenkopf, 3080 m

Schroffe Graterhebung im Verlauf Zillerschartenspitze — Südl. Zillerscharte.

1. Ersteigung: E. Platz, L. Prohaska, 1899 (VII. Jb. AAVM S. 38).

● 1025 **Von der Südl. Zillerscharte** (Weg der Erstersteiger), II, 1½ st E.

Die Südl. Zillerscharte, 3013 m, ist ein schmaler Einschnitt im Kammverlauf Zillerschartenspitze — Rainbach-Schwarzkopf. Sie kann sowohl von der Plauener Hütte durch das Hohenaukar und -kees durch eine steile Schneerinne, oder ebenso von der Richterhütte über das Keeskarkees und eine noch steilere, oft blanke Schneerinne erreicht werden. Nun über den scharfen und brüchigen NW-Grat empor. Das abschließende Stück auf den von tiefen Rissen gespaltenen Gipfelblock ist sehr ausgesetzt.

● 1026 **Rainbach-Schwarzkopf,** 3068 m

Felskuppe über der Südl. Zillerscharte. Sie entsendet einen feinen Felsgrat nördl. gegen das Keeskarkees hinab.
1. Ersteigung: E. Platz, L. Prohaska, 1899 (Lit.: VII. Jb. AAVM, S. 38).

● 1027 a) **Von der Plauener Hütte,** Schwierigkeit hängt von den Eisverhältnissen an der Südl. Zillerscharte ab. S-Grat selbst, I, je nach Jahreszeit steiler Eishang zur Scharte. 1 st ab E. in der Scharte.
Wie in R 1025 auf die Südl. Zillerscharte. Von dort ohne weitere Schwierigkeiten über den brüchigen Blockgrat, die meisten Gratzacken in der West- oder Ostseite umgehend, zum Gipfel.

● 1028 b) **Von der Richterhütte,** Schwierigkeit siehe a), von der Hütte 4 st. Ebenfalls über den S-Grat von der Zillerscharte (dorthin wie bei R 1025).

● 1029 c) **Nordgrat,** III und II, 2 st E.
Aus der tiefsten Einschartung zwischen Rainbach-Schwarzkopf und Nadelspitzen, die man aus dem Hohenaukar (von der Plauener Hütte) meist aper erreicht (von der Richterhütte über einen steilen Firnhang), über eine brüchige, steile Wand empor auf die Grathöhe. Den zerrissenen Türmen weicht man mehrmals tief in der W-Flanke aus, wobei mehrere plattige Rinnen zu queren sind.

● 1030 Nordostgrat (E. Fuchs, E. Riedl, 1922). Einige Stellen III, meist II. Sehr schöne Kletterei in nicht immer ganz solidem Fels (vor allem im ersten und letzten Drittel brüchig). Gratlänge etwa 300 m. 2—3 st ab E.
Übersicht: Die Führe leitet über den markanten Grat, der vom Rainbach-Schwarzkopf gegen die Richterhütte abfällt.
Zum Einstieg: Von der Richterhütte auf dem Steig zur Gamsscharte bis unter die Firnrinne, die sich hinaufzieht in Richtung der Scharte zwischen Nadelspitzen und Spaten. In der mäßig steilen Schneerinne empor, bis man nach links auf eine weite Firnterrasse unter der Ostwand der Nadelspitzen queren kann. Hinüber zum Gratfuß. Durch eine kurze, brüchige Rinne steigt man auf die hier flache Grathöhe hinauf.
Die Führe: In festem Fels über Blöcke und Platten drei Seillängen am Grat empor (II).
4. SL: Von zwei Parallelverschneidungen steigt man zunächst etwa 5 m in der rechten empor, um dann hinüber in die linke zu spreizen und sie bis zu ihrem Ende zu durchklettern (schöner Fels, III).
5. und 6. SL: Nach links um eine Ecke zu rauhen, geneigten Platten. In wunderbarer Reibungs- und Rißkletterei über die Platten gerade empor in geneigteres Gelände (II und III).
7. bis 12. SL: Nun immer am Grat in leichtem aber teilweise brüchigem Blockwerk hinauf zum Gipfelschneefeld (je nach Jahreszeit mehr oder

weniger ausgeprägt), über die kurze Firnschneide zum höchsten Punkt. (Beschreibung Winfried Spaar))

● 1031 e) **Übergang zur Zillerschartenspitze über den Zillerschartenkopf** (Eugen und Franz Malcher, 1905), III, meist II, brüchig, 2 st.
Man hält sich fast stets auf der Grathöhe. Ein senkrechter Abbruch wird mit Abseilen (10 m) überwunden oder in der W-Flanke umgangen. Umgehung nicht ratsam, brüchiges Gestein.

● 1032 **Nadelspitzen, 2975 m und 2955 m**

Braunrote, langgestreckte Felsmauer mit fast horizontaler Schneide. Auf ihrer NW-Ecke ragte früher ein nadelförmiger Aufsatz auf (daher der Name), der vor einigen Jahren zusammengestürzt ist.
1. Ersteigung: H. Meynow und Wilh. Weigand, 1898 (Jb. Sekt. Berlin 1898).

● 1033 **Von der Richterhütte auf die Nördl. Nadelspitze** (Weg der Erstersteiger). II, 2—3 st.
Von der Richterhütte auf dem Weg zur Gamsscharte, bis man durch die breite Firnrinne in Richtung auf die Scharte zwischen Nadelspitze und Spaten emporsteigen kann. Im Spätjahr ist diese Rinne zeitweise ungangbar, so daß man dann dem Weg zur Gamsscharte weiterfolgt, bis Steigspuren zur Reichenspitze abzweigen. Man folgt dem bez. Steig noch etwa 200 m, bis man absteigend das Keeskarkees erreichen kann. Man quert unter der Schwarzen Wand und dem Spaten in Richtung auf die genannte Scharte. Etwa 100 Höhenmeter unter der Grathöhe steigt man in die Nordostflanke des Berges ein (brüchige Rinnen) und hält sich schräg aufwärts, um den NW-Grat kurz unter dem Gipfelgrat zu erreichen. Auf ihm zum höchsten Punkt.

● 1034 b) **Südgrat,** III—, 1 st E. Von der Plauener Hütte auf dem Weg zum Heilig-Geist-Jöchl ins Hohenaukar und über das Trümmerfeld empor in Richtung der tiefsten Einschartung zwischen Nadelspitzen und Rainbach-Schwarzkopf. (Kann auch aus dem Keeskarkees durch eine steile Eisrinne erreicht werden.) Sodann in ausgesetzter Kletterei über den schmalen, manchmal brüchigen S-Grat auf den S-Gipfel.

● 1035 **Ostwand-Couloir.** In den zwanziger Jahren wurde durch die Steilrinne, die den südlichen Teil der Ostwand durchzieht, eine Route gelegt. Beschreibung nach H. Scalet, 1975. IV und III, äußerst brüchig und steinschlaggefährdet.

Der Beginn ist mit den unter R 1036 beschriebenen Einstiegsseillängen der NO-Kante identisch. Kantenbegehern sei geraten, nicht in der Rinne Stand zu machen.

● 1036 **Nordostkante** (1. bekannte Begehung H. Scalet, H. Schmitz, 1. 9. 75). Meist IV, stellenweise V, A 1, sehr schöne Kletterei an der ausgeprägten Kante, fester Fels. Die meisten H wurden belassen, Klemmkeile und einige H sind für Wiederholer empfehlenswert. Wandhöhe etwa 180 m, Zeit der Erstbegeher 5 st.

Übersicht: Von der Südlichen Nadelspitze zieht ostseitig eine markante Rinne herab. Links von dieser ragt ein markanter Pfeiler auf, der „Daumen“. Über seine scharfgeschnittene NO-Kante verläuft die Kletterei. Die Erstbegeher fanden nach der ersten Seillänge nur einen H, die eigentliche Kante wies keinerlei Spuren früherer Begehungen auf. Der E. befindet sich bei dem gewundenen Riß, der im Bogen zum Couloir emporleitet. Den Weiterweg vermittelt die Kante links des Couloirs.

Die Führe: Durch den Riß sehr schwierig empor und nach 30 m zu Stand (IV). 5 m empor zu altem H, links aufwärts um ein grasiges Eck zu weiterem H, dann hinauf zum Fuß des Couloirs und hinüberqueren zum Kantenfuß. 15 m an der Kante empor zum ersten Steilaufschwung (IV). Nun direkt an der Kante weiter zu Stand in kleiner Scharte. 35 m empor zu Stand (V, A 0, mehrere H). Eine weitere Seillänge (IV und V) zu Stand bei Block (30 m). 7 m hinauf unter Überhang, 2 m Quergang nach links zu H (V) und wieder 4 m schräg rechts empor zurück zur Kante. Man folgt ihr bei abnehmender Schwierigkeit zum höchsten Punkt des „Daumens“. (Beschreibung der Erstbegeher.)

● 1037 **Übergang vom Südgipfel zum Nordgipfel.** III (wenige Stellen), meist II, 2 st ab Zillerscharte. Schöne, ausgesetzte Gratkletterei.
Man erreicht über R 1034 den Gipfel der Südlichen Nadelspitze. Unmittelbar am scharfen Verbindungsgrat erklettert man sämtliche Gratzacken und erreicht den Nordgipfel, von dem man auf R 1033 absteigt.

● 1038 **f) Übergang zum Spaten** (Dr. Forst, Dr. Hannemann, 1921), **III+, 2 st. Wie in c) Abstieg in die Nördl. Zillerscharte und wie in R 1040 über den S-Grat auf den Spaten.**

● 1039 **Spaten, 2956 m**

Ein spatenförmiges, schönes Felshorn; mit Plattenpanzern gegen O und W abstürzend. Erhebt sich unmittelbar nördl. des breiten Einschnittes der Nördl. Zillerscharte, 2849 m. 1. Ersteigung: H. Meynow, Wilh. Weigand, 1898 (Lit.: Jb. Sekt. Berlin, 1898).

● 1040 a) **Südostgrat,** II, eine Seillänge III, 1 st ab E. Schöne Kletterei, empfehlenswerter als R 1041.

Von der Richterhütte oder von der Plauener Hütte in die Nördl. Zillerscharte. Man umgeht die markanten Felszacken, die dem SO-Grat vorgebaut sind, auf der Westseite und steigt durch eine brüchige Rinne empor in den schmalen Einschnitt unter dem Steilabbruch des Grates. Direkt aus der Scharte links empor in eine markante Rißverschneidung, die auf die Grathöhe hinaufführt (30 m, III, 1 H). Nun ständig am Grat weiter (II) zum höchsten Punkt.

Der Südostgrat empfiehlt sich ebenfalls für den Abstieg, wobei man über die oben erwähnte Rißverschneidung abseilt (20 m, H vorhanden). Knapp 1 st bis zum Fuß des Grates.

● 1040 a b) **Direkte Ostwand** (Erich Unterwurzacher und Gefährten 1938). IV und V, A 0, einige Stellen A 1, alle notwendigen ZH und SH vorhanden, Wandhöhe 200 m, 3—4 st. Beim Versuch der Zweitbegehung stürzte P. Meilinger 1965 in den Gipfelüberhängen tödlich ab. Bis 1976 sechs Wiederholungen, darunter auch eine Alleinbegehung.

Übersicht: Unmittelbar in Gipfelfallinie verläuft ein markanter Riß, der unter den gelben Gipfelüberhängen beginnt und gegen den Wandfuß in geneigten Platten ausläuft. Dieser Riß bestimmt die Anstiegsrichtung.

Die Führe: Über die Randkluft und über Platten zu kleinem Überhang (H), darüber hinweg und weiter zu Stand auf Band (25 m, III und IV). Schräg rechts etwa 15 m hinauf zu H und waagrecht nach links queren zurück in den Riß zu Stand (30 m, IV und V—). Nun drei Seillängen, immer im Riß bleibend, über kleine Überhänge und Dächer, teils frei, teils technisch in leichteres Gelände (90 m, IV und V, A 0 und A 1). 15 m leichter (brüchig) zu geräumigem Absatz (15 m, III). Nun den H folgend (A 0) rechts über den rotgelben Wandausbruch zum NW-Grat (35 m). Über den plattigen NW-Grat in Rechts-Links-Schleife (III+) nach 20 m zum Gipfel.

● 1040 b c) **Neue Ostwand** (H. Hofer, B. Widmann, 1961). IV und V, eine Seillänge A 2, einige Stellen A 1.
Empfehlenswerte Plattenkletterei in festem Fels. Die Zweitbegeher (Kubin-Haßler, 1975) fanden 5 H; ein gutes Sortiment Klemmkeile (vor allem sehr kleine) ermöglicht es jedoch, die Route mit den vorhandenen Haken zu klettern. 3 st, Wandhöhe knapp 200 m.
Übersicht: Den Wandteil rechts der direkten Ostwandführe (R 1040 a) kennzeichnen glatte Platten, durch die der Anstieg führt. Der E. befindet sich bei einem Pfeiler (schwach ausgeprägt), den in 10 m Höhe ein markanter Quarzstreifen durchzieht.
Die Führe: Rechts des oben erwähnten Pfeilers einige Meter hinauf zu H, mit Klemmkeil und weiterem Haken über den Überhang (A 1), dann über Platte schräg rechts zu Stand auf Band (30 m, IV+, A 1). Schräg links ansteigend zu weiterem Stand unter Verschneidung (25 m, III+). Durch die Verschneidung empor (kleinsplittriger Fels) zu Stand unter kleinem Blocküberhang (2 H, 25 m, IV+). Über den Blocküberhang hinweg (V—, 1 H) und über Platten zu schlechtem Stand unter weiterer, glatter Verschneidung, die oben von einem Überhang abgeschlossen wird (25 m, IV). In kleiner Links-Rechts-Schleife über Platte (V, 1 H) in die Verschneidung, durch sie etwa 15 m empor (V, A 1, A 2, kurze Spachtelhaken oder sehr schmale Klemmkeile, 1 H vorhanden), unter dem Überhang rechts heraus zu schlechtem Stand (30 m). Nun zwei Möglichkeiten: a) Weg der Erstersteiger: Links zu Verschneidung und durch diese zum NW-Grat, vermutlich hakentechnisch, viele H stecken, lt. Erstbegeher VI. b) Weg der Zweitbegeher: Vom Stand über Reibungsplatten schräg rechts in herrlicher, freier Kletterei zum Grat (35 m, V, einige Stellen V+, 1 H, 3 Keile, H wurde belassen).

● 1040 c d) **Neue Ostwand „Stefan-Böhm-Gedächtnisweg“** (K. Schuhmann, R. Pickl, 12. 9. 74). Dieser neueste Weg durch die Spaten-Ostwand wurde bisher noch nicht wiederholt (1976), daher sind sämtliche Angaben der Beschreibung der Erstbegeher entnommen.
V und VI, eine Stelle VI+ (Angaben der Erstbegeher!). Die Tour wurde ohne Fortbewegungshaken gemacht. Es wurden

Abb. 35 Rainbach-Schwarzkopf, Nadelspitzen, Spaten und Südlicher Schwarzkopf (von links) von Nordosten. 1 = R 1040c, 2 = R 1040a, 3 = R 1040b, 4 = R 1041. Im Vordergrund die „Eisrampe" auf den Südlichen Schwarzkopf, R 1045a. Foto Höfler

9 Zwischenhaken geschlagen, von denen 4 belassen wurden. Die Standhaken sind nur teilweise vorhanden. Es ist anzuraten, einige Profil- und einige Spachtelhaken mitzuführen, ebenfalls ein Sortiment Klemmkeile.
Wandhöhe etwa 180 m, Zeit der Erstbegeher etwa 6 st.

Übersicht: Links der Gipfelfallinie durchzieht in gerader Linie ein markanter Riß die Plattenwand, er gibt die Anstiegsrichtung vor.

Die Führe:

1. SL: E. bei einem markanten Podest in Fallinie des Risses. Erst 20 m leicht rechts hinauf zu kleiner Verschneidung, dann links in den Riß zu gutem Stand (IV+).

2. SL: 10 m im rinnenartigen Riß gerade hinauf, nach rechts um die Kante (Knotenschlinge), über einen Überhang (H) und auf kurzer Rampe zu Stand (VI).

3. SL: Vom Stand über einen Überhang und leicht links aufwärts zu gutem Stand (V).

4. SL: Im Riß 30 m empor und nach rechts zu Stand auf schmaler Leiste (H, VI).

5. SL: Links um den Überhang herum und im Riß gerade empor zu Stand auf großer, grasbewachsener Terrasse (H, VI).

6. SL: 10 m gerade empor zu nassem und brüchigem Überhang und über diesen (VI+) direkt empor zu Stand 10 m unter dem Gipfelgrat (2 Standhaken).

7. SL: Unter dem Überhang an guten Griffen links aufwärts zum Grat (V+).

● 1041 e) **Nordwestgrat,** IV—, 1 st E., prächtiger Fels.

Von der Plauener Hütte durch das Hohenaukar über Trümmerfelder, oder von der Richterhütte über den sanften N-Teil des Keeskarkeeses in die Scharte nördl. des Spatens.

Von der Scharte über den Blockgrat an die erste Nadel, die rechts durch einen Riß erklettert wird. Man spreizt in das Schartl; 3 m rechts in die Wand und durch den Riß auf die Schneide empor. Dieser folgend bis zum nächsten Aufschwung. Neuerdings durch einen Riß in der W-Flanke auf die Schneide (IV—), sodann über die ungemein eindrucksvollen Felsformen dieser Schneide an den letzten Steilaufschwung.

Man hält sich zuerst nahe der linken Kante (ausgesetzt), und quert dann an splittrigen, kleinen Griffen ausgesetzt nach

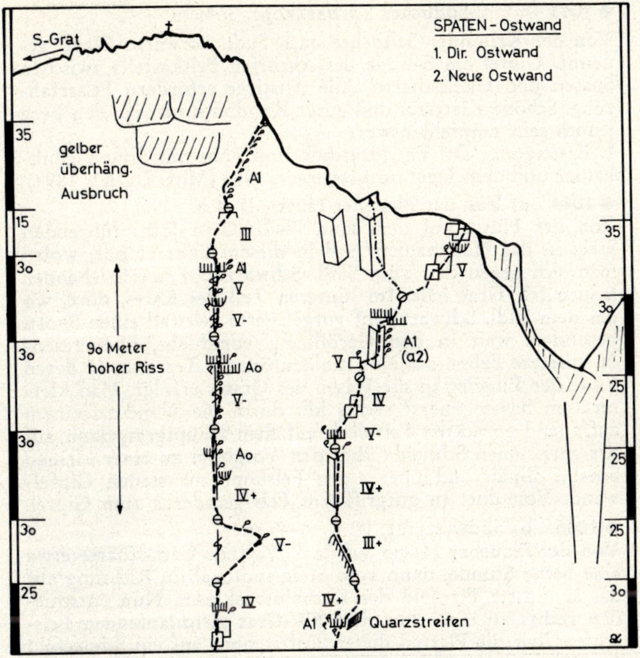

Abb. 36 Spaten-Ostwand. Links R 1040a, rechts R 1040b.

rechts auf einen Standplatz. (Hier Abseilhaken für den Abstieg.) Nun wenige Meter gerade empor zum Gipfel.

● **1042** f) **Übergang zum Südlichen Schwarzkopf,** IV—, 2 st. Wie in e) über den N-Grat mit Abseilen in die Scharte, 2883 m. Von dort über den SO-Grat (R 1047) auf den Gipfel.

● 1043 Südlicher Schwarzkopf, 3045 m

Von der Krimmler Seite her auch Südl. Schwarze Wand genannt. Gipfel am S-Ende des schroffen Felskastells zwischen Spaten und Gamsscharte. Alle Anstiege erfordern Felserfahrung. Schöne Kletterei und guter Rundblick machen den Berg jedoch sehr empfehlenswert.

1. Ersteigung: Dr. Fr. Juraschek und Frau mit Simon Fankhauser und dem Jäger Schneeberger, 1893 (Mitt. DÖAV 1894).

● 1044 a) Von der Plauener Hütte, II, 4 st.

Von der Hütte auf dem zum Heilig-Geist-Jöchl führenden Steig in das Hohenaukar und in diesem links empor, wobei man sich gegen den vom Südl. Schwarzkopf herabziehenden langen SW-Grat hält. Im hinteren Teil des Kares, dort, wo der dem Südl. Schwarzkopf vorgelagerte Felswall einen Sporn besonders weit in den Geröllhang vorschiebt, über rasendurchsetzte Felsen auf eine muldenförmige Terrasse, an deren Ende der Einstieg in die Felsen des Grates erfolgt. Man klettert am besten zuerst rechts hin durch die Wand zu einem auffallend gezackten Felsblock auf dem Hauptgrat, dann auf der zerrissenen Schneide über den Vorgipfel zu einer kleinen Scharte hinab und über einen Felskopf zur steilen Gipfelwand. Von dort in gutgriffigem Fels geradeaus zum Gipfel.

● 1045 b) Südwestgrat, III—, 4—5 st.

Von der Plauener Hütte auf dem Weg zur Gamsscharte etwa eine halbe Stunde, dann vom Steig rechts ab in Richtung auf das südlichste Firnfeld des Kuchelmooskeeses. Nun entschieden rechts zu einer mit dem SW-Grat gleichlaufenden Felsstufe. Über die Platten dieser Stufe empor auf ein Schneefeld (im Hochsommer Schutt) und über dieses an den eigentlichen Grat. Nun auf die S-Seite des Grates hinüber und über steilen Fels auf die Grathöhe selbst empor. Nun ausgesetzt, sich stets etwas in der N-Seite haltend aufwärts, bis man durch einen kaminartigen Einriß unmittelbar den Gipfel erreicht.

● 1045 a c) „Eisrampe" von der Richterhütte. II, im Firn je nach Verhältnissen und Jahreszeit manchmal problematischer Bergschrund. 3 st von der Richterhütte. Sehr schöner, abwechslungsreicher, kombinierter Anstieg.

Von der Richterhütte auf dem Weg zur Gamsscharte bis zum Moränenrücken, an dem der markierte Weg steiler anzusteigen beginnt. Nach links auf das Keeskarkees und dieses queren in Richtung auf den Firnrücken, der vom SO-

Grat des Südl. Schwarzkopfes herabzieht. Über die sogen. „Eisrampe“ erst flach, dann steiler empor zum Bergschrund und weiter über einen kurzen Firngrat auf die Höhe des Südostgrates. Über den Blockgrat in leichter Kletterei zum Gipfel.

● 1046 d) **Von der Plauener Hütte** führt ein Steig in südöstl. Richtung empor auf den Aussichtspunkt 2656 m im SW-Grat. Dem geübten Kletterer ist die Überschreitung des gesamten SW-Grates von hier aus zu empfehlen. Schwierigkeiten etwa IV. Grad.

● 1047 e) **Südostgrat,** II und III, eine Stelle IV. Sehr schöne Gratkletterei, 2—3 st ab Scharte.
Die Führe hält sich unmittelbar an den Grat, der sich aus der Scharte zwischen Spaten und Südl. Schwarzkopf aufschwingt. Die Scharte erreicht man von der Richterhütte durch eine brüchige Erdrinne oder von der Plauener Hütte über steiles Blockwerk und eine ebenfalls sehr brüchige Rinne (Vorsicht auf Steinschlag).
Direkt aus der Scharte über ein senkrechtes Wandl 10 m hinauf auf einen Absatz (III+). In Links-Rechts-Schleife umgeht man die folgende, überhängende Wandstelle über eine kleingriffige Platte (25 m, IV). Rechts durch eine kaminartige Rinne zum Grat. In schöner Plattenkletterei (II) nach etwa 80 m zu einem markanten Gratabsatz, den man in der Ostflanke ersteigt. Über ein waagrechtes Gratstück (Firn) zu einem Blockgrat, über diesen in ausgesetzter, jedoch leichter Kletterei zum höchsten Punkt.

● 1048 f) **Von der Richterhütte,** II, 2—3 st.
Von der Hütte am Weg zur Gamsscharte empor bis an den Fußpunkt des von der Richterspitze herabziehenden O-Grates. Nach wenigen Minuten quert man links auf den N-Rand des Keeskarkeeses hinüber und erreicht über einen Firnhang und Bergschründe den Fußpunkt des Gratls, das vom Südl. Schwarzkopf herabstreicht. Über dieses Gratl in ausgesetzter Kletterei unmittelbar zum Gipfel.

● 1049 g) **Abstieg durch die Westwand,** III, steinschlaggefährdet.
Von der ersten Scharte im Verbindungsgrat zum Nördlichen Schwarzkopf westl. hinab durch einen manchmal vereisten Kamin, der unmittelbar auf den Firn des Kuchelmooskeeses hinabführt.

● 1050 h) **Übergang zum Nördlichen Schwarzkopf** (O. Schuster, F. Kostener, 1906).

Ausgesetzte Gratkletterei mit schönen Einzelstellen, in Verbindung mit R 1047 eine der großzügigsten Überschreitungen in Bereich der Richterhütte. Meist II und III, wenige Stellen IV—, keine Haken, einige Stellen etwas brüchig, Zeit (vom Südl. Schwarzkopf) 2—3 st.

Vom Gipfel des Südl. Schwarzkopfes über den luftigen Grat hinab, zwei Gendarme auf der Westseite umgehend (II) in eine Zone gelbbrüchigen Gesteins. Ein brüchiger Gratturm wird überklettert (III), dann auf der zackigen Gratschneide weiter, am Ende absteigen in die Scharte unter der Gipfelwand. Links über eine Plattenrinne 20 m hinauf auf ein Band (III, Stand). Nun durch Risse möglichst in gerader Linie hinauf zu Absatz (40 m, je nach Wegführung III+ bis IV+, sehr schöne Seillänge). Vom Absatz in leichtem Gelände nach etwa 50 m zum höchsten Punkt. (Man kann auch unter der 40-m-Seillänge auf einem Band nach links zum SW-Grat queren und über diesen den Gipfel erreichen, brüchig, nicht empfehlenswert, Originalanstieg.)

● 1051 Nördlicher Schwarzkopf, 3082 m

Die nördlichste und höchste Erhebung des schroffen Felskastells zwischen Spaten und Gamsscharte, von W gesehen steiler Kegel, von N ein kühnes Felshorn.
Auf der Pinzgauer Seite Nördl. Schwarze Wand genannt.

Am N-Grat ragt der schon von weitem ins Auge stechende „Finger" empor, ein ungemein kühnes Felsgebilde, das gerne erstiegen wird. Mehrere schöne Kletterwege führen auf diesen Gipfel, der von keiner Seite leicht ersteigbar ist. Die Überschreitung der beiden Schwarzköpfe zählt zu den schönsten Gratfahrten der Gruppe. Gipfelbuch.

1. Ersteigung: Dr. Fritz Drasch mit Stephan Kirchler, 1893 (Lit.: ZAV 1897, S. 208).

● 1052 a) **Westgrat** (Dr. R. Werner mit Alois Tipotsch, 1895), II, brüchig und steinschlaggefährdet. Von der Plauener Hütte 4 st.
Durch das Kuchelmooskar, anfangs dem Gamsschartensteig folgend, dann rechts über Moränen und ein ehemaliges Gletscherbett (Fundstätte schöner Mineralien) gegen den W-Grat hinauf. Da, wo aus ihm auf seiner S-Seite eine riesige Felsmasse herausgebrochen ist und sich unter überhängenden schwarzen Felsen ein gewaltiges Loch befindet, beginnt links

ein Kamin und befindet sich der Einstieg. Durch vier schwierige Kamine mit meist schlechten Griffen hinauf. Der fünfte ist oben durch einen losen Block versperrt, der ausgesetzt an der Wand umklettert wird, worauf man den Grat etwa in der Hälfte seiner Höhe erreicht. Nun links sehr ausgesetzt, gegen die Einbuchtung zwischen Vor- und Hauptgipfel, dann gerade hinauf zu letzterem.

● 1053 b) **Ostwand, III,** von der Richterhütte 3 st. Festes Gestein.
E. am Keeskarkees auf einem 30—40 m langen Felsband in der Fallinie des „Fingers". Indem man sich meist links hält, erreicht man eine Gratscharte unmittelbar vor dem höchsten Wandaufbau. Nun über den N-Grat weiter wie in d).

● 1054 d) **Nordgrat** (Weg der Erstersteiger). Der unkomplizierteste und schönste Anstieg auf den Nördl. Schwarzkopf. II und III, eine Stelle IV—, Zeit (ab Gamsscharte) 1—2 st.
Von der Scharte über großes Blockwerk, einige Gratzacken auf der Westseite umgehend, in eine kleine Scharte am Be-

Abb. 37 Südliche Reichenspitzgruppe
Spaten (I), Südl. Schwarzkopf (II), Nördlicher Schwarzkopf (III), am unteren Bildrand die Gamsscharte, R 343.

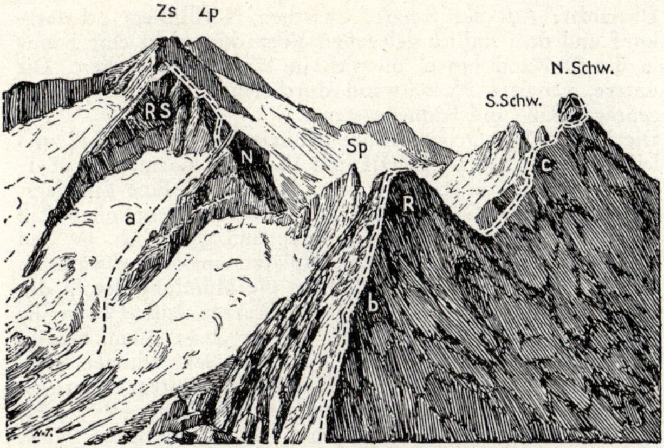

Abb. 38 Südliche Reichenspitzgruppe von der Zillerspitze. Zs = Zillerschartenspitze, Zp = Zillerplattenspitze, RS = Rainbach-Schwarzkopf, N = Nadelspitzen, Sp = Spaten, R = Richterspitze, S.Schw. = Südl. Schwarzkopf, N.Schw. = Nördl. Schwarzkopf; a = R 1029, b = R 1062, c = R 1054.

ginn des eigentlichen Nordgrates. Durch kurzen Riß (II) empor zum Fuß einer glatten geneigten Platte. Über diese hinauf (IV) zum Fuß des markanten „Fingers". Man umgeht diesen auf der Ostseite auf einem Band und steigt dann wenige Meter ab (brüchig) in die folgende Scharte. Weiter über den hier leichten Grat zum nächsten Abbruch. Direkt an der Gratkante empor (20 m, III) und über den blockigen Grat (nicht in die W-Flanke abdrängen lassen, brüchig!) zum Gipfelaufschwung. Man steigt rechts empor und erreicht über Risse den höchsten Punkt. Im Abstieg seilt man über den ersten Steilaufschwung ab (18 m, H vorhanden). Zeit für Abstieg 1 st.

● 1054 a e) **Gerade Ostwand** (E. Unterwurzacher u. Gefährten, 1938). III und IV, einige Stellen V, A 0.
Nicht zu unterschätzende Kletterei in teilweise brüchigem Fels, jedoch einer der bedeutendsten Wandanstiege im Bereich der Richterhütte. Bis 1976 zwei Wiederholungen, kaum H vorhanden. Wandhöhe knapp 300 m, 3—4 st.

Übersicht: Aus der Scharte zwischen Nördlichem Schwarzkopf und dem südlich gelegenen Vorzacken zieht eine Rinne in die O-Wand hinab, die sich in Wandmitte verliert. Die untere, geneigte Plattenwand durchziehen zwei wenig ausgeprägte Riß- und Rinnensysteme.
Die Führe: Die Originalroute benützt den rechten Riß und leitet in zwei Seillängen (III und IV—) zu einem Blocküberhang, der links überstiegen wird (V—, A 0). Eine Einstiegsvariante (Kubin-Gerlach, 1975) führt durch den linken Riß in drei Seillängen (teilweise brüchig und gefährlich, IV und V—, 1 H belassen, schlechte Standplätze) am oben erwähnten Überhang links vorbei ebenfalls in die Mündung der in der Übersicht erwähnten Rinne. Durch kurzen Riß (IV) in die eigentliche Rinne („Trichter"). In ihr etwa 10 m hinauf, dann rechtshaltend über feste Platten in sehr schöner Kletterei zu Stand in Fallinie der oben erwähnten Ausstiegsscharte. Rechts über eine abdrängende Wandstufe (V+, 1 H) zu einer Rißrampe, die nach 40 m direkt zum höchsten Punkt leitet (III+, IV—). Die Zweitbegeher (Widmann, Meilinger, Hofer) fanden einen direkten Ausstieg, indem sie vom Stand in Fallinie der Ausstiegsscharte 5 m links querten und direkt über die gelbe Wand 10 m emporstiegen (IV+). Dann Quergang nach rechts in einen Kamin und durch ihn zum südlichen Vorzacken (25 m, V+, A 0).

● 1055 f) **Südwestwand** (Münker mit J. Bliem, 1901), III, von der Plauener Hütte 4 st.

Auf dem Weg zur Gamsscharte bis dort, wo der W-Grat des Nördl. Schwarzkopfes abbricht. Unter dem Grat rechts durch auf das Südl. Kuchelmooskees und über dieses in den hintersten Winkel des Kares. Dort schwierig, aber in festem Fels durch die Wand zum oberen Teil des W-Grates und über diesen zum Gipfel.

● 1056 g) **Übergang zur Richterspitze,** IV—, 3 st.

Über den N-Grat wie in d) (umgekehrte Richtung) zur Gamsscharte. Von dort auf dem Steig über den S-Grat zum Gipfel.

● 1057 h) Vom Abstieg über die ungemein brüchige und steinschlaggefährdete **Nordwestflanke,** den Dr. Werner mit Alois Tipotsch 1895 ausgeführt hat, ist abzuraten.

● 1057 a i) **„Finger"-Ostkante** (Erich Unterwurzacher u. Gef., 1938) V—, 2 st.

E. rechts der auffallenden Schlucht südl. des Turmes. Durch brüchige Risse (mehrere H) zum Gipfel.

● 1058 **Richterspitze,** 3054 m

Gern besuchter Aussichtsberg nördl. der Gamsscharte.
Durch die Steiganlagen von der Plauener Hütte und von der Richterhütte leicht ersteigbar.
Benannt nach dem Erbauer der Richterhütte. Gipfelkreuz. Gipfelbuch. Auf der Gamsscharte kleines Unterstandshüttchen.
1. Ersteigung: Dr. Fritz Koegel mit Franz Hofer, 1895.

● 1059 a) **Von der Plauener Hütte,** bez. Weg, 2½ st.
Wie in R 343 auf die Gamsscharte. Von dort auf ausgebautem Steig über den S-Grat auf den Gipfel.

● 1060 b) **Von der Richterhütte,** bez. Weg, 2—2½ st.
Im Bogen durch das Rainbachkar und dem Steige folgend in vielen kleinen Kehren auf die Gamsscharte. Von hier über den blockigen S-Grat (Steig) auf den Gipfel.

● 1061 c) **Westwand** (H. Burggasser, A. Glanzl, R. Skuhravy, Bruno Streitmann, 1929; Lit.: Austria-Nachr., 1929), III+, steinschlaggefährdet, 2½ st E. Wandhöhe 300 m.
Die W-Wand der Richterspitze durchzieht eine Schlucht, die sich im unteren Viertel in zwei Äste gabelt, in dessen linkem (nördl.) Ast sich der Anstieg vollzieht.
Von der Plauener Hütte auf dem Weg zur Gamsscharte etwa 1¼ st empor; dort wo er nach Übersetzen des Bergschrundes die genannte Schlucht nach rechts verläßt, steigt man durch sie gerade hinauf bis zur Gabelung. (Im Frühsommer bis hierher Schnee.) Einige Meter gegen rechts in die Schlucht und über die Trennungsrippe nach links. Nun unangenehm über Sand und wasserüberronnene Platten im linken Schluchtast empor und über einen Überhang nach rechts auf einen ebenen Absatz der Trennungsrippe. 40 m in der Rinne steil empor bis zu einer Erweiterung der Schlucht; weiter zu einer scheinbaren Gabelung. Nun aus der Schlucht, rechts 25 m empor, Querung über eine glatte Platte nach links (schwierigste Stelle). Gerade aufwärts und durch einen seichten Kamin zu Moosflecken. Im Kamin weniger steil aufwärts; er verengt sich noch zweimal und führt dann auf leichteres Gelände hinaus. Nach links über Blockwerk in eine seichte Scharte im Grat. Über diesen zum Gipfel.

● 1062 **Nordgrat** (Erstbegeher unbekannt). Schöne, kurze Gratkletterei in meist hervorragendem Fels, beliebte Einführungstour in die zahlreichen begeisternden Granitklettereien der Südl. Reichenspitzgruppe.
IV— (eine Stelle), wenige Meter III+, einige Passagen III, meist II, Grathöhe etwa 200 m, Kletterlänge etwa 280 m. Ein Abseil- und ein SH vorhanden, keine ZH, jedoch gute Möglichkeiten für Schlingen. Bei Neuschnee oder Vereisung sehr unangenehm. 1½ st von der Richterscharte.
Übersicht: Die Führe verläuft zunächst über einige SL auf der W-Seite des Grates; dann zumeist auf der Gratlinie selbst.

Ein abweisender Aufschwung kurz vor dem waagrechten Gipfelgrat wird östl. auf schmalem Bande umgangen.

Die Führe: Von der Richterscharte (siehe R 1067) in einer Rechts-Links-Schleife auf den ersten kleinen Gratturm empor (III), jenseits 12 m abseilen (H mit Schlinge) und wenige Meter dem Grat folgen. Ein großer Aufschwung wird auf der W-Seite umgangen: über schräge Bänder zu einem abdrängenden Eck, um dieses herum (III), dann auf schmalen Leisten (II, sehr schön) nach rechts zu einer abgespaltenen Platte. Auf diese empor und mit Spreizschritt nach links auf ein schmales Band (IV—). Unschwierig auf der W-Seite etwa 40 m weiter. Abermals um ein Eck herum (II) und wieder auf unschwierigen Bändern einen Grataufschwung umgehen. Nun direkt der Gratlinie folgend (II) zu einem kleinen, steilen Gratkopf, den man direkt überwindet (III). Über einen Reitgrat (II, sehr schön) an den letzten, sehr abweisenden, glatten Aufschwung. 2 m direkt hinauf (II), dann mit Spreizschritt nach links auf ein schmales Band (III). Man folgt ihm 2 m zu H. Nun gerade empor (III+, schlechte Tritte, oft lehmig) und nach 6 m links auf den Grat. Über die zerhackte Schneide (teils II) nach wenigen Min. zum Gipfelkreuz.

Abstieg (siehe auch R 1060): Vom Gipfel über den bez., unschwierigen, blockigen S-Grat (zuletzt kurze Steilstufe mit fixem Seil) in die Gamsscharte, 2976 m (offene Unterstandshütte) zwischen Richterspitze und Nördlicher Schwarzer Wand.

● 1063 **Zillerspitze,** 3091 m

Auffallend schöne Felspyramide südl. der Reichenspitze. Der Verbindungsgrat zur Reichenspitze zählt zu den schönsten Gratklettereien der Zillertaler Alpen. Gegen SW entsendet die Zillerspitze einen Felssporn, der die südl. Firnfelder des Kuchelmooskeeses vom geschlossenen Firnbecken trennt.

1. Ersteigung: Dr. Fritz Koegel mit Franz Hofer, 1895.

● 1064 a) **Von der Plauener Hütte** (Weg der Erstersteiger), I, 2½ st, brüchiges Gestein.

Man folgt dem Weg zur Gamsscharte bis zur ersten Weggabelung. Hier verfolgt man den linken Steig (alter Weg zur

Abb. 39 Richterspitze, Zillerspitze, Reichenspitze und Gabler (von links) von Südosten. 1 = R 1052, 2 = R 1060, 3 = R 1062, 4 = R 1064, 5 = R 1067, 6 = R 1071, 7 = R 1076, 8 = R 1081. Foto Höfler

Gamsscharte) hinauf ins Kuchelmooskar. Man hält sich gegen eine tief eingerissene, breite Schuttrinne, die gegen den SW-Grat hinaufzieht. Durch diese Rinne etwa bis zu einem Drittel hinauf, dann links in eine zweite Rinne, die zur Spitze hinanzieht. Über sehr brüchiges Gestein, dann durch kleine Kamine zum Gipfel.

● 1065 b) **Südwestgrat,** I, 3 st; etwas steiler als a).

Wie in a) empor ins Kuchelmooskar und unmittelbar an den Fußpunkt des SW-Grates. Stets über den Blockgrat empor zum Gipfel.

● 1066 c) **Von der Richterhütte,** I, 3 st.

Von der Hütte auf dem Weg zur Gamsscharte empor bis zur Weggabelung. Nun rechts auf dem Steig zur Reichenspitze, bis zum SO-Grat der Zillerspitze. Man steigt diesem entlang

Abb. 40 Reichenspitzkamm: Kuchelmooskopf (I), Hahnkampl (II) und Reichenspitze (III) von der Plauener Hütte.
1 = R 1098, 2 = R 1086, 3 = R 1070, 4 = R 1068

auf dem Südl. Rainbachkees so hoch als möglich — bis in den Winkel zwischen S- und SO-Grat — an. Über loses Geröll auf den S-Grat und über den herrlichen Blockgrat zum Gipfel.

● 1067 d) **Südgrat,** I, 1 st E., schöne Blockkletterei.

Die Richterscharte, 2893 m, das ist die blockige Einsattelung zwischen Richterspitze und Zillerspitze, ist von der Plauener Hütte her durch das Trümmerfeld des Kuchelmooskares und einige plattige Felsen, die Vorsicht erfordern, zu erreichen.

Ebenso von der Richterhütte über das Südl. Rainbachkees. Von der Richterscharte unmittelbar über den schönen Blockgrat auf den Gipfel.

● 1068 e) **Übergang zur Reichenspitze** (Ed. Gams, K. Schuch, 1903). III und II, wenige Stellen IV, kaum H vorhanden, Zeit von der Zillerspitze 3—4 st.

Großzügige Gratkletterei mit sehr schönen Einzelstellen, eine der schönsten Klettereien der östlichen Zillertaler Alpen. Der stellenweise braungelbe Fels erinnert stark an Westalpenklettereien.

Vom Gipfel der Zillerspitze unschwierig über den plattigen Grat hinab, am Ende eine glatte geneigte Platte abklettern (II) in die tiefste Scharte des Verbindungsgrates. Direkt aus der Scharte nach links empor zu einem Rißüberhang, der rechts überklettert wird (IV, 1 H). Den folgenden Gratturm umgeht man auf der Westseite. Über den flachen Gratrükken weiter zum nächsten Steilaufschwung. Man klettert links durch einen Rißkamin empor, den man unter einem Überhang nach rechts verläßt, um wiederum die Grathöhe zu erreichen (30 m, III). Über den Blockgrat auf eine Kuppe und den waagrechten Geröllrücken verfolgen, bis sich der Grat wieder schärfer ausprägt. Man überklettert sämtliche Zacken, über den letzten Abbruch wird abgeseilt (20 m, H vorhanden). Über unschwieriges aber brüchiges Gelände hinab in die letzte Scharte vor dem Gipfelaufschwung. 5 m gerade empor, links zu Riß und mit herrlicher Kletterei nach 25 m zu Stand (IV). Rechts über eine senkrechte Wandstelle direkt hinauf zum Grat (IV—, 10 m) (Variante B. Widmann) und weiter direkt an der Gratkante in geneigtes Gelände (III). (Die Originalroute leitet aus der Scharte über ein sich nach rechts hin verschmälerndes Gesimse und über einen abdrängenden Wulst [lt. Wiederholer V—, A 0, mehrere H] hinaus zur Gratkante.) Über dieses hinauf in die letzte Scharte vor dem höchsten Punkt, wo man auf die Normalroute trifft.

● 1068 a f) **Ostverschneidung** (H. Scalet, H. Schmitz, 31. 8. 1975). IV und V, A 0, einige Stellen A 1, selten leichter. Die meisten Haken wurden belassen.

Übersicht: Etwa 80 m nördlich des höchsten Punktes befindet sich eine kleine, scharf eingeschnittene Scharte, von der ostseitig eine Verschneidung herabzieht. Links von dieser befindet sich eine Parallelverschneidung, an deren Fuß sich der E. befindet.

Die Führe: Man überschreitet sehr schwierig den Bergschrund ganz rechts (im Spätsommer problematisch) und quert oberhalb des Schrundes nach links zur obenerwähnten Parallelverschneidung. Eine Seillänge in ihr empor (V, mehrere H). Nach rechts queren in die Hauptverschneidung. In ihr zwei kurze Seillängen empor (H). Man verläßt die Verschneidung 5 m nach links und folgt 30 m einem Rißsystem (7 H) zu schlechtem Stand unter Überhang. Rechts über den Überhang hinweg und hinauf zu Schuppe, an der man wieder nach rechts in die Verschneidung zurückquert. In ihr nochmals 10 m empor zu Scharte. Am Grat weiter zum höchsten Punkt. (Bericht der Erstbegeher.)

● 1069 Reichenspitze, 3303 m

Einer der formenschönsten Gipfel der Zillertaler Alpen mit weitreichender Aussicht. Von W gesehen wie ein sitzender Adler mit angezogenen Flügeln. Hermann Delago nennt sie „ein herausfordernd kühnes Felshorn über zerklüfteten Gletschern“. Im NO-Grat ragt das kühne Horn des „Gablers“ auf. Die Reichenspitze ist der höchste Gipfel und Knotenpunkt der Gruppe, die von hier ihren Namen hat. Mehrere lohnenswerte Eis- und Felsanstiege führen zum Gipfel. Die Unfälle der letzten Zeit mögen die Mahnung rechtfertigen, daß Bergunerfahrene unbedingt die Hilfe eines Bergführers in Anspruch nehmen sollten.

Besonders schöne Nahblicke auf Venediger, Hochgall und Zillertaler Alpen, sowie die Nördl. Kalkalpen. Eindrucksvolle Tiefblicke ins Wildgerlos- und Rainbachtal sowie in den Zillergrund. Gipfelsignal, Gipfelbuch.

Die erste Ersteigung gelang 1856 einem namentlich nicht bekannten Bauern aus Prettau im Ahrntal, der auch die Dreiherrenspitze als Zweiter erstiegen hatte. (Anstieg vom Rainbachtal.) 1. touristische Ersteigung: Paul Grohmann, von Hochstaffel und Sohn mit dem Forstwart Peer, 1866 (von Gerlos her).

● 1070 a) **Von der Plauener Hütte** (M. und R. von Frey mit zwei Führern, 1872, im Abstieg). Steiler Gletscherbruch, Gipfelflanke oft Blankeis, 3—3½ st. Für Ungeübte Führer notwendig.

Von der Hütte auf dem neuen Weg zur Gamsscharte. Im Kuchelmooskar verzweigen sich die Wege; man folgt dem links emporführenden Steig und hält sich links unter dem SW-Grat der Zillerspitze durch gegen den Rand des beträchtlich zurückgegangenen Kuchelmooskeeses. Bald nach Erreichen des Firns baut sich ein mächtiger, zerrissener Eishang auf, den man rechts haltend über einen steilen Eishang (häufig Blankeis) ersteigen kann. Man erreicht eine Spaltenzone. Links haltend in das weite obere Gletscherbecken. Aus diesem rechts empor gegen die eisdurchsetzte W-Flanke der Reichenspitze und in den Sattel nordwestl. des Gipfels. Von hier über den Grat bzw. durch vereiste Flanken auf den Gipfel.

● 1071 b) **Von der Richterhütte** (Weg des Erstersteigers, 1856). Gletschererfahrung notwendig, im felsigen Gipfelaufbau einige Kletterstellen II. Von der Richterhütte 4 st.

Von der Richterhütte dem Weg zur Gamsscharte folgen, bis sich dieser nach links in Richtung auf einen Moränenrücken wendet. Hier zweigt ein ausgetretener Steig ab, der hinauf zum oberen Rand des Rainbachkeeses führt. (Auf dem Moränenrücken vor dem Gletscher die Reste der alten Richterhütte.) Über Firnfelder bzw. Blockgelände und Gletscherschliffe in nordwestlicher Richtung hinauf, ein Steilstück umgeht man in einer Rechts-Links-Schleife (Spalten), zu dem weiten Gletscherbecken unter der Reichenspitze. Man überschreitet die Randkluft (in fortgeschrittener Jahreszeit manchmal problematisch) und steigt hinauf über Schuttbänder und Geröll in Richtung auf die Scharte, die Reichenspitze und Gabler trennt. Etwa 50 m unterhalb der Scharte wendet man sich nach links und steigt durch Rinnen, kurze Kamine und Platten (Reste alter Sicherungen, Steigspuren) empor in ein Gratschartel (Zusammentreffen mit R 1067; bis hierher Vorsicht auf Steinschlag wegen nachfolgender Partien!). Über den Grat in eine weitere Scharte und über eine 5 m hohe senkrechte Wandstelle (II) direkt zum Gipfel.

● 1072 c) **Vom Krimmler-Tauern-Haus,** wie in b), jedoch 5 st. Vom Haus auf dem Abkürzungsweg ins Rainbachtal, bis man auf den Saumweg trifft. Diesem folgt man in den innersten Talgrund. Von hier auf einem Steig gerade empor, bis man etwa in Höhe der Richterhütte auf Weg b) trifft.

● 1073 d) **Von der Zittauer Hütte.** Gletschererfahrung nötig. Vorsicht auf Steinschlag am Gabler und in der Gipfelwand. II, 3—4 st.

Auf gutem Steig südwärts zum Gerloskees. (Man kann den Gletscher auch von der Roßkarscharte her sehr günstig erreichen.) Über den O-Teil des Keeses zu einem auffallenden Firnrücken, „Glatze" genannt, aus welchem der spitze Gabelkopf herausragt. Durch die Felsen des Gabelkopfes (Gabler), 3260 m, in den Sattel zwischen Gabler und Reichenspitze. Von hier an den Fuß der O-Wand und auf dem gesicherten Klettersteig wie in b) zum Gipfel.

N. B.: Auf der Zillertaler Karte 1934, 1: 25 000, sind die Steigspuren über die „Glatze" falsch eingezeichnet, d. h. auf der NW-Seite viel zu weit gegen die Scharte Gabelkopf — Reichenspitze. Es erweckt den Anschein, als ginge der Weg zur Reichenspitze nicht auf der Rainbach-, sondern auf der Gerlos-Seite des Gablers. Da die Reichenspitze öfters von Ungeübten erstiegen wird, die ohne Seil und Pickel ganze Tagereisen über die Gletscher machen, könnte dies zu folgenschweren Mißverständnissen führen.

● 1074 e) **Von Gerlos über die Schönachschneid** (Peter Haller und die Forstwarte Anton Peer und Josef Unterrainer, 1865, die Zweitersteiger), Gletschererfahrung notwendig. 6—7 st.
Wie in R 354 von Gerlos über die Schönachschneid und den Firnsattel, 3125 m, zwischen Wildgerlosspitze und Kuchelmoosspitze in das obere Firnbecken des Kuchelmooskeeses. Von hier wie in a) zum Gipfel.

● 1075 f) **Südgrat** s. R 1068 (Übergang von der Zillerspitze).

● 1076 g) **Südwand** (Dr. E. Allwein, W. Fendt, 1926), III+, 2½ st, 350 m. Durch die S-Wand der Reichenspitze zieht schräg von links nach rechts eine große Schlucht. E. in Gipfelfallinie in einer zur ersten parallel laufenden Schlucht. Nach den ersten Kaminstufen rechts aus ihr heraus, und auf der rechten Kante weiter empor, bis sich die Schlucht zu einem Kessel erweitert. Hier nach links über sehr brüchige Felsen und Geröll empor zur rechten Begrenzungskante der vorher erwähnten Hauptschlucht. Über sie, mit Ausweichen nach rechts, hinauf, bis die Kante ungangbar wird. Hier quert man in die Schlucht hinein, in ihr 6 m empor, dann nach links in die Gipfelwand. Am linken Rand einer auffallenden dunklen Platte durch einen Riß hinauf, dann Quergang unter Überhängen nach links auf ein breites Band. Einige Meter nach rechts und durch einen senkrechten Riß hinauf bis unter einen Überhang. Nun entweder durch ein enges Loch oder schwieriger außen über den Überhang hinauf und durch einen Riß und über Platten gerade zum Gipfel.

● 1076 a h) **Südverschneidung** (1968).

● 1076 b i) **Nordostgrat** (Erstbegeher unbekannt). III und IV—, der schönste Anstieg auf die Reichenspitze in bestem Urgestein, vor allem für etwas erfahrenere Kletterer dem Normalanstieg vorzuziehen. Grathöhe knapp 200 m, 1 st vom E.

Aus der Scharte zwischen Reichenspitze und Gabler über Geröll zum ersten Aufschwung. Links über Bänder und Platten empor unter einen markanten Riß (30 m, III). Direkt durch den Riß auf den Aufschwung hinauf bzw. Linksquergang und über feingriffige Platte ebendorthin (jeweils 25 m, IV—). Über den Grat zu einem überhängenden Riesenblock, den man links umgeht und weiter auf die Grathöhe (35 m, III). Nun immer direkt am Grat, den letzten Zacken auf der Nordseite umgehend, zur Scharte direkt unter dem Gipfel.

● 1077 j) **Nordwand** (teilweise Begehung durch K. Jaschke, Rich. Klunker, 1905; Lit.: ÖAZ 1905). Großzügiger Eisanstieg über das ganze Wildgerloskees. 4—5 st, je nach den Verhältnissen.
Von der Zittauer Hütte auf das Wildgerloskees und über den mächtigen Gletscher in Richtung auf den Gipfel aufwärts. Randkluft, Vereisung und lose Blöcke drängten die meisten Begeher an den NW-Grat hinaus, über den sie den Gipfel gewannen.

● 1078 k) **Übergang zur Wildgerlosspitze über den Hahnenkamm** (siehe R 1084), großartige Gratkletterei. Dr. Heinrich Klier, Otto Geisler, 1953.

● 1078 a **Mannlkarkopf**, 2873 m

Erste Ersteigung O. Fischer, H. Köchlin, O. Nafe, 1885. Ausgeprägte Erhebung im weiteren NO-Grat des Gablers, unmittelbar über dem Wildgerlossee.

● 1078 b **Nordgrat**, I, 1/2 st von der Roßkarscharte. Über den brüchigen Blockgrat zum höchsten Punkt, nicht lohnend. Auch unmittelbar vom Gerloskees kann der Gipfel über lockeres, nicht ungefährliches Gelände erreicht werden. I, 2 st ab Zittauer Hütte.

● 1078 c **Südostgrat** (A. Kubin, G. Weiske, 9. 9. 1973). Landschaftlich sehr schöne Kletterei in einsamer Gegend. Meist II, einige Stellen III, je nach Routenführung auch IV (wenn man sich direkt am Grat hält). 2—3 st ab E.
Man folgt dem bez. Weg zur Zittauer Hütte bis etwa in die Hälfte der langen Hangquerung des orogr. linken Hanges des Rainbachtales. Über steile Rasenhänge zum flachen Gratbeginn.
Man klettert soweit als möglich alle Gratzacken, vom letzten an einem Zacken etwa 12 m abseilen. Über den folgenden Grashang zum ersten markanten Grataufschwung, links hin-

auf, dann zurück zur Gratkante und weiter zum Gipfelaufschwung (bis hierher alles II). Einen kurzen Schulterriß hinauf (III), dann Querung auf flacher Platte nach links. Über das anschließende Wandl in geneigtes Gelände und über Blockwerk zum höchsten Punkt.
Abstieg: Über sehr brüchiges Geröll und Blockwerk durch die steile Nordostflanke hinab zum Weg Richterhütte — Zittauer Hütte, den man unterhalb der Roßkarscharte erreicht. Etwa 1 st, I und II.

● 1079 **Gabler,** 3260 m

Auch Gabelkopf genannt. Schönes Felshorn nordöstl. der Reichenspitze. Zusammen mit dieser häufig erstiegen. — 1. Ersteigung: O. Nafe, O. Fischer, 1885.

● 1080 a) **Von der Zittauer Hütte,** 3—3½ st. Gletschererfahrung notwendig. Achtung auf Steinschlag.
Wie in R 1073 bis zur „Glatze". Von hier auf die Rainbachseite bis hinter einem Wandknick die Scharte zwischen Gabler und Reichenspitze sichtbar wird. Nun über Bänder nordwärts steil gerade zum Gipfel.
Oder schneller (ohne Höhenverlust): Über den NO-Grat bis zu den großen Platten, dann wenige Meter auf der Rainbachseite hinab und dicht unter den Platten des Grates zum sehr schmalen Gipfel.

● 1081 b) **Nordostgrat,** von der „Glatze" ½ st, II. Zunächst steil grobblockig an der N-Seite hinauf, dann ausgesetzt über den festen, plattigen und schmalen Grat zum Gipfel.

● 1081 a c) SW-Grat, II und III, stellenweise brüchig, doch eindrucksvoll ausgesetzt, besonders lohnend in Verbindung mit einer vorhergehenden Besteigung der Reichenspitze und dem Abstieg über den NO-Grat (R 1076). 120 m, ¾ st.
Aus der Scharte zwischen Reichenspitze und Gabler knapp rechts der scharfen Gratkante einsteigen und über steile, nicht immer ganz feste Platten empor auf einen Kantenabsatz (II und III). Nun direkt an der Kante (III), kurz unter der waagrechten Gipfelschneide in die NW-Seite ausweichen (schöne Rauchquarze) und über brüchigen Fels zum höchsten Punkt.

● 1082 d) **Gabler-Südostgrat** (Hub. Peterka, Paula Dürenberger, 1931), III—, ½ st.
Links neben den am tiefsten herabziehenden Felsen E. Über brüchigen Fels empor zur Gratschneide und zu einem kleinen Turm. Über ihn und weiter unmittelbar auf dem grobblockigen Grat zum Gipfel.

● 1082 a e) **Übergang zur Reichenspitze,** II, 1 st.

Zunächst südwärts auf Bändern 50 m absteigen, dann nach rechts schräg hineinqueren in den Sattel 3197 m vor der Reichenspitze. Weiter wie 1076 b.

● 1082 b f) **Aufstieg vom Mannlkar durch die Eisrinne,** III+, 1 st E. (Beschreibung nach Bruno Widmann, 1957.) Einstieg rechts vom SO-Grat des Gablers. Wandhöhe 250 m in der Rinne, manchmal links neben ihr auf die Schulter unterhalb des Gipfels. Neigung 45 bis 50 Grad.

● 1083 **Hahnenkamm, höchster Punkt** 3206 m

Wild gezacktes Gratstück zwischen Reichenspitze und Wildgerlosspitze, dessen Überschreitung zu den abenteuerlichsten Gratfahrten in der Gruppe zu zählen ist.

1. Überschreitung: P. Gelmo, Th. Maischberger, 1902.

● 1084 **Überschreitung von Osten nach Westen** (Beschreibung nach einer Begehung von Heinrich Klier und Otto Geisler, 1953), IV+, 2—3 st.

Vom Fußpunkt der Reichenspitze stets über den teils blokkigen, teils plattigen Grat an die ersten Aufschwünge. Man erreicht die Scharte zwischen den zwei ersten Türmen aus der S-Flanke, steigt durch einen glatten Spalt nördl. hinab und erreicht bald darauf die nächste Scharte. Über eine ausgesetzte Kante auf den folgenden Turm. Nun stets in ungemein anregendem und ausgesetztem Auf und Ab bis zu einem Abbruch, den man in der N-Flanke auf schmalem Gesimse (erst ostwärts, dann an den Fußpunkt zurück) abklettern kann (IV+). Sonst abseilen.

Weiter stets auf der ausgesetzten, zerhackten Schneide in wechselndem Gestein, luftige Gendarmen überkletternd, bis zum letzten klobigen Felsturm (dunkles, splittriges Gestein), den man besser in der S-Flanke umgeht.

Auf die Wildgerlosspitze am besten OSO-Grat, R 1093, V—.

● **1085** **Wildgerlosspitze,** 3280 m

Ungemein kühner, von wilden Gletschern umflossener doppel gipfliger Felsbau. Der NW-Gipfel ist 13 m niedriger.

Bester Stützpunkt: Plauener Hütte. 1. Ersteigung: V. Sieger mit S. Kirchler, 1877 (Mitt. AV 1878); Übergang NW-Gipfel: Dr. F. Hörtnagl, Dr. Igo Kaup, 1898.

● **1086** a) **Von der Plauener Hütte über den Südgrat,** II, stellenweise III, 3—4 st. Empfehlenswertester Anstieg. Gletschererfahrung notwendig.

Wie in R 1070 von der Hütte auf das obere Firnbecken des Kuchlmooskeeses und westwärts in den weiten Firnsattel am Fuß des S-Grates.

Von diesem über den meist flachen, dann mäßig steilen Blockgrat empor. Man klettert entweder direkt am Grat über das aufgetürmte Blockwerk empor. Die schwierigsten Stellen können umgangen werden. Dann steil empor bis zum Gipfelwandl, das man direkt (III) begeht. Nun kurz zum S-Gipfel.

● **1087** b) **Übergang zum Nordwestgipfel,** IV—, sehr brüchig, wird kaum begangen. 20 Min.
Den glatten Absturz in die Scharte überwindet man durch Abseilen; ansonsten muß man ihn in der SW-Flanke umgehen (sehr brüchig). Über grobes Blockwerk und steile Platten wird der NW-Gipfel aus dieser Scharte erstiegen.

● **1088** c) **Von der Plauener Hütte auf den NW-Gipfel,** 4—4½ st; Gletschererfahrung nötig.
Wie in a) in den weiten Firnsattel am Fuß des S-Grates. Westwärts weiter auf das obere Zillerkees. Von hier steil über Firn empor in die Einsattelung nordwestl. des NW-Gipfels. Rechts aufwärts über den Blockgrat zum Gipfel.

● 1089 d) **Von der Zittauer Hütte,** lange Gletscherfahrt, 5 st.
Von der Hütte südwärts auf dem Weg zur Reichenspitze über den felsigen Rücken bis etwa 2450 m, das ist ungfähr die Hälfte des Weges bis zum Kees. Bei einem auffallenden großen Block Querung nach rechts zum Kees, welches beim Ansatz der Seitenmoräne betreten wird. Zunächst in gleicher Richtung südwärts, später rechts, westl., hinauf, dann scharf nach S unter den Fuß des NO-Grates der Wildgerlosspitze und sehr steil, je nach Verhältnissen, über Eis oder Platten in den Sattel zwischen Wildgerlosspitze und Hahnenkamm. Jenseits auf das Kuchelmooskees hinunter und gegen rechts auf den unter a) erwähnten Firnsattel. Wie dort über den S-Grat zum Hauptgipfel. Oder wie in c) auf den NW-Gipfel. — Nach Mitteilung Dipl.-Ing. H. Senzenberger, München, empfiehlt sich als bester Anstieg von der Zittauer Hütte derzeit eine Verbindung von 1089 und 1092 (Nordostgrat), da der Firn östl. des NO-Grates nicht mehr so hoch hinaufreicht und das Gelände dort sehr plattig und schwierig ist. Man verfolgt

R 1092 aber nicht bis zum Gipfel, da der erwähnte Riß und das schwarze Band in der SO-Flanke schlecht zu finden sind. Nun entweder den direkten Anstieg Klier-Geisler, R 1093, oder in einer Linksschleife etwas absteigen, die Mulde zwischen NO- und S-Grat queren, an beliebiger Stelle den S-Grat erreichen und wie bei a) zum Gipfel.

● 1090 e) **Von Gerlos,** Gletschererfahrung notwendig, 6 bis 7 st.

Wie in R 354 von Gerlos durch das Schönachtal und über die Schönachschneid in das obere Becken des Zillerkeeses und zum Firnsattel zwischen Kuchelmoosspitze und Wildgerlosspitze. Von hier wie in a) zum Gipfel.

● **1091** f) **Nordgrat auf den NW-Gipfel** (Th. Schimmelbusch mit Joh. Unteregger, 1905), kombinierte Eis- und Felsfahrt; 4½ st.

Wie in R 1089 auf das Wildgerloskees. Zuerst südwärts, dann in westl. Richtung hinauf zum schwierigen Eisbruch unter dem Fuß des Wildgerlosspitz-Nordgrates. Je nach den Verhältnissen, aber möglichst ziemlich in Nähe des Gratfußes sehr steil empor in das Schneekar. Nun an den N-Grat selbst, über Blockwerk gewinnt man schnell an Höhe und steht bald vor dem zum Gipfel ziehenden sehr steilen Eishang. Über diesen in langwieriger Stufenarbeit geradeaus zum NW-Gipfel hinauf.

Die folgenden Anstiege führen auf den Hauptgipfel:

● 1092 g) **Nordostgrat** (Ed. Gams und Gef., 1903; Lit.: Mitt. AV, 1903), II, kombinierte Fels- und Eisfahrt, von der Zittauer Hütte 4 st.

Von dem die Wildgerlos- und Reichenspitze verbindenden Grat sinkt nahe dem SO-Gipfel der ersteren gegen die Zittauer Hütte ein Seitengrat ab, der mit dreieckigem, dunklem Felsfuß dem Gerloskees aufruht. — Über das zerklüftete Gerloskees zum Fuße des NO-Grates. Zunächst auf dem Gletscher bleibend, links am Gratfuß vorbei, dann von O her steil über Schnee auf den Grat, der ober einem auffallenden Türmchen betreten wird. Nach wenigen Schritten über die schöne Firnschneide gewinnt man den Felsgrat, der aus groben, in mäßiger Steigung aufeinandergetürmten Blöcken besteht und nur an vereinzelten Stellen einigermaßen schwierige Kletterei erfordert. Kurz vor dem Erreichen des Hauptgrates unter einem kleingriffigen, splittrigen Wandl nach links auf den Hauptgrat queren, links kurz absteigen, bis man gut nach Westen auf ein Band absteigen kann. Man folgt ihm nur leicht steigend durch die ganze Südwand bis knapp unter den Südwestgrat, durch einen Kamin auf den Grat und wie bei a) zum Gipfel. (Oder wie in h) V— direkt zum Gipfel.)

● 1093 h) **Gerader Ostsüdostgrat** (Heinrich Klier und Otto Geisler, 1953), V—, 1 st E.
Im Übergang von der Reichenspitze (R 1084) oder von den Gletscherfeldern nördl. oder südl. erreicht man die tiefste Einsattelung unter dem OSO-Grat der Wildgerlosspitze.
Über den zuerst blockigen, dann plattigen Grat erreicht man die Kanzel in der S-Flanke des schon von weitem sichtbaren, mächtigen Gneisturmes. Von der Kanzel ungemein ausgesetzter Quergang an schmalen Leisten durch die senkrechten Platten des Südabsturzes (V—) in die Scharte vor dem nächsten Turm. Dieser wird durch einen Riß in der N-Flanke erstiegen. Hinab ins nächste Schartl (brüchig) und jenseits unmittelbar auf den Gipfelblock empor.

● 1094 i) **Südwand** (G. Fleischer, Jul. Gallian, 1923; Lit.: „Der Berg", Mai 1924), IV, 2 st E.
Von der Plauener Hütte wie in a) gegen den Sattel zwischen Kuchelmoos- und Wildgerlosspitze, dann rechts abbiegend zum Fuß der Wand. In der Fallinie des obersten der drei markanten Grattürme im SO-Grat der Wildgerlosspitze wird der Bergschrund überschritten, am anschließenden steilen Firnhang emporgestiegen, bis man nach Überschreitung einer zweiten kleineren Randkluft zu den Felsen gelangt. Im brüchigen Gestein gerade empor, dann links aufwärts an die glatten Gipfelfelsen. Die untere Hälfte der Wand ist gut gegliedert, so daß, auch wenn der Bergschrund an anderer Stelle überschritten werden müßte, die Anstiegslinie erreicht werden kann. Auf schmaler Leiste nach links zu einer glatten Verschneidung. In dieser ungefähr 8 m hinauf zu einer zweiten Leiste. (Kleiner Stand, schwierig.) Nun in der senkrechten, kaminartigen Verschneidung empor bis zu einem Überhang, worauf sie über die plattige, überhängende Wandstelle zur Rechten auf schmalem Trittchen verlassen wird und man, sich sofort links wendend, über eine kurze Kriechstelle zu gutem Stand gelangt und mit einem Klimmzug den SO-Gipfel erreicht.

● 1095 Kuchelmooskopf, 3215 m

Ausgeprägtes Felshorn südl. der Wildgerlosspitze. Von S gesehen dunkle Felsschaufel, die über den weiten Gletscherflächen des Zillerkeeses und des Kuchelmooskeeses aufragt. Sehr lohnend, besonders in Verbindung mit der Wildgerlosspitze. 1. Ersteigung: L. Purtscheller, 1893 (Lit.: ÖAZ 1894).

● 1096 a) **Vom Firnsattel über den Nordgrat**, Gletschererfahrung erforderlich, von der Plauener Hütte 3 st.
Wie in R 1070 in das obere Becken des Kuchelmooskeeses. Westwärts über den flachen Firn in den Sattel nördl. des Gipfels. Über ein kleines Firnfeld an den blockigen N-Grat und über diesen unschwierig zum höchsten Punkt.

● 1097 b) **Südwestgrat** (Führer Bliem mit einem ungenannten Bergsteiger, 1900; Wegänderung: Ed. Gams u. Gef., 1903; Lit.: ÖAZ, 1903), III, 3 st.

Von der Plauener Hütte unter dem Kuchelmooskees durch und durch eine meist schneegefüllte Rinne zu der auffallenden Scharte im Grat empor. Der Grat baut sich hier steil auf; er wird an der rechten Begrenzungswand einer ihn teilenden Schlucht erklettert. Sodann links in der brüchigen Rinne selbst aufwärts zum breiten und flacher werdenden Grat. Über diesen zum Gipfel.

● 1098 c) **Südwand** (Ludwig Bertold, Ludwig Sager, 1932), 3½ st von der Plauener Hütte.

Der untere Wandgürtel wird von zwei Plattenfluchten gebildet, die unter einem stumpfen Winkel zusammenstoßen und dadurch eine wenig ausgeprägte Kante bilden. Unmittelbar rechts der Kante zieht durch den Plattengürtel ein Riß schräg nach links aufwärts. Am Beginn des Risses E. Den von der Plauener Hütte zur Gamsscharte führenden Weg verläßt man bei der Bez. für den Reichenspitz-Anstieg (Wegabzweigung). Man quert waagrecht über die Hänge hinein, und steigt dann, immer in Richtung auf den linken Wandteil, den steilen Eishang (50 Grad) hinauf, der links von schuttbedeckten Felsabsätzen begrenzt wird. Nun flacher zum E. in die Felsen unter dem Riß.

Durch den Riß empor und etwa zwei Seillängen oberhalb des E. in einer rechts aufwärtsziehenden rinnenartigen Einsenkung empor bis zu ihrem Ende. Leicht ansteigend nach rechts zum Beginn einer Rippe. Über sie empor, 50 m unterhalb des schon von unten her auffallenden Zackens (welcher auf der vom Gipfel nach O herabziehenden und die Wand rechts begrenzenden, gratartigen Rippe steht). Man quert ansteigend kurz bis in Fallinie des Zackens und empor zu seinem Fuß, an seiner rechten Kante. Von hier waagrechter Quergang nach rechts um den Zacken und einige Meter empor in ein Schartl zwischen Zacken und einer nach N herausstehenden Tafel. 3 m hinab in ein weiteres Schartl 20 m unter dem Gipfel. Aus dem Schartl leicht zum Gipfel.

b) Die Östlichen Zillerkämme

1. Der Gerloskamm

● 1099

Bergkamm zwischen Krimmler Achental und Wilder Gerlos, der sich an der Roßkarscharte, 2687 m, vom Reichenspitzstock loslöst.

● 1100 **Roßkopf, 2844 m**

Hüttenberg der Zittauer Hütte. Durch eine Steiganlage leicht zugänglich gemachter Aussichtspunkt im Hintergrund der Wilden Gerlos.

● 1101 a) **Von der Zittauer Hütte,** bez. Steig, 1½ st. Auf dem Weg zur Roßkarscharte (Richterhütte) empor bis kurz unter die Jochhöhe dieser Scharte. Hier zweigt vom Jochweg links ein Steig ab, der erst ein Stück durch die NW-Flanke, dann über den breiten Rücken zum Gipfel emporführt.

● 1102 b) **Aus dem Roßkar,** II, 1 st E. Vom Krimmler-Tauern-Haus über die Rainbachalm, oder von der Richterhütte auf dem Weg zur Zittauer Hütte ins Roßkar. Von der Karmulde rechts empor gegen eine Scharte im SO-Grat des Roßkopfes, knapp unter dem Gipfelaufbau. Aus der Scharte kurzer Plattenquergang nach links in die Roßkarflanke. Durch einen kurzen, brüchigen Kamin aufwärts und unter der Grathöhe durch zum Gipfel.

● 1103 c) **Südwand,** II, 1 st E.
Wie in b) ins Roßkar. Durch das gegen links emporstreichende Rinnensystem hält man sich bis in die Nähe des Grates, sodann gegen rechts unmittelbar zum Gipfelausstieg.

● 1104 d) **Ostwand,** II, 4 st vom Krimmler-Tauern-Haus. Landschaftlich sehr schön.
Vom Krimmler-Tauern-Haus auf dem Weg zur Rainbachscharte bis zum schönen Rainbachsee im Seekar. Noch empor auf die nächste Terrasse, dann links ab an einem kleinen Karsee vorbei gegen die Felsen der O-Wand. Durch diese empor auf den NNO-Grat und über diesen zum Gipfel.

● 1105 Rainbachkarkopf, 2965 m

Früher auch Rettenkarkopf genannt. Hübscher Felskopf, dessen SO- und NO-Grate die Umrahmung des Rötenkares bilden. Das Rainbachegg, 2529 m, ist der Endpunkt des erstgenannten, der Rötenkarkopf, 2466 m (auch Gamslahnerkopf) der des letztgenannten.
1. Ersteigung: E. Berger mit Franz Hofer, um 1895.

● 1106 a) **Von der Zittauer Hütte,** I, 3—4 st. Auf bez. Steig ostwärts empor zur Rainbachscharte und jenseits noch einige Minuten abwärts ins oberste Seekar. Links ab auf eine Schutterrasse unter der W-Flanke. Durch deren plattige Felsen, sodann durch eine Rinne in die Scharte im NW-Grat empor. Über den Grat zum Gipfel.

● 1107 b) **Vom Krimmler-Tauern-Haus,** I, 4 st. Wie in R 1104 empor ins Seekar und wie in a) zum Gipfel.

● 1108 c) **Von Krimml,** I, 7 st, durch das Achental auf der Fahrstraße etwa 1$^{1}/_{2}$ st einwärts bis zur Söllenalm. Hier auf einem Steig über die Ache, und nordwärts an den Beginn eines kleinen Almsteigleins, das südl. der Weißkarklamm steil durch den Wald emporführt, bis es auf den Krimmler Höhenweg (R 349) trifft. Nun pfadlos in südwestl. Richtung weiter empor durch das apere Kar südl. des Weißkarkeeses. Man hält sich höher oben unmittelbar links an den NO-Grat und erreicht über diesen den Gipfel.

● 1109 d) **Rötenkarkopf** (auch Gamslahnerkopf), 2466 m, im Nordostgrat. Man erreicht diesen Gratkopf wie in c) von Krimml, indem man im obersten Kar über die Höhe der

„Schattigen Wand“ hinaufgeht und dann waagrecht gegen O hinausquert.

● 1110 e) Oder vom Krimmler Höhenweg (R 349) über die SO- und S-Flanke.

● 1111 f) **Übergang zum Hohen Schaflkopf,** I, 1½ st. Ä. A.

● 1112 **Hoher Schaflkopf,** 3051 m

Wenig über die Schneide aufragender Gipfel, der einen auffallend schönen SW-Grat zur Rainbachscharte entsendet.
Besteigung von der Zittauer Hütte ist sehr empfehlenswert. 1. Erst.: Dr. Fritz Koegel mit Franz Hofer, 1895. Lit.: AV-Zt. 1926, S. 234, von A. Queitsch.

● 1113 a) **Von der Zittauer Hütte, II,** 3 st.
Von der Hütte auf dem bez. Weg auf die Rainbachscharte. Nun stets über den SW-Grat. Dieser Grat ist anfangs unschwierig und bietet dann besonders im mittleren Teil, wo ein Ausweichen in keine der beiden Flanken möglich ist, schwierige Kletterei (III).

● 1114 b) **Vom Krimmler-Tauern-Haus, III, 4—5** st.
Wie in R 348 auf die Rainbachscharte und wie in a) zum Gipfel über den SW-Grat.

● 1115 c) **Südostgrat,** II, 2 st E.
Wie in R 1106 in die Scharte zwischen Rainbachkarkopf und Schaflkopf. Von hier über den SO-Grat auf den Gipfel.

● **1115a Südwestwand.** Die im Aufstieg kaum lohnende Wand wurde im Abstieg als Fluchtweg begangen. Brüchig, unübersichtlich, mehrere Abseilstellen. Nicht zu empfehlen. (I. Mose, 1978.)

● **1116** d) Die Scharte, 2932 m, von der aus der Übergang gut auszuführen ist, kann man auch aus dem Krimmler Achental erreichen. In das obere Weißkar wie in R 1108. Von hier über Firn in die Scharte.

● 1117 e) **Übergang zur Wildkarspitze,** I, 1 st. Der schöne, langgestreckte Grat ist über drei Erhebungen im Kammverlauf unmittelbar zu überschreiten. Nur vor dem Hauptgipfel muß man den Platten auf der Wildgerlosseite ausweichen. Ein kurzes Kaminstück bringt auf den Gipfel.

● 1118 **Wildkarspitze,** 3076 m

Der höchste Gipfel des Gerloskammes, früher Wildkarkopf genannt. Schöne, trapezförmige, zerschartete Felsschneide über dem Talhintergrund der Wilden Gerlos. Für Geübte von der Zittauer Hütte aus empfehlenswert. Schöne Rundsicht. 1. Ersteigung: Karl Povinelli mit Franz Hofer, 1892.

● 1119 a) **Von der Zittauer Hütte,** II, 3 st.
Vom Grat Wildkarkopf—Hoher Schaflkopf senken sich drei Gratrippen gegen den Talschluß. Anfangs über die südlichste der Rippen hinauf, dann auf die nächste hinüber und an deren N-Seite, unter der Rippenhöhe bleibend, durch kurze Kamine und über Platten zum Vorgipfel. Dann auf der Gratschneide selbst weiter. Der letzte Vorgipfel wird überklettert; vor dem Hauptgipfel aber weicht man den steilen Platten auf der Gerlosseite aus. Durch kurzen Kamin auf den Gipfel.

● 1120 b) **Von Krimml,** II, 6—7 st. Landschaftlich reizvoll.

Von Oberkrimml führt ein Weg südwärts zum Blaubachgraben. In diesen hinab, jenseits ein kurzes Stück empor zu einer Weggabelung. Man folgt dem rechten Weg durch den Grünbergwald aufwärts, dann in südl. Richtung in den Seebachgraben hinauf und auf schwächer werdendem Steig zur Seekarhütte.
Ein Steig führt weiter empor zum schönen Seekarsee. Westlich am See vorbei und hinauf gegen den flachen Sattel, 2375 m, zwischen Seekarspitzl und Arweskopf. Über diesen wechselt man südwärts hinüber ins Waldbergkar. Hinauf zum kleinen Waldbergkarkees, über welches man den NO-Grat erreicht. Jenseits hinab auf das Wildkarkees und über dieses an den NNW-Grat und den oberen Teil des N-Grates, der zum Gipfel leitet.

● 1121 c) **Aus dem Wildgerlostal,** I, 4 st von der Drißlalm.
Von der Drißlalm entlang des Baches führt ein rot markierter Steig östlich empor zur Wildkarhütte und weiter zum Wildkarsee. Von hier weglos wie bei R 1120 zum NNW-Grat und über diesen zum Gipfel.

● 1122 d) **Weißkarkopf,** 2280 m, im NO-Grat der Wildkarspitze. Vom Krimmler Höhenweg (R 349) leicht über den gegen O streichenden begrünten Kamm.

● 1123 Seekarspitzl, 2914 m

Wenig ausgeprägte Erhebung im Kammverlauf nördl. der Wildkarspitze; auch Waldbergkarkopf genannt.
Vom Seekarspitzel streicht ein langer Grat gegen NO ab, der Waldbergkar und Seekar trennt, und an seinem Ende den Arweskopf, 2400 m, trägt.

● 1124 a) **Von Krimml,** I, 6 st. Wie in R 1120 durch das Waldbergkar und über das Waldbergkees in die Einschartung im S-Grat und über diesen auf den felsigen Gipfel.

● 1125 b) **Aus der Wilden Gerlos,** I, 4 st von der Drißlalm. Von der Finkau auf bez. Steig ins Wildkar und auf Steigspuren weiter auf das Wildkarkees. Von dort erreicht man leicht die tiefste Einschartung im S-Grat des Seekarspitzls und klettert über einen fast gleich hohen Vorkopf auf den Gipfel.

Oder man folgt weiter dem bez. Steig zur Seekarscharte. Unterhalb der Scharte nach rechts ins Geröllfeld und über Firn zum tiefsten Punkt des NNW-Grates. Über ihn zum Gipfel. Länger, aber lohnender.

● 1126 c) **Arweskopf.** Diese felsige Erhebung über dem Seekarsee ist von diesem aus (oder vom Seekarhüttchen) zu erreichen. Vom See in südöstlicher Richtung empor in die Einsattelung südwestl. des Gipfels. Über den Grat auf den höchsten Punkt.

● 1127 **Roßkarkopf,** 2610 m (auch Seekarkopf genannt); **Steinkarkopf,** 2476 m

Die zwei letzten felsigen Gipfel im N-Teil des Gerloskammes. Vom Steinkarkopf streicht ein Grat gegen NO, der den Rauhen Kopf trägt. Der N-Grat des Steinkarkopfes gegen die Schneggenscharte trägt die Schneggenköpfe.

Die Aussicht ist von beiden vorgeschobenen Punkten lohnend.

● 1128 a) **Von der Schneggenscharte über die Schneggenköpfe,** II, 2 st E., Blockkletterei.

Auf Almsteigen von Krimml oder von der Gerlosplatte auf die Schneggenscharte, die südl. der grünen Einsattelungen im nördl. Ausläufer eingesenkt ist.

Vom Sattel in anregender Kletterei über die Schneggenköpfe auf den Steinkarkopf. Von dort stets über den Grat weiter auf den Roßkarkopf.

● 1129 b) **Von Krimml,** I, 6 st. Wie in R 1120 von Krimml zur Seekarhütte. Von hier zu den Gipfeln.

● 1130 c) **Übergang zur Wildkarspitze,** unschwierig, I, 2 st. Vom Roßkarkopf über die W-Hänge absteigend zum Wildkarsee und weiter in die Mulde des Wildkares. Von hier wie in R 1120 zum Gipfel.

● 1131 d) **Rauher Kopf,** 2056 m, im NO-Grat des Steinkarkopfes. Vom Krimmler Höhenweg über die südwestl. eingeschnittene Brettscharte unschwierig erreichbar.

Plattenkogel, 2040 m

Begrünter Aussichtsberg über der Gerlosplatte. Im Winter vielbesuchter Skiberg mit hervorragendem Skigelände.

1132 a) **Vom Plattenwirtshaus über den Nordhang,** bez. Steig, 1 st. Gerade hinauf über grüne Matten zur Kuppe.

● 1133 b) **Von Krimml,** bez. Wege, 2 st. Der Weg führt hinter dem Dorfe nordwestwärts am Abhange des Plattenkogels im Zickzack durch Wald empor. (Herrlicher Rückblick auf die großartigen Krimmler Wasserfälle.) Nach 1 st betritt man den N-Hang des Berges. Wegteilung bei einem Kreuz. Kuppe emporführt.

2. Der Schönachkamm

● 1134

Nord—Süd verlaufender Bergkamm, der sich über dem Wildgerlostal (östl.) und dem Schönachtal (westl.) erhebt. Er setzt mit der Schneekarspitze im S an die Wildgerlosspitze an. Der Kamm ist unvergletschert; der Rest eines Keeses (Ebenes Kees) liegt in dem Kar zwischen Sichelkopf, Sehndlspitze und Gerlosturm. Diese letztgenannten Berge sind bergsteigerisch die bedeutendsten des Kammes.

● 1135 Schneekarspitze, 3205 m

Der Wildgerlosspitze nordwestl. vorgelagerter Felskopf. Vom Schönachtal schöne Pyramide. Vom Gipfel westwärts zieht der zersägte Kamm der Schönachschneid. 1. Ersteigung: L. Wallner, A. Rainer, 1871 (Lit.: Erschließung der Ostalpen, III, S. 83).

● 1136 a) **Von der Plauener Hütte,** II, 4½ st. Nördlich über die Hänge, dann unter dem Kuchelmooskees durch und über zwei Moränenrücken zur kleinen westl. Ausbuchtung des Kuchelmooskeeses unter dem breiten, senkrechten Abbruch des SW-Grates des Kuchelmooskopfes. Zwischen diesen und seiner schmäleren Fortsetzung ist eine Scharte eingeschnitten, die den kürzesten Übergang von der Hütte zum Zillerkees vermittelt. Über den mäßig steil abfallenden Gletscher nördl. hinauf zum Fuß der Schneekarspitze. Von dort am besten über den W-Grat auf den Gipfel oder steil über Firn zur Gratwand östl. vom Gipfelturm und, in dieser eine kleine Rinne mit weiten Tritten und wenig Griffen durchkletternd, auf den Hauptgrat einige Meter unter der Schneekarspitze.

● 1137 b) **Aus dem Zillergrund** (Dr. Fritz Koegel mit Franz Hofer), II, 5 st; mühsam. A. A.

● 1138 c) **Von der Zittauer Hütte,** schwierige Gletscherfahrt, Kletterei II, 4 st.
Wie in R 1091 ins Schneekar und unter der O-Wand der Schneekarspitze durch. Über den Bergschrund und gerade südwärts steil über die Eisflanke zur Scharte, 3194 m, und rechts mäßig schwierig (II) auf den Gipfel

● 1139 d) **Nordgrat** (H. Bertram, Dr. Kraus, 1887, Lit.: Mitt. AV, 1889), III—, 1 st E. Gletscherfahrt.
Von der Zittauer Hütte über das Wildgerloskees (oder von Gerlos durch das Schönachtal und über das Schönachkees) in die Einschartung, 3021 m (in der AV-Karte fälschlich 2621 m). Über die zersplitterte Schneide des N-Grates (Risse und hohe Blöcke) zum Gipfel.

● 1139 a e) **Übergang vom Nordgipfel der Wildgerlosspitze,** II, 1½ st, vorwiegend am Grat mit Ausweichen in die sehr brüchige W-Flanke. Der direkte Gratübergang dürfte stellenweise sehr schwierig und vor allem zeitraubend sein.

● 1140 **Schönachschneid,** höchster Punkt 3062 m

Als Schönachschneide wird der von der Schneekarspitze westwärts streichende Kamm bezeichnet, der das Zillerkees (südl.) vom Schönachkees scheidet. Der beinahe waagrechten Felsschneide entragen etwa 10 vermessene Felsköpfe, die den ganzen Hintergrund des Schönachtales einnehmen. Über die Einsattelungen im Ostteil (3039 m und östl. von 2981 m) führen die Übergänge vom Schönachtal zur Plauener Hütte bzw. Zillergrund.
Ersteigungsgeschichte: Einen nicht näher bez. Punkt der Schönachschneide erstieg A. v. Ruthner, 1866; P. 3062 m nächst der Schneekarspitze erstieg H. Bertram 1887.

● 1141 Die einzelnen Gipfel sind vom Schönachkees aus verhältnismäßig leicht (II und I) zu erreichen. Die lockeren Platten fordern allerdings sauberes Gehen.

● 1142 **Sichelkopf,** 2985 m

Breiter, begrünter Kegel, erste ausgeprägte Erhebung in dem langen, von der Schneekarspitze genau nördl. verlaufenden Kamm. 1. Ersteigung: Dr. Fritz Koegel mit Franz Hofer, 1894.

● 1143 a) **Aus dem Wildgerlostal,** II, 5 st.
Vom Ghs. Finkau talein zur Drißlalm. Ungefähr 300 m weiter rechts über den Steg der Wilden Gerlos und an der anderen Talseite über Steigspuren etwa 5 Min. talein, bis ein Steig rechts eines tiefen Grabens über die Steilstufe führt. Bei der Weggabelung nach links zur Weißkaralm, 2019 m. Nun in südl. Richtung auf Steigspuren um den nächsten Rücken ins Mitterkar. In diesem westwärts hinauf auf das kleine „Ebene Kees“. Über den spaltenlosen Gletscher gegen den Sichelkopf, dann steil in die Scharte zwischen Gipfel und letztem Turm des N-Grates. Von hier in kurzer Kletterei (eine hohe, fast senkrechte Platte wird über ihre nach der Schönachseite geneigte Kante erklommen) auf den Gipfel des Sichelkopfes.

● 1144 b) **Von der Zittauer Hütte,** III, 4 st.
Von der Hütte hinab zur Wegkreuzung und links auf dem Weg zur Keeskarscharte. Westwärts empor zur Zunge des Gerlosgletschers. Über diese hinauf zum obersten Firn. Dort über den steilen Eishang waagrecht nach N zu einer Plattenrinne in der O-Flanke des Sichelkopfes. Durch diese schwierig zu steilen, begrünten Schrofen, über die man die Spitze erklettert.

Sehndlspitze, 2885 m

Auffallend roter Felsgipfel über der Firnmulde des Ebenen Keeses. 1. Ersteigung anläßlich der Landesvermessung 1852.

1145 a) **Aus dem Wildgerlostal,** II, von der Drißlalm 4 bis 5 st. Wie in R 1143 aus die kleine Firnfläche des Ebenen Keeses, an dessen W-Rand die Sehndlspitze, ein roter Felszahn, aufragt. Über das Kees, zuletzt steil über Schnee an den Sockel des Berges und in die südl. Gratscharte empor. Von hier kurze Kletterei zum Gipfel.

● 1146 b) **Aus dem Schönachtal,** I, mühsam, von Gerlos 6 st.

● 1147 c) **Übergang zum Sichelkopf** (Franz Stradal, Emil Stumme, 1903; Lit.: ÖAZ 1904), III, 1 st.
Von der Sehndlspitze auf den Gletscher und über ihn zu dem zum Sichelkopf führenden Grat. Der erste Turm wird an der O-Seite umgangen, dann über Platten auf die Höhe des zweiten. Von diesem über den zersägten Grat, die Zacken in stellenweise schwieriger Kletterei übersteigend, zum Sichelkopf.

● 1148 Gerlosturm, 2850 m

Schöner Felsturm nördl. der Sehndlspitze. 1. Ersteigung: Dr. Fritz Koegel mit Franz Hofer, 1894.

● 1149 **Aus dem Wildgerlostal,** II, von der Drißlalm 4 st. Wie in R 1143 auf das Ebene Kees, an dessen NW-Ecke der Gerlosturm aufragt. Südlich des Turmes ist in Gletscherhöhe eine Scharte eingeschnitten. Aus dieser über den S-Grat in etwa ein Drittel Grathöhe empor. Nun über Platten in die SO-Wand. Über Wandstufen und schmale Grasbänder ausgesetzt zum Gipfel empor.

● 1150 Ankenkopf, 2701 m; Gamsspitzl, 2440 m

Bis hoch hinauf begrünte Erhebungen im Nordteil des Schönachkammes, von Bergsteigern selten besucht. Die Sonntagscharte, 2288 m, ist zwischen Hanger im N und Gamsspitzl im S eingeschnitten. Die Einsattelung südl. der Gamsspitze, etwa 2500 m, heißt Sunntagshalsl.

● 1151 a) **Von der Steinkarscharte auf den Ankenkopf,** I, 5 st von Gerlos.
Ins Schönachtal bis zur Pasteinalm. Dort führt ostwärts ein Almsteig empor. Wo er sich verzweigt, links hinauf zu einer Schäferhütte, 1868 m. Weiter über den ersten Bach und rechts (weglos) sehr steil ins Steinkarl und an dessen linkem Rand zur Steinkarscharte südl. des Ankenkopfes. Über den Kamm zum Gipfel.

Die Steinkarscharte ist auch aus dem Wildgerlostal (R 1143) über die Weißkaralm und das Weißkar unschwierig zu erreichen.

● 1152 b) **Von der Sunntagscharte auf das Gamsspitzl,** I, 4 st von Gerlos Ins Schönachtal bis zur Weitung des Ißangers. Dahinter steigt der Weg über eine steile Talstufe an, und bald trifft man sodann auf ein Jagdhaus. Hier führt ein Jagdsteig (nicht immer leicht zu finden) in nordöstl. Richtung auf die südl. Sunntagscharte empor. Über den NW-Kamm zum Gipfel

● 1153 c) Die Südliche Sunntagscharte ist auch aus dem Wildgerlostal, von dem Gh. Finkau über die Ankenalm erreichbar. Von der Alm südwärts zunächst im Talboden, dann rechts in das kleine Sunntagskar und zur südl. (höheren) Scharte. Mühsam.

● 1154 d) **Übergang vom Gamsspitzl zum Ankenkopf,** I, 1½ st. A. A.

● 1155 Hanger, 2473 m; Pfannkogel, 2310 m

Wenig hervortretende Erhebungen im nördl. Schönachkamm. Von Bergsteigern kaum besucht.

● 1156 a) **Von Gerlos-Innertal** oder von der Lahneralm im Schönachtal auf unbez. Almsteigen auf die Lahnerhöhe, einen Grassattel zwischen dem Pfannkogel und dem Schönbichl, 196' m. Über den begrünten Kamm südwärts auf den Pfannkogel.

● 1157 b) **Die Überschreitung zum Hanger** verläuft stets am begrünten Kamm.

● 1158 c) Als **Abstieg** empfehlenswert: Vom Pfannkogel in nordöstl. Richtung hinab ins Silberkarl und über den Kamm links haltend abwärts zu den Almböden der Schutthofalm im Wildgerlostal.

● 1159 Schönbichl, 2050 m

Graskuppe über der Lahnerhöhe. Beliebter Skiberg. Schöne Aussicht. Wie in R 1156 auf die Lahnerhöhe und nordwärts über einen Mugel auf den Schönbichl.

3. Der Wimmerkamm

● 1160

Am W-Ende der Schönachschneid ragt der Zillerkopf auf, von dem nordwärts die zersplitterte Felsschneide des Wimmerkammes abstreicht. Dieser Kamm trennt Schönachtal (östl.) und Wimmertal (westl.). Das Wimmertal mündet bei Gmünd in das Gerlostal.

● 1161 Zillerkopf, 2997 m

Wuchtiger Felskopf über Bärenbadkar und Schönachkees. 1. Ersteigung: Dr. Fritz Koegel mit Franz Hofer, 1895.

● 1162 a) **Aus dem Zillergrund,** II, 5 st.

Vom Whs. Bärenbad im Zillergrund auf dem Weg zur Plauener Hütte etwa 15 Min., bis von links der Bach aus dem Bärenbadkar herabkommt. Hier führt nun ein schwacher

Steig nordwärts empor zur Bärenbadkarhütte im unteren Bärenbadkar. Von dort führt ein Steig weiter in den Graben hinein; links der westlichsten Runse über die Steilstufe hinauf in das obere Bärenbadkar, in dem weltverlassen ein kleiner Karsee schimmert, 2323 m.

Von der Plauener Hütte 3½ st. Auf bez. Steig ins Bärenbadkar. Weiter wie oben.

Vom Zillerkopf streicht ein ausgeprägter Grat gegen SW; von diesem Grat zieht eine Rinne in das Kar herab. Durch diese steil hinauf, dann unter dem ersten auffallenden Gratturm auf den SW-Grat und zum Gipfel.

● 1163 b) **Nordgrat,** II, von den Grundhütten im Wimmertal 4 st. Aus dem Wimmergrund ganz hinten im Kessel östl. ins Steinkar hinauf und über eine Schutthalde in die schmale Scharte vor dem N-Grat des Zillerkopfes. Von dort über den steilen N-Grat in mäßig schwieriger Blockkletterei auf den Gipfel.

● 1164 c) **Nordwestflanke** (Eugen, Franz und Ralf Malcher, 1902), II, vom Talschluß 4 st.
Aus dem innersten Schönachtal südwestl. hinauf zum westlichsten Teil des Schönachkeeses. Südl. über das Kees und über die NW-Flanke über die Felsen, zum Teil plattig zum obersten N-Grat und zum Gipfel.

● 1165 Steinkarlkopf, 2741 m
Graue Köpfe, höchster 2708 m

Zackengruppe über dem Wimmer-Steinkarl. (In der AVK unbenannt.) 1. Ersteigung des Steinkarlkopfes: Hermann Delago, 1924.

● 1166 **Aus dem Wimmertal,** II, von Gmünd 5—6 st. Durch das einförmige Wimmertal auf bez. Wege zu den Grundhütten. Weiter auf dem trümmerbedeckten Talboden in den karartigen innersten Grund. Dort östl. über steile, steinige Grashänge ins Steinkarl hinauf und aus diesem über Blockhalden und Schutt in der breiten Rinne der Plattenscharte (erste Scharte südl. des Steinkarlkopfes). Noch beträchtlich unter der Scharte links in einen Seitenast der Schuttrinne und über brüchige, teilweise begrünte Felsen auf den Grat zwischen südlichem und höchstem Zacken. Nun links in kurzer, hübscher Gratkletterei zum Gipfel, einer luftigen, morschen Felsklippe.

Schwarzer Kopf, 2777 m

Klotziger Felsturm auf hohem, schwarzgestreiftem Sockel. 1. Ersteigung: Oberjäger Johann Egger, vor 1921.

● 1167 a) **Aus dem Wimmergrund,** II, von Gmünd, 5 st. Wie in R 1166 durch den Wimmergrund und ins Wimmer-Steinkarl hinauf. Man hält sich ganz an den N-Rand des Karls. Von dort durch Kamine (II) und über plattige Wandstufen in die Scharte zwischen südl. Vorbau und Gipfelturm, sodann durch einen Riß auf den Gipfel.

● 1168 b) **Übergang über das Blaue Schartl,** 2650 m, Das Blaue Schartl vermittelt einen unschwierigen Übergang aus dem hintersten Wimmergrund in das hinterste Schönachtal. Es ist südl. des Schwarzen Kopfes eingeschnitten.

● 1169 c) Den **Gratübergang** von der Nördl. Hauerspitze über den Schwarzen Kopf zum Grauen Kopf machten R. Braun und L. Müller 1940.

● 1170 Hauerspitzen, höchste 2660 m

Einer langen Gratschneide entragende schroffe Gipfel.

Der S-Gipfel, auch „Kugelater Hauer" oder Kralerspitze genannt, ist ein schiefer Felszahn, in der Mitte der sog. „Katzenkopf". Die Nördl. Hauerspitze ist ein kühner Felsturm.

● 1171 a) **Nördliche Hauerspitze,** 2660 m, II, von Gerlos 5 st. Von Gerlos-Oberhof durch das Schönachtal einwärts zur Pasteinalm. Dort über den Bach und unterhalb der von der Wechselspitze herabstreichenden Felsen aufwärts. Südwestwärts in das Äußere Popbergkar, durch dieses auf die Scharte und nordwärts, meist unmittelbar am Grat bleibend, zum Gipfel.

● 1172 b) **Übergang zur Wechselspitze,** II, 40 Min. In den plattigen, kleingriffigen Felsen hinab zur Scharte nördl. des Gipfels. Jenseits unschwierig auf die Wechselspitze empor.

● 1173 c) Eine vollständige **Überschreitung** der Hauerspitzen von Nord nach Süd machten R. Braun und L. Müller 1940.

Wechselspitze, 2637 m

Schöner Kalkgipfel mit Steilabfall gegen NW. Ersteigung wegen der schönen Rundblicke empfehlenswert.

● 1174 **Aus dem Wimmertal,** II, 3 st.
Von den Wimmertalalmen (1 st von Gmünd) östl. am begrünten Berghang auf Almsteig steil empor, dann rechts über den bewaldeten Rücken hinüber zur Karhütte, 1814 m. Dort südl. über schöne Almböden um einen vom Geißkopf absinkenden Ausläufer herum, dann östl. in langem Anstiege über Grashänge bis unter die Felsen des NO-Grates. Nun rechts empor zum steilen Gipfelbau. Über Schrofen gerade auf den Gipfel empor.

● 1175 Kirchspitze, 2314 m; Braunellköpfe, 2158 m; Arbiskögerl, 2049 m

Begrünte Kuppen im nördl. Wimmerkamm. Beliebte Skiberge mit schöner Aussicht.

● 1176 **Von Gmünd,** 3 st, über die Gerlos, dann bei der Mühle über den Wimmerbach und dem links abzweigenden Wege folgend, ins Wimmertal. Nach etwa ½ st, noch vor den ersten Almhütten, ziemlich steil hinauf zu den Kothütten, 1604 m. Von dort durch eine der Waldgassen, die Fürstalm links lassend, einen Graben rechts umgehend, auf den Sattel nördl. der Kirchspitze und bequem auf deren höchsten Punkt, 3 st. Über den breiten Gratrücken gelangt man, nördl. gewendet, auf die Braunellköpfe und auf das Arbiskögerl, von dem über den bewaldeten nordöstl. Rücken ein Steig nach Gerlos (Oberhof) hinabführt.

4. Der Schwarzachkamm

● 1177
Der Schwarzachkamm baut sich über dem Wimmertal (östl.) und dem Schwarzachgrund (westl.) auf.

Für den Bergsteiger sind nur die Erhebungen im S-Teil, über dem Höhenbergkar und dem Zillergrund von Reiz.

● 1178 **Aukarkopf,** 2737 m

Mächtiger Bergkegel über der Au.

● 1179 **Vom Wirtshaus In der Au,** I, 4 st, etwa 15 Min. am Weg zur Plauener Hütte taleinwärts, dann vom Talweg (rechts unterhalb Anger und Stadel) links ab und auf einem Steig gegen rechts in kleinen Kehren durch den Wald aufwärts. Sodann wendet sich der Steig links und überwindet einen Steilaufschwung.

Durch den darüberliegenden, unberührten Wald wieder rechts haltend zur Aukarhütte. Von hier hält man sich genau auf das kleine Schartl im NW-Grat der Aukarspitze (Aukarschartl) zu. Über brüchige Stufen auf den NW-Grat und zum Gipfel.

● 1180 **Schneekarkopf,** 2843 m

Selten besuchte Erhebung nordwestl. der Aukarscharte. Wuchtige Erscheinung vom hinteren Wimmertal her gesehen.

● 1181 a) **Vom Wirtshaus In der Au,** I, 4—5 st.

Wie in R 1179 ins Aukarschartl. Von dort über den Grat zum Gipfel.

● 1182 b) **Südflanke,** I, 4—5 st. Wie in R 1179 ins Aukar und unmittelbar durch die S-Flanke zum Gipfel.

● 1183 c) **Übergang auf den Rotkopf** (siehe R 1186), III, 1 st.

● 1184 **Rotkopf,** 2820 m

Felskopf über dem Höhenbergkar. Von hier zieht ein ungemein schroffes Gratstück in nordwestl. Richtung bis zum Höhenbergkarkopf.

● 1185 a) **Vom Wirtshaus In der Au,** II, 4 st. Wie in R 1179 zur Aukarhütte. Nun stets dicht unter dem vom Rotkopf südwestl. streichenden Kamm entlang aufwärts, schließlich über steile, brüchige Wandstufen auf den Grat zwischen Rotkopf und Schneekarkopf. Gegen links über den Grat zum Gipfel.

● 1186 b) **Übergang zum Schneekarkopf,** III, 1 st. Auf dem Grat abwärts, wobei man mehrmals in die NO-Flanke gedrängt wird. Von der Einschartung wieder in der zum Wimmergrund abfallenden Wand weiter, wobei eine Plattenwand mit seichten Rissen zu überwinden ist.

● 1187 Höhenbergkarkopf, 2792 m

Felsige Erhebung über dem Höhenbergnieder (Schwarzachscharte). Hier zweigt der Zillerkamm ab, der in nordwestl. Richtung hinausstreicht.

● 1188 a) **Vom Wirtshaus In der Au,** I, 5 st. Wie in R 1179 aus dem Zillergrund zur Aukarhütte. Von dort auf einem Almsteig zunächst westwärts, dann nordwestwärts eben hinüber ins Höhenbergkar.

Man hält sich von der Höhenbergalpe im allgemeinen nordwärts, links an einem Felsriegel vorbei unmittelbar auf den „Höhenbergnieder (Schwarzachscharte) zu".

Von dort jenseits des Grates durch die brüchige NW-Flanke des Berges über Absätze und Schuttstufen zum Gipfel.

● 1189 b) **Westgrat** (K. Hagspül, H. Plangger, 1930), II, 1 st E. Ä. A.

Rötenköpfe, höchster 2705 m

● 1190 Schroffe Felsköpfe nördl. der Höhenbergkarspitze.

1. Überschreitung: Hermann Delago, 1924 (im Zuge der Überschreitung des ganzen Schwarzachkammes).

● 1191 a) **Aus dem Schwarzachtal,** II, 3 st.

Ins Schwarzachtal hinein bis zu dem kleinen Wasserfall im Hintergrund des Tales. Hier ostwärts gerade empor zur Wildkarscharte, 2462 m, einer schmalen Einschartung südl. des Pfannenstielkopfes. Südwärts in anregender Kletterei auf einen brüchigen Felskopf. Von dort auf dem schmäler und steiler werdenden Grat zum Nördl. Rötenkopf. Mäßig schwierig auf der Gratschneide weiter zum Südl. Rötenkopf.

● 1192 b) **Übergang zum Höhenbergkarkopf,** III, 1½ st.

Vom Südl. Rötenkopf auf dem luftigen Grat bis vor einen weißgefärbten, brüchigen Felszahn. Dort auf Gemswechsel vom Grat links ziemlich tief hinab und durch eine Rinne wieder auf den Grat, der oberhalb einer Scharte betreten wird. Über den gestuften Blockgrat unschwierig zum Höhenbergkarkopf hinauf.

Die Berge im nördlichen Schwarzachkamm (Pfannstielkopf, 2528 m; Kehlkopf, 2229 m; Schafkogl, 2096 m; Roller, 1945 m)

● 1193 Begrünte Erhebungen in dem schmalen Grat, der vom Pfannstielkopf nordwärts zieht.

1. tour. Begehung des Grates: Hermann Delago, 1924.

1194 a) **Überschreitung,** I, 4 st vom Gerlostal. Vom Ghs. „Zur kühlen Rast" im Gerlostal durch die schönen Wälder des Schwarzachtales bis zur Schwarzbühelalm, 1211 m. Von hier links empor auf gutem Jagdsteig auf die Höhe des bewaldeten Kammes und auf diesem südwärts bis zum Roller. (Unter der Grathöhe Jagdhaus, jenseits Schäferhüttchen.) Über einen etwas höheren Graskopf in ein Joch, hinauf zum Schafkogl (Steig), dann stets auf dem Kamm weiter pfadlos zum Kehlköpfl. Von diesem in eine schmale Scharte hinab (Eisenstifte in den Felsen), sodann wieder auf gut erkennbarem Steig zu den Pfannstielköpfen.

1195 b) **Pfannstielkopf** aus dem Schwarzachtal, I, 4 st. Vom Ghs. „Zur kühlen Rast" ins Schwarzachtal bis in die Nähe des kleinen Wasserfalls im Talhintergrund. Hier über Rasen- und Schutthänge auf den Gipfel.

1196 c) Übergang zu den Rötenköpfen, II, 1—2 st. Südl. hinab in die schmale Scharte. Weiter wie in R 1131.

5. Der Zillerkamm

1197 Von der breiten Einsattelung des Höhenbergnieders (Schwarzachscharte) zieht der Kamm westnordwestwärts weiter über Hochsteinflache, Gamskopf und Brandberger Kolm bis zum Hochfeld, wo er sich in zwei breite Rücken teilt, von denen der eine gegen Mayrhofen, der andere gegen Zell abfällt.

1198 Hochsteinflache, 2769 m

Breite, begrünte Kuppe. Auch „Schottmaler" genannt.
1. Ersteigung anläßlich der Landesvermessung 1852.

1199 a) **Von Häusling im Zillergrund,** I, 4 st.
Von dem Ghs. Häusling auf gutem Weg empor nach Hochstein. Beim obersten Steg über den Bach und in kleinen Kehren zur Waldlalm. In nordöstl. Richtung über Almböden und Schutthänge dem breiten, von der Hochsteinfläche südwestl. absinkenden Rücken zu, über den man den N-Gipfel erreicht.

1201 b) **Nordwestgrat aus dem Falkenkar** (K. Hagspül, H. Plangger, 1930), I, von der Schwarzachalm 3 st. A. A.

1202 c) **Von der Schwarzachscharte über die „Röte"** (K. Hagspül, H. Plangger, 1930), I. Der Übergang vollzieht sich, stets dem Kamm folgend in schöner Wanderung.

1203 Gamskopf, 2671 m

Felskopf im Kammverlauf zum Brandberger Kolm.

1204 a) **Von Häusling,** I, 4—5 st. Von Häusling zu den Hochsteinhöfen. Nun links (nordwestwärts) zur Kapelle am Neuberg, 1599 m, und steiler nordwärts zum Albl, 1859 m.

Dort ungefähr nordwärts, etwas rechts haltend, über Grasböden weiter, zuletzt über Schutt und Schrofen zum Gipfel.

● 1205 b) **Übergang von der Hochsteinflache,** II, 2 st. Für den Bergsteiger empfehlenswerter als a). Der Grat bildet mehrere scharfe, beiderseits steil abfallende Köpfe, die überschritten werden.

● 1206 c) **Gratübergang zur Hochsteinflache** (Rud. Braun, Hans Plangger, 1929), II, 2 st.

Vom Gamskopf über den blockigen Grat in südöstl. Richtung bis zu einer breiten Scharte. Über den grasdurchsetzten, brüchigen Grat auf einen Kopf (Steinmann). Südl. hinab über gutgriffige Platten auf ein ebenes Gratstück, weiter auf dem Grat und über einige Türme bis zum Gipfelaufbau. Über einen schuttbedeckten Hang zum Gipfel.

● 1207 **Brandberger Kolm,** 2701 m

Von Westen und von Brandberg aus gesehen kühn geformter Felskegel. Schöne Ausblicke über das Zillertal sowie auf die Zillertaler Berge, vor allem Reichenspitzgruppe.

● 1208 a) **Von Brandberg,** I, 4 st, lohnend.

Vom **Kolmhaus,** 1850 m, ostwärts in das Brandberger Kar. Nördl. des Grabens. Etwas vor dem mächtigen W-Fuß des Berges führt der Steig nach rechts, südwärts, zur Grathöhe. Nun auf der Zillergrundseite zum Gipfel. (Vom Kolmhaus 2 st.)

● 1209 b) **Südostgrat** (im Abstieg: R. Braun, H. Plangger, 1929), I, ¾ st. Ä. A.

● 1210 c) **Gratübergang zum Gamskopf** (R. Braun, H. Plangger, 1929). Von der Scharte östl. des Brandberger Kolms in südöstl. Richtung über einen kleinen Turm und in eine kleine Scharte.
Immer am Grat bleibend im Auf und Ab zum Gipfel des Gamskopfes.

Torhelm, 2448 m

Nachbar des Brandberger Kolms; ebenso leicht zugänglicher Aussichtsberg.

● 1211 **Von Brandberg,** I, 4 st, wie in R 357 auf das Brandbergjoch. Von hier über mäßig steile Rasenhänge in nordwestl. Richtung auf den Gipfel.

● 1212 a **Hochfeld,** 2351 m; **Gerlossteinwand,** 2166 m

Die Ausläufer des Zillerkammes. Beliebte Ausflugsziele von Zell am Ziller aus. Gerlosstein-Seilbahn von Hainzenberg.

● 1212 b a) Von Brandberg über den Torhelm, I, 5—6 st, Wie in R 1211 auf den Torhelm und auf der Kammhöhe (Lixlkarschneide) weiter zum Hochfeld.

● 1212c b) Auf das der Gerlossteinwand nordwestl. vorgelagerte Gerloskögerl führen mehrere gute, bez. Wege.

● 1213 c) **Nordwand** (Karl Hagspül, Luis Müller, Hans Plangger, 1926), III, brüchig, 3—4 st.
Von der Gerlossteinhütte südl. über die Weideböden empor, bis in das am Fuß der Wand gelegene Kar. Dieses quert man ostwärts und ersteigt einen, bis hoch hinauf mit Zirben bewachsenen Kamm, der bis an die Wand der Gipfelfallinie emporzieht.
E. vom Ende des Kammes einige Meter rechts über eine Schotterzunge empor an die Felsen.
Über leichte Schrofen 30 m empor zu einem Köpfl und 50 m aufwärts zu einem Wandgürtel. Zu einem Kamin, der nach einigen Metern rechts verlassen wird. Durch einen kurzen Riß auf eine Kanzel, Querung nach links in eine Nische. Links empor, über den Überhang in eine Verschneidung und zu einer zweiten Nische. Über eine Platte und loses Erdreich empor, dann 40 m durch plattige Kamine und Felsen aufwärts. Nach links zu einem Rasenband. Auf ihm nach rechts (Abbruchstelle) bis zu seinem Ende. Über Wandstufen links aufwärts. Unter einem steilen Aufbau Querung nach rechts zu einer Rippe, 30 m durch einen Kamin empor auf ein Rasenband und über die kurze Schlußwand auf die Gerlossteinwand.

6. Der Klockerkarstock

● 1214
Am südöstlichsten Eck der Zillertaler Berge ragt ein kleiner Bergstock mit einem halben Dutzend Gipfeln auf, der seit je den Zillertalern zugerechnet wird, der Klockerkarstock (auch Glockenkarstock), das Bindeglied zwischen Zillertaler Alpen und Venediger-Gruppe.

Dieser Bergstock bildet die Wasserscheide zwischen dem Krimmler Achental und dem Ahrntal, nimmt somit auch politisch eine Sonderstellung ein als das einzige Stück Staatsgrenze zwischen Salzburg und Südtirol. Eine überraschend große Anzahl von Stützpunkten (Neugersdorfer Hütte, Birnluckenhütte, Warnsdorfer Hütte, Krimmler-Tauern-Haus; z.T. auch Plauener und Richterhütte) und der bekannte Lausitzer Höhenweg machten zusammen mit wesentlichen Erleichterungen im Grenzverkehr dieses Gebiet zu einem beliebten Wanderziel.

Der Klockerkarstock streicht in leichtem Bogen vom Krimmler Tauern bis zur Birnlucke.

● 1215 **Tauernkopf,** 2874 m

Der erste Gipfel im Kammverlauf östl. des Krimmler Tauerns. 1. touristische Ersteigung: Dr. Fritz Koegel mit Franz Hofer, 1895.

● 1216 a) **Vom Krimmler-Tauern-Haus,** II—, 4 st.

Am Weg zum Krimmler Tauern bis kurz unter die Paßhöhe. Nun in nordöstl. Richtung durch das Kar gegen den Fußpunkt des NW-Grates hinaus. Teils über diesen Grat, teils in seiner linken Flanke empor gegen den Gipfel. Das letzte Gratstück erfordert Übung (II—).

● 1217 b) **Von der Neugersdorfer Hütte,** I, teilweise bez., 1—1½ st.

Von der Neugersdorfer Hütte auf dem Lausitzer Weg ostwärts, zunächst leicht fallend, sodann die sog. Taurschneide übersteigend in das Trümmerkar unter dem Tauernkopf (Kerrachkar). Die östl. Begrenzung dieses Kares bildet die von kecken Felszähnen gekrönte „Pfaffenschneide". Wenige Minuten, ehe der Höhenweg eine Scharte in diesem Querriegel erreicht, führt links (nördl.) ein kleiner Steig im Zickzack durch das Kar empor und erreicht schließlich, gegen links hinausführend, die Pfaffenscharte, 2796 m.

Von hier westwärts über steile Trümmerhänge zum Gipfel.

● 1218 c) Als **Abstieg** wird das nordöstl. eingelagerte Schattseitkees (früher Östl. Windbachkees genannt) empfohlen. Vom kleinen Gletschersee an seinem Ende hält man sich gegen links an die am weitesten ausholende Kehre des Tauernweges.

● 1219 d) **Übergang zum Pfaffenschneidkopf,** I, 40 Min.

● 1220 Pfaffenschneidkopf, 2918 m

Die höchste Erhebung der Gruppe, vor allem zusammen mit dem bekannteren Klockerkarkopf empfehlenswert. Von hier streicht die „Pfaffenschneid" nach S hinab, die der Lausitzer Weg an der Teufelsstiege überwindet. Fundort für Bergkristalle.

1. touristische Ersteigung: Dr. Fritz Koegel mit Franz Hofer, 1895.

● 1221 a) **Vom Krimmler-Tauern-Haus,** I, 5 st.

Auf dem Weg zum Krimmler Tauern ins Windbachtal. Von der letzten weiten Kehre (etwa 40 Min. unter der Paßhöhe) hält man sich etwas links, ostwärts über die steilen Hänge empor an die Zunge des Schattseitkeeses. Nun in Nähe des NO-Randes des Gletschers gegen den Gipfel, wobei einige Schuttzonen zu überwinden sind.

● 1222 b) **Von der Neugersdorfer Hütte,** I, 2 st.
Wie in R 1217 über den Lausitzer Weg bis zur Abzweigung und dem Steig links empor folgend auf die Pfaffenscharte. Zunächst leiten noch Steigspuren rechts empor gegen den Pfaffenschneidkopf. Schließlich über Blockwerk zum Gipfel.

● 1223 c) **Übergang zum Klockerkarkopf,** I, 15 Min.
Vom Gipfel steigt man am besten in der N-Flanke des Hauptgrates (Steigspuren) gegen den Firnsattel, 2875 m, ab. Jenseits unmittelbar über das Blockwerk zum Gipfel.

● 1224 **Klockerkarkopf** (Glockenkarkopf), 2912 m
Zentralgipfel des Bergstockes. Bekannter Aussichtsberg, großartiger Rundblick. Fundort für Bergkristalle. Nach N streicht ein mächtiger Zweiggrat zum Schlachtertauern hinaus. 1. touristische Ersteigung: Dr. Fritz Koegel mit Franz Hofer, 1895.

Diesen Gipfel hat 1905 Ettore Tolemei mit jener berüchtigten „Expedition" heimgesucht, die die „Erstbesteigung" durchführte (in Wirklichkeit schon zehn Jahre zuvor erstiegen) und den Gipfel „Vetta d'Italia" taufte. Damit begann die systematische Ortsnamenfälschung in Südtirol, mit deren Hilfe dann 1919 auch Präsident Wilson getäuscht und bewogen wurde, der Zerreißung Tirols zuzustimmen.

● 1225 a) **Vom Krimmler-Tauern-Haus,** I, 4½—5 st.
Wie in R 1221 auf das Schattseitkees. Über den oftmals aperen Gletscher bis etwa in Fallinie des Gipfels. Nun über die ausgeaperten Schuttzonen unmittelbar zum Gipfel ansteigend oder in den Sattel rechts des Gipfels und dem Blockgrat folgend auf den höchsten Punkt.

● 1226 b) **Von der Neugersdorfer Hütte,** I, Weganlage, 2 st.
Auf dem Lausitzer Weg ostwärts, über den ersten Querriegel ins weite Trümmerkar (Kerrachkar) und eben an den zweiten sperrenden Riegel („Pfaffenschneid") heran. Durch diese kühn gezahnte Schneide läßt eine Scharte (Teufelsstiege) einen guten Durchschlupf. Nach 15 Min. zweigt nun links ein Steig ab, der nordwärts in kleinen Kehren durch das Kar hinaufführt an den Steilaufschwung des Berges. Über die SW-Flanke führt der Steig zum Gipfel.

● 1227 c) **Von der Birnluckenhütte,** I, Weganlage, 2 st.
Von der Hütte fast eben hinein in den Graben (nicht zur Birnlucke), sodann jenseits empor zum Lausitzer Weg. Diesem folgt man bis zur Wegabzweigung (siehe b) etwas westl der Fallinie des Gipfels.

● 1228 Schlachtertauern, 2754 m

Steile Erhebung über der Talverzweigung Krimmler-Tauern-Tal—Windbach, in dem vom Klockerkarkopf nach N streichenden Kamm. Aussichtsreich. 1. touristische Ersteigung: Dr. Fritz Koegel mit Franz Hofer, 1895.

● 1229 a) **Vom Krimmler-Tauern-Haus,** I, Wegfindergabe notwendig, 4 st.

Auf dem Weg zur Warnsdorfer Hütte talein bis zur Jaidbachalm, etwa 15 Min. innerhalb der Talgabelung Windbach—Krimmler Ache. Von hier auf dem Almsteig südwestwärts empor zum Hochleger. Weiter über den begrünten Rücken, im oberen Teil hält man sich in seine linke (südl.) Flanke, schließlich wieder unmittelbar über den Blockgrat zur Trümmerfläche des Gipfels (Nördl. Vorgipfel, 2750 m.)

● 1230 b) **Übergang zum Klockerkarkopf,** mit Ausweichen in die W-Flanke, I, 3 st.

Von einer unmittelbaren Überschreitung ist nichts bekannt. Die bisherigen Begeher wichen von der ersten Scharte im Gratverlauf gegen rechts aus und querten unter den Gratabbrüchen in das Schattseitkees. Von dort wie in R 1225 zum Gipfel.

● 1231 Zwillingsköpfl

Westliches 2835 m; Östliches 2841 m

Schroffe Felsgipfel über dem Klockerkarkees, das der N-Grat des W-Gipfels in zwei Becken teilt, während es der lange NO-Grat des O-Gipfels vom östl. folgenden Steinkarkees trennt. 1. Ersteigung des W-Gipfels: Dr. Fritz Koegel mit Franz Hofer, 1895.

● 1232 a) **Vom Krimmler-Tauern-Haus über den Nordgrat,** III—, 5 st.

Im Krimmler Achtental taleinwärts bis zur Jaidbachalm dann rechts steil hinauf zu der an den Hängen des Schlachtertauern gelegenen Jaidbachhochalm. Nun im Klockerkar empor zum Klockerkarkees und über dieses und einen kurzen Grat, der den Gletscher teilt, auf das Westl. Zwillingsköpfl.

● 1233 b) **Von der Birnluckenhütte,** III—, 3 st.

Wie in R 1227 von der Hütte ins Kar unter dem Klockerkarkopf. Vom innersten Kargrund hält man sich genau nördl. der Scharte zwischen dem Klockerkarkopf und dem Westl. Zwillingsköpfl (Klockerkarscharte, 2807 m). Die Scharte selbst ist wegen einer steilen, grifflosen Wand schwer erreichbar. Über schwierige, ausgesetzte Platten gelangt man rechts aus einer Rinne unter ihr zu einem höheren Punkte an der östl. Schartenwand und in kurzer Gratkletterei auf das Westl. Zwillingsköpfel.

● 1234 c) Von Besteigungen des **Ostgipfels** fehlen Berichte. Es hat jedoch den Anschein, als ob dieser Gipfel vom W-Gipfel her oder aus dem Klockerkarkees ohne größere Schwierigkeiten erreicht werden könnte.

● 1235 d) **Von der Warnsdorfer Hütte** wie in b) über die Birnlucke und den Lausitzer Weg zum W-Gipfel.

● 1236 Steinkarkopf, 2871 m

Schöngeformte Pyramide über dem Steinkarkees, mit steilen Abstürzen nach den vier Seiten.

1. Ersteigung: Dr. Fritz Koegel mit Franz Hofer, 1895.

● 1237 a) **Vom Krimmler-Tauern-Haus, I, 5 st.**
Auf dem Weg zur Warnsdorfer Hütte bis zur Außerkeesalm. Bei der Alm auf einem Steg über die Krimmler Ache. Jenseits am Talhang trifft man auf einen Schafsteig, der emporführt ins Steinkarl. Über Schutt, zuletzt über die Reste des Gletschers an den Fußpunkt des NO-Grates. Dieser leitet ohne Schwierigkeiten zum Gipfel.

● 1238 b) **Von der Warnsdorfer Hütte, I, 3 st.**
Man folgt dem Weg zur Birnlucke. Ehe man jedoch ins geschlossene Kar eintritt, hält man sich unter dem vom Birnluckenkopf herabziehenden Grat rechts durch gegen das Steinkarkees. Von dort wie in a) zum Gipfel.

● 1239 c) **Südwestgrat,** III, 1 st E. Von der Birnlucke folgt man dem Lausitzer Weg bis zur Fallinie des Gipfels. Nun über Schutt im Bogen rechts in ein Schuttkarl. Von hier links hinaus an den SW-Grat. Über den Plattengrat (III) zum Gipfel.

Birnluckenkopf, 2778 m

Scharfer Felskopf, unmittelbar nördl. über der Birnlucke aufragend. Vermittelt einen guten Rundblick.

1. Ersteigung: Dr. Fritz Koegel mit Franz Hofer, 1895 (Z. DÖAV 1897, S. 192).

● 1240 a) **Von der Birnlucke,** I, 40 Min. Über Grashänge und kleine Felsstufen unschwierig erreichbar.

● 1241 b) **Übergang zum Steinkarkopf** (mit Umgehung des letzten Gratstückes in der N-Flanke), II, 1 st. Über den Grat (oder an seiner S-Seite die Wände querend) zu einer Scharte an der ersten Graterhebung westl. des Birnluckenkopfes. Hier in die N-Flanke auf das Steinkarkees und über den NO-Grat auf den Steinkarkopf.

IV. Die Pfunderer Berge

a) Der Kreuzspitzkamm

● **1242**

Der nördlichste und bedeutendste Kamm der Pfunderer Berge ist der Kreuzspitzkamm. Er löst sich an der Unteren Weißzintscharte vom Hauptkamm. Er zieht südwestwärts, dann westwärts und zuletzt in weitem Bogen südwestwärts bis zum Sterzinger Becken. Diesem Kamm, der in seinem nördl. Teil aus einer schmalen, z. T. sehr schroffen Felsschneide besteht, entragen eine Reihe schöner Felsberge. Unter ihnen ist die Wilde Kreuzspitze zugleich die höchste Erhebung der Pfunderer Berge. Nach N schickt der Kreuzspitzkamm mehrere kurze Seitengrate gegen das Pfitschtal hinab. Nach S zweigen von ihm bedeutende Kämme, wie Plattspitzkamm, Wurmaulkamm und der lange Grubbachkamm ab

● **1243 Trenser Joch,** 2373 m; **Sengesspitze,** 2364 m; **Finsterstern,** 2512 m

Die südlichsten Berge des Kreuzspitzkammes; begrünte Kammerhebungen über dem äußeren Pfitschtal und dem kleinen Sengestal, die prachtvolle Aussicht nach W auf die Berge des Ridnauntales und in das Eisacktal bieten. Der Finsterstern ist bekannt durch seine Flora.

● **1244** a) **Von Trens im Eisacktal,** 3½ st, auf Almwegen links über dem Bach hinauf nach Partinges, 1360 m; auf die andere Talseite und über Almen auf den Rücken des Kammes. Über die Erhebungen des Trenser Joches und der Sengesspitze auf den Finterstern.

● **1245** b) Die Erhebungen sind auch von allen anderen Seiten leicht ersteiglich. Abstieg am besten südl. hinab zu den Almhütten im Sengestal und talaus nach Mauls.

Übergang vom Sengestal nach Tulfer (Wiesen): Die höchste Erhebung dieses Kammes ist der „Höllenkragen". Dort wendet sich der Kamm ostwärts hinab zum „Trenser Jöchl".

● **1246 Wilde Kreuzspitze,** 3134 m

Schön geformter felsiger Doppelgipfel südl. über dem mittleren Pfitschtal, ein Aussichtsberg ersten Ranges: gesamte Ostalpen bis zu den letzten Ausläufern in Oberitalien, Kar-

nische und Engadiner Berge, Zentralalpen, Nördliche Kalkalpen.
Schon vor der Landesvermessung von Einheimischen erstiegen.
1. touristische Ersteigung: Dr. A. v. Ruthner mit dem Bauer Peterer, 1861 (Lit.: „Aus Tirol", S. 41 ff.).

● 1247 a) **Von der Sterzinger Hütte,** I, 2½ st, von Burgum 5½—6 st.
Vom Ghs. Zur Wöhr (am Beginn des flachen inneren Talbodens des Pfitscher Tales, jetzt aufgelassen) an den Eingang des Burgumer Tales und hinauf zur Sterzinger Hütte. (Keine Übernachtungsgelegenheit.)
Nun in südöstl. Richtung zu den mächtigen Feinschutthängen und über Schutt und Geröll zuerst im Bogen nach links, dann südwärts empor in ein Schartl im SW-Grat und jenseits über die S-Flanke zum Vorgipfel und zum nördl. vorgebauten Hauptgipfel.

● 1248 b) **Von Freienfeld,** 6 st, über Valgenein und Niederflans durch das Sengestal auf das Sengesjoch. Vom Joch nordostwärts unter den Felsen der Ebengrubenspitze durch und oberhalb des Wilden Sees hinein. Nordwärts über Geröll und Schneeflecken empor zum Gipfel.

● 1249 c) **Von Mauls,** 6—7 st, durch das Maulser Tal ein Stück hinein, dann links ab und durch das Gansörtal zur Gansöralm, 2350 m. Über die Gansörscharte zum Wilden See, 2538 m. Links des Sees nordwärts über Rasen und Geröll ansteigend und nordwärts wie bei b) zum Gipfel.

● 1250 d) **Von der Brixner Hütte,** bez., 3 st. Der Markierung 18 folgend über Grasböden im großen Bogen ins Rauhtal, im oberen Teil über Schnee zum Rauhtaljoch. Weiter stets Weg und Markierung folgend über Geröll, schließlich über den obersten SO-Grat zum kreuzgeschmückten Gipfel. Ein Abstieg über den Wilden See zur Labesebenalm (ebenfalls Markierung 18) ergibt eine lohnende Rundtour. Die zwar gut sichtbare Abzweigung der Markierung 18 beim Wilden See kann übersehen werden, weil sie vom scheinbar besseren (bald aber verlaufenden) Weg rechts zu Steigspuren weist.

● 1251 e) **Westgrat,** II—, lange, abwechslungsreiche Gratwanderung, von Afens im Pfitschtal 6—7 st.

Von Afers (1½ st von Sterzing) über den Pfitscher Bach und ostwärts durch den Leitnerwald auf Almsteigen empor und links hinaus zur Öttlbergalm, etwa 2100 m. Über steile Grashänge auf den nach SO streichenden Gratrücken und über ihn zur ausgeprägten Erhebung der **Ochsenalmspitze,** 2698 m. Dem Grat ostwärts folgend in die tiefe Einschartung, mit der der W-Grat der nächsten Erhebung, des **Kramers,** ansetzt. Unschwierig über diesen Grat zum Gipfel, 2946 m, und auf dem Grat weiter zur **Ebengrubenspitze,** 2991 m, wo der Plattspitzkamm nach S abzweigt. In der O-Seite ziemlich steil (mäßig schwierig, II) hinab in die Einsattelung zwischen Ebengrubenspitze und Kreuzspitze (Ebengrubenjoch). Nun nordostwärts empor zur Wilden Kreuzspitze.

● **1252** f) **Nordostgrat** (von Gamsjägern begangen; Mitt. AV 1910, 2; — 1. touristische Ersteigung: Dr. Hönlinger, Dr. R. Grüner, E. Mayer, Karl Zeuner, 1914), III—, brüchiges Gestein. Von der Brixener Hütte 4 st.

Von der Hütte zum Sandjoch, 2646 m. Nun über den mit Türmen versehenen Grat, ausgesetzt, immer auf der Grathöhe bleibend zum Gipfel.

● 1253 Der Großberggrat

Großbergspitze, 2700 m; **Glatte Wand,** 2712 m; **P. 2712 m**

Von der Wilden Kreuzspitze zieht nach NW der teils begrünte, teils schroff abfallende **Großberggrat** (zwischen dem Burgumer und Großbergtal) gegen das Pfitschtal hinab.

a) Die **Großbergspitze** ist über die steilen Grashänge der W-Flanke leicht ersteiglich. Südlich unter dem Grat die Sterzinger Hütte.

● **1255** b) **Glatte Wand** ist ebenfalls von S leicht ersteiglich. Gegen das Großbergtal fällt sie mit einer Steilwand ab.

● **1256** c) **P. 2712 m** (der alten Spezialkarte) ist die höchste Erhebung des Grates. Über den NW-Grat ersteiglich.

Die Erkletterung des zur Großbergscharte mit steiler Wand abfallenden Großbergturmes ist III+.

● 1257 Blickenspitze, 2985 m

Mächtige Pyramide in dem von der Wilden Kreuzspitze nach SO streichenden kurzen Grat. Zwischen der Wilden Kreuzspitze und der Blickenspitze ist die Rauchtalscharte eingeschnitten.

● **1258** a) **Von der Brixner Hütte,** 2 st, über den Pfannalmboden und Geröll auf die Rauchtalscharte, 2811 m. Von dort über den W-Grat zum Gipfel (II—) oder leichter durch die SW-Flanke.

● 1259 b) **Von Osten,** von der Pfannalm, 2½ st, über begrünte Hänge, durch eine Mulde, dann westwärts über eine schrofendurchsetzte Schutthalde, die zum NO-Grat führt, zum Gipfel.

● 1260 c) **Von der Labesebenalm,** 3 st. Von Vals im Valser Tal (Valler Tal) zur Alm In der Fane. Dort durch eine Klamm in den westl. Seitenast des Tales zur Labesebenalm, 2100 m. Nordwärts über Gras und Schutt, dann steil in eine Scharte im SW-Grat, die auch vom Wilden See her durch ein kleines Hochtal erreicht werden kann, und über den Grat (einen Felsturm links umgehend) zum Gipfel.

● 1261 **Erenpolspitze,** 2768 m

Südlich der Blickenspitze in dem kurzen Seitengrat aufragender Gipfel. Aussichtspunkt.

● 1262 a) **Vom Wilden See,** R 1249, von W, 1 st. Rechts des Sees ein Stück hinein, dann ostwärts über die Hänge empor zum Gipfel.

● 1263 b) **Von der Labesebenalm,** von Südosten, 1½ st, über steile Halden in der SO-Flanke etwas mühsam zum Gipfel.

● 1264 **Sandjochturm,** etwa 2700 m

Kühner Felsturm nordöstl. des Sandjoches. Er besteht zum Großteil aus sehr brüchigem Gestein. 1. Ersteigung: J. Hartmann, H. Schmid, 1905 (Lit.: X. Jb. d. S. Bayerland).

● 1265 **Vom Sandjoch,** R 358, IV—, zum Fuß des Turmes, dessen O-Wand von einem etwa 30 m hohen, tiefen Riß durchzogen wird. In diesem über plattigen Sandstein empor und über einen großen Überhang. Nach wenigen Metern in eine brüchige Scharte, die zum Großbergtal mit steiler Wandflucht abbricht. Von der Scharte auf ausgesetzten Bändern in die O-Seite und durch diese kurz zum Gipfel.

● 1266 **Sandjochspitze,** 2780 m

Schroffer, eigenartig geformter Doppelgipfel, zwischen Sandjoch und Pfundersjoch aufragend. Brüchiges Gestein.
1. touristische Ersteigung wahrscheinlich Leo Handl und J. Mendl, 1911.

Abb. 41 Pfunderer Berge vom Schrammacher. S = Seefeldspitze, W = Wurmaulspitze, Gr = Grabspitze, HL = Hintere Langspitze, VL = Vordere Langspitze (Zwölfer), a = R 1323, b = R 1271.

● 1267 a) **Vom Pfundersjoch** (R 365), II, 2½ st.
Vom Joch südwärts durch steile Kamine und kleine Wandstufen in der Nähe des Grates in brüchigem Gestein zum O-Gipfel.

● 1268 b) **Vom Sandjoch** (R 358), II, 2½ st.
Vom Joch zuerst Umgehung des Sandjochturmes, dann von der S-Seite durch sandige Steilrinnen und Kamine auf den W-Gipfel.

● 1269 c) **Übergang vom Westgipfel zum Ostgipfel,** II.

● 1270 **Grabspitze,** 3058 m

Eindrucksvoller, schöner Gipfel, nördl. über dem Pfundersjoch aufragend. Nach NO mit praller Wand abfallend. Von der Grabspitze streicht nach NW ein langer Grat gegen das Pfitschtal hinab, der die Erhebung der **Fidspitze,** 2659 m trägt. Etwas südl. der Grabspitze zweigt ein weiterer Gratrücken nach NW gegen das Pfitschtal ab. Diesem entragen die **Rübespitze,** 2738 m, und die **Torwand,** 2639 m. Beide Graterhebungen sind aus dem Großbergtal über begrünte Hänge leicht zu ersteigen.

● **1271** a) **Von Kematen im Pfitschtal,** 6 st. Gleich am Beginn der Ortschaft von der Straße rechts hinab, über den Pfitscher Bach und in das Großbergtal. Auf Almwegen talein in den innersten Talgrund, dann links haltend empor gegen das Pfundersjoch (Steigspuren) bis hinter eine Rinne.

In der Nähe eines Bächleins durch eine Rinne auf einen grünen Boden und von dort zu einem Sims empor, das gegen das Tal von senkrechten, braungelben Wänden begrenzt ist. Auf dem Gesimse ansteigend zum S-Grat und über diesen oder auf den Bändern der Flanke auf den Vorgipfel und über den Grat zum Hauptgipfel.

● **1272** **Von Innerpfitsch,** 5 st. In Platz (Gasthaus) über den Pfitscher Bach und dann möglichst bald nach links über das Mühlbachl (orographisch rechte Bachseite). Der Weg verläuft anfänglich noch entlang des Baches über den flachen Talboden und verändert seine Richtung an dem Eingang des steilen Hochtales, aus dem der Bach kommt, nach Südosten. Hier über einen steilen waldigen Hang auf einem wenig markierten, aber deutlichen Weg empor. Über freie Hänge erreicht man die Almhütten von Padaun auf der Viedalm. Rechts haltend empor, unter den O-Abstürzen der Viedspitze durch ein blockerfülltes Hochtal zur N-Flanke der Grabspitze und durch sie zum Gipfel.

● **1272a** **Von Überwasser,** schnellster und interessanter Anstieg, durchgehend, aber sehr spärlich markiert, nur im unteren Teil ein angelegter Weg, I, 4½ st.

Von Überwasser gerade über die Wiesen zum Waldrand. Auf dem Weg schräg nach rechts in den Wald, dann schräg links über sehr steile Hänge in den untersten Boden jenes Tales, das zwischen Vied- und Rübespitze herabkommt. Nun pfadlos immer rechts des Baches über Wiesen, eine plattige Unterbrechungsstelle, dann lange Zeit über Schutt in den obersten Boden westlich unter dem Gipfel der Grabspitze. Nach Süden auf den Hauptkamm und über den leicht felsigen Grat zum Gipfel.

● **1273** c) **Von der Brixer Hütte.** 4 st. Eine Stelle steinschlaggefährtet. Von der Hütte über den Pfannalmboden und über den begrasten Hang in die Senke des Sandjoches. Von dort auf der N-Seite unter dem Felsturm des Sandjochturmes und der Sandjochspitzen die Hänge querend zum Pfundersjoch, 2574 m. Durch eine knapp östl. davon ansetzende Schuttrinne (Steinschlag!) durch die

S-Seite zu einer breiten Schutterrasse und über den S-Grat zum Gipfel.

● **1274** **Felbespitze,** 2842 m

Breite Felskuppe im Kamm nordöstl. der Grabspitze aufragend. Gelbbraune, plattige Schieferwände gegen das Pfitschtal.

● **1275** **Von Innerpfitsch** (St. Jakob), 5 st, wie in R 1272 empor zur Fidalm und aufwärts in die Scharte zwischen Grabspitze und Felbespitze, das Überwassertörl. Nun über den SW-Grat zum Gipfel.

● **1276** **Hochsäge,** 2789 m; **Rotes Beil,** 2950 m

Auffallend geformte, schöne Felsgipfel, südl. über dem inneren Pfitschtal aufragend.

Vom Roten Beil zieht nach N ein Zweiggrat, der die **Pletzenspitze,** 2770 m, trägt. In der AVK 1930 ist ein in diesem Grat aufragender Berg, Rotes Beil, 2896 m, bez. Nach S zieht vom Roten Beil ebenfalls ein Zweiggrat zum Weitenberg. 1. touristische Ersteigung des Roten Beiles: A. Burckhardt und Maurilius H. Mayr (Z. DÖAV 1904).

● **1277** a) **Westgrat,** I, 4 st. Bei der Häusergruppe Sand in Innerpfitsch von der Straße nach rechts ab und über die Brücke des Pfitscher Baches. Am südl. Talhang schräg links durch Wald, einen Graben überschreitend, empor in das Tal des Berglbaches (Moaßlbach). Talein und über Geröll in die Weitenbergscharte (Hochsägescharte), 2683 m. Von der Scharte über unschwierigen Fels auf die Hochsäge. Vom Gipfel der Hochsäge ostwärts über den Grat auf das Rote Beil.

● **1278** b) **Ostgrat,** II. Von der **Gliderscharte** 1 st. Den Fuß des Grates kann man auch von S von der Weitenbergalm (R 366) über den Silweller erreichen, 2 st.

● **1279** **Engbergspitze,** 2820 m

Schroffer Felsgipfel östl. der Gliderscharte im Kamm aufragend. Gegen O mit jäher Wand abfallend.

● **1280** **Von der Gliderscharte** über den Westgrat, I, 1 st. Von der Scharte über den Blockgrat, immer auf der Grathöhe bleibend zum höchsten Punkt.

● **1281** **Röteck,** 2931 m

Mächtiger flacher Felskegel südl. über dem inneren Untergtal aufragend. Vom Gipfel streicht nach S ein Zweig-

grat, dem mehrere bedeutende Erhebungen entragen. Dieser Zweiggrat trennt das Engberg- und das Weißensteintal.
Ersteigung gelegentlich der Landesvermessung, 1. touristische Ersteigung: Alexander Burckhardt, 1901 (Mitt. DÖAV 1902).

● 1282 a) **Südgrat,** I, von Pfunders 6½ st, talein nach Daan und links durch das Weitenbergtal zur Engbergalm. Bei der Talgabelung rechts durch das Engbergtal weiter und durch den am weitesten nordostwärts streichenden Talast in ein Blockkar südwestl. unter dem Röteck. Über einen auffallenden rötlichen Schutthang an den S-Grat und über ihn zum Gipfel.

● 1283 b) **Westgrat,** I, von Pfunders 6—7 st. Aus dem innersten Kar des Engbergtales in eine Scharte westl. unter dem Gipfel. Über den blockigen W-Grat zum Gipfel.

● 1284 c) **Die Anstiege von Norden** über die Steilflanken sind steinschlaggefährdet. Die Scharte im W-Grat kann auch von N erreicht werden.

● 1285 **Dannelspitze,** 2780 m

Breiter Blockgipfel in dem vom Röteck südwärts streichenden Grat.

● 1286 **Von Pfunders,** 5½ st, über Daan talein und zur Alm an der Talgabelung. Im linken, westl., Ast, dem Weißensteintal, aufwärts, an den Hütten im mittleren Talgrund vorbei. Dort, wo von links der Bach aus dem Tälchen herabkommt, das zur Dannelscharte emporzieht, links ab und im kleinen Hochtal aufwärts zur Dannelscharte, 2461 m. Nun auf dem Blockgrat nordwärts, einen Absturz westseitig umgehend, auf den wenig ausgeprägten Gipfel.

● 1287 **Weißensteinspitzen,** Südl. 2524 m; Nördl. 2550 m; **Faßnachtspitze,** 2538 m **Weißwand,** 2490 m

Graterhebungen in dem vom Röteck südwärts führenden Grat. Wenig ausgeprägte, teils begrünte Köpfe.
Von der Dannelspitze streicht der Grat südwärts zu den beiden Weißensteinspitzen, dort gabelt sich der Kamm. Der westl. Ast trägt die Faßnachtspitze, der östl. die Weißwand.

● 1288 a) **Von Pfunders,** 4 st auf die Faßnachtspitze, 5 st auf die Südl. Weißensteinspitze, 4 st auf die Weißwand.
Von Pfunders nach Daan. Hier im rechten Talast (Weg zum Eisbruggjoch) kurz talein, dann gleich links empor zu den Almhütten im Grund des kleinen Hochtales. Von den Weideböden westwärts (links) hinüber zu einem grünen Rücken,

der von der Faßnachtspitze ostwärts herabstreicht. Über ihn auf den Gipfel.

1289 b) **Übergang Faßnachtspitze — Südl. Weißensteinspitze,** 1 st. Nordostwärts über den Gratrücken oder auch in seiner O-Flanke zur Südl. Weißensteinspitze.

● 1290 c) **Südliche Weißensteinspitze — Nördliche Weißensteinspitze — Dannelscharte,** unschwierige Blockkletterei, 3/4 st.

● 1291 d) Die **Weißwand** kann entweder von der Südl. Weißensteinspitze über den NW-Grat, oder von den Almböden der R 1288 aus von W her erstiegen werden.

● 1292 Hochwartspitze, 3056 m

In dem Kammstück zwischen Röteck und Unterer Weißzintscharte ragen zwei schöngeformte Felsgipfel auf, die gegen N mit dunklen Felsflanken abfallen. Bei Delago wird der östl. gelegene mit Hochwart bezeichnet. Ein dritter, wenig ausgeprägter Gipfel ragt gerade westl. über der Weißzintscharte auf (P. 3073 m). 1. Ersteigung: Hermann Delago und Josef March, 1896.

● 1293 a) **Von Süden und über den Südgrat,** II, von Pfunders 5 st.
Von Pfunders nach Daan. Rechts hinauf in das Eisbruggtal und zur Bodenalm, 1712 m. Nun in dem sich nördl. öffnenden Weißensteintal auf einem Steiglein rechts des Baches zur Valsalm, 2186 m, und nordwärts in das weite Trümmerkar zwischen dem Magsteinwipfel links (westl.) und dem Bockshorn rechts (östl.), Obervalskar.
Durch das weite Kar nordwärts ziemlich mühsam empor, bis unter den Hauptkamm. Links steil empor auf den S-Grat und in Blockkletterei zum Gipfel.

● 1293 a b) Vom Eisbruggjoch bis untern Eisbruggsee, rechts über die Steinblöcke, dann über kleine Mulde links vom Bockshorn aufsteigend in das Obervalskar, von dort weiter wie a).

● 1294 c) **Auf den P. 3073,** Südostflanke, III, vom Eisbruggsee, 3 st.
Vom Eisbruggsee nordwestl. durch das Blockkar empor an die SO-Flanke und durch sie zum Gipfel.

● 1295 Magsteinwipfel, 2767 m

Blockgipfel in dem vom Hochwart südwärts ziehenden Kamm.

● 1296 a) **Von Pfunders,** II, 4 st. Aufstieg wie R 1293 bis ins

Obervalskar. Durch das weite Kar den Gipfel umgehend aufsteigen auf den Grat zwischen Magsteinwipfel und Hochwart gegen den Einschnitt („Gabel" oder „Geißscharte" genannt). Von dort über den Grat ausweichend und mäßig schwierig (II) zum Gipfel.

● **1296 a** b) Von der Valsalm links über die S-Hänge zum Gipfel.

● **1296 b** c) Von der Edelrauthütte (Eisbruggjochhütte) wie in R 1293 a) in das Obervalskar, von dort wie a) zum Gipfel.

b) Der Plattspitzkamm

● **1297**

Dieser Kamm löst sich an der Ebengrubenspitze, 2991 m, vom Kreuzspitzkamm. Er zieht über mehrere Felsgipfel gerade südwärts hinab zum Valser (Valler) Joch. Südlich des Joches bildet er einen flachen, grünen Rücken, der sich zuletzt oberhalb des Pustertales in einer Hochfläche ausbreitet. Auf dieser Hochfläche steht das Dorf Spinges. Im O des Plattspitzkammes ist das Valser (Valler) Tal eingeschnitten. Von W führen das Senges-, Gansör- und Maulser Tal an seine Berge heran.

● **1298** **Seespitze,** 2740 m

Schöner Doppelgipfel südwestl. über dem Wilden See. Der Plattspitzkamm, dessen nördlichste Erhebung die Seespitze ist, ist ein halbkreisförmiger Gebirgszug südl. des Wilden Sees; er umrahmt das Gansörtal. Der östl. Arm zieht hinab zum Valser Joch.
Die Seespitze bietet schöne Aussicht und eindrucksvollen Tiefblick auf den Wilden See.

● **1299** a) **Über die Ostseite,** von der Labesebenalm, 2—3 st. Wie auf dem Weg zum Satteljoch von Vals über die Labesebenalm durch das Seetal empor und über die sehr steilen Rasenhänge der O-Seite auf den S-Gipfel und über den Grat zum N-Gipfel.

● **1300** b) **Von Westen,** von der Sengesalm 3½ st, von Mauls 5—6 st. Über die Rasen- und Schrofenhänge der W-Seite ist der Gipfel ohne Schwierigkeiten zu erreichen.

● **1301** **Sattelspitze,** 2669 m;
Weiße Geißspitze, 2442 m

Leicht ersteigliche Aussichtsberge im westl. Teil des Plattspitzkammes. Die Geißspitze entragt einem westl. Zweiggrat, die Sattelspitze erhebt sich südl. des Satteljoches und nördl. über dem inneren Gansörtal.

1. Ersteigung beider Gipfel: Julius Pock, 1882.

Sattelspitze:

● 1302 a) **Von Freienfeld durch das Sengestal,** I, 5 st. Von Freienfeld wie auf dem Weg zur Brixner Hütte (Sengesjoch) durch das Sengestal und im rechten Talast empor zur Schafalm im obersten Sengestal.

In die begrünte Mulde nördl. unter der Sattelspitze. Südwärts über Rasen-, Schutt- und Schrofenhänge auf die Sattelspitze.

● 1303 b) **Von Süden und über den Südostgrat** (Herm. Delago, 1917), von der Gansöralm, 3 st (brüchiges Gestein).

● 1304 c) **Von Osten über den Nordgrat,** von der Labesebenalm, 2—3 st.

Weiße Geißspitze:

● 1305 d) **Von der Sattelspitze,** über den Ostgrat, I, ¾ st. Über den begrünten, teilweise von hellem Kalkgestein durchzogenen Grat westwärts auf die Weiße Geißspitze.

● 1306 e) **Abstieg zur Sengesalm,** I. Ziemlich steil westwärts hinab. Pfadlos durch Krummholz und Gestrüpp, das öfters von niederen Felsstufen unterbrochen ist.

● 1307 **Domenarspitze,** 2717 m; **Dreihornspitze,** 2686 m

Die Domenarspitze erhebt sich östl. der Gansörscharte; die Dreihornspitze („Dreiherrnspitze"), ragt südl. der Domenarspitze im Kamm auf; sie entsendet einen langen Rücken gegen das Valser Tal.

● 1308 a) **Von Vals,** 4½—5 st, auf dem Weg zum Satteljoch zur Labesebenalm, 2100 m. Nun südl. durch das kleine Hochtal hinein, aufwärts zum Marblsee und westwärts in ein Schartl nördl. der Dreihornspitze. Aus ihm südwärts auf diese.

● 1308a **Von der Brixner Hütte** auf die Domenarspitze, 3 st, unschwierig. Von der Hütte abwärts zur Mündung des von Südwesten kommenden Seebachtales und zur Labeseben-Alpe. Weiter auf 18 bis zur Wegteilung nordwestlich der Domenarspitze und auf 20 gegen Süden zur Gansörscharte, von der man auf Weg 402 gegen Südosten quert und über die Osthänge den Gipfel erreicht.

● 1309 b) **Übergang Dreihornspitze—Domenarspitze** (Hans Forcher-Mayr, 1900), I. Von der Dreihornspitze nordwestwärts über den Grat ohne Schwierigkeiten zur Domenarspitze.

● **1310** c) **Von Mauls,** 5—6 st. Auf dem Weg zur Gansörscharte zur Gansöralm. In die Mulde mit den zwei kleinen Seen. Aus ihr ostwärts über Schutthänge auf die Domenarspitze.

● **1311** d) **Übergang zur Plattspitze,** I, 2—3 st.
Von der Dreihornspitze südwärts über mehrere kleine und größere Erhebungen, den P. 2665 m in unschwieriger Kletterei überschreitend, südwärts auf die Plattspitze.

● **1312** **Plattspitze,** 2672 m
Letzter bedeutender Berg des Kammes.

● **1313** a) **Von Vals,** I, 4 st, auf dem Weg zum Valser Joch empor bis nahe der Baumgrenze. Nun rechts vom Steig ab und über Almhänge in das Kar südl. des Gipfels. Über eine Schutthalde erreicht man den SW-Grat und über ihn den Gipfel.

● **1314** b) **Von Mauls,** I, 4 st, durch das Maulser Tal hinein und wie auf dem Weg zur Gansörscharte, vor den Höfen von Ritzail links vom Talweg ab und auf Almweg in das steile Gansörtal und auf Steiglein über die Almwiesen zum Niederleger der Gansöralm. Nun ostwärts über steile Rasen- und Schutthänge zu einem kleinen Sattel nordwestl. der Plattspitze. Aus dem Sattel über den Grat zum Gipfel.

● **1314 a** **Rensenspitze,** 2418 m
Letzte Kammerhebung über dem Valser Joch, südwestl. der Plattspitze.

Die Rensenspitze kann vom Valser Joch nordw. über steile Grashänge und dann über den langen Gratrücken erstiegen werden.

Man kann auch aus dem hintersten Maulser Tal ohne Schwierigkeit von der Alm, wo der Steig zum Valser Joch (R 370) beginnt, direkt sehr steil über die Hänge nordw. zum Gipfel ansteigen.

c) Der Wurmaulkamm

● **1315** Der Wurmaulkamm zweigt bei der Sandspitze, 2780 m, vom Kreuzspitzkamm ab. Er erhebt sich zwischen dem Valser (Valler) Tal im W und dem Pfunderer Tal im O. Er trägt mehrere mächtige Felsberge und zieht südwärts bis zum Steinbergschartl. Hier teilt er sich in zwei Arme, die das Altfaßtal (Großbergtal) einschließen.

● **1316** **Rübespitze,** 2793 m
Dunkler, breiter Felsberg nördl. über der Brixner Hütte.

● **1317** **Südostgrat,** II, von der Brixner Hütte 3 st. Über den Pfannalmboden nordwärts, dann ostwärts abbiegend steil über Rasen und Schutt auf den SO-Grat. Über die brüchige, zerhackte Gratschneide zum Gipfel.

● 1318 **Eselskopf,** 2836 m

Östlich über der Steinkarlscharte aufragende breite Felskuppe.

● 1319 a) **Von der Brixner Hütte,** durch die W-Flanke, I. Von der Hütte auf bez. Steig Nr. 19, dann über den Grat in 1¾ st zum Gipfel. Oder weglos direkt durch die Westflanke.

● 1320 b) **Aus der südöstl. Scharte,** III. Der Aufstieg erfolgt von der Scharte durch die steile, brüchige Wand. Man hält sich stets nahe der Kante gegen den senkrechten Abbruch zum Weitenbergtal.

● 1321 **Wurmaulkopf** (Wurmaulspitze), 3022 m

Mächtige, schön geformte Berggestalt mit spitzem Gipfelaufbau. Aussichtsreich und wenig besucht.

1. touristische Ersteigung: Dr. E. Witlaczit, 1895 (Mitt. AV 1896).

● 1322 a) **Westgrat,** Steigspuren, kürzester Zugang: 2 st.
Von der Brixner Hütte über felsdurchsetzte, grüne Hänge der W-Seite des Wurmaulkopfes empor und südwärts zu einem grasbewachsenen Absatz. Von hier südostwärts um den W-Grat des Berges herum in das Kar südwestl. unter dem Gipfel. Durch dieses über Blockhänge nordwärts auf den brüchigen Grat und über ihn zum Gipfel.

● 1323 b) **Nordgrat,** I, 2—3 st.
Von der Brixner Hütte in die Scharte zwischen Wurmaulkopf und Eselskopf. Von der Scharte südwärts auf einen nördl. Vorkopf und über den N-Grat — ein kühner Felszacken wird umgangen — zum höchsten Punkt.

● 1324 c) **Südgrat,** I, von Vals 5 st, mühsam.
Über die Alm In der Fane bis zu den nächsten Hütten. Dort rechts durch das kleine Seitental auf einem Steiglein auf das Joch In der Enge (R 573) empor, das südl. des Wurmaulkopfes eingeschnitten ist. Empor, etwas links hineinquerend, über steile Hänge und Schutt aufwärts, zuletzt über den S-Grat zum Gipfel.

● 1325 **Rotwand**

Nordgipfel, 2937 m; Südgipfel, 2935 m

Mächtiger Bergstock, zwischen dem Joch In der Enge und der Steinbergscharte aufragend, dem zwei stärker ausgeprägte Gipfelzacken entragen.

● 1326 a) **Von Süden,** II, von Vals 5 st.
Von Vals talein bevor der Weg den von NO herabschäumenden Tschiffernaunbach überschreitet, rechts durch Wald und über Wiesenhänge empor gegen die Steinbergscharte. Unter

dieser nach links über die Hänge auf einen westwärts herabziehenden Seitengrat und auf den Hauptgrat. Auf der schmalen Schneide nordwärts, über eine niedrige, etwas glatte Steilstufe und in eine schmale Scharte. Aus ihr kurz auf den S-Gipfel.

● **1327** b) **Überschreitung der Rotwand,** III, von der Steinbergscharte zum Joch In der Enge, 2—3 st.
Vom S-Gipfel über den Grat hinab in eine steile Felsscharte. Die Felszacken im folgenden Gratstück werden überklettert. Zuletzt über die Schneide aufwärts auf den N-Gipfel.

● **1328** c) **Von Norden,** vom Joch In der Enge (R 373) 2—3 st.

Seefeldspitze, 2717 m; **Bretterspitze,** 2696 m

An der Seefeldspitze zweigt nach O ein Seitengrat ab, der sich jedoch bald, bei der Bretterspitze, in einen nach S und einen nach N streichenden Arm gabelt.

● 1329 a) **Von der Seefelder Alm,** $1^{1}/_{2}$ st. Von Pfunders oder Meransen wie auf dem Weg zur Furkelscharte (R 375) zur Seefelder Alm und über den Mittleren zum Oberen Seefelder See. Von hier nordwestwärts auf die Seefeldspitze und nordostwärts auf die Bretterspitze.

● 1330 b) **Von der Steinbergscharte** (R 374) auf die Seefeldspitze, über den NW-Grat, I, $^{3}/_{4}$ st. Südostwärts über den Rücken, zuletzt über den gestuften Felsgrat zum Gipfel der Seefeldspitze.

● 1331 c) **Übergang Seefeldspitze — Bretterspitze,** I, st.

● 1332 **Fensterlekofel,** 2578 m

Kühner Felsgipfel im Kamm südl. der Seefeldspitze. Seine O-Flanke fällt zum Großen Seefelder See ab.

● 1333 a) **Vom Großen Seefelder See,** über den N-Grat, I, 1 st. Von Mühlbach über Meransen auf dem Weg zur Furkelscharte (R 375) zum Großen Seefelder See. Westwärts über die Hänge der O-Flanke des Fensterlekofels, dann über Schutt und Schrofen an den N-Grat. Über ihn zum höchsten Punkt.

● 1334 b) **Übergang Fensterlekofel — Gurnatschspitze — Gaisjochspitze,** schöne Gratwanderung, 2 st.
Bei der Gratüberschreitung wird der S-Absturz des Fensterlekofels auf der Seefelder Seite umgangen.

● 1335 **Gurnatschspitze,** 2581 m
Geisjochspitze (Gaißspitze), 2641 m

Aussichtsreiche Erhebungen am S-Ende des westl. Astes des Plattspitzkammes. Schöner Blick auf die Dolomiten.

● **1336** a) **Von Vals auf die Geisjochspitze,** I, 4 st. Durch ein nördl. des Ortes einmündendes kurzes Seitental auf den Trennungsrücken gegen das Altfaßtal. In schöner Wanderung auf dem Rücken zum Ansatz des S-Grates. Ziemlich mühsam über diesen in Blockkletterei zur Geisjochspitze.

● **1337** b) **Von Meransen auf die Gurnatschspitze,** I, 4½ st. Auf dem Fahrweg in das Altfaßtal zum Sägewerk, ¼ st. Weiter bis hinter die erste Almhütte im mittleren Talgrund. Links über steile Mähder empor und rechts durch eine seichte Rinne aufwärts an den S-Grat und zum Gipfel. Über den Verbindungsgrat südwestwärts zur Geisjochspitze.

● **1338** c) Von der Gurnatschspitze kann man nordöstl. unter dem Grat zum Großen Seefelder See absteigen. Von diesem über die Furkelscharte nach Pfunders.

● 1339 Fallmetzer, 2576 m

Aussichtsreiche Erhebung im Kamm zwischen Valzarer Joch und Furkelscharte.

● **1340** **Von Meransen,** R 111, 4 st. Hinter der Kirche nach rechts, nordostwärts aus dem Dorf und auf einem Steig nach rechts über den Eiterbach. Zu den Höfen von Pitzer und Pichl aufwärts. Beim kleinen Kirchlein vorbei und nordwärts durch Wald über den Rücken in das Enderecker Tal. Durch das Tal, an vielen Almhütten vorbei, nordwärts hinauf und auf das Valzarer Joch, südl. des Fallmetzers, 2256 m. Vom Joch nordwärts hinauf. Aus einer Mulde über die Hänge zum Gipfel.

● 1341 Gitsch, 2509 m

Begrünter, freistehender Berg nördl. über dem untersten Pustertal. Schöner Rundblick.

Sehr lohnend in Verbindung mit dem Übergang von Mühlwald (Meransen) über das Valzarer Joch nach Pfunders.

● **1342** a) **Von Meransen,** 3 st. Wie auf dem Weg zum Fallmetzer (R 1340) in das Enderecker Tal und talein zur Enderecker Alm. Von der Alm rechts, ostwärts hinüber auf den breiten, begrünten S-Rücken des Gitsch und über diesen zum Gipfel.

● **1342a** **Von der Kiener Alm** (Fahrstraße), 1341 m, in 2½—3 st. Zunächst der Schleppliftschneise folgend, dann über den breiten S-Kamm zum Gipfel.

● **1343** b) **Zum Fallmetzer,** I, 1½ st. Über den im Bogen nach N ziehenden, gut gangbaren Grat hinab zum Valzarer Joch, 2256 m. Von dort wie in R 1340 zum Gipfel.

d) Der Grubbachkamm

● 1344

Am Niederen Weißzint zweigt der Grubbachkamm vom Hauptkamm ab, zieht zunächst südwärts, dann in weitem Bogen nach O gegen das Tauferer Tal. Sein nördlicher Teil erhebt sich über dem Lappach- und Mühlwalder Tal einerseits und dem Pfunderer Tal, sein südlicher über dem Mühlwalder Tal andererseits im N und dem Pustertal im S.

● 1345 **Napfspitze,** 2888 m

Die Napfspitze ragt als breiter Rücken im Kamm auf, der vom Eisbruggjoch südw. zieht. Aussichtsberg mit herrlichem Blick auf Turnerkamp, Möseler und Hohen Weißzint. Gipfelbuch. Bergkristallvorkommen

● 1346 **Vom Eisbruggjoch,** 1½ st, unschwierig. Vom Eisbruggjoch auf dem Steig südw. empor. Man überschreitet bzw. umgeht mehrere Kammerhebungen (Steinmänner) und erreicht den letzten, höchsten Punkt, bevor der Kamm steil abfällt (und danach zur Eisbruggspitze im S ansteigt).

● 1347 **Eisbruggspitze,** 2785 m

Begrünte Pyramide, westl. über dem Zösental.

● 1348 a) **Von Lappach,** 5 st. Zum Bach hinab und westwärts zur Häusergruppe am Eingang des Zösentales. Rechts empor zu den Zösenhöfen, von wo ein Steig am nördl. Hang des Tales hineinführt in den nördlichsten Teil des Zösentales. Beim ersten See, 2415 m, westwärts über die begrünten Hänge steil empor zu einem Rücken, der von der Eisbruggspitze südostwärts absinkt. Über diesen zum Gipfel.

● 1348 b) **Von der Eisbruggjochhütte über Napfspitze,** 2½—3 st, II.
Auf die Napfspitze wie R 1346, von dort über den Grat weiter, teils mäßig schwierig (II) bis auf den Gipfel.

● 1348 c) **Vom Eisbruggsee.** Auf den S-Grat der Eisbruggspitze wie R 1350 a), von dort über den Grat auf die Spitze.

● 1349 **Rote Riffel,** etwa 2900 m

Höchster Berg des Grubbachkammes, schöne Berggestalt südl. der Eisbruggspitze. Die Rote Riffel entsendet einen langen Grat nach W, dessen Ausläufer bis gegen das Pfunderer Tal hinabziehen. 1. Ersteigung: Alex. Burckhardt, 1908.

● 1350 a) **Von Pfunders,** II, 5—6 st. Talein nach Daan und rechts durch das Eisbruggtal zur Eisbruggalm. Dort über den

Bach und noch ein Stück taleinwärts, dann ostwärts über steinige Weidehänge in die Karlücke (Gaisscharte genannt), 2601 m, empor, die einen leichten Übergang in das Zösental vermittelt. Auf die Grathöhe (zuerst weicht man links aus), einen Felskopf umgehend, über Schutt in die Scharte zwischen Roter Riffel (links) und einem nordwestl. aufragenden Felsturm (rechts). Über steilen, aber gutgestuften Fels und eine luftige Schneide zum kühn geformten Gipfel.

● **1350 a** b) **Von der Eisbrugghütte,** 2½—3 st, südlich abwärts zum Eisbruggsee, von dort links haltend den S-Grat der Napfspitze umgehend in das Kälberkar, von dort weiter auf den S-Grat der Eisbruggspitze nach SO, in die Karlücke, von dort ab wie 1350.

● **1351** **Schwarze Riffel,** 2742 m

Südlich der Roten Riffel im Kamm aufragend.

● **1352** a) **Lappach,** 5 st. Westwärts hinab und an den Eingang in das Zösental. Im Talgrund einwärts zur Talgabelung und zur Zösenalm. Nun westwärts über die Weidehänge leicht zum Gipfel.

● **1353** b) **Von Pfunders,** II, 5 st. Mühsam.
Talein zum Obergasser, hier vom Talweg rechts ab zum Größling, dort links zum Untergasser Holz (aufgelassener Hof), dort auf dem Fahrweg links weiter in das Valzarer Tal. Durch das kleine Hochtal empor zur Valzarer Alm und durch eine lange Schuttrinne auf den N-Grat. Über die brüchige Schneide zum Gipfel.
(Von Daan über Bodenalm — Allfötsch erreichbar.)

● **1354** **Dengelstein,** 2700 m

Begrünte, aussichtsreiche Kuppe, nördl. über dem Riegler Joch aufragend. Von allen Seiten leicht ersteiglich.

● **1355** a) **Von Lappach,** 5 st, durch das Zösental hinein und zur Oberen Zösenalm, 2 st. Westwärts empor und über einen steilen Rasenrücken, der sich weiter oben zu einer scharfen, aber gut gangbaren Schneide verschmälert, zum Gipfel.

● **1356** b) **Von Pfunders,** 4½—5 st. Der gleiche Weg wie 1353: vom Untergasser Holz jedoch ostwärts empor durch ein kleines Tal zur Grafalm (= Gruppachalm). Nun über die Weideböden zum Gipfel.

● **1357** c) **Vom Riegler Joch,** über den S-Grat.

● 1358 **Hochgrubbachspitze,** 2808 m

Beherrschender Gipfel nordwestl. über dem Kessel der Tiefrastenhütte (Fritz-Walde-Hütte); auch Hochgruppachspitze oder Grubbachspitze genannt. Von hier zweigt der Seitengrat zur Eidechsspitze ab.

● 1359 **Von der Tiefrastenhütte,** mark. Weg, 1½ st. Von der Hütte nordwärts über Schutt- und Rasenhänge empor. Unterhalb der Hochsägescharte westwärts zum Gipfel (mark. Weg Nr. 24).

● 1359a **Vom Passenjoch über P 2655 und den NW-Grat** zum Gipfel. II—III, 1½ st., brüchig.

● 1360 b) **Abstieg:** Über den Hochgrubbachbuckel, 2705 m, und von dort zurück zur Hütte. Vom Hochgrubbachbuckel kann man weiter über den NO-Grat zur Hochsägescharte, 2600 m, absteigen. Von dort auf einem Steiglein nordwestwärts zum Passenjoch und südwärts hinab nach Pfunders, oder nordwärts hinunter ins Lappachtal.

● 1361 **Übergang zum Graunock über P 2705, Hochsägescharte,** 2650 m, und **Rotwand,** 2774 m, III, 2—3 st, brüchig.

● 1362 **Eidechsspitze,** 2780 m

Schön geformter, weit hinauf begrünter Gipfel, in dem gegen das Pfunderstal vorgeschobenen Seitengrat des Grubbachkammes. Sehr lohnender Aussichtsgipfel.

● 1363 a) **Von Terenten,** I, 4—5 st. Vom Hotel Belvedere nordwärts in das Terentener Tal hinein, Mark. Nr. 22, und empor in den innersten Talgrund zur Engl-Alm, 1826 m. Nordwestwärts steil über steinige Hänge empor auf die obersten Böden und westwärts über den Seitengrat auf den Gipfel.

● 1364 b) **Von der Tiefrastenhütte,** 2 st, mark. Steig (22) südwärts über Schuttfächer zum schmalen Kompfosschartel zwischen Donnerschlagspitze und Kompfosspitze. Zum Kompfossee und westwärts zum Eidechsschartel. Der oberste Steilhang der Eidechsspitze wird südlich umgangen; man erreicht den Gipfel zuletzt über den O-Grat.

● 1365 c) **Südgrat** (Ant. Kralik, 1920), III, brüchig, 3 st E. Von Terenten im Pustertal über den gewöhnlichen S-Anstieg bis zu dem gewaltigen Schuttkar, das links von den plattigen Abstürzen des S-Grates umsäumt wird. Hier scharf links zu dem steilen Gratabbruch (4—5 st). E. Durch einen Riß und die folgenden Plattenstufen zur Grathöhe, dann auf der nur wenig ansteigenden Gratschneide zu einer Scharte mit schönem Tiefblick auf Mühlbach.

Querung nach links in die ausgesetzte W-Flanke, an einer kleinen Nische vorbei zu einem brüchigen Kamin und durch ihn empor zu Schrofen. Zurück zum Grat und auf und neben ihm zum Gipfel.

● 1366 d) **Abstieg ins Pfunderer Weitental,** 3 st. Über den breiten südl. streichenden Rücken hinab nach Altenberg, 2385 m. Südwestwärts über die Mähder hinab zu den Moserhütten und auf einem Steig durch das Tälchen westwärts hinaus, dann links über einen bewaldeten Rücken zu den Höfen von Talson. Steil hinab nach Weitental.

● 1367 e) **Abstieg nach Pfunders,** 2½ st. Vom Gipfel zurück zum Eidechsschartl. Nordwärts steil hinab in eine grüne Mulde. Westwärts talaus zur Quelle Kaiserbrunnen und zu den Almen am jenseitigen Berghang. Um den Bergrücken nordwestwärts herum und hinab nach Pfunders.

● 1368 Graunock, 2827 m

Doppelgipfliger, plattiger Felskopf nordöstl. über dem Tiefrastenkar.

● **1369** a) **Von der Tiefrastenhütte,** II, 2 st. Nordostwärts in das Kar und nicht ganz leicht über steile, begrünte Schrofen auf den S-Gipfel. Der ein paar Meter höhere und schwierigere N-Gipfel ist über Plattenschüsse und steile Felsbänder zu erreichen.

● **1370** b) **Von der Hochgrubbachspitze über die Rotwand,** III.

● 1371 Kempspitze, 2730 m

Hüttenberg der Tiefrastenhütte. Mit mäßig steilen Schutt- und Felsflanken östl. über dem Tiefrastensee aufragend. Hervorragende Aussicht. Schöner Blick in das Pustertal.

● **1372** **Von der Hütte** auf (schlecht) markiertem Steig über den W-Grat zum Gipfel, 1 st.

● **1373** b) **Übergang vom Reisenock,** II, 1 st; vgl. R 1377.

● **1373a** **Übergang zum Graunock,** III, 2 st.

● 1374 Geißwand, 2715 m

Etwas südl. der Kempspitze mit dunklem Gipfel aufragend.

● **1375** **Von der Tiefrastenhütte,** I, 1 st, über Schutthänge und leichte Felsstufen ostwärts auf den Gipfel.

● 1376 Reisenock, 2665 m

Schöne, freistehende Felspyramide mit prachtvoller Aussicht.

● **1377** a) **Von der Tiefrastenhütte,** 2½ st. Ostwärts über den Grat der Kempspitze zum Sattel zwischen Kempspitze und Reisenock. In schöner Wanderung zwischen den zahlreichen Seeaugen über den Sattelboden hinein, schließlich durch eine begraste Mulde von W her auf den Gipfel.

● 1378 b) **Von Mühlwald,** 4 st, auf der Straße westwärts in 1/4 st zum Wassermann, wo man den Mühlwalder Bach überschreitet.
Nun südwärts am jenseitigen Talhang, auf steilem Steig empor und auf einen kleinen Absatz mit der Ebenwald-Alm, 1684 m. Gerade südwärts an mehreren kleinen Almhütten vorbei empor zum Seefelder See, der inmitten der Almböden liegt. Südwärts weiter auf Steigspuren aufwärts zum Sattel des Großen Tores (es vermittelt einen selten begangenen Übergang von Mühlwald nach Terenten im Pustertal), und von dort durch eine Schlucht unmittelbar auf den Reisenock, oder in das südl. Kar und aus diesem über Schutt und Rasenflecken an den SO-Grat. Über den Rücken zum Gipfel.

● 1379 c) **Übergang zur Kempspitze,** II, 1 st. Vom Gipfel des Reisenockes über die begrünte W-Flanke in eine Senke hinab und über Blöcke in die Scharte vor der Kempspitze. Von dort kurze Kletterei durch die Felsen der O-Wand, zuletzt über den schmalen N-Grat auf die Kempspitze

● 1380 **Knapphenne,** 2278 m; **Knappnock,** 2037 m
Begrünte Erhebungen in dem zwischen Plattnerjochspitze und Perntaler Spitze nordwärts abstreichenden Seitengrat. Ersteigung von Mühlwald über die Knappalm und die östlichen Hänge.

● 1381 Sambock, 2398 m

Leicht erreichbarer Aussichtsberg, nordwestlich über Bruneck am Ende des Grubbachkammes aufragend.
Überaus prächtige und umfassende Rundschau.

● 1382 a) **Von Bruneck über die Plankensteiner Alm,** 5 st.
Vom Ort nordwärts auf der Straße ins Tauferer Tal hinein nach St. Georgen. Hier links über den Ahrnbach und am Rand des Hirschbrunner Grabens steil empor zur Häusergruppe Kehr und nordwärts talein zur Plankensteiner Alm, 1812 m. Über Almhänge nordwestwärts, dann nordwärts auf den Gipfel.

● 1383 a) **Von Bruneck über die Plattner Alm,** 5½ st.
Vom Ort hinüber nach Stegen und hinauf nach Greinwalden auf der grünen Hochfläche. Hinauf zum Koflerhof am Kofl und nordwärts durch Wald und Wiesen, an mehreren Quellen und der Plattner Alm vorbei auf den S-Rücken des Sambocks. Über diesen zum Gipfel.

e) Der Mühlwalder Kamm

● 1384
Der Mühlwalder Kamm zweigt am Turnerkamp vom Zillertaler Hauptkamm ab und streicht südwärts hinab zum Nöfeser Joch. Südlich des Joches tritt er in den Bereich der

Pfunderer Berge und zieht erst südostwärts, wendet sich dann nach dem Wurmtaler Joch scharf nach O und endet mit dem Aussichtsgipfel Speikboden vor dem Tauferer Tal. Der Kamm trennt das Lappach — Mühlwalder Tal vom nördl. davon eingeschnittenen kleinen Weißenbachtal.

● 1385 **Schaflahnernock,** 2699 m

Aussichtsreicher Gipfel südl. des Nöfeser Joches.

Von der Chemnitzer Hütte, 40 Min.

Von der Hütte auf Steig gegen SO steil zum Gipfel.

● 1386 **Weiße Wand,** 2718 m

Schroffer Felsberg, südl. des Schaflahnernocks im Kamm aufragend.

● 1387 a) **Vom Schaflahnernock,** II, 1½ st.

Vom Gipfel des Schaflahnernocks südwärts hinab, mehrere Zacken überkletternd zum Gipfel der Weißen Wand. Brüchig.

● 1388 b) **Übergang zur Tristenspitze,** III, 1½ st. Der Grat zur Tristenspitze ist sehr zersplittert und brüchig. Die einzelnen Türme werden überklettert. Nach den großen Türmen folgen einige kleinere Zähne, von denen ein auffallend gelbgefärbter rechts umgangen werden kann. Über den sehr steilen und brüchigen Grat zuletzt auf die Tristenspitze.

Der Gipfel ist von der Weißen Wand her auch auf leichterem Wege erreichbar, indem man vom Grate rechts (südl.) zum Fuße der Tristenspitze hin absteigt und diese durch eine gelbe Rinne, später nach rechts ausbiegend, ersteigt.

● 1389 **Tristenspitze,** 2717 m

Schroffer, kühn geformter Felsgipfel nördl. des Lappacher Jöchls (R 383).

Vom Gipfel sehr schöne Aussicht auf die Zillertaler und die Rieserferner-Gruppe.

● 1390 a) **Vom Lappacher Jöchl,** I, vom Joch 1½ st. Von Lappach oder Weißenbach auf das Lappacher Jöchl, 2366 m. Über den Rücken nordwärts empor. Ein schroffer Vorgipfel wird links umgangen. Über Felsstufen aufwärts zum höchsten Punkt.

● 1391 b) **Westflanke,** II. Von Oberlappach empor zur Rinsbachalm und aufwärts in das Rinnsbachkar. Durch einen Kamin empor in die W-Flanke und gerade empor zum Gipfel.

● 1392 c) **Ostwand** (Joh. Niederkofler, K. Fischer, F. Kaupert, F. Eidlitz, 1911), IV, von der Tristentalalm 5—6 st, sehr brüchiges Gestein.

● 1393 Ringelstein, 2554 m

Leicht besteigbarer Aussichtsberg südl. des Lappacher Jöchls. **Vom Lappacher Jöchl,** 3/4 st. Von Lappach 4 st.

● 1394 Von Lappach oder Weißenbach auf das Lappacher Jöchl, 3 st (R 383). Südostwärts über den teilweise schmalen Rücken zum Gipfel.

● 1395 Speikboden, 2523 m

Bequem besteigbarer Aussichtsberg westl. über Taufers, am Ende des Mühlwalder Kammes. 20 Min. südl. unter dem Gipfel stand die völlig verfallene Sonklarhütte, 2420 m (auch Speikbodenhütte genannt) (s. R 272 ff.).

Die Aussicht ist überaus umfassend und malerisch; Blick auf die gesamten Zillertaler, Venediger, Rieserferner, Dolomiten, Brenta, Ötztaler Berge

● 1396 a) **Von Sand,** 4—5 st (Daimerweg), nördlich hinein in das Ahrntal zum Ahrnsteg. Nach links über den Bach auf die westl. Talseite und in Kehren steil durch Wald empor. Rechts um einen breiten Rücken herum in die grüne Mulde der Inneren Michelreißer Alm. Auf einem Steiglein weiter südwärts empor in eine Mulde und aus ihr an den Grat. Westwärts über diesen aufwärts und zum Gipfel. Oder vom Grat links ab und zur Sonklarhütte und von dort zum Gipfel.

● 1397 b) **Weitere Anstiege:** Von Mühlwald, 3 1/2 st, von Sand über Oberpurstein, 4 1/2—5 st, von Luttach über Weißenbach, 4—5 st. (Siehe bei Anstiegen zur Sonklarhütte, R 272 ff.)

Von der Hütte in 15—20 Min. auf einem Steig zum Gipfel

● 1400 Nördl. Zillerscharte, 2849 m (Spaltenscharte)

Übergang von der Richterhütte zur Plauener Hütte, 2 bis 2 1/2 st. Dieser Weg ist kürzer und bei Neuschnee leichter als der Weg über die Gamsscharte, jedoch lawinengefährlich; also nur bei sicherem (kaltem) Wetter.

Von der Richterhütte gerade hinauf zur Spatenscharte durch das Kanonenrohr, 1 st. Auf der anderen Seite unschwierig nach rechts haltend zum Steig vom Hl.-Geist-Jöchl hinunter und nordw. zur Plauener Hütte.

Verzeichnis der Randzahlen

Bezeichnungen wie Groß, Klein, Hoher usw. sind nachgestellt. Die Zahlen bedeuten ausschließlich die Randzahlen, nicht die Seiten.

Bergsteiger und Bergwanderer, besuchen Sie die Bergwelt der Zillertaler Alpen!

Die Schutzhütten der Sektionen des Deutschen Alpenvereins sind lohnende Ziele für Bergwanderungen.

Für Gipfeltouren und Übergänge sind die Hütten sehr gute Stützpunkte für berggewohnte Wanderer und Bergsteiger. Besonders lohnend und erholsam ist ein mehrtägiger Aufenthalt auf einer Hütte. Dem Hochtouristen erschließen sich von dort aus eindrucksvolle Gletscherbegehungen und viele Gipfel bis etwa 3500 m. Aber schon die Schutzhütten selbst sind hervorragende Aussichtswarten.

Die Hütten sind von Juni bis Ende September bewirtschaftet. Da der genaue Beginn und Ende der Bewirtschaftung witterungsbedingt sind, empfiehlt es sich im Juni und ab Mitte September im Talort nachzufragen. Die Pächter bieten beste, abwechslungsreiche Verpflegung und Getränke und kümmern sich um das Wohl der Gäste; sie geben auch Ratschläge für Touren und über die Wetterlage.

Nähere Auskünfte über die Hütten, Zugangswege, Übergänge und Gipfel finden Sie im Taschenbuch

Die Alpenvereinshütten, 3. Auflage 1982, Preis DM 21,80 (Stand 1.4.1983), herausgegeben vom Deutschen Alpenverein, Österreichischen Alpenverein und vom Alpenverein Südtirol. Zu beziehen bei Ihrer Buchhandlung, beim Bergverlag Rudolf Rother GmbH, Landshuter Allee 49, 8000 München 19, beim Deutschen Alpenverein, beim Österreichischen Alpenverein und beim Alpenverein Südtirol.

Berliner Hütte, 2040 m – 205 Nächtigungsplätze
von Breitlahner (Postauto, 1251 m) gut und bequem 3 Std.
Pächter: Gerhard Hörhager, Ginzling Nr. 45

Edel-Hütte, 2237 m – 53 Nächtigungsplätze
von Ahornbahn-Bergstation gut bezeichnet 1 Std.
Pächter: Vinz Volgger, Mayrhofen, J.-Moser-Straße 539

Friesenberghaus, 2498 m - 46 Nächtigungsplätze
vom Schlegeisspeicher (Postauto, 1685 m) gut markiert, bequem 2 Std.
Pächter: Franz Steindl, Ginzling Nr. 476a

Furtschaglhaus, 2295 m - 89 Nächtigungsplätze
vom Schlegeisspeicher (Postauto, 1685 m) nach Kleinbus 1 Std.
Pächter Anton und Martha Daxenbichler, Ginzling Nr. 231

Gamshütte, 1916 m - 28 Nächtigungsplätze
von Finkenberg (Postauto, 855 m) gut bezeichnet, bequem 3 Std.
Pächter: Irma Schwaiger, Stumpfau 648, A-6290 Mayrhofen

Geraer Hütte, 2324 m - 97 Nächtigungsplätze
von St. Jodok a. Brenner (1129 m) bequem 5 Std.
Pächter: Elsa Kreidl, Steinach i. Tirol, Trinser Straße 109

Greizer Hütte, 2226 m - 85 Nächtigungsplätze
von Ginzling (1000 m) guter Weg 3½ Std.
von Tristenbachalm (Kleinbus) 2½ Std.
Pächter: Rudolf Kröll, Mayrhofen Nr. 616

Kasseler Hütte, 2177 m - 106 Nächtigungsplätze
von Mayrhofen guter Weg 6 Std.
von Stapfenalpe (Kleinbus) 1½ Std.
Pächter: Hertha Wiesinger, Mayrhofen, Sportplatzstr. 317

Landshuter Hütte, 2693 m - 30 Nächtigungsplätze
von Brennersee bequem 4½ Std.
vom Pfitscherjoch (2277 m) gut bez., bequem 2½ Std.
Pächter: Helmut Holzer, St. Jakob i. Pfitsch Nr. 78

Olpererhütte, 2385 m - 48 Nächtigungsplätze
vom Schlegeisspeicher (Postauto, 1685 m) bequem 1½ Std.
Pächter: Olga Platzer, Ginzling Nr. 18

Plauener Hütte, 2363 m - 56 Nächtigungsplätze
vom Gasthof Bärenbad (Kleinbus von Mayrhofen, 1450 m) guter Weg, 2½ Std.
Pächter: A. Hauser, A-6283 Hippach-Schwendau Nr. 119

Rastkogelhütte, 2124 m - 70 Nächtigungsplätze, vom Möslwirt (1500 m) bequem 2½ Std.
Pächter: Martin Wechselberger, A-6283 Hippach (Mayrhofen-Hochsteg).

Richterhütte, 2374 m - 54 Nächtigungsplätze, vom Krimml (1067 m), guter Weg, 5½ Std.
Pächter: Erwin Bachmaier, A-5743 Krimml 35

Rückseite beachten

Berichtigung

(bitte im Umschlag einsenden an Bergverlag Rudolf Rother GmbH, 8000 München 19, Postfach 67)

Die Randzahl .... des AVF Zillertaler Alpen, Auflage 1983, bedarf folgender Verbesserung bzw. Neufassung:

....

....

....

....

....

bitte wenden!

....

....

Absender: ....

Postleitzahl, Ort: ....

Straße: ....

Die Bergverlag Rudolf Rother GmbH ist berechtigt, diese Berichtigung dem Verfasser zur Bearbeitung der neuen Auflage zuzustellen. Der Verlag wird bei Erscheinen dieser neuen Auflage dem Einsender ein Exemplar zum Vorzugspreis mit 50 % Nachlaß anbieten.

Rückseite beachten

Berichtigung

(bitte im Umschlag einsenden an Bergverlag Rudolf Rother GmbH, 8000 München 19, Postfach 67)

Die Randzahl .... des AVF Zillertaler Alpen, Auflage 1983, bedarf folgender Verbesserung bzw. Neufassung:

....

....

....

....

....

bitte wenden!

....

....

Absender: ....

Postleitzahl, Ort: ....

Straße: ....

Die Bergverlag Rudolf Rother GmbH ist berechtigt, diese Berichtigung dem Verfasser zur Bearbeitung der neuen Auflage zuzustellen. Der Verlag wird bei Erscheinen dieser neuen Auflage dem Einsender ein Exemplar zum Vorzugspreis mit 50 % Nachlaß anbieten.

Unser Beitrag zum Umwelt- und Naturschutz!
Bergverlag Rudolf Rother, München

Jede Gebirgslandschaft ist charakteristisch durch eine für sie besondere Flora. Sie hat sich im Lauf der Jahreszeiten im bunten Farbenspiel harmonisch ineinandergefügt. Viele Arten haben schon die Eiszeiten überlebt und sich jeweils klimatisch angepaßt. Was sich durch Jahrtausende, oft sogar Millionen von Jahren erhalten konnte, sollte durch den heutigen Menschen nicht in wenigen Generationen zerstört werden. Er müßte bemüht sein, diese unbeschreibliche Schönheit, Vielfältigkeit und Farbenpracht der Bergblumen für seine Nachkommen zu bewahren. Seine Hauptaufgabe zum „Schutz und Erhaltung der wildwachsenden Pflanzen" erfordert Verständnis und Aufgeschlossenheit jedes einzelnen, aber auch Kenntnis der zu schützenden Arten.

Am Schluß der botanischen Angaben sind die Länder genannt, in denen die betreffende Pflanze gesetzlichen Schutz genießt: A = Österreich, CH = Schweiz, D = Deutschland, FL = Fürstentum Liechtenstein, I = Italien. Größter Teil der Aufnahmen aus **„Blumenwelt der Dolomiten"** von Paula Kohlhaupt, **Athesia-Verlag,** Bozen.

Türkenbund (Lilium martagon)
Fam.: Liliengewächse
(D, A, CH, I, FL)

Feuerlilie (Lilium bulbiferum)
Fam.: Liliengewächse
(D, A, CH, I, FL)

Frauenschuh (Cypripedium calceolus)
Fam.: Orchideen (D, A, CH, I, FL)

Rotes Waldvögelein
(Cephalanthera rubra)
Fam.: Orchideen (D, A, CH, I, FL)

Kohlröschen (schwarz und rot)
(Nigritella nigra)
Fam.: Orchideen (D, A, CH, I, FL)

Fliegen-Ragwurz
(Ophrys insectifera)
Fam.: Orchideen (D, A, CH, I, FL)

Weiße Seerose (Nymphaea alba)
Fam.: Seerosengewächse
(D, A, CH, I, FL)

Christrose, Schneerose
(Helleborus niger), Fam.: Hahnenfußgewächse (C, A, I)

Schwefel-Anemone (Pulsatilla sulphurea), Fam.: Hahnenfußgewächse (D, A, CH, I, FL)

Frühlings-Kuhschelle (Pulsatilla vernalis), Fam.: Hahnenfußgewächse (D, A, CH, FL)

Spinnweben-Hauswurz (Sempervivum arachnoideum), Fam.: Dickblattgewächse (D, A, CH, FL)

Trauben-Steinbrech (Saxifraga paniculata), Fam.: Steinbrechgewächse (D, A, CH)

Steinröserl (Daphne striata)
Fam.: Seidelbastgewächse
(D, A, CH, I)

Seidelbast (Daphne mezereum)
Fam.: Seidelbastgewächse
(D, A, CH)

Echte Alpenrose (Rhododendron ferrugineum), Fam.: Heidekrautgewächse (D, A, CH, FL)

Zwerg-Alpenrose (Rhodothamnus chamaecistus), Fam.: Heidekrautgewächse (D, I)

Alpenveilchen (Cyclamen europaeum), Fam.: Schlüsselblumengewächse (D, A, CH)

Schweizer-Mannsschild (Androsace helvetica), Fam.: Schlüsselblumengewächse (D, A, CH, I)

Fels-Aurikel (Primula auricula)
Fam.: Schlüsselblumengewächse
(D, A, CH, I, FL)

Zwerg-Primel (Primula minima)
Fam.: Schlüsselblumengewächse
(D, A)

Behaarte Primel (Primula hirsuta)
Fam.: Schlüsselblumengewächse
(D, CH, I)

Himmelsherold (Eritrichum nanum)
Fam.: Rauhblattgewächse
(CH, A, I)

Stengelloser Enzian (Gentiana acaulis), Fam.: Enziangewächse (D, A, CH, FL)

Gelber Enzian (Gentiana lutea) Fam.: Enziangewächse (D, A, CH, I)

Pannonischer Enzian (Gentiana pannonica), Fam.: Enziangewächse (D, A, CH, I)

Dolomiten-Glockenblume (Campanula morettiana), Fam.: Glockenblumengewächse (I)

Schopf-Teufelskralle (Physoplexis comosa), Fam.: Glockenblumengewächse (I)

Edelweiß (Leontopodium alpinum) Fam.: Korbblütler (D, A, CH, I, FL)

Echte Edelraute (Artemisia mutellina), Fam.: Korbblütler (D, A, CH, I, FL)

Arnica, Bergwohlverleih (Arnica montana), Fam.: Korbblütler (D, A, CH)